湖南的明朝與當代

——徐霞客《楚游日记》考察记

任国瑞　谢武经◎著

方志出版社
Publishing House of Local Records

图书在版编目（CIP）数据

湖南的明朝与当代：徐霞客《楚游日记》考察记 / 任国瑞，谢武经著．—北京：方志出版社，2018.10
ISBN 978-7-5144-3046-2

Ⅰ．①湖… Ⅱ．①任… ②谢… Ⅲ．①名胜古迹－介绍－湖南 Ⅳ．① K928.706.4

中国版本图书馆 CIP 数据核字（2018）第 077939 号

湖南的明朝与当代——徐霞客《楚游日记》考察记

编　　者：任国瑞　谢武经
责任编辑：何明忠

出 版 人：冀祥德
出 版 者：方志出版社
地址　北京市朝阳区潘家园东里 9 号（国家方志馆 4 层）
邮编　100021
网址　http://www.fzph.org
发　　行：方志出版社图书经销中心
电话（010）67110500
经　　销：各地新华书店
印　　刷：湖南省美如画彩色印刷有限公司

开　　本：710 × 1000　　1/16
印　　张：32.5
字　　数：430 千字
版　　次：2018 年 10 月第 1 版　　2018 年 10 月第 1 次印刷
印　　数：0001~1500 册

ISBN 978-7-5144-3046-2　　　　**定价**：106.00 元

序

湖南地处神州腹地，东连豫章，西通黔蜀，南翼岭粤，北蔽荆襄。湖南古来山川锦绣，四境峰岳层迭，中有衡岳雄峙，西北镶洞庭玉镜，其间冈丘平原披绿摇红，乃无墨之巨幅。湘资沅澧，四水流韵，乃无弦之古琴。古为炎融二帝之都，原始夏联邦之国治。继之以尧都舜壤，禹商中枢。继之以义帝之都会，长沙王之国治。此间风物瑰丽，名胜棋布，素为名贤神往之区。历来记述、歌咏与抒写湖湘山水胜迹者，不计其数。以一人之力，作规模化传写者，明代徐霞客即典型代表。他地理游记名著《徐霞客游记》中之《楚游日记》专写湖南胜迹，于株洲、衡阳、永州、郴州之间，探险寻幽，纪胜考古，跋山涉水，披荆斩棘，餐风沐雨；几遇刀兵盗寇而不改初心，每逢奇特幽美则尽抒感慨。盘桓一百一十五日，记述五万六千余言。在其所游一十九省市之中，堪称难得。足见湖湘风物之魅力，亦见徐氏爱湘之深情。

徐霞客名弘祖，字振之，明代南直隶江阴（今江苏省江阴县）人。生于万历十四年十一月廿七日（公元 1587 年 1 月 5 日）。他生活在我国封建社会衰落时期，无心仕途而寄情山水。游遍了全国名山大川，海隅边陲。东边渡海到落迦山，西至腾冲西境，北游盘山，南达广东罗浮山。他游遍了明代之两京十三布政司，足迹遍及今天之北京、天津、上海、江苏、山东、河北、山西、陕西、河南、湖北、安徽、浙江、福建、广东、江西、湖南、广西、贵州、云南等地，据说还到了四川。我国古代之地理学家和旅行家，往往受国家派遣，有丰厚之资助。而徐氏则凭着一腔对祖国山河之热爱，以地理研究为己任，靠变卖家产、沿途求友告贷来解决游资。他从 22 岁踏上旅途，崇祯九年（公元 1636 年）开始了他一生中最后一次也是最光辉之一次远游。历时四年，游遍了祖国南方各省。长期野外生活之劳累和瘴毒，损害了健康。崇祯十二年（公元 1639 年）八月，重返云南鸡足山时，全身俱发疹块，后来“两足俱废”，被丽江木土官派滑竿护送，经湖北黄冈再乘船回家。徐氏返乡后仅半年，即崇祯十四年正月二十七日（公元 1641 年 3 月 8 日）与世长辞，时年 56 岁。徐霞客故居、晴山堂和墓地，在江阴市马镇南旸岐村，被列为江苏省重点文物保护单位，并建立了纪念馆。

徐霞客《楚游日记》，虽未囊括今日湖南之全境，但对株、衡、郴、永綦详之记述，实为明代湖南之一个缩影。它是湖南四市地理学之百科全书。地貌方面，它对地理形态、走势、地质等，都作了翔实而准确之记录。

岩溶方面，它系统考察了湖南石灰岩溶蚀地貌，对其分布之状况、形成之原因、由于发育不同而呈现之地区差异等，作了科学说明。徐氏深入观察和描述了岩洞之位置、大小、深浅，洞内之结构、洞外之情形，近代科学技术实测之结果，证明他记录得十分精确。他比欧洲最早描述和考察石灰岩地貌之爱士培尔早150年，比欧洲最早对石灰岩地貌进行系统分类之罗曼要早200多年。

江河方面，徐氏很重视江河源流考察，记录了湖南大量水道。他破除陈说，弄清了三分石系石分三歧，虽水分三方流，但皆入湘江，与两广无涉。

水文方面，翔实记录了湖南江河水量之涨缩、颜色之变化、江面之宽窄、水流之急缓等。并对不同季节各段之变化进行对比，对一些历史之误解（如溶洞地下水之来去）作出了科学的解释。

气象方面，徐氏游湖南一百多日，几乎每日都有详细之气象观察与气象记录。他使我们认识明末我省部分地区之历史气候成为了可能。

物产方面，记述了湖南当时之林木、花卉、动物、植物、矿物等等，有些还对其地理分布、特征、用途及与环境的关系进行了探讨与解说。诸如当时永兴之煤矿与锡矿，耒水运煤之繁忙景象以及东川铜矿之马帮运输等等，对于今天之开发利用颇有借鉴。

政区方面，徐氏以《明一统志》为基础，对所游历之政区记述甚详。凡省、府、州、县，乃至卫所、集镇，均无一漏略。内容包括沿革、辖境、治所、位置、四至等，对明以前湖南境内某些重要治所和古城址等偶有考订。凡各接界点之村寨，皆记其隶属关系。许多记述补他书所未备，可作为校补湖南旧志地理志之依据。

交通方面，徐氏以自己游路为红线，对在湘之方位、路线、程站、里距，皆记述完备。在湘之旅以水路为主，对潇、湘、耒、武等十几条河流之通航状况、水运路线及规模、船之形制与大小、运输物资与重要航道之忙闲等等，都一一记述。陆路之行多走间道，但也总附以大道走法。他经常以总分之法描述所历交通干道与小路之关系。他还不厌其烦地记述了湘中、湘南的各种桥梁，如石桥、石拱桥、亭桥、木桥、独木桥、浮桥等，诸如桥之名称、位置、形状、结构、规模、性能等都不遗漏。

地名方面，该书蒐录了湖南大量地名资料。各级政区名称、山名、水名、路名、石名、洞名、桥梁名、亭阁名、街市名、植物名、什物名、津度码头名、寺庙庵堂名等等，无所不包。而且还特别重视聚落名称之搜罗记述，并把它们放在特定地理环境中，详载其位置、分布、规模和特点等。徐氏所记湖南地名，几乎为当代《中国历史地名大辞典》全部收录。

《楚游日记》是历史实录。明末之历史资料，就全国而言反应湖南者不多，就湖南而言反应社会底层人民生产生活者甚少。而《楚游日记》则相反，它浓墨重彩地记述了湖南，记述了湖南当时之社会实际和最底层人民之生存与劳作状况。它是后人认识湖南明末社会状况之最直接的信史，它之丰富而可靠之内容应该受到史学界重视。农业方面，它记述了湖南不同经济作物之地域分布、农时节令、生产工具、堤坝、沟渠，以及山中因泉为田之状况。

商业方面，它记述了不同城市城区之商业，重点摆在农村集市与集镇。如集市与赶集之地点、时间、交易物品和规模。它反映了商业之盛衰与原因，日夜忙闲之差异。既可以银两购物，也可以物易物。还有湘南作贡品之万岁木之资源枯竭，以及湘江岸边以鱼苗货四方之盛况。民族方面，它主要记述了湖南汉族与苗族相互尊重之传统风气，高山苗族淳朴好客，以及他们之衣食住行等。是我们研究湖南民族历史之宝贵资料。政治方面，在湖南当时表现为军备不振，卫所制度废弛，屯军所剩无几，兵盗相继，人民生活困苦，要地无人守卫。而统治阶级则生活奢靡，如衡阳桂王烧香拜佛之寺庙规模很大。“八庵联络”“吹诵之声相闻”。人民生活方面，徐氏在日记中如实反映了明末严酷之社会现实。

他记述了床铺与猪圈共处一室之农户，日夜兼程之船家，山洞躲兵之群众，杀人越货之强盗和有性命之虞之船客。当然也描述了人民之衣食住行、风俗习惯、传统节日，以及人心不古等等。农民起义方面，《楚游日记》记载，经常有小股农民军出没，行踪不定，十分活跃。“东安有大盗临城。祁阳亦有盗杀掠”。九疑山区农民起义军有和尚、木匠等参加，还有马二三十匹，“创锐罗织甚备”，曾出永州，杀东安县捕官。在宜章县境，“有盗百四十人自上乡来，由司东至龙村，取径道向广东，谓土人无恐，尔不足扰也 。”在明末农民大起义之影响下，可见湖南也不是统治者稳定之安乐窝。宗教方面，徐氏游历多住寺庙，湖南亦然。与僧侣交往甚密，对各地佛寺道观记载尤详。其内容包括形制、沿革、活动、兴衰、人物、景观等。在湘曾三次为住持等撰文赠诗。为湖南宗教史研究提供了可靠史料。文物方面，徐氏酷爱碑刻文物，途中参观了大量碑刻，搜集了不少拓片。《楚游日记》中详述了他在衡、郴、永识碑与拓碑之过程。尤其在浯溪等拓工耽误了不少时间。他每到一处，逢碑必读必记。每遇崖上有石刻而舟不能停时，总是怅怅然。

吾与武经兄皆湘人，深爱家乡而乐乎古籍古物与山水之间。因敬仰徐霞客之品格与精神，亦本乎爱国爱家乡之情愫，自2013年4月始，我们相伴重走徐霞客游历之湖南之路。以《楚游日记》为参照，并对应其记述进行历史、地理与人文考察。考徐氏之旧记，述当代之现状，探沧桑之变化。亦游亦记亦拍照，断续历两载而完成。撰成《徐霞客〈楚游日记〉考察记》（以下简称《考察记》），并在《湖南年鉴·文献与人物》杂志连载，颇受读者欢迎。《考察记》写作，依《楚游日记》时序景点推移。为便于轻松阅读，文体采用长篇游记散文体式。景点皆配照片，以期图文相辅。

湖南省地方志编纂委员会党组，对《考察记》给予了高度重视与关怀。他们认为，《楚游日记》，既系湖南名胜游记美文，亦为湖南地志著作。故将《考察记》作副题，以“湖南的明朝与当代”作书名，列入了2016年度湖南省旧志普查与整理项目，并资助公开出版。为便于项目之再研究，故补入《〈楚游日记〉校注》，包括徐氏游记原文，以及本人对徐氏游记版本研究之成果。为开发利用旧志成果，服务于普通读者，复作《〈楚游日记〉今译》附其末。并在方志出版社领导重视支持下，在责任编辑精心编审下，本书方得以出版面世。

本书所呈现者，湖湘山川地理之风光美，湖湘文化之厚重美，旅游资源之多样美，社会主义之制度美。当然，亦有历史破坏之遗憾、当代发展之尴尬，等等。梁启超在《饮冰室全集·论中国学术思想变迁之大势》中云：“立于五洲中之最大洲，而为洲中之最大国，谁乎？我中华也。人口居全地球三分之一者，谁乎？我中华也。四千余年之历史未尝一日中断者，谁乎？我中华也。

我中华有四百兆人公用之语言文字，世界莫能及。我中华有三十世纪前传来之古书，世界莫能及。……於戏，美哉，我国；於戏，伟大哉，我国民。”湖南乃中国之一个局部，一个缩影。我们做此行，我们作此书，旨在激发我们作为中国人、湖南人之自豪感，热爱文化、传统文化之热情。

湖南历代旧志500余种，湖南旧志普查与整理工作任重道远。希望本书的出版能够为湖南旧志之整理有所补益，为湖南文化强省有所补益。

任国瑞

2018年3月1日于忠孝居

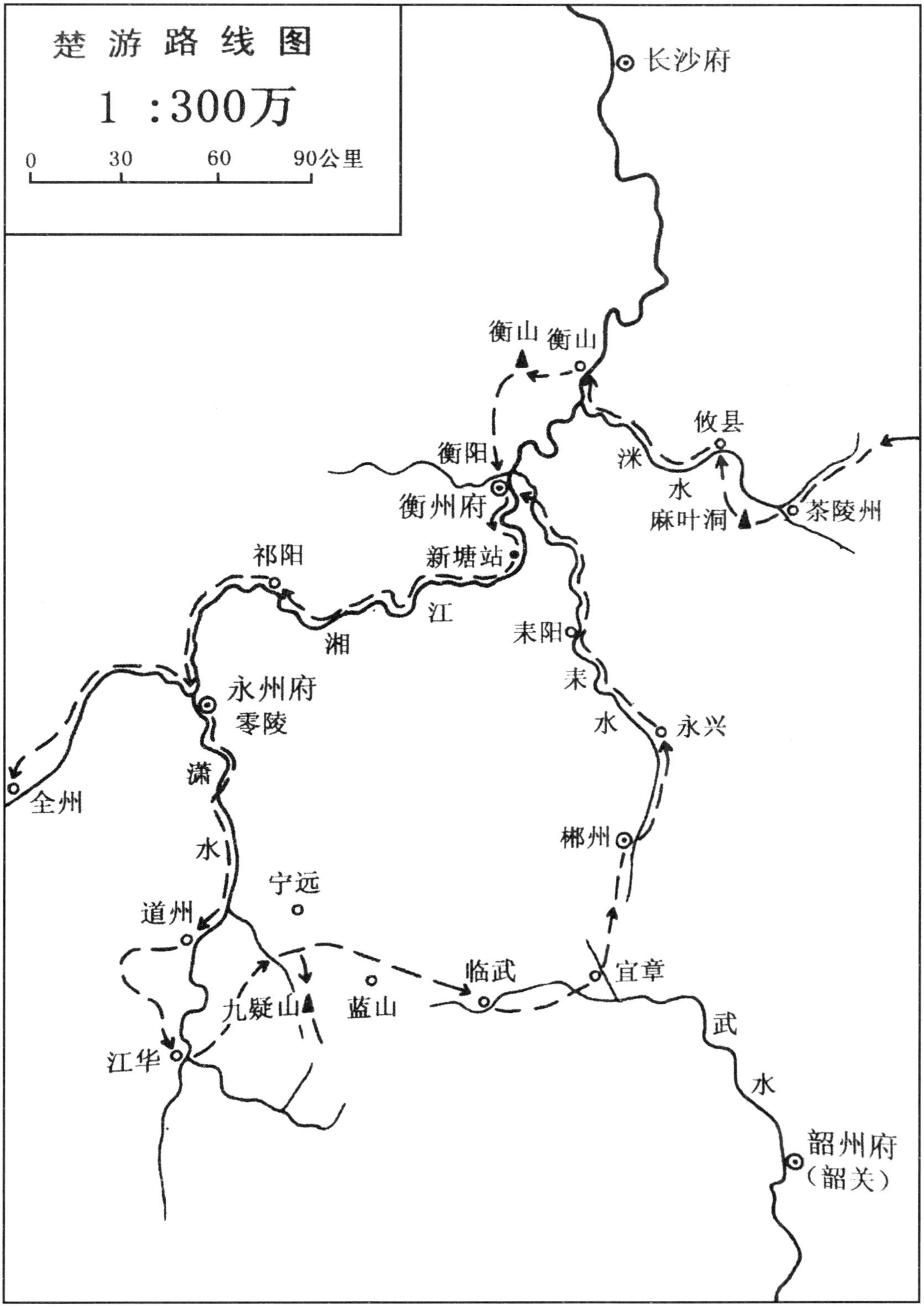

徐霞客楚游路线图（戴顺德·清绘）

目　录

MULU

重走霞客路

任国瑞　谢武经◎著

◉石梁岩

株洲之旅

——重走徐霞客游历的株洲之路

2013 年 4 月 9 日，阴。我们驱车前往茶陵，沿着徐霞客的楚游线路今湖南境域进行考察。午后赶到茶陵，下榻茶陵满春园宾馆。

下午，往江西莲花寻访徐霞客进入茶陵前的第一站——桥头。我们从高垅经湘赣交界处的界化垅进入江西。界化垅是一个小镇，西半部属湖南，东半部属江西，湖南东界是界化垅汽车站，江西西界现有赣南老王饭店，平时很难分清湘赣的分界线。这次我们去看倒是很清晰，因为湖南道路是沥青路面，江西道路是砂石路

◉笼皇雩泉

面，泾渭分明。高垅和界化垅一带现在已成交通要道，除旧有公路外，正在修建的衡（阳）茶（陵）吉（安）铁路和正在修建的南（宁）泉（州）高速公路也经过这里，到处在施工。

从界化垅东南行约 2 公里就是桥头，这是徐霞客进入湖南前在江西的最后一站。徐霞客说“桥头，无桥而有市，永新之公馆在焉”。其实，桥头有小溪，溪上有石板桥（现已改为水泥板桥），桥头还有棵古树，就在山口垅塔北侧。山口垅塔建于明天启年间，徐霞客当时应该看到过，且附近就是他进入湖南的古道。当地人以有山口垅古塔及岳飞于绍兴二年（1132 年）途经桥头前往茶陵征讨“游寇”曹成留下的遗迹和毛泽东于 1927 年在这里进行过革命活动为荣，并邀我们参观他们的图片展览。

是晚，在高垅进晚餐后返回县城。

4 月 10 日，阴。上午驱车前往秩堂镇东坑村的皇雩仙，徐霞客记为“黄雩仙”有误。自南宋孝宗题“雩山”后，雩山、雩寺、雩泉分别改称皇雩山、皇雩仙、皇雩泉。徐霞客到皇雩仙是这样走的，他从江西桥头经过湘赣交界的界头岭进入茶陵，然后往西南进入皇雩仙：“至庙，见庙南有涧奔涌而不见上流，往察之，则卓峰之下一窍甚庳，乱波由窍中流出，遂成滔滔之势。所称黄雩者，谓雩祝之所润济一方甚涯也。”皇雩仙景色佳奇；后山独立成峰，古木参天；皇雩仙庵院古色古香，五间二进，中有天井，正厅太乙殿供弥勒佛，左右各为观音殿、龙王殿，有道士两人，忙于接待香客。庵左崖下有皇雩泉，泉七孔，奔涌而出，汇集成潭，如徐霞客所述“乱波由窍中流出，遂成滔滔之势”，堪称奇观。庵院的七八方古碑，说明着历史的悠久。

离开皇雩仙，经皇雩仙水库、秩堂三学士（李东阳、张治、彭维新）纪念碑亭，我们来到高垅镇的光泉。徐霞客误记为“光前”。光泉村的村部气派，为两层楼房，外饰瓷砖。村旁有光泉。据说，绍兴二年（1132 年），岳飞督师讨曹成，行军至此，时值天亮，见岩壁下清泉迸涌，将士饮之，疲渴顿消。岳飞书“光泉”二字于岩，后人仿迹镌之。现光泉及岳飞题刻，已作文物保护。1974 年，在茶陵县机关幼儿园挖出了安放岳家军阵亡将士骨灰瓷罐的洞穴，每个瓷罐还记载死者的姓名、籍贯、军职，证实了岳飞征讨曹成的史实。

离光泉不远，就是高垅镇的荔市（徐霞客记为“荔子树下”），徐霞客在这里住了一晚。在徐霞客的眼里，这是一个很重要的地方，因为这地方是皇雩水与另一条小河的汇合处，从这里就有可以行船的水路了。他从江西过来时，有一支庞大的队伍，静闻、雇仆（雇请的仆人。按：雇，文献原为顾，乃形近而误所致。此后皆改顾为雇）、两舆夫、两挑夫，连同自己共七人。来到这里，他辞去了舆夫和挑夫，要静闻押运行李从舟，顺流至衡阳（徐霞客记为衡州），只留下顾仆与自己同行。今日的荔市，古桥仍在，两小河在此汇合的水道依然，然而古市小街已面目全非，河道寂

◉岳飞题“光泉”手迹

◉“荔子树下”静闻下水坐船处

然，不见舟船的踪影。“荔子树下”的名称，说明很久以前这里产荔子，徐霞客说，他来的时候就已不产荔子了。村里的支书张星载，倒很重视环境，不仅村民的卫生搞得好，且动员大家栽了很多树。

由于荔市至高垅仅数公里，张星载请我们到高垅镇一个本村人开的饭店吃午饭。餐中饮的是秩堂农家酿造的秩堂酒，酒微甜、略酸，酒精含量约 30 度，适进口；酒很好喝，因而容易喝醉，醉了还不容易醒；当地人夸为茶陵茅台。秩堂酒历史悠久，徐霞客好酒，可以想象当年徐霞客住荔市时，喝的也是这种酒。

徐霞客从荔市步行到高垅后并没有停留，而是沿着茶陵大道转至高垅西北的云嵝山。由于徐霞客详细记载了云嵝山寺老虎吃和尚及他为寻访云嵝山寺所经历的险情，我们总想找到这个地方。我们沿徐霞客的路线寻访到相关位置时，在丘林山地看到的却是绿色的山林中田园村落、阡陌纵横，现代的钢筋水泥、外饰瓷砖琉璃瓦的民居坐落在各个山麓；就连古老的茶陵大道，也已被乡村公路所代替。徐霞客笔下的那种荒凉阴森、虎豹出没、令人毛骨悚然的景象已杳无踪影。问及云嵝山的位置，村民说，一些小地名，他们也搞不清了。由于徐霞客从云嵝山出来后沿小溪而下，在小溪与茶水汇合处乘船至茶陵，因而我们尽力寻访这汇合口。后来，我们终于在泰移庵的居士指引下，找到了徐霞客在茶水岸边登船到茶陵的汇合口。汇合口在泰移庵所在山的山麓，一涯平

◉紫云寺

地，茶水南来，溪水南去，几乎成一条直线，汇合后西去茶陵。正值雨季，水量充沛，看上去壮观美丽，不见当年船舶来往的繁忙，倒显得格外寂静。

是晚，县文物局和纪念馆的几位老朋友请我们在刘记土菜馆吃晚餐，饭馆的黄焖鹅味道绝佳。

4月11日，多云。我们沿徐霞客的路线作云阳山之游。云阳山，在古茶陵州城西约5公里，如今却就在茶陵县城西郊，已成为风景名胜区，进去要收取门票。我们驱车至云阳山北门，门卫不让进山，说汽车只能东门上、北门下，并希望我们与云阳山管理局取得联系。云阳山管理局就在北门下方约几百米的道路左边，管理局委派副局长刘文林和景区办主任王森林陪同我们考察。

徐霞客把紫云和云阳分成两座山，实际上紫云和云阳是一座山，紫云只是云阳东部的一座小山，属云阳山的一部分。紫云就在管理局大门对面，徐霞客记载山半有真武殿，上有观音庵，而今在这里建成了一个规模庞大的紫云寺寺庙群。黄色琉璃瓦的两座红色门房，左前一块黄色巨石，上刻“紫云寺”三个大字。门内有天王殿，天王殿后是富丽堂皇盖黄色琉璃瓦的重檐歇山顶大雄宝殿。大雄宝殿的左后方，有圣帝菩萨庙。整座寺庙，占地约有1万多平方米。

徐霞客记载：由紫云之下，南循山麓西行2公里，为赤松坛。由于语言上的差异，徐霞客误听“赤松坛”为石洞，而他是最喜欢石洞探奇的，为此决计一游。当他到达赤松坛时，始知非洞，然天色已晚，只好宿于赤松坛庵中。徐霞客游赤松坛，记载有“子房炼丹池”“捣药槽”“仙人指迹”等古迹；庵中供奉赤松子、黄石公、子房三人。我们向何光岳先生请教张良（子房）与湖南的关系，他说张良很聪明，看到汉高祖刘邦大封刘姓王，觉得自己没希望了，决意退隐，在湖南留下不少足迹。看来张良在云阳留下足迹也是可能的。现在赤松坛附近建有赤松仙，殿宇古朴，民国时重建，有不少清代的石构件，门额“赤松仙”为谭延闿手迹。殿内现供奉赤松子等二仙人，庵中人已不清楚张良的传说。

徐霞客记载：云阳山的“老君岩在其上，是为绝顶，所谓七十一峰之主也”。云阳山的七十一峰，老君岩最高，因而我们

◉赤松坛庵

◉老君岩下老君像

决定登老君岩。越野车经盘山公路至半山腰，看到右边山顶一飞瀑流下，长达80米，蔚为大观；瀑下两山之间有观瀑吊桥。我们停车于左侧的半山壁，见壁上有一梯形二三十米高的石砌高台，上立老君神像，台壁上刊《道德经》。再看山顶，有殿宇，称祈丰台。我们从老君神像处爬山，山势险陡，大部分如爬楼梯。快到山顶时，突兀两大石，中有一窍，内塑老君坐像。登极山顶，为神农祈丰台。祈丰台古已有之，几经兴废。今台始建于2006年，台上有三层殿宇，逐层上收，内置神农坐像，另设大钟一口。台上四周眺望，山下景物尽收眼底。徐霞客描述“云阳之峰，俱自西南走东北，排叠数重”，诚如其言。

我们从祈丰台下山至老君神像附近的饭馆午餐后，开始从左道下山，经白云寺到张良试剑处。试剑石长 5 米、高 3 米、宽 2.5 米，其石纵裂缝垂直到底。相传张良随赤松子隐居云阳山铸剑。剑成，张良挥剑劈石，剑落石裂。徐霞客云阳山之游，未提及白云寺与张良试剑石，想必没有到过这里。再往下，就是徐霞客所说的五雷池。徐霞客记载：云阳仙“庵后有大石飞累，驾空透隙，竹树悬缀，极为倩叠。石间有止水一泓，澄碧迥异，名曰五雷池，雩祝甚灵。层岩上突，无可攀跻，其上则黑雾密翳矣”。实际上，五雷池为石英砂岩裂缝中流出的泉水汇集而成的储水池，从岩石中流出的泉水，因回音效应显得水响如雷，因此得名。五雷池的景象仍如徐霞客所述，只是在徐霞客所述的“大石飞累，驾空透隙”的岩窟中，后人安放了观音神像，因而人们又称此为观音岩。

五雷池下是云阳仙，徐霞客虽然多次提到云阳仙，也到了云阳仙，但从记载看，当时规模很小，寂静冷清。现在的云阳仙，

◉祈丰台

◉五雷池穴中的观音像

是云阳山最大的寺庙，建筑面积有数千平方米，殿宇均盖黄色琉璃瓦，附房盖绿色琉璃瓦或小青瓦，正墙施红色，富丽堂皇。寺庙前有麻石铺就的前坪，面积约 3000 平方米，内立华表。坪前又有水池，围以麻石栏杆，上架石桥。寺庙前左侧，还有停车场及一系列服务设施。周围有青山、绿树、竹林，清新幽雅。

从云阳山下来，天色尚早，我们寻找徐霞客进入茶陵州城的南门。徐霞客进入州城时，船泊南关，入南门后吃了早餐，但并没有进城游玩，甚至著名的茶陵铁犀都没有看。他游玩灵岩八景后，经过南门和大西门也没有进入州城。我们寻访南门时，发现茶陵的古城墙均已经过大的维修，迎熏门修饰一新，并已作文物保护。而寻到南门时，周围房子大都倒塌，数百米以内已没有人

◎茶陵古城南门

◉云阳仙

烟，无人居住的破旧民房门牌上的“南门上”标识，只能记载旧日的繁华。南门门洞依然完整，但看上去即将垮塌。门楼则早已荡然无存。南门两侧的城墙，不但破旧，且岌岌可危。南门内左侧的房子，应该是守门人居住的，亦亟待抢修。

是晚，应徐向东的提议，我们仍到刘记土菜馆吃黄焖鹅；然而，饭馆的黄焖鹅每份一只，不拆零卖，我们四人挺卖力，但终未吃完一只鹅。餐毕，我们响应“光盘”号召，打包将鹅肉带走，留到第二天享用。

4 月 12 日，阴。驱车到枣市镇岩口村，作“九十九井”“秦人洞”之游。枣市的地名，应来源于徐霞客所称的枣核岭。是日，枣市镇的宣传部女部长刘庆淑决意陪我们一游，特意换高跟鞋为旅游鞋；陪我们一道游的还有西冷村的村干部江头珠。徐霞客游“九十九井”“秦人洞”是从东岭村（徐称东岭坞）出发的，因东岭村交通不便，我们改从西岭上。我们驱车上西岭，岭右下方山窝有秦人洞，岭上可观赏九十九井；我们先看九十九井，再回过头来看秦人洞。至山顶，徐霞客描述的“岭头多漩涡成潭，如釜之仰，釜底俱有穴直下为井，或深或浅，或不见其底，是为九十九井。始知是山下皆石骨玲珑，上透一窍，辄水捣成井。窍之直者，故下坠无底；窍之曲者，故深浅随之。井虽枯而无水，然一山而随处皆是，亦一奇也”的景象随处可见。原来，这里的山岭，下层为喀斯特地貌构造，容易形成溶洞，水土从溶洞流失，形成罕见的无数锅底形地貌。这种锅底形地貌当地人称为井，而

◉枣市镇秦人洞西洞口

这样的井数量很多，形成一种奇观，因而称为九十九井。

西岭上有一漂亮的山窝如盆地，面积近千亩。有村落名西岭村在山麓，居民近千人。西岭村前有宽阔平坦的田园，田园中有两个很醒目的小山如土堆。村民们说，当时仙人准备一个晚上造一百口井，最后一担土挑到这里就天亮了，因而把这担土丢到这里就走了，形成了这两个土堆式小山。仙人造井也只造成九十九井。

在西岭还遇到茶陵三和生态农业发展有限责任公司的老板颜军，他承包了这里的一片山林，办了“西岭杨梅基地”。他说，这里特适合杨梅生长，特意从浙江引进东槐杨梅品种。这种杨梅产量高、果形大、核小、味甜、无渣，是世界最优良的杨梅品种。我们看到，成片的杨梅林长势喜人，均幼小。颜老板说，种植杨梅林的投资，时间长、见效慢，如果没有毅力和耐心，精神上会被拖垮。随后，颜老板亦愿陪我们作秦人洞之游。

我们驱车回头前往秦人洞，颜老板亦开工具车跟随。虽然路面既陡又烂，好在可以开到山窝底。秦人洞，徐霞客记载特详：“又西一里，望见西南谷中，四山环绕，漩成一大窝，亦如仰釜。釜之底有涧，涧之东西皆秦人洞也。由灌莽中直下二里，至其处，其涧由西洞出，由东洞入，涧横界窝之中，东西长半里，中流先捣入一穴，旋透穴中东出，即自石峡中行。其峡南北皆石崖壁立，夹成横槽；水由槽中抵东洞，南向捣入洞口。洞有两门，北向，水先分入小门，透峡下倾，人不能从。稍东而南入大门者，从众石中漫流，其势较平；第洞内水汇成潭，深浸洞之两崖，旁无余隙可入。循崖则路断，涉水则底深，惜无浮槎可觅支矶片石。唯小门之水，入峡后亦旁通大洞，其流可揭厉而入。其窍宛转而披透，其窍中如轩楞别启，返瞩捣入之势，亦甚奇也。西洞洞门东穹，较东洞之高峻少杀；水由洞后东向出，水亦较浅可揭。入洞五六丈，上嵌围顶，四围飞石驾空，两重如度悬阁，得二丈梯而度其上。其下再入，水亦成潭，深与东洞并，不能入矣。”遗憾的是，徐霞客造访秦人洞时，引路者只带他看了东洞，返回引路者家中吃过饭后，另一个年纪稍大的人告诉他还有西洞。徐霞客不惜往返十里之遥，又回过头去探访了西洞。秦人洞，他来回走了两道，还说终于东西洞都看到了，往返两次也值得。

我们探访秦人洞西洞时，道路完全堵塞，又没有带柴刀，全靠村干部江头珠用手扒开一条通道。探访东洞时，水大不能过，水上只架一根独木，只江头珠过去了，其余的人不敢过。我们来了不能留下遗憾，因而左右手各拿一根树木作拐杖，壮着胆子过去，终有幸看到了徐霞客记载的绝景。

从秦人洞出来，早过了午餐时间，枣市镇政府食堂多次电话催吃午饭，我们快速赶回。

下午，我们前往云阳山西的平水镇水源村寻访徐霞客极感兴趣的上清潭和麻叶洞，陪同我们寻访的是村干部罗春株。徐霞客

◉上清潭出水洞口

考察到这里时，当地人向徐霞客介绍，这里有上清潭和麻叶洞，是神龙潜伏的地方，不但难进去，也没有人敢进去，进去就十分神奇，有好东西看。徐霞客一听，极为兴奋，决计一游。徐霞客游上清潭，有这样的记载："其洞即在路之下，涧之上，门东向，夹如合掌，水由洞出，有两派：自洞后者，汇而不流；由洞左者(乃洞南旁窦)，出其甚急。既逾洞左急流，即当伏水而入，导者止供炬爇火，无肯为前驱者。余乃解衣伏水，蛇行以进，石隙既低而复隘，且水没其大半，必身伏水中，手擎火炬，平出水上，乃得入。西入二丈，隙始高裂丈余，南北横裂者亦三丈余，然俱无入处，唯直西一窦，阔五尺，高五尺，而水没其中者亦尺五，隙之余水面者，五寸而已。计匍匐水中，必口鼻俱濡水，且以炬探之，贴隙顶而入，犹半为水渍。时顾仆守衣外洞，若泅水入，谁为递炬者？身可由水，炬岂能由水耶？况秦人洞水，余亦曾没膝浸服，俱温然不觉其寒，而此洞水寒，与溪涧无异。而洞当风口，飕飗弥甚，风与水交逼，而火复为阻，遂舍之出。出洞，披衣犹觉周身起粟，乃爇火洞门。”从徐的记载看，当地人说的有理，实在太惊险了。我们到了上清潭，洞口环境与徐记完全相同，但洞口的潭没有了，洞口上方的石板路也于2005年改为公路，好在洞口没有破坏。现洞口拦了铁栏杆门，然已损毁，人仍然可以进去。我们进洞观察，地面全是水流，无法深探，更不敢进去。洞上的公路左上方，有几株古树，树下有一小庙，供奉齐天大圣孙悟空；看来当地人还是相信，这里是神龙栖息之地，要大闹龙宫的孙悟空在此镇守。

按照徐霞客记载的位置，我们到麻湾岭寻访麻叶洞。村干部罗春株说，麻叶洞至今没有找到。由于徐霞客对麻叶洞的记载详细奇特，很有旅游开发价值，从 1998 年开始县里就组织人找麻叶洞，花了很多钱也没有找到；接着，县里出重奖要大家找，罗春株就组织了 24 个人，每人集资 2000 元，找了很久还是没找到；后来贵州来了三位洞穴专家，还是无果而回。看来，麻叶洞是很难找到了。现在在麻湾岭开了采石场，供应修建衡茶吉铁路和泉南高速公路的石料，人们还指望在采石中发现麻叶洞。可惜的是，这里的环境却遭到了破坏。

徐霞客离开麻叶洞后，在黄石铺住了一晚，然后前往攸县。当晚“碧天如洗，月明霜凄”。正月下霜，亦为异境。过去的黄石铺，地处洣水岸边，应该比较繁华。如今虽还有人居住，民居也不少，但已显得冷清；偌大的河面，一条船也没有了。

晚上回到县城，再到刘记土菜馆，请餐馆热好我们昨天吃剩的黄焖鹅，味道仍然鲜美。

4 月 13 日，多云。徐霞客到茶陵后，先看灵岩八景，后探云阳山。我们却先看了云阳山，再访云阳八景。是日，县文物局的杨小可开一台小面包车，带着严塘镇的文物管理员王晚俫陪同我们考察。由于灵岩八景均在严塘镇沙溪村及与其交界的地区，我们驱车直奔沙溪。到沙溪后，村里的主要负责人不在家，王晚俫请来村里的一位老朋友带路。

我们看的第一景是石梁岩。徐霞客称：“石梁岩，在沙陂会仙寨东谷。其谷乱崖分亘，攒列成坞，两转而东西横亘，下开一窦，

中穹若梁，由梁下北望，别有天地，透梁而入，梁上复开崖一层，由东陂而上，直造梁中而止，登之如践层楼矣。”石梁岩，跨度达 45 米，拱穹高达 10 米，梁厚达 15 米，为湖南省最大的天然桥，因而在石梁下已修了公路，可 4 辆汽车并排穿梁而过。我们仔细观察，石梁上还有“石梁桥”的题额，落款为“嘉靖甲辰（1544 年）”，不知徐霞客为何不记。

第二景为碧泉岩。赤壁中一窦若屋，地势平整。徐霞客称：

“（洞口）向南，洞深三丈，高一丈余，内有泉一缕，自洞壁半崖滴下，下有石盘承之，清洌异常，亦小洞间一名泉也。”洞额上有“碧泉岩”题刻，洞内壁有摩崖石刻五方，纪年已经风化，时间应在明代以前，徐霞客未记。

第三景为对狮岩。如徐霞客所记：“在灵岩南岭之外，南对狮峰，上下两层，上层大而高穹，下层小而双峙。”现下层已积水成潭，上层有石凿台阶进入，并有房屋建筑石凿遗迹。此外，洞额及洞内有明嘉靖年间的茶陵州守曾才汉的“对狮岩”大字题刻，并有数方摩崖题刻，不知纪年；另有一人凿石龛，可能供奉过某方神像。

第四景为月到岩（徐记为灵岩），由于“每月出，岩中明如昼”，由此得名。徐霞客称：“其洞东向，前有亘崖，南北回还，其深数十丈，中有金仙，外列门户而不至于顶，洞形固不为洞揜也，为唐陈光问读书处。陈居严塘，其后裔犹有读书岩中者。”月到岩现为寺庙，内供如来诸佛。洞额有“月到岩”题刻，据说洞内的大墓，墓主人就是刻洞额上的题字掉下来摔死的。月到岩最为难得的是有北宋宣和、南宋绍定、元大德、明弘治、正德、嘉靖、万历等历史年代的石刻50多方，然而大都需要整理抢救。徐霞客游月到岩时已过正午，僧晓霞留饭，并介绍前山净侣六空为他作导游。

第五景为观音现像。徐霞客记：“伏狮峰之东，回崖上有石迹成像，赭黄其色。”我们往石壁观看，虽牵强，亦可想象。

第六景伏虎岩。因山势如伏虎而得名，岩下有大洞，高约50米、宽约60米、进深约60米，顶向下倾斜，后有两小洞，如石屋。有石凿臼等人工器物，应该有人在这里居住过。徐霞客说“八景惟伏虎未至”，我们特为补遗。

中午，在王晚俫的朋友家中餐，三荤两素一汤，新鲜可口；特别是王晚俫采摘的野菜最受欢迎。

第七景为会仙寨。徐霞客说它“下临沙溪，上亘圆顶，如叠磨然，独出众山”。上山的路极陡险，多处在陡壁上凿出踏步，让人不寒而栗。登上山顶，可眺望四周美景。山顶有水池，到处是人工凿出的石孔，这是安放房屋木柱及修建护栏用的榫眼，证明在过去社会动乱时作过山寨。

第八景为学堂岩。为我们作向导的王晚俫等均找不到这个地方。我们从会仙寨下来，问当地村民，也大都摇头。唯有一村民肖九一说：“就在山上，你们没有看到？”我们说没有。肖九一自告奋勇带路，我们又爬会仙寨。爬上山后，肖九一带我们向北走，约200米就到了学堂岩，如果原来知道，就不用反复折腾了。徐霞客记载：“学堂岩在会仙之北，高崖间迸开一窦，云仙人授学之处。”我们仔细观察，该洞只有四五十平方米，但人工整凿得方方正正、平平坦坦，两边墙壁似乎还凿了放灯的台子，确实像是教室，然而却找不到石刻文字。

◉攸县县城古南门所在地

整个灵岩八景，地处晚期的丹霞地貌，不像崀山、丹霞山、武夷山、天飞山那样高大挺拔，正如徐霞客所说："其山皆不甚高，俱石崖盘亘，堆环成壑，或三面回环如玦者，或两对叠如门者，或高峙成岩，或中空如洞者，每每而是。但石质粗而色赤，无透漏润泽之观。"但八景中各具特色，不愧为茶陵佳景。

是晚，我们到县城请杨小可、王晚俫共进晚餐。

4 月 14 日，晴。从茶陵到攸县，徐霞客只是路过，并未游玩，也没有多少记载，只是进攸县县城时，多了点笔墨，为此我们驱车直达攸县县城。

徐霞客是从攸县县城南门进入县城的。徐霞客说：“县城濒江北岸，东西两门，与南门并列于江侧，茶陵之江北曲西回，攸水自安福封侯山西流南转，俱夹高暑山而下，合于县城东，由城南西去。是日一路霁甚，至长春铺阴云复合。抵城才过午，候舟不得，遂宿学门前，亦南门。”我们进入攸县县城，打听南门，多人不知，后在一老者指引下，终于找到了古代南门的位置，然而却面目全非。洣水河岸已新修 3000 多米长的现代化长堤，堤上为秀美的沿河风光带，风光带内侧为宽阔的滨江大道，既防洪，也便利了交通、美化了城市，岸边米黄色巨石上庚寅（2010 年）仲夏镌刻的《江景赋》歌颂了这一丰功伟绩。然而，宽阔的河面上一条船也没有，显得空寂。一老人告诉我们，现在的滨江大道上望云东路的路口一带就是南门的位置。他还说，三国时黄忠一家就住在南门，基建时还挖出了当时的兵器。我们说，这里的沿河风光带很美哟。老人说，美则美，可一点古代的遗迹也没有了。

◉龙王桥

衡阳之旅

——重走徐霞客游历的衡阳之路（上）

2013 年 5 月 14 日，晴。我们驱车前往衡东，开始徐霞客《楚游日记》线路衡阳段的考察。衡东县自古属衡山县，1966 年将原衡山县湘江以东的地域划出，新设衡东县。其地在衡山之东，因此得名。

中午在衡东县县城午餐，然后在衡东县文物局副局长秦光政的陪同下前往龙王桥。

徐霞客完成茶陵、攸县的考察后一路西行，跨越攸县衡东边境，经由罗荣桓元帅故里到达龙王桥。龙王桥本为桥名，历史上地处交通要道，因而当地地名也叫龙王桥。龙王桥所在地旧设红桥公社、龙王桥乡、龙王桥镇，现属高湖镇东升村。徐霞客说，龙王桥“其居民萧姓，亦大族也”。今天的龙王桥，自 20 世纪 70 年代并入高湖镇后，已显得冷清。然而，桥东破旧的青石板古街、已经废弃的塑料棚搭建的 100 多米长的墟场，见证着昔日的繁华；古老的、已经没有多少人行走的单拱青条石龙王桥，诉说着古老的历史。徐霞客所说的萧姓，仍为这里的大姓。老街上的萧荣华老人说，这周围萧姓人最多，仅龙王桥的两个组就有近 300 人。秦光政说，旧社会萧姓为当地望族，罗荣桓年轻时就是与萧姓人打架，后背井离乡出走，走上了革命道路。

徐霞客是经龙王桥前往太平寺搭船前往衡山的。当地人说，过去去太平寺，过桥走 5 公里山路就到了，现在交通发达了，这条路已经没有什么人走了。我们坐车，当然得有公路，因而绕道而行，半个多小时到达太平寺。

太平寺，现属杨林镇，旧有寺，已毁。村民董觉荣说，太平寺很壮观，有铜佛、铁钟，铜佛有真人大，20 世纪 50 年代破除迷信，铜佛铁钟作废品卖了。寺内原有一株古槐树及两株古桂花树，点染一处风景，也被砍掉了。我们查看旧址，只剩寺门的石门框及断壁残垣；然而，从小溪边发现多块来自寺庙的现已被洗衣人磨平的古碑及古街旁的村民屋前来自寺庙的明代柱础看，太平寺确为古代名寺，难怪这地方历来以寺命名。参加过三峡考古发掘的秦光政一眼还发现了丢在路边的汉代墓砖，更见证了这里悠久的历史。太平寺老街很长，弯弯曲曲一直延伸到河边码头，虽已破败，然而从其规模可以想象昔日的繁华，亦可想象太平寺码头历史上的重要地位。村民说，过去茶陵、攸县的客商均从这里下船去衡山、衡阳。我们细看地图，见洣水从攸县而来，一个大拐弯才经太平寺西北去入湘江。显然，从攸县到太平寺，陆路更省时省力，难怪徐霞客选择陆路从攸县进入太平寺，再从水路西北去衡山。

接着，我们来到了徐霞客上船并在船上住了一晚的古码头。古码头依山临水，左边有一条小溪弯弯曲曲平缓地进入洣水，两岸树木葱茏，风光秀丽。从太平寺进入码头，突然地势开阔。原来，这里是一个不小的盆地，洣水流到这里地势平坦，河面开阔。河对岸是徐霞客所称的“芒洲”，这芒洲由于洣水从太平寺流下约二三公里后一个回头弯，形成半岛，因而三面环水。洲上村落交错，树木葱茏，在高处看，如大湖中的长岛。盆地周围青山环绕，山势起伏有序。远山、近水、绿洲，实为罕见。徐霞客住这里时，晚上看到了东、西两山“夜烧”（一种古老的山上种植方式）美景，更添了旅途情趣。他说：“中夜见东、西两山，火光荧荧，如悬灯百尺楼上，光焰映空，疑月之升、日之坠者。既而知为夜烧。”村民说，太平寺码头背靠的石山，后因采石受到破坏，其实，原来的山水更为秀美。

◉衡东县太平寺码头遗址

徐霞客乘船沿洣水顺流而下，夜宿杨子坪民居家。杨子坪，就在现衡东县城的郊区，属吴集镇。杨子坪为洣水冲积而成的小平原，现有水湖村、大芳村、清草湖村分布其间。杨子坪的村民，以种植蔬菜为主，供应衡东县城。目前正值夏菜上市季节，辣椒、茄子、黄瓜、丝瓜等长势喜人。我们问村民使用化肥、农药情况，村民给秦光政一条刚摘下的新鲜黄瓜，请他尝一尝。秦光政洗净后每人分一节，其味格外清甜爽脆。至于徐霞客当时夜宿谁家，则无法考证了。

是晚，下塌衡东县城新明珠酒店，当时说住店打折，结账时又不肯打折了。

5 月 15 日，阴转雨。早餐后，我们奔赴雷市。徐霞客住宿在杨子坪的当晚，天没亮就被催促上船，继续沿洣水下行，至洣水入湘江处下游不远的雷家埠。徐霞客所说的雷家埠，现名雷市，是古代湘江边上的一个重要商埠，由于水运退出历史舞台而走向衰落。雷市老街有一里多路长，原为石板路，改革开放后一位台湾老板资助改成了水泥路面，虽然老街的格局没有变化，然而商铺基本消失，很多房子没人居住。在一些居民家中，偶尔有些老人坐在门口谈天，或在屋里打牌、玩麻将、看电视，然而年轻人不多，说是去了外面打工。80 多岁的鲁秋英老人说，以前雷市很热闹，有三四个码头，街头还有一个大码头。我们看到通往码头的巷道还在，红砂岩石板路面也完整，但没有人员往来。我们遇到一个年轻人叫余荣嫦，她说是江西上饶人。问她怎么会在这

◉衡东县雷市湘江码头的巷道之一

里，她说在广东打工时认识了现在的老公，就嫁到这里来了。现在开了个小药店，生意一般。看她药店的药柜，倒是一件旧物：柜分两级，第一级两层抽屉，每层十二个，上面平顶；第二级六层抽屉，每一层也是十二个；总共八层九十六个抽屉。这个旧药柜，余荣嫦说是房东的，不知制作年代。我们来到湘江边，看到宽阔的江面上，没有一条船航行，只岸边停有两只机动船，船上空无一人。上游来的湘江水，流向靠岸这边特别黄浊，原来上流不远就是洣水的入湘口，昨晚衡东大雨，使江水变浊。洣水入湘口上游不远，隐约可以看到著名的大源渡水电站的大坝和闸门。河对岸，是位于衡山县的江华化肥厂。

离开雷市，我们沿着徐霞客的足迹，来到了衡山县城。徐霞客乘船从湘江上岸，从南门进入衡山县城，再出西门赴南岳。衡山县文物局局长颜高峰及几位老朋友赵志刚、喻谦等陪同我们寻访徐霞客经过的南门和西门。由于县城已完全被现代建筑覆盖，问了好几位老人，才确定了古南门的位置在湘江路与解放南路交会处的衡山县交通局门口一带；古西门则在开元南路与人民中路的交会处，现已是十字街口。曹树生老人说，南门外原有马王庙，毛泽东的堂妹毛泽健就是在南门外被杀害的，现衡山有毛泽健纪念园，园内有毛泽健墓。应文物局之邀，我们还看了马英九的父亲马鹤凌在衡山县城住过的地方——罗家大屋，即现在的紫巾村六组 24 号。罗家大屋为民国建筑，现已破旧，墙体尚稳，屋面

◉衡东县余荣嫦药店的旧药柜

有三分之一露天漏水，有一端屋顶长满杂草和小灌木，亟待维修。

近午，我们到达县城东约 5 公里的开元镇师古桥。徐霞客从衡山县城过来时，从石陂桥至师古桥，沿途 5 公里有松树夹道，现在一棵古松也没有。今日的师古桥，桥东为岳峰村，桥西为师古村；古桥依旧，为青条石砌就的三墩石板桥，只是在石板桥面加铺了钢筋水泥板，可供汽车在桥上行驶，它证明着古桥的牢固，并非“豆腐渣”工程。桥下为发源于南岳的乌江；桥西头，有古街市的遗存。

过了师古桥，我们直奔南岳。南岳原属衡山县，1984 年设立南岳区，改属衡阳市。衡山县一分为三（先分出衡东县，又分出南岳区）后，引出了一些地理概念的混乱，让外来游客一头雾水。如衡山火车站不在衡山，而在衡东，游客下车后不知所措。又有游客说："南岳衡山是一个整体，被人为分割后，变成了'南岳无山，衡山无岳'了。"

下午，我们来到南岳区委、区政府，刘见华去找区委宣传部，联系第二天上南岳的有关事情。徐霞客来的时候，南岳想登就登。现在登南岳，不但要买门票，而且自带的车子也不能进山。一些地方承包给了个人，不找熟人关系进不去。

是晚，下榻五悦景区连锁酒店。酒店干净舒适，出门下雨主动借伞；晚上就餐，服务员还主动介绍几家价廉味美的餐馆供我们选择，并不强求我们在本酒店就餐。

5 月 16 日，南岳山上大雾加雨。晨起，前往区委宣传部接南岳新闻办主任文丽贵，请她带我们进南岳山门。在山门，我们被要求停车，文丽贵前往交涉，十多分钟，文丽贵从山门出来，说我们可以进山了，看来颇费了一番口舌。我们要送文丽贵去区委，她婉拒，我们遂道谢辞别。

徐霞客登南岳是从山下往上走，我们则相反，先乘车到山上，然后从山上往下走。我们的车在大雾及狭窄而弯曲的登山公路中穿行，直开到南天门。我们下车时，大雾加小雨，十几米以外不辨男女。寒气忽从天上来，有经验的已穿上了棉大衣。适有几个男女在此兜售一次性塑料雨衣，五元一件，当时我们不想买。是时雨势突然加大，不少上山的人都在买雨衣。刘见华替我们每人

◉南岳雨雾中的南天门

买了一件，穿在身上，不仅避雨，而且御寒。这些生意人真有心，急人所需，自己亦赚钱。

我们在雨雾中一路登山，约半个多小时，到达徐霞客在南岳山上住了四个晚上的上封寺。该寺的地势较高，在南岳第一峰祝

融峰额下，海拔 1200 米。上封寺始建于隋朝，奉隋炀帝敕令所建，故名“上封寺”。上封寺几经兴废，现已建成为四进两厢，含有牌房、山门、天王殿、大雄宝殿、说法堂、祖堂、方丈室、钟鼓楼等建筑的庞大寺庙建筑群。寺内香火旺盛，僧侣忙碌，我们想问些情况而不可得。有许多信徒要在寺内就餐，厨房在忙碌着准备斋饭，饭堂及休息室亦挤满了男女，人声嘈杂。在寺庙的几处宣传书架上，摆满十数种关于佛教及寺庙的宣传书籍，《上封寺》的宣传画册印制精美。明代的上封寺是否也这么热闹，不得而知。令人费解的是，上封寺地势高寒，徐霞客到来时又是寒冷的正月，他为什么会在这里住那么久？徐霞客在上封寺期间，竟然没有任何记录。

我们依次下山，徐霞客提到过的南天门在雨雾中无法拍照。湘南寺、铁佛寺几乎没有香火。下到半山庵，有道观——玄都观，人流渐多，香火始旺。至此，已是正午，正想找一个地方午餐，恰好一中年妇女拉客，餐馆就在玄都观下拐弯处。到达餐馆，可

◉南岳福严寺山门前的三株千年古银杏

选择的菜肴不多，店主劝我们杀一只她自家喂养的土鸡。当时正值禽流感爆发期，我们犹豫良久，但最终还是同意了。所幸做出来的土鸡非常美味。

离开半山庵，我们到了福严寺，这是徐霞客留宿一晚的地方。徐霞客对福严寺记了两句话：“殿已倾，僧佛鼎谋新之”及“宿明道山房”。福严寺，为南朝陈废帝光大元年（567 年）天台宗慧思禅师创建，初名般若寺；北宋改名福严寺；后几经兴废。现在的福严寺，修饰一新，形成了一个含有山门、知客厅、岳神殿、大雄宝殿、祖堂、方丈室、说法堂等建筑的寺庙建筑群。寺内有固定僧侣 20 多人，常住僧侣 100 多人，有重要活动时达数百人。由于地方太偏，虽然名气不小，而香火一般。有来自桂阳和本地的僧侣与我们交谈，说他们进入佛门也有不少条件，如结了婚的要离婚、加入了党派的要退出、有父母的要父母同意等。福严寺寺前有三株古银杏，集中栽在一处，树龄达 1400 多年，仍然枝繁叶茂，成为南岳一大生态景观。徐霞客当时没有记载，也许是那时古木太多，他并不在意；然而现在，即使是一株，也特别珍贵了，何况三株。

离开福严寺后，徐霞客游览观音庵、罗汉台、方广寺、天台寺等地，并夜宿方广寺，这是徐霞客在南岳住的最后一个晚上。关于方广寺、天台寺，徐霞客倒颇费笔墨。他说：方广寺“寺正殿崇祯初被灾，三佛俱雨中。盖大岭之南，石廪峰分支西下，大岭之北，云雾顶分支西下，夹而成坞，寺在其中，寺始于梁天监中。水口西去，环锁甚隘，益胜地也。寺西有洗衲池，补衣石在涧旁”。由于附近有天台寺，他决计一游，于是“渡水口桥，即北上山，西北登一里半，又平行一里半，得天台寺。寺有僧全撰，名僧也。适他出，其徒中立以芽茶馈。盖泉室峰又西起高顶，突为天台峰。西垂一支，环转而南，若大尾之掉，几东接其南下之支。南面水仅成峡，内环一坞如玦，在高原之上，与方广可称上下二奇”。游完天台寺，徐霞客返方广寺住宿。

方广寺为南岳最早的寺庙之一，梁天监二年（503 年）由惠海开山始建，1500 多年来几经兴废，民国以后几成废墟，1995 年开始筹备重建。现在的方广寺，正在大兴土木，修建富丽堂皇的寺庙群。目前，天王殿、大雄宝殿已建成接纳香火；僧侣用房也已完工。祖师纪念堂、五百罗汉殿、千手观音殿、十方紫盖寺闭关禅修中心、二贤祠、船山纪念馆等将陆续修建。竣工后的方广寺，建筑面积将近 1.5 万平方米。

在方广寺的大雄宝殿，我们与一云游僧尼交谈，她不愿说自己姓名，只说自己是辽宁人，45 岁，不到 20 岁就出家了，从北京、河南等地云游到这里。说起她出家的原因也很特别，她说那时不懂事，怕地震、怕死，以为出家就不地震、不死了。她出家后回去找过父母亲，父母说：“我们以前不同意你出家，出家你就出到底吧，不要回来了。”另外，她有三个哥哥、一个姐姐、一个小妹，再也没有找过他们。我们问她想不想还俗？她说已经没有七情六欲，真心修行，佛祖会保佑她长寿。我们说与她合影，她说男女是不能合影的。我们说给她照个相，她说可以，然后双手合掌胸前，任我们拍摄。

出了方广寺，遇拜殿乡拜殿村的村民李国祥，愿意冒小雨带我们去天台寺。我们上山约 1.5 公里，就到了天台寺，眼前只有一片废墟。从断壁残垣上可以看出，这里曾经是一个不小的寺庙。在寺庙的遗址上，好像有一栋刚被拆毁的夯土墙房子。李国祥说，这栋房子原来住了一位叫朱向生的村民，是他向朱向生用800元买了这栋房子。李国祥说："我拆了房子卖材料，还尽赚了800多元。"

5月17日，晴间多云转小雨。上午考察南岳水帘洞。这是徐霞客考察的重要地方，记述也特别綦详，达300余字。由于水帘洞已成景区，且承包给了私人，宣传部无法安排考察，建议我们找文物局以考察文物的名义进景区。文物局安排王旭东陪同。水帘洞如徐霞客所说："乃瀑之泻于崖间者，可谓之'水帘'，不可谓之'洞'也。崖北石上大书'朱陵大沥洞天'，并'水帘洞''高山流水'诸字，皆宋、元人所书，不辨其款。"今天的水帘洞景区，经过人为打造，新修了游道，增建了亭台楼阁，新辟了几处深潭，周边树木茂密。我们来时，正值丰水季节，水帘瀑布更为壮观。

水帘洞古称朱陵洞，传说为朱陵大帝即炎帝的居所，是道家的"第二十六洞真墟福地"，故称朱陵洞天。徐霞客考察时太侧重于山水地理，没有仔细考察摩崖石刻，甚至一个个斗大的字"朱陵太虚洞天"也被他记为"朱陵大沥洞天"。其实，水帘洞的人文特点是摩崖石刻。摩崖石刻最集中的有三处，总数达三四十方，很多题刻不仅书法特好，字幅也特别大，有些笔画达一米多长。题刻以宋、元居多，也有部分明、清题刻。字径最大的题刻"水帘洞"刻于南宋淳熙十一年（1184年），能够清晰识读的最早题

◉南岳水帘洞的“朱陵太虚洞天”石刻

刻为北宋政和七年（1117年）。

徐霞客到南岳时，先“过司马桥，入谒岳庙，出饭于庙前”；看完水帘洞后“还宿庙”。我们亦先看水帘洞，再看岳庙。

岳庙，即南岳大庙，在南岳山麓，今南岳镇北部。南岳大庙自古为我国南方最大的古寺庙建筑群之一，蜚声中外。现在的南岳大庙，前后共九进，四重院落。主体建筑沿中轴线布局，由棂星门、奎星阁、正川门、御碑亭、嘉应门、御书楼、正殿、寝宫、北后门等组成。主庙两侧，左有道教八个观宇，右有佛教八个寺院。岳庙最雄伟的建筑是正殿——圣帝殿，重檐歇山式金色屋顶，象征南岳七十二峰的七十二根大石柱支撑，建筑在两米多高的石台基上，占地面积近2000平方米。我们问殿内的僧侣，说殿内供奉的主神为圣帝祝融；圣帝前两侧为六部尚书；门内两侧为哼哈二将。大庙香火极旺，热闹非凡，鞭炮声不绝于耳。在这里我们见到了一队 30 多人的朝圣女信徒，头披黑巾，黑巾外扎红带，身穿黑衣黑裤扎红肚兜，脚穿黑布鞋，每人手捧五支红莲花，口唱佛歌，在大殿朝拜后整齐列队鱼贯而出，右拐弯沿大殿右廊向后殿进发，到达后殿即圣公圣母殿门前，横排成四排，直立虔诚地唱佛歌，不时整齐地向圣公圣母跪拜行礼，歌毕而散。

离开南岳，我们赶赴衡阳县集兵滩镇，相约集兵滩镇的仇向阳作向导,带领我们作徐霞客游衡阳县的线路考察。衡阳县,隋置,县城一直在今衡阳市；1952 年，衡阳县一分为二，东南称衡南县，西北仍称衡阳县，县城迁西渡镇。衡阳县与衡山县接壤，徐霞客

◉南岳大庙朝拜的女信徒

◉南岳大庙七十二根石柱（局部）

◉南岳大庙棂星门

离开南岳后，进入衡山县的马迹桥，再从马迹桥进入衡阳县的界牌。为此，我们在集兵滩午餐后驱车前往衡山县的马迹桥。

马迹桥，相传因古有天马降临溪边，留下足印，后人于此建桥而得名。为此，马迹桥还被公布为县级文物保护单位。当地地名也称马迹桥，现在在此设马迹桥镇。马迹桥处于古官道上，为单拱青条石石桥。桥两头旧有店铺，现已荒废。桥头的一栋老房子面对马迹桥的边门上还留有醒目的“文化大革命”时期的老楹联，门额为“为人民服务”，联为“伟大的领袖毛主席万岁；伟大的中国共产党万岁”。门两侧的白粉墙上各有一条红色的毛主

席语录。

马迹桥往南数里，即为徐霞客所说的界头，是衡山县与衡阳县的交界处，现为衡阳县的界牌镇。界牌到处是挖白瓷泥的工地，道路也被拖白瓷泥的重车压得坑坑洼洼。随行的仇向阳说，界牌以盛产瓷泥、瓷器闻名，有湘南瓷都的美誉；这里的瓷泥特好，称“衡阳土”，四周工地上的白瓷泥就是这种土。

我们沿公路到了国庆村，这里就是徐霞客笔下的国清，20 世纪 50 年代改名国庆。我们想找到实物证据，村民说有一块古石碑，现被村民丁文轩收藏在家中。我们找到丁文轩，找到了那块曾经用作洗衣板的石碑，碑名为《重兴中国清寺碑记》，系清道光二十二年（1842 年）碑刻，证实了这里的历史地名为“国清”。村民们还解释，这个地方原名国清村，地处官道上，有不少店铺，村外有亭，即徐霞客所称的国清亭，供人歇脚。村旁的寺名“中国清寺”，如碑文所记。此外还有“上国清寺”，在将军庙石灰庵附近。还有“下国清寺”，在唐福。国庆村古街道格局仍在，但一个商铺也不在了。

下午四点多，我们到了徐霞客所记的横口。他说：“一里，水始出峡，路亦就夷。又一里，是为横口。傍塘、黑山之水南下，岣嵝之水西南来，至此而合。其地北望岣嵝、白石诸峰甚近，南去衡州尚五十里，遂止宿旅店。”我们问当地村民，这里是不是横口，皆说不是，而是“环口”。一热心村民粟解元说，这里也算一个小盆地，小盆地地方语言称“洞”；西北有山口进入，进入以后左右均有环“洞”的山地，故山口称“环洞口”，简称“环口”。看来，徐霞客记为“横口”，系语音之误。徐霞客所记“傍塘、黑山之水南下，岣嵝之水西南来，至此而合”的汇合处在村左，两水相汇处形成一锐角，约二三十度。由于流水有一定坡度，且是丰水季节，流水哗哗，波光闪烁；两岸绿树成荫，周围田园焕彩。村前有一双拱古石桥，两侧青藤垂挂，两头树木青翠，桥下流水清澈，自成一景，亦为村庄增添了几分古意。至于当时徐

◎衡阳石鼓书院禹碑亭

霞客住宿谁家，则已无法考证了。

由于与衡阳市文物局的副局长陈默约好晚六点在衡阳会面，我们决定明天再继续考察。晚上，陈默等请我们在文物局大门右侧的新食代餐馆共进晚餐。餐后就宿于附近的先锋宾馆。是晚，衡阳市民政局的工会主席谭民政来访。谭民政曾全程考察了徐霞客游衡阳的线路，并有《与徐霞客同行》一书出版。多亏了谭民政的书，我们少走了许多弯路。

5 月 18 日，阴天有雨。接着昨天的考察，《衡阳晚报》记者罗文鹏陪同我们来到衡阳县集兵滩镇的杨梅滩。关于杨梅滩，徐霞客特意记下了这里的石拱桥："杨梅滩，有石梁南北跨溪上，溪由梁下东去，路越梁东南行。"现在的杨梅滩，属太栗村，称杨梅组，村民 200 多人。村里的青年罗卫君见我们来，十分热情，并说她看了谭民政的《与徐霞客同行》，很有兴趣。她说，听老人讲，过去的官道经杨梅滩到衡州，商旅很多，村头还有一些遗迹。杨梅桥为九拱桥，因过去桥头有两棵古杨梅树而得名。我们赶往村头，确有一些古道两旁的断壁残垣，还有古门亭的半边残破门框，我们拍照记录；估计过几年，这些残迹将完全消失。而杨梅桥，我们怎么看也看不出有九拱，只有八拱，也许南头有一拱完全淤塞。杨梅桥倒确实壮观，拱多桥长，桥下水面宽阔，地处田野之中。可惜有简易公路连接杨梅桥，桥面被碾压，重修后破坏了原貌。桥头有一钓者，撑伞冒雨垂钓，五六根钓竿一字排列竖立岸上，既不像手竿，也不像海竿，极少看到这样的钓者。

徐霞客经杨梅滩等地到达衡州（今衡阳），第一件事就是寻访静闻。因为徐霞客早在茶陵的荔枝树下，就于正月十一日“托静闻随行李从舟顺流至衡州，期十七日会于衡之草桥塔下”。而徐霞客到达衡州时，已是正月二十九日了，按约定日期已超过了十多天。徐霞客记载：“觅静闻，暮得之绿竹庵天母殿瑞光师处。”

绿竹庵在什么地方？由于徐霞客在这里住了十多天，为此先要按徐霞客记述的有关内容，才能确定绿竹庵的位置。徐霞客记载：“绿竹庵在衡北门外华严、松萝诸庵之间，八庵连络，俱幽静明洁，呗诵之声相闻，乃藩府焚修之地。”他又记：“早饭于绿竹庵……遂东南逾一小岭，至湘江之上。共一里，溯江至蒸

◉石鼓山大观楼

水入湘处。隔江即石鼓合江亭。”再记：“余先循庵（绿竹庵）东入桂花园……。又东为桃花园……。桃花源之上即桃花冲……其南之最高处新结两亭，一曰停云，又曰望江，一曰望湖……。乃还饭于绿竹庵，复与完初再上停云，从其北逾桃花冲坳，其东岗夹成池，越池而上，即来雁塔矣。”还记：自石鼓山大观楼“下楼，践泥泞冒黑过青草桥。东北二里入绿竹庵”。从徐霞客多次出入绿竹庵的记载及我们的现场考察推断：绿竹庵的位置当在蒸水入湘口至来雁塔之间的湘江岸边不远处。谭民政考证后认为应该在湖南衡阳橡胶厂的位置，我们认为基本准确。这一带虽然经过数百年已面目改观，但大的参照物如蒸水入湘口、石鼓合江亭、湘江、来雁塔仍在。

下午，罗文鹏陪同我们游石鼓山。由于徐霞客很喜欢石鼓山，因而有详细描述："山在临蒸驿之后，武侯庙之东，湘江在其南，蒸江在其北，山由其间度脉，东突成峰，前为禹碑亭，大禹《七十二字碑》在焉。其刻较前所摹望日亭碑差古，而漶漫殊甚，字形与译文亦颇有异者。其后为崇业堂，再上，宣圣殿中峙焉。殿后高阁甚畅，下名回澜堂，上名大观楼。西瞰度脊，平临衡城，与回雁南北相对，蒸、湘夹其左右，近出窗槛之下，惟东面合流处则

◉衡阳来雁塔

◉朱陵后洞

在其后，不能全括，然三面所凭擥，近而万家烟市，三水帆樯，湘江自南，蒸江自西，耒江自东南。远而岳云岭树，披映层叠，虽书院之宏伟，不及（吉安）白鹭大观，地则名贤乐育之区，而兼滕王、黄鹤之胜，韩文公、朱晦庵、张南轩讲学之所。非白鹭之所得侔矣。楼后为七贤祠，祠后为生生阁。阁东向，下瞰二江（蒸、湘）。合流于前，耒水北入于二里外，与大观楼东西易向。盖大观踞山顶，收南、北、西三面之奇，而此则东尽二水同流之胜者也。又东为合江亭，其址较下而临流愈近。亭南崖侧，一隙高五尺，发合掌东向，侧肩入，中容二人，是为朱陵洞后门，求所谓'六尺鼓'不可得。亭下濒水有二石如竖碑，岂即遇乱辄鸣者耶？自登大观楼，正对落照，见黑云衔日，复有雨兆，下楼……"

历史上，石鼓山确为“一郡佳处”，衡阳八景中的“朱陵后洞”“石鼓江山”均在石鼓山。然而，人事沧桑、几经劫难，抗日战争后几成废墟，古迹荡然无存。中华人民共和国成立后，陆续恢复了一些建筑。2003 年，衡阳市政府全面修复石鼓书院。现在的石鼓山，已修建得富丽堂皇。通往石鼓山已修建了两侧有护栏的麻石桥，桥西广场有“七贤”（李宽、韩愈、李士真、周敦颐、朱熹、张栻、黄榦）雕塑。桥中有重檐四角禹碑亭，内置禹碑。桥东头为石鼓山门楼，门额为“石鼓书院”。由于石鼓书院在重建中把《徐霞客游记》作为重要参考资料，因此徐霞客描述的石鼓景观如石鼓、大观楼、合江亭、朱陵后洞等均得到整修或恢复重建。石鼓山的倩影画面，已成为衡阳的山川建筑形象，经常出现在电视屏幕上。然而随着城市建设的发展，“万家烟市”“三水帆樯”与回雁南北相对，“岳云岭树，披映层叠”等胜景，则已很难在人们的视野里重现。石鼓山还有不少古人留下的摩崖石刻，我们来时，由于湘江涨水，山下围栏走道被淹，有些石刻无法欣赏。

衡阳之旅

——重走徐霞客游历的衡阳之路（下）

罗文鹏很想让我们识别一下现有的残存石墙建筑是否为古城墙残迹，于是约了 75 岁的代述秋老人前来带路。老人到来之前，他先请我们看一段石鼓山脚下靠蒸水的石砌红麻石古墙。古墙长约 20 米，高约 6 米，三合膏填塞石缝，确为古石墙。但不是古城墙残迹。因为，衡阳古城的城墙并未到达石鼓山，该段石墙当为石鼓山的护墙。其实，几经劫难的石鼓山，能留下这一段古墙，已是十分珍贵。

代述秋老人身体很好，箭步如飞，带我们穿街走巷，看了演

◉古城大西门遗址

武坪、明翰社区断断续续的几段红麻石古石墙，现均为围墙或居民房屋墙基，总长度不到 200 米。述秋老人说这是北门到小西门的古城墙残迹，并告诉我们，古时候，城墙外有 13 丈宽、1 丈多深的护城河。由于代述秋老人曾主编《衡南县志》，熟悉衡阳历史，加上这段石墙虽断断续续，但可连成一线，老人说的应该是史实。老人担心的是，衡阳为历史文化名城，而历史遗存几乎丧失殆尽，就连这点城墙残迹，可能过几年也会看不到了。

衡阳的古城，徐霞客记载有八个城门：南门、大西门、小西门、瞻岳门、东华门、潇湘门、柴埠门、铁楼门。代述秋老人带我们寻访城门时说的是七个城门，虽然这些城门已成为历史，但其大体位置他仍然清楚。北门又称瞻岳门，在蒸水岸边，附近对青草桥；小西门在今船山大道与下横街的会合处；大西门在今环城南路与苏眼井路的会合处；南门在今珠琳巷；其余三门在湘江边，即铁炉（徐霞客作“楼”）门在解放路口对湘江处；柴埠门在今“湘江百货”处、潇湘门在今船山大桥西头。

5月19日，阴雨。探访花药山（现名岳屏山，已辟为岳屏公园）。徐霞客是这样描述花药山的：“山不甚高，即回雁之西转回环而下府城者。诸峰如展翅舒翼，四拱成坞，寺当其中，若在围城之内，弘敞为一方之冠。寺名报恩光孝禅寺。寺后悬级直上，山顶为紫云宫，则道院也。其地高耸，可以四眺。还寺，遇锡僧觉空，兴道人。其来后余，而先至此。因少憩方丈，观宋徽宗弟表文。其弟法名琼后，弃玉牒而游云水。时知府卢景魁之子移酌入寺，为琼俊所辱，卢收之狱中，潜书此表，令狱卒王祐入奏，徽宗为之斩景魁而官王祐，其表文与徽宗之御札如此。寺僧以为宗门一盛事，然表中称衡州为荆州，御札斩景魁，即改荆为衡，且以王祐为衡守。其说甚俚，恐寺中捏造而成，非当时之实迹也。”

徐霞客所说的报恩光孝禅寺，又名花药寺，在花药山（花药山海拔 124 米）南面山窝里，现已是一片废墟。遇 77 岁的衡阳老人张沿斌。老人说，花药寺虽不大，只一层，仅几间房子，总面积不到 100 平方米，但这里风景好，菩萨很灵，香火旺，还有一口好井，他经常来玩。这时，突然天降暴雨，正在花药寺遗址旁找一屋檐避雨，屋主人从外面匆促赶回，要我们进屋避雨。

屋内简陋，更谈不上什么装修，两间简易房子收拾得倒还干净。屋主人名王爱莲，76岁，一直在花药山种花，为退休的园林工人，已在花药寺旁的小房子里住了几十年。她说，花药寺寺不大，仅几间房子，原来有三个尼姑，名黄明秀、陈福姬、谭云静，后被迫还俗，其中有两个留岳屏公园当职工，她们一辈子没有结婚生子，现在都去世了。“文化大革命”时，有一个和尚进驻花药寺，被造反派逼迫跳井自杀。花药寺的井水很出名，水质很好，又甜，后来没人敢喝了。和尚的尸体没有捞上来，至今还在里面。她找东西把井口盖上了，再堆上一些土。为便于找到井口，在上面放了一口水缸。有人要在这里取土，她不让人家在这里动土。她熟知这个和尚，这和尚是个好和尚，所以她每年正月初一和十五都

◉古城墙墙基

◉花药寺遗址

◉花药山（岳屏山）紫云宫遗址上新建的抗战纪念碑

到井边烧香，很灵的。她几十年就住在这里的几间小房里，不愿搬走，说菩萨保佑她身体好，也不吃药。我们问她靠什么生活，她说每月有退休金，这几年连年加，现在加到 1 700 元了。另外，两个小孩生活也过得去，所以翻身不忘共产党，幸福不忘毛主席。在她家坐了近一个小时，雨停了，她陪我们看了花药寺遗址，并指给我们看了水缸下面的井口位置。

在徐霞客所说的花药山顶紫云宫的位置，1947 年兴建抗战纪念碑；后来又在旁边建了“衡阳抗战纪念堂”，在里面办了衡阳抗战的陈列展览，用文字、图片、历史文物再现当年的抗战场景。1944 年，侵华日军攻陷长沙后，以 10 万兵力进攻衡阳，我衡阳守军 2 万人，孤军鏖战 47 天，毙伤敌军 4 万多人，而守军亦全军覆灭，衡阳城亦在战火中变成废墟，在中国抗战史上写下了悲壮的一页。当时，花药山为主战场之一，收集的烈士遗体最多，因而在此建纪念碑、纪念堂，蒋介石亲笔题写纪念碑碑名“衡阳抗战纪念城”。

离开花药山，前往回雁峰。回雁峰，称南岳第一峰，为南岳七十二峰之首，海拔约 96.8 米；这里亦为衡阳八景之一，称“平沙落雁”。据说：每年秋天将至，北雁南行，至衡阳不再南飞；此时湘江河岸，细沙如雪，秋雁在沙上寻食嬉戏，因此得名。徐霞客对回雁峰的记载不到四十字：“登崖上回雁峰，峰不甚高，东临湘水，北瞰衡城，俱在足下，雁峰寺笼罩峰上无余隙焉，然多就圮者。”现山下新建有“南岳第一峰”牌坊；雁峰北有“王船山出生地纪念馆”；山上有新造的回雁阁、雁峰寺。徐霞客所

回雁峰

记的雁峰寺，现有寿佛殿，供无量寿佛，殿两侧神架上层各 9 尊罗汉，下层各 12 尊朱天菩萨；寿佛殿前还有观音殿。回雁峰山体外围，造了一些钢筋水泥假山，极不自然。回雁峰的周围，被高楼大厦包围，雁峰仿佛成了一个小丘；那种“东临湘水，北瞰衡城，俱在足下”的意境已成历史。回雁峰景色虽好，但过多人工雕琢，如今已是古意了了。

下午，我们前往湘江东的耒水河边，寻访徐霞客笔下的湖东寺。徐霞客记：“渡江（湘江）登东岸，东南行，其地陂陀，高下四里，过把膝庵，又二里，逾把膝岭。岭南平畴扩然，望耒水自东南来，直抵湖东寺门，转而北去。湖东寺者，在把膝岭东南三里平畴中，门对耒水，万历末无怀禅师所建，后憨山亦来同栖，有净室在其间。余至，适桂府供斋，为二内官强斋而去。”现在湘江河东徐霞客路过的地方，在绿树掩映的小山岗间有一些单位，大都为校园，还有一个旧机场。湖东寺已毁，现是衡阳市英发实验学校所在地，被拆毁的湖东寺残存的十几根方形、圆形石柱及一些残碑，被集中堆放在一起，证实古老的湖东寺就在这里。如一块“湖东寺正殿碑”及一根方柱上留下的半截残联“……南邦已向熊湘”等。

徐霞客多次记载了桂王府。桂王府是明代藩制的产物。明代的皇子封王后，即在封地建王府，设官吏。其藩邸“五殿三宫，设山川社稷庙于城内，城垣周以四门，堂库等室在焉”。徐

◉湖东寺残存石柱

霞客到衡州时的藩王是明神宗朱翊钧的第七个儿子朱常瀛，万历二十九年（1601 年）封为桂王，天启七年（1627 年）就藩。当时建造的桂王府为豆腐渣工程，崇祯二年（1629 年），寝宫后殿的房梁垮塌，差点要了朱常瀛的命；崇祯三年（1630 年），王府正殿垮塌，压死 6 名宫女；同年，崇祯皇帝再次拨款，重修桂王府。徐霞客看到的桂王府，当是重修的桂王府，所以富丽堂皇。桂王府的范围，据郭建衡先生考证：南起今先锋路，北至今常胜路后宰门一带；东起今中山路，西至今蒸阳路。城辟四门：南门为正门，门额镌“端礼”二字，门前峙两尊石狮，其色纯白，据说来自河内百里；北门曰“广智”；东门曰“体仁”；西门曰“遵义”。王府城墙高 7 米许，周围 1.5 公里有余，占据了当时衡阳府城的中心位置和近三分之一的面积。徐霞客称“府在城中,园亘参半”,真可谓城中之城。

徐霞客记载的衡阳古迹，大都已经消失，而著名的来雁塔，明万历九年（1581 年）动工兴建，万历二十二年（1594 年）竣工，依然屹立在衡阳城北的湘江岸边，见证衡阳历史的变迁，现在已是省级文物保护单位。来雁塔所在的地方，中华人民共和国成立后成为工业区，环境受到严重破坏，来雁塔也被烟灰熏得乌黑。我们登塔时，由于楼道狭窄，白色的衣服不慎碰到塔身，即现出一道黑灰。曾几何时，这里还是一方净土，是衡阳风光最美的地方之一。我们来看看徐霞客的描述吧：来雁塔“前为双练堂，西对石鼓，返眺蒸、湘交会，亦甚胜也。塔之南，下临湘江，有巨楼可凭眺，惜已倾圮。楼之东即为耒江北入之口。时日光已晶朗，岳云江树，尽献真形。乃趣完初觅守塔僧，开扃而登塔，历五层，四眺诸峰，北惟衡岳最高，其次则西之母雨山，又次则西北之大海岭，其余皆岗陇高下，无甚峥嵘；而东南二方，固豁然无际矣。湘水自回雁北注城东，至石鼓合蒸，遂东转，经塔下，东合耒水北去,三水曲折,不及长江一望无尽,而纡回殊足恋也”。而在来雁塔附近，还有绿竹、华严、松萝诸庵，“八庵连络，俱幽静明洁，呗诵之声相闻”；此外，还有桂花园、桃花源、桃花冲等胜景；有停云、望江、望湖等亭台楼阁。看了这些记载，简直就是在欣赏一幅清丽山水胜迹图，只是不知道我们什么时候能够将其重新装裱。

徐霞客在衡阳还看到了一道难以重觅的风景，他说："大鱼每二三月水至衡山县放子，土人俱于城东江岸以布兜围其沫，养为雨苗，以大艑贩至各省，皆其地所产也。"历史上，流经衡阳的湘江段，为天然鱼类产卵繁殖场，当地人利用这一天赐良机，每年农历二三月在湘江采集鱼种，贩卖到各州县及周边各省。这种采集鱼种的盛况，正好被徐霞客遇到，写入了游记。然而，由于生态环境的破坏及湘江中各大拦河坝的修建，这种盛况已成为历史。

5 月 20 日，雨转晴。在衡阳市文物局杨经伟和衡南县文物局阳天舒的陪同下，前往新塘站上流之对涯，即今云集镇滨河村，寻访徐霞客遇险的地方。我们先在云集镇滨河村坪托组找到了一位熟悉情况的村民唐代春，请他陪同考察。唐代春为本地人，68 岁，1966 年至 1976 年任大队团支部书记，1976 年至 1995 年任村会计，担任村部公职 20 多年，熟悉当地的一草一木。

徐霞客在衡阳住了十来天，准备经广西西游。好容易找到船，与静闻、顾仆移舟沿湘江西去，过钩栏滩、东阳渡、车江、新塘站，舟泊于新塘站上流之对涯。与徐霞客同舟的还有桂府礼生艾行可和随从及石瑶庭。而令徐霞客万万没有想到的是，在这"新塘站上流之对涯"，上演了徐霞客旅游人生中最惊险的一幕。

停船的地方很荒凉，附近没有村落。近来总是下雨，很久不见月亮，当晚却雨后月明，令徐霞客心情振奋，原来楚地“潇湘夜雨”过后又有“湘浦月明”，很是惬意。突然，惊险的一幕出现了。徐霞客记述：“忽闻岸上涯边有啼号声，若幼童，又若妇女，更余不止。众舟寂然，皆不敢问。余闻之不能寐。枕上方作诗怜之，有‘箫管孤舟悲赤壁，琵琶两袖湿青衫’之句。又有‘滩惊回雁天方一，月叫杜鹃更已三’等句。然亦止虑有诈局，俟怜而纳之，即有尾其后以挟诈者，不虞其为盗也。迨二鼓，静闻心不能忍，因小解涉水登岸，静闻戒律甚严，一吐一解，必俟登涯，不入于水。呼而诘之，则童子也。年十四五，尚未受全发，诡言出王阍之门，年甫十二，王善酗酒，操大杖，故欲走避。静闻劝其归，且厚抚之，彼竟卧涯侧。比静闻登舟未久，则群盗喊杀入舟，火炬刀剑交丛而下。余时未寐，急从卧板下取匣中游资移之。越艾舱，欲从舟尾赴水，而舟尾贼方挥剑斫尾门，不得出，乃力掀篷隙，莽投之江中，复走卧处，觅衣披之。静闻、雇仆与艾、

◉徐霞客湘江遇险处正在修建电站大坝

石主仆，或赤身，或拥被，俱逼聚一处。贼前从中舱，后破后门，前后刀戟乱戳，无不以赤体受之者。余念必为盗执，所持绌衣不便，乃并弃之，各跪而请命，贼戳不已，遂一涌掀篷入水。入水余最后，足为竹纤所绊，竟同篷倒翻而下，首先及江底，耳鼻灌水一口，急踊而起。幸水浅只及腰，乃逆流行江中，得邻舟间避而至，遂跃入其中。时水浸寒甚，邻客以舟人被盖余，而卧其舟，溯流而上三四里，泊于香炉山，盖已隔江矣。还望所劫舟，火光赫然，群盗齐喊一声为号而去。已而，同泊诸舟俱移泊而来，有言南京相公身被四创者，余闻之暗笑其言之妄。且幸乱刃交戟之下，赤身其间，独一创不及，此实天幸。唯静闻、雇仆不知其处，然亦以为一滚入水，得免虎口，资囊可无计矣。但张侯宗琏所著《南程续记》一帙，乃其手笔，其家珍藏二百余年，而一入余手，遂罹此厄，能不抚膺！其时舟人父子，亦具被戳，哀号于邻舟。他舟又有石瑶庭及艾仆与顾仆，俱为盗戳，赤身而来，与余同被卧，始知所谓被四创者，乃余仆也。前舱五徽人俱木客，亦有二人在邻舟，其三人不知何处。而余舱尚不见静闻，后舱则艾行可与其友曾姓者，亦无问处。余时卧稠人中，顾仆呻吟甚，余念行囊虽焚劫无遗，而所投匣资或在江底右觅。但恐天明为见者取去，欲昧爽即行，而身无寸丝，何以就岸。是就初月甚明，及盗至，已阴云四布，迨晓，雨复霏霏。”

从以上记述看，尽管徐霞客对这次湘江遇险记载很详细，然而这“新塘站上流之对涯”的位置却难以确定。我们根据徐霞客《楚游日记》的记载及谭民政先生的考察，徐霞客遇险处当在原石塘公社造纸厂码头附近，也就是现在正在修建的土谷塘水电站拦河坝处。唐代春说，该处原有老渡口。前些年，谭民政先生考察时，还有一间老渡口的用房，仅几年，这间老房子也被拆毁，现在只能在谭民政的书上看到房子的容貌了。唐代春也证实原有一间老渡口的用房，说这房子还作过造纸厂的机房，2012 年来还可以看到，2012 年 8 月电站拦河坝动工时拆毁的。我们根据徐霞客的描述与唐代春探讨“新塘站上流之对涯”所在的位置，他也认为确实就是谭民政先生所说的这个地方，谭民政先生的考察结果是对的。我们冒着大雨，站在湘水河岸已被毁坏的老码头边，看着宽阔宁静的河面，想象着当年抢劫时刀光剑影、火光冲天、鬼哭人啼、惊心动魄的场景。

徐霞客避难香炉山舟中，已赤身露体、身无寸丝，还担心静闻的安危，牵挂游资及行囊的去向，其惨状可想而知。好在世上还有好人，有邻舟戴姓客见他可怜，从自己身上脱下里衣、单裤各一件送他蔽体，徐霞客极为感激。他说：“邻舟客戴姓者，甚怜余，从身分里衣、单裤各一以畀余。余周身无一物，摸髻中犹存银耳挖一事，余素不用髻簪，此行至吴门，念二十年前，从闽返钱塘江浒，腰缠已尽，得髻中簪一枝，夹其半酬饭，以其半觅舆，乃达昭庆金心月房。此行因换耳挖一事，一以绾发，一以备不时之需。乃此堕江，幸有此物，发得不散，艾行可披发而行，遂至不救。一物虽微，亦天也。遂以酬之，匆匆问其姓名而别。时顾仆赤身无蔽，余乃以所畀裤与之，而自著其里衣，然仅乃腰而止。旁舟子又以衲一幅畀予，用蔽其前，乃登涯。涯犹在湘之北东岸，乃循岸北行。时同登者余及顾仆，石与艾仆并二徽客，共六人一行，俱若囚鬼。晓风砭骨，砂砾裂足，行不能前，止不能已。四里，天渐明，望所焚劫舟在隔江，上下诸舟，见诸人形状，俱不肯渡，哀号再三，无有信者。艾仆隔江呼其主，余隔江呼静闻，徽人亦呼其侣，各各相呼，无一能应。已而闻有呼予者，予知为静闻也，心窃喜曰：‘吾三人俱生矣。’亟欲与静闻遇。隔江土人以舟来渡余，及焚舟，望见静闻，益喜甚。于是入水而行，先觅所投竹匣。静闻望而问其故，遥谓余曰：‘匣在此，匣中之资已乌有矣。手摹《禹碑》及《衡州统志》犹未沾濡也。’及登岸，见静闻焚舟中衣被竹笈犹救数件，守之沙岸之侧，怜予寒，急脱身衣以衣予，复救得余一裤一袜，俱火伤水湿，乃益取焚余炽火以炙之，其时徽客五人俱在，艾氏四人，二友一仆，虽伤亦在，独艾行可竟无踪迹。其友、仆乞土人分舟沿流捱觅，余辈炙衣沙上，以候其音。时饥甚，锅具焚没无余，静闻没水取得一铁铫，复没水取湿米（先取干米数斗，俱为艾仆取去），煮粥遍食诸难者，而后自食。迨下午，不得艾消息，徽人先附舟返衡，余同石、曾、艾仆亦得土人舟同还衡州。”

香炉山，徐霞客避难一晚的湘江岸边的香炉山在哪里？村民手指河对岸上游雨雾中的远处说："在对岸上游约4公里的向阳桥镇湘林塘村。"我们趋车过河前往。大约离香炉山还有三四公里，路况极差而天复下雨，汽车不能再走，我们改为步行。快到河边，我们向村民打听香炉山，村民说，这河边的山就是香炉山。看这香炉山，大失所望，原来只是一座小山，并无特别之处，我们拍摄照片，也看不出什么特点。然而，到达河边，往下看湘江，江岸倒十分陡险，江在岸下约20多米处，倒是船泊避风险的好地方，难怪徐霞客遇险后的船只要在此避难。由于江岸至水面树木茂密，无法远望，我们到香炉山下的居民阳世新家，要求到他家的水泥屋顶远望，阳世新听我们说明来意，欣然应允，还特意搬楼梯让我们爬上三楼楼顶。在楼顶再看香炉山，倒现出了几分秀气，再看湘江上下游，江面壮阔，蔚为大观；特别是下游，犹如

◉香炉山

湖面，江面上还有难得一见的许多大小船只身影，特显生机。

徐霞客湘江遇险，盘缠尽失，无法再往前游，只得回到衡州。

原先在衡州时，已拜会了随桂府分封到此的乡人金祥甫，现在落难回衡州，徐霞客已走投无路，觉得“金祥甫为他乡故知，投之或可强留”，于是直奔金寓，告以遇盗的情况，并希望金祥甫疏通藩府借资继续旅游。祥甫见其惨状，十分怆然，觉得他不应该再游了，应该回家去，并说，藩府实在是无钱可借，如果要回家乡，他倒可以为霞客准备行装。徐霞客觉得，碰到这么危难的事返家，要想筹集资金再出来，家里人肯定不会再同意。为此，求祥甫继续设法筹借资金。祥甫勉强应诺。

住衡州数日，筹资无果，只好访朋投友，或再游衡城，“感花事之芳菲，叹沧桑之倏忽。”又时闻东安大盗临城，祁阳亦有盗杀掠，衡城南门亦获盗 7 人，西城亦被盗穴、几被逾入等；社会动荡、人心惶惶。一日，突闻已找到了湘江遇难的艾行可尸体，因而前往凭吊：“先出铁楼门，过艾行可家，登堂见其母，则行可尸已觅得两日矣。盖在遇难之地下流十里之云集潭也。其母言：‘昨亲至其地，抚尸一呼，忽眼中血迸而溅我。’呜呼，死者犹若此，生何以堪！询其所伤，云‘面有两枪’。盖实为阳侯助虐，所云肢解为四，皆讹传也。时其棺停于城南洪君鉴山房之侧。洪乃其友，并其亲，毕君甫适挟青乌至，盖将营葬也，遂与偕行。循回雁西麓，南越岗坞，四里而至其地。其处乱岗缭绕，间有掩关习梵之室，亦如桃花冲然，不能如其连扉接趾，而阒寂过之。洪君之室，绿竹当前，危岗环后，内有三楹，中置佛像，左为读书之所，右为僧爨之处。而前后俱有轩可憩，庭中盆花纷列，亦幽栖净界也。艾棺停于岭侧，亟同静闻披荆拜之。余诵'同是天涯遇难人，人生何堪对一死'之句，洪、毕皆为拭泪。"

徐霞客离开洪君鉴山房后，返抵回雁峰南，见水府殿翼然于湘江之上，想到艾行可的弟弟曾对他说，始求兄尸不得，后来在这里求签后，在云集潭寻到了哥哥的尸体，很是灵验。为此，徐霞客也来到水府殿，请神决断此后的行程。徐霞客湘江遇险后来到衡阳，左右为难；他不想回家，欲继续旅游行程；原想去广西，游资被劫，至今措资无所。有人劝他去荆州求资于一位朋友的叔叔（奎之叔），然而，从衡阳到荆州有半个月的行程。徐霞客决意在水府殿求签，请神决断。结果是："以从荆、从粤两道请决于神，而从粤大吉。"为此，徐霞客打消了去荆州的念头，决意筹资从广西西行。

徐霞客求的签果然灵验，不出三天，金祥甫"忽阄一会，得百余金"。金祥甫再无法推辞，借给徐霞客二十金，徐霞客立字据"以田租二十亩立券付之"。然而，要经广西西游，资金仍有缺口，在衡阳等又浪费时间，徐霞客决定要静闻在衡阳筹资等待，他与雇仆拿着从金祥甫那里借到的部分资金先作永州、道州、郴州之游。

永州之旅

——重走徐霞客游历的永州之路（上）

徐霞客从衡阳乘船经常宁逆湘江而行，到达永州祁阳的白水镇。白水镇是古代的驿站，徐霞客称白水驿。前次徐霞客湘江遭劫难时解衣救冻的戴宇完（后文称戴明凡）就是白水人，徐霞客想登门谢恩，然而病不能起，只好作罢。但他觉得“浯溪之胜，不可不一登……乃力疾起。沿江市而南，五里，渡江而东，已在浯溪下矣。第所谓狮子袱者，在县南滨江二里，乃所经行地，而问之，已不可得。岂沙积流移，石亦不免沧桑耶？浯溪由东而西入于湘，其流甚细，溪北三崖骈峙，西临湘江，而中崖最高，颜

◉朝阳岩全景

鲁公所书《中兴颂》高镌崖壁，其侧则石镜嵌焉。石长二尺，阔尺五，一面光黑如漆，以水喷之，近而崖边亭石，远而隔江村树，历历俱照彻其间，不知从何处来，从何时置，此岂亦元次山所遗，遂与颜书媲胜耶！宋陈衍云：‘元氏始命之意，因水以为浯溪，

因山以为峿山，作室以为吾亭，三吾之称，我所自也。制字从水、从山、从广，我所命也。三者之目，皆自吾焉，我所擅而有也。’崖前有亭，下临湘水，崖巅石巉簇，如芙蓉丛萼。其北亦有亭焉，今置伏魔大帝像。崖之东麓，为元颜祠，祠空而隘，前有室三楹，为驻游之所，而无守者。越浯溪而东，有寺北向，是为中宫寺，即漫宅旧址也。倾颓已甚，不甚吊古之感。时余病怯，行卧崖边石上，待舟久之，恨磨崖碑拓架未彻而无拓者，为之怅怅”。以上是徐霞客记载他游浯溪的情形，那时这里已十分冷清。

浯溪，为我国最大的古代摩崖石刻群体，也是全国最大的露天碑林，保存有唐、宋、元、明、清至民国历代名人的题刻 505 方；最著名的是唐代诗人元结命名的“三吾”（浯溪、㾄庼、峿台）及《浯溪》《㾄庼》《峿台》三篇铭文；还有元结所撰名文《大唐中兴颂》摩崖石刻（著名书法家颜真卿大字正书）。徐霞客拖着病体“反复挣扎”要游浯溪就是冲着这个来的。谢武经曾于“文化大革命”后游浯溪，仅有几间破房子；且偌大一个浯溪，无人管理，其状惨然。1988 年，对浯溪来说是一个好年份；是年在浯溪建陶铸铜像和“陶铸生平事迹陈列馆”；浯溪亦被公布为全国重点文物保护单位；浯溪开始热闹起来。此后浯溪名气越来越大；通过多年的整治和建设，现已成为著名景区：浯溪公园。

徐霞客乘船离开浯溪后逆湘江而上，当晚舟泊滴水崖。他对船家在滴水崖停泊颇有怨声，说“滴水崖在江南岸，危岩亘空，江流寂然，荒村无几，不知舟人何以泊此?”其实当时主要是他重病在身，若身体好、心情好而登岸一游，见到滴水崖那古街、古码头、滴水崖溶洞及躺在江面上琵琶形的翠绿半岛，必定是另外一番感慨。滴水崖现属祁阳茅竹镇，因这一带风光甚美，据说，《故园秋色》《青年毛泽东》《陶铸的故事》等影视作品均在这里拍摄外景。

离开滴水崖，徐霞客经黄阳司镇（徐称黄杨铺，旧有巡司），在七里滩船上住了一晚，第二天清晨发舟，至冷水滩。冷水滩是一个小镇，自古属零陵县，1960 年在这里设冷水滩市；后几经分合，现为永州市的冷水滩区，且永州市委、市政府也从零陵搬迁到了这里。永州市委、市政府的搬迁，给人带来不少误会，有人来寻零陵、永州的史迹，直接驱车来到冷水滩，一问才知老零陵、老永州在零陵区。特别是前些年，几千年的老地名零陵的名称也没有了，变成了芝山区，更令游人一头雾水。徐霞客眼里的冷水滩是这样的："平明发舟，二十里，过冷水滩，聚落在江西岸，舟循东岸行。是日天清日丽，前所未有。一舟人俱泊舟东岸，以渡舟过江之西岸，市鱼肉诸物。余是时体亦稍苏，起坐舟尾，望隔江聚落俱在石崖之上，盖濒江石骨嶙峋，直插水底，阛阓之址，以石不以土，人从崖级隙拾级以登，真山水中窟宅也。涯上人言，二月间为流贼杀掠之惨，闻之骨竦。"

2015 年 7 月一个"天清日丽"的日子，我们来到徐霞客泊舟的冷水滩，已完全不是徐霞客笔下的模样。由于下游修建了宋家洲水电站大坝，不仅湘江河面变宽，且江水碧绿，一平如镜；然而却没有了船只航行，显得寂寞冷清。两岸倒是热闹多了，东岸已修建了沿江大道及沿江风光带，有人在这里休闲游玩；西岸虽有几处徐霞客描述的"石骨峋嶙"的石崖，也已面目全非；"从崖级隙拾级以登，真山水中窟宅也"的民居所在地已遭破坏，也许有人觉得惋惜，在上面建了一个歇山顶、盖黄色琉璃瓦、飞檐翘角四层楼的临江文昌阁；也还与这里的环境相得益彰。西岸虽不是中心市区，而新的建筑比比皆是。两岸过去来往有渡船，如徐霞客所说"以渡舟过江之西岸，市鱼肉诸物"。现在已没有了这道风景，代之以现代化的公路大桥。另外，徐霞客所说的"涯上人言，二月间为流贼杀掠之惨，闻之骨竦"的场景也已成历史，这里已是热闹的市区。遇几位从小在冷水滩长大的70多岁的老人唐先祝、蒋崇祥等，他们说，过去湘江西岸的石崖多，又高又险，崖下的水又深又冷；而东岸是沙滩，沙滩很大，又长又宽，所以称冷水滩。西岸盖房子、办厂子把环境破坏了；修那个公路大桥，为了节约建筑材料，干脆桥头就以岸上的岩头为桥墩；原来桥头的两堆天然岩石像两座小山，上面长满了灌木，很好看的，是一道风景。东岸的沙滩是被采沙的人破坏的，特别是电站大坝修建后，已经被破坏的沙滩也基本被淹没了。我们问他们，这个地方是现在好还是过去好？他们说，过去自然风光好、环境好；现在经济发展了，生活也好了，还有沿江风光带供我们休闲游玩，也

◉朝阳洞正上方石刻

蛮好的。

徐霞客经湘江和潇水会合处进入零陵。他记述："四十里，为湘口关。人家在江东岸，湘江自西南，潇江自东南，合于其前而共北。余舟自潇入，又十里，为永之西门浮桥，适午耳，雨犹未全止。诸附舟者俱登涯去，余欲登陆遍览诸名胜，而病体不堪，遂停舟中。已而一舟从后来，遂移附其中，盖以明日向道州者。"零陵为古城，又是柳宗元贬谪之处，名胜古迹很多，他很想"遍览诸名胜"；然而，他"病体不堪"，"雨犹未全止"而失之无缘。如潇、湘会合处的萍洲，为永州八景之首，称"潇湘夜雨"，柳宗元有《湘口馆潇湘二水所汇》诗，他无法下舟观赏。好在他先定下船第二天才前往道州，下午还可拖着病体游览，于是"下午，舟过浮桥，泊于小西门。隔江望江西岸，石甚森幻，中有一溪自西来注，石梁跨其上，心异之，急索粥为餐，循城而北，乃西越浮桥，则浮桥西岸，异石嘘吸灵幻，执土人问愚溪桥，即浮桥南畔溪上跨石者是；钴鉧潭则直西半里，路旁嵌溪者是。始知潭即愚溪之上流，潭路从西，桥路从南也。乃通衢直西去，路左人家隙中，时见山溪流石间，半里，过柳子祠（祠南向临溪），再西将抵茶庵，则溪自南来，抵石东转，转处其石势尤森特，但亦溪弯一曲耳，无所谓潭也。石上刻'钴鉧潭'三大字，古甚，旁有诗，但已泐不可读，从其上流求所谓小丘、小石潭，俱无能识者。……求西山亦无知者"。这天下午，徐霞客尽寻柳宗元旧迹，恨不能

◉柳子祠

一眼网尽，因而行程匆匆，不求细究，记述简略，甚至柳子祠都没有进去。柳子祠即柳子庙，现已为全国重点文物保护单位，里面有众多宋、明名碑。徐霞客所记的浮桥，很有些历史，始建于元代，初名平政桥；明万历十八年（1590年）重建，称浮桥。徐霞客往来及记载的浮桥应该是明万历年间建的这座桥。现在零陵的浮桥不知建于何时，位置是否有变化也不得而知；但仍然很有特点，为零陵一景；我们还特意走了两个来回，觉得特有情趣；有位小姐在桥上可能受到惊吓，突然“哎呀”一声，随行的男士赶忙搀扶，犹如牛郎织女过鹊桥。

在零陵的两天，因他还想探寻零陵的名胜，特意很早就起床早餐，“见一长者，余叩此中最胜。曰：‘溯江而南二里，濒江为朝阳岩，随江而北，转入山岗二里，为芝山岩，无得而三也’”。徐霞客听信老人言，先去寻访芝山，然而历尽艰辛，寻访芝山不得，自嘲曰：“谓此山即柳子厚西山，后因产芝，故易名为芝，未必然也。”特有意思的是，历史上芝山并没有准确的位置和名称；直到清咸丰三年（1853年），又传出一说：“永州试院长灵芝，故得名芝城，芝山名源于此。”然而，就是这样一个不确定的“芝山”，在1995年11月开了一个历史的玩笑，居然取代了具有2000多年历史的“零陵”，永州市“零陵”所在地被更名为芝山区。不过，这个历史玩笑开得太大了，2005年6月，芝山区又被改为零陵区。

徐霞客没有确定是否找到了芝山，但他还是找到了朝阳岩，他记述：“俯而东入石关，其内飞石浮空，下瞰潇水，即朝阳岩矣。其岩后通前豁，上覆重崖，下临绝壑，中可憩可倚，云帆远近，纵送其前，惜甫伫足而舟人已放舟其下，连声呼促，余不顾。崖北有石磴直下缘江，亟从之蹬。西依危崖，东逼澄江，尽处忽有洞岈然，高二丈，阔亦如之，亦东面临江，溪流自中喷玉而出，盖水洞也。洞口少入即转而南，平整轩洁，大江当其门，泉流界其内，亦可憩可濯，乃与上岩高下擅奇，水石共韵者也。入洞五六丈，即汇流满洞。洞亦西转而黑，计可揭而进，但无火炬，而舟人遥呼不已，乃出洞门。……仍从石磴透出岩后，遂凌绝顶。其上有佛庐官阁，石间镌刻甚多，多宋、唐名迹，而急不暇读，以舟人促不已也。”从徐霞客的记述看来，他对朝阳岩多有厚爱，船家反复催促，他置之不理，坚持到基本看完。朝阳岩本来也是一处奇岩，因岩口向东而得名，岩分上下二洞，小巧玲珑，频临潇水，风光佳丽，内有唐宋名人元结、柳宗元、苏轼、周敦颐、张竣、杨万里等名人题刻，自古为永州八景之一，称“朝阳旭日”，并为全国重点文物保护单位。

徐霞客登船，逆潇水而行，见零陵奇景香炉山，即今香零山。徐霞客说：“香炉山，山小若髻，独峙于西岸。山，江中乃石骨攒簇而成者。其上佳木扶摇，其下水窍透漏，最可异者，不在江之心，三面皆沙碛环之，均至山足则决而成潭，北、西、南俱约界沟，然沙逊于外，而水绕其内，其东则大江之奔流矣。盖下流之沙不能从水而上，而上流之沙何以不逐流而下，岂日夜有排剔之者耶？亦理之不可解也。”在这里，徐霞客记载了一个不可理解的自然奇观。第一，香炉山独峙于西岸，不在江心。第二，香炉山东面潇水奔流，北、西、南三面环沙，而环沙内至山脚则成潭。第三，徐霞客提出疑问，为什么上流的沙没有被冲下去，而下流的沙倒上来了，是不是有人在排剔沙子？徐霞客记述的这一自然奇观现已不存，现在的香零山四面环水，沙围也不复存在。我们考察时问当地老人，他们说搞不清有什么沙围，就是有，也早被挖沙的人挖掉了。

香零山现为潇水中天然石矶组成的微型小岛，高约二十米、长约二十米、宽约十五米，柳宗元有《登蒲州石矶望横江口潭岛深迴斜对香零山》诗。据说若遇细雨如烟的时节，雨雾缭绕，香零山及来往舟辑若隐约现，潇水烟波浩渺，为此香零山为永州八景之一，称《香零烟雨》。徐霞客描述香炉山近 200 字，但从他的记载看，当时香炉山上并无人工建筑。但有记载，清同治年间，在香零山建观音阁，后来年久失修损毁。近年来在香零山石矶上重修仿古式建筑观音阁，两层，中有木楼梯连接，如仙山楼阁，成为潇水中的又一亮丽景观。

舟过香炉山，徐霞客要求看澹岩，“而舟人莽不肯待”。他考虑到从这里去双牌，水路远而陆路近。水路 30 公里逆水而行，需一天时间；而陆路只 12.5 公里，有足够的时间看澹岩；于是与舟人约好在双牌会合，他下船拖着病体从陆路而行。

澹岩又称淡岩，为永州八景之一，因每年农历八月十五的午夜，当月光从淡岩洞顶射入洞内时，可在洞内欣赏碧空中悬挂的一轮明月，特有情趣，故称“淡岩秋月”。徐霞客记述：“先是望见西峰之阳，洞门高张，至是路从其侧而出，其上更见石崖攒舞，环玦东向，其下则中空成岩，容数百人，下平上穹，明奥幽爽，无逼仄昏暗之状病。其北洞底亦有垂石环转，覆楞分内外者，巨石磊砢界道，石上多宋、元人题镌。黄山谷最爱此岩，谓为此中第一，非以其幽而不闷，爽而不露耶！岩东穿腋窍而上，有门上透丛石之间，东瞰官舍后回谷，顿若仙凡分界。岩西南又辟一门，

◉淡岩秋月

逾门而出其右，石壁穹然，有僧寮倚之，西眺山下平畴，另成一境，桑麻其中……。按：澹岩之名，昔为澹姓者所居。而旧经又云，有正实者，秦时入，遁世于此，始皇三召不赴，复尸解焉。则又何不名周也。”

◉淡岩内的兵工厂遗址

我们到淡岩考察时，看到这里已面目全非，洞门口是一个兵工厂，两栋五层楼的办公楼顶侧面的钢架上各书四个红色大字，合起来为“湖南兵器，建华公司”八个字。由于这里是兵工厂，人们还不能随便进来参观，我们找到兵工厂的机关，他们派宣传部张部长等二人带路，陪同我们考察。据他们介绍，淡岩不仅风光好，最大的特点是石刻多，原来的摩崖石刻和碑刻共有 200 多方，仅宋代石刻就有 150 多方，明代的有近 30 方。可惜的是 1958 年“大跃进”时，维修贤水河，淡岩中的竖立碑刻及洞中易取的石材被运去修砌贤水河大堤（但愿后人待大堤垮塌重修时能找回一部分）。1966 年建华机械厂在这里设厂（兵工厂），在洞内修汽车通道、凿进气口、通风口、建车间（一车间、二车间、工具车间、配电房等），使淡岩陷入灭顶之灾，摩崖石刻大部分遭受破坏。张部长带我们通过隧道把汽车直接开到淡岩洞内的通天大竖洞下，即月光从淡岩洞顶射入洞内时，可在洞内欣赏碧空

◉淡岩石刻

中悬挂的一轮明月的地方。张部长说，农历八月十五午夜，现在仍然能在这里欣赏“淡岩秋月”美景，过去厂里不少年轻人中秋夜晚在这里搞活动赏夜景，在洞下厂房平顶上跳舞联欢。我们凭借洞顶射入的光线，看到了在这里建造的工厂厂房建筑，厂房有的一层楼，有的两层楼，有的三层楼，均贴岩壁而建，全为钢筋水泥、红砖建筑。偌大一个工厂，深藏洞内，反映了当时战备的紧张形势等诸多历史元素，虽然这些厂房现已废弃不用，将来这些建筑遗址必定会成为历史文物，但愿人们能通过合理设计、装饰，保留、保护部分有特色的建筑，绝不可一拆了之，因为这也是一段历史。

据张部长等人介绍，洞内仍存30多块摩崖石刻，洞中最早的石刻“回中”二字还在。张部长用手电照射“回中”二字，见其字径约70厘米，似秦隶书，笔画被人描以红漆。《史记》中的《秦始皇本纪》记载：“二十七年（前220年），始皇巡陇西、北地，过回中。”其注释曰“回中在安定高平……”，说明“回中”为秦代地名，在陇西北。与徐霞客所记的旧经云“有周贞实者，秦始皇时人，遁居于此，凡一切成败未来之事，皆能先知之，始皇三召不起”相吻合。说明周贞实为秦人，不愿事秦，躲避于此。为此，“回中”二字传为秦刻，也未可知。我们再一道考察残存的摩崖石刻，宋、元、明、清的均有，如宋嘉定、绍定，明嘉靖、万历，清康熙等年间的碑刻还较为清晰，因时间关系，来不及详读。另发现一方碑刻，上有“零陵郡同郡守……”的记载，似为唐人手迹，应该是唐刻；有时间的话，应该有半数的字可识读。徐霞客记“黄山谷最爱此岩”，因其有两首诗，其一云：

澹山澹姓人安在，征君避秦一不归。

石门所怪几时有，瑶台琼室至今疑。

回中明洁坐十客，亦可呼乐醉舞衣。

阆州城南果何似，永州澹岩天下稀。

其二云：

去城二十五里近，天与隔尽俗子尘。

春蛙秋蝇不到耳，夏凉冬暖总宜人。

岩中清馨僧定起，洞口绿树仙家青。

我们欲寻访诗迹，然而已经不存。尽管淡岩石刻大都受到破坏，但很多题咏、碑刻的内容均留于史志，现存数十方摩崖石刻亦很有价值（有些重要题刻甚至史志上无记载），加上这里自然风光独特，洞内的兵工厂亦可为未来的文物，因而淡岩于 1996 年被省政府公布为省级文物保护单位。

徐霞客离开淡岩后经木排铺、陈皮铺到达出水崖，当地人又称“出水岩”“清泉岩”。出水崖在大路口村，现属泷泊镇。我们到双牌县委宣传部与蒋国庆部长取得联系后，驱车直达出水崖。关于出水崖，徐霞客是这样描述的：“大道直出石壁下，其石屏插而起，上多透明之窦，飞舞之形；其下则清泉一泓，透云根而出……。仰见崖后石势骈丛，崖侧有路若丝，皆其薙地境也。贾勇从之，其上石皆怪异，不可名状。转至出水崖后，三面削辟下嵌，唯西南丛石之隙，下洼成潭，沙圮蔓覆，不见其底，当出水崖之内壑也。”关于出水崖的记述，乾隆本为“巩石西南，即出水崖之内壑，一潭澄石隙中，三面削辟下嵌，不见其底，若爬梳沙蔓，令石与水接，武陵渔当为移棹”。

在途中，我们向一路人打听出水崖的去向，路人误指我们到了青龙洞。原来，与出水崖相通的约 1 公里处另有一个洞口，当地人称青龙洞。青龙洞亦为石灰岩溶洞，洞口在山脚，最高处约 10 米，宽约 20 多米。下坡进洞门门厅，门厅高大宽敞，采光良好，面积约 200 平方米。在洞门门厅回望洞口，蓝天白云、树影婆娑；

◉出水崖

洞内钟乳石、怪石景色奇特，并有阴河流淌，实为一佳洞。开发商为吸引游人，打着出水崖的名义花重金进行打造。开头游人不少，后逐渐衰落，现已停止营业。我们在洞口看该洞的气势不凡，且与出水崖相通（但出水崖无出口），若当年徐霞客到此一游，必然重彩描绘。

我们离开青龙洞到达出水崖时，见一股泉水如小溪般从小石山下呈三角形石洞口流出，一妇女拿桶取水，一赤膊男子正拿雪碧饮料瓶子打水饮用。我们问他们，可以直饮吗？他们说，这比矿泉水还好，我们都是喝生水（直饮水）。由于洞口有一人多高，我们欲看洞内情况，见一栏杆铁门封住了洞口。从栏杆空隙处往里看，里面却益渐低窄，似不能进入。问打水的妇女人可否进去？女人说不能进去。不过，如果人不能进入，也就用不着以铁栏杆封闭；围以铁栏杆，显然是怕人进去会有危险。而从徐霞客的记述看，他显然进去过，且有深潭奇景。出水崖口周围风光绝佳，怪石嶙峋形成一些小山包，山包中有些怪异石隙石窦，石丛中绿树掩映，阴凉幽静。难怪徐霞客把这里类比桃花源。据说，这里原来更美，因采石破坏了环境，后来才不准采石了。

徐霞客离开出水崖前往双牌（徐霞客说“双牌聚落亦不甚大”，1969 年双牌设县后这里已是双牌县城），到了潇水边上，正好相约的船只到了。徐霞客上船逆潇水乘船从双牌去道州，而从双牌到道州青口这一段的潇水称泷口，基本上在山峡航行，十分险要

◉双牌水库

却很有兴致。据徐霞客记述,他们行前对这段航线早已了解。他说:“双牌至道州,水陆俱由泷中行,无他道。”“盖潇水南自青口与沲水合,即入山峡中,是曰泷口。北行七十里,皆连山骈峡,亏蔽天日,且水倾泻直中下,一所云‘泷’也。泷中有麻潭驿,驿南四十里属道州,驿北三十里属零陵。按其地即丹霞翁宅也。志云:‘在府南百里零陵泷下,唐永泰中有泷水令唐节,去官即家于此泷,自称为丹霞翁。元结自道州过之,为作宅刻铭。然则此泷北属零陵,故谓之零陵泷。而所谓泷水县者,其即北非耶?’又按志:‘永州南六十里有雷石镐,当泷水口,唐置。’则唐时泷水之为县,非此而谁耶。”[注:经笔者查证,零陵(永州)境内历史上从没有设过泷水县。唐时泷水县在今广东省罗定市南,唐节当在此为县令,后隐居零陵]徐霞客从双牌上船时“风色甚利,薄暮,乘风驱舟上滩,卷浪如雷。五里入泷,又五里,泊于横口,江之东岸也。官道在西岸,为雷石镇小墅也”。徐霞客在横口住一晚,第二天“平明行,二十里,为麻潭驿。其地犹属零陵,而南即道州界矣。自入泷来,山势逼束,石滩悬亘,而北风利甚,卷翠激玉,宛转凌波,不觉其难,咏旧句‘舡梭织峰翠,山轴卷溪绡’(《下丁洋溪》中诗),若为此地设也。其处山鹃盛开,皆在水涯岸侧,不作蔓山布谷之观,而映碧流舟,老觉有异。二十里,吴垒铺,其西南山稍逊,舟反转而东。又五里,复南转,其东北岩有石,方形叠砌,围亘山腰,东下西起,若甃而成者,岂垒之遗者耶？又十里，山势愈逼束，是为泷口。又五里泊于将军滩，滩有峰立泷之口，若当关者然。溯流出泷，划然若另辟区宇。是夜月明达旦，入春来所未有。”当晚，徐霞客住将军滩，第二天天亮后，再舟行 2.5 公里到达道县的青口。

1963 年修建双牌水库，装机容量 135 千瓦，为大中型水库；从此，徐霞客舟行双牌至道县青口的 35 公里潇水河面已成平湖，徐霞客描述的两岸风情全沉水底。我们来到双牌水库大坝时，风和日丽，自然又是另一种风景。高高的钢筋水泥大坝拦河截断，湖内碧波荡漾，两岸青山依旧，但已不觉过去的险峻。湖边停有大小 20 多条船，其中 10 多艘大一点的为机动船，且大多为游船，没有什么游客，显得平静冷清。湖里有一人身穿救生衣在游泳，一会露头侧游，一会平躺休息，倒也悠闲。一中年男子从一只小船上岸，手拿一只塑料盒，内装有七八条小鱼，问我们钓不钓鱼，20 元一小时；并说钓上来的鱼特新鲜，很好吃，因为这里水质好，没有污染。湖岸上有几栋楼房，最高的四层，白瓷砖贴面，有的还盖黄色琉璃瓦。楼房内有水上运输有限公司、双牌县地方海事局大坝执行室等单位，还有一些宾馆、餐馆、米店等商铺。大坝下方的左岸，还有一尊陶铸的白色全身塑像，塑像立于红色台基上，台基上刻有“陶铸同志（1908—1969）”字样；陶铸为永州祁阳人，塑像立在双牌，可见当地人民对他的敬仰。

离开双牌水库大坝，我们驱车直奔道县的青口。徐霞客说：

青口“一水东自山峡中出者，宁远道也，此水最大，即潇水也；一水南自平旷中来者，道州（今道县）道也。此水次之，即沲水也（水小弱）”。在这里，徐霞客记载有三个错误：第一，“一水东自山峡中出”的不是潇水，而是泠水（又称宁远水）；“一水南自平旷中来”的却正是潇水。第二，徐霞客把潇水和沲水当作两条河，实际上这是一条河，沲水是潇水的上游，下游称潇水（道县把岑江渡两河口以上的河段称沲水或沱江，也有的把道县县城以上的河段称沲水或沱江，以下则称潇水）。第三，水的流量也记错了，“一水东自山峡中出”的泠水水量小，“一水南自平旷中来”的潇水水量大。

现在的青口水面，由于是双牌水库的一部分，水面宽阔，北临青山翠谷，东有泠水注入，西南有潇水流来，南为平畴。借助库区水源，平旷处有大小不等的小湖或池塘，养殖鱼类等水产。青口本来山清水秀，为一佳景，然而到处是采沙船和采沙工地，水面被破坏得七零八落，满目疮痍。偶见名叫陈华平、蒋先海等人在水库岸边手工造船，与之交谈，得知他们造一条小船大约需十来天时间，成本约一万元，装饰还得花五六千元。他们说生意还不错，总有事做。库岸不远有青口老街，长100多米，街中刚改为水泥路面，两侧过去基本上是木板房，现在两头已盖了一些三四层楼的红砖房，估计不用几年，木板房都会被红砖楼房所代替。当地老人说，这里过去是青口乡政府所在地，现属白马渡镇了。

◉道州城门洞

◉道州古城墙

过去这里有闹子（这是土话，即指墟场、集市），农历三、六、九赶闹子，好热闹；现在只有一些做小生意的，很冷清。

徐霞客离开青口乘船沿潇水逆行，经泥江口（今宜江口）进入道县县城。船泊南门然后入城，经报恩寺和州署前抵西门，然后登南城观赏道州美景，天快黑时回舟中夜宿。第二天，徐霞客过东门寻访道州的五如石和窊樽。五如石和窊樽均与唐代名人元结有关，“五如石”为元结所命名，元结任道州刺史时，撰《五如石铭》及序刻于石上。窊樽亦出现在元结的文章里，并有“道州窊樽铭”碑，历代均建有石亭，因而名气很大。

五如石位于道县城南今东门乡东门村头潇水边的左溪汇入潇水处，五奇石如春笋般破土而出，林立而起，居中一石，上尖下阔，高近２米，用石敲击，清脆有声，又名“响石”。徐霞客找到了“五如石”，据他的记载，当时敲击仍然有清脆悦耳之声；不过，今日的五如石，中间这块大石已被深深地敲出了一个大洞，而且由于泥沙淤集、石头风化等原因，响声已无记载中的效果。

徐霞客误以为窊樽亦在五如石附近，后听人说“在大报恩寺”，于是“乃入东门，经南门内，西过报恩寺，欲入内问窊樽石，见日色丽甚，姑留为归途探质”。实际上他后来也没有来找了，因而他没有见到窊樽石。其实，窊樽石确实在报恩寺，并有“道州窊樽铭”碑，建有石亭，位置就在现在的中医院（报恩寺遗址）左后门。

◉华岩明代题刻

徐霞客见到的道州古城（含城墙、城

◉道县华岩

门），始建于明洪武二年（1369 年），全用石砌，原设东、西、南、北、小西五门，因历代维修保护，民国早期还保存完好；1944 年日军轰炸道县县城，城墙多处崩塌。中华人民共和国成立以后，北门、西门石拱及部分城墙被拆除，仅现存西门至濂溪电影院、西门至南门（湾里街段）、南门至东门三段城垣及东、南二门石拱。

徐霞客离开道州南行，见“大道两旁俱分植乔松，如南岳道中，而此更绵密。有松自下分柯五六枝，丛挺竞秀，此中特有之，他所无也。自州（即道州）至永州，松之夹道者七十里，栽者之功，亦不啻甘棠矣”。徐霞客所记的“松之夹道者七十里”道州至永州大道，何等壮观，如果现在还在，真可以上世界自然和世界文化双遗产名录。

经道州城南十里铺，徐霞客从小径北行半里，到了华岩，这

里现属万家庄乡华岩村。徐霞客说：华岩“洞门向北，有小水自洞下出。由洞入，止闻水声，而不见水。转东三丈余，复南下，则穹然深暗，不复辨光矣。时洞北有僧寮，行急不及入觅火炬，闻其内止一炬可尽，亦不必觅也，遂从寮右北向小径行”。从徐霞客的记载看，他游华岩很马虎，也很匆忙，也很不在意。其实，华岩有明暗二洞，又名双岩。他游的是暗洞，暗洞洞门前隔稻田数丘不到百米的小山底下有明洞。明洞很有特点，暗洞洞底流出

◉周敦颐故居

◉周敦颐故里远景

◉濂溪故里

的溪水沿山麓环流后进入明洞。明洞洞顶怪石垂悬，三个洞口互相透光，可以对望；然而洞内却全是水，非赤脚不可进入，但可泛小舟游玩，亦一奇景。同游的华岩村书记李万春说出水的明洞洞口岩壁上有徐霞客的题刻，我们细看时，实际是明嘉靖壬寅（1542 年）五月两位文人游华岩书刻的咏景诗；书法水平极高，应该是名人所书，由于是草书，一般人难以识读。

徐霞客游过华岩的暗洞，洞口现被石墙封闭，但留有狭窄的小门，洞内整修了一条小溪，已不是徐霞客所记的“止闻水声，而不见水”的情景。据同行的秦伟彬、廖于寿介绍，洞口是抗日战争时封闭的，便于在里面躲藏和生活。至于徐霞客所说的“僧寮”，因寺庙不存，而无法查实了。

离开华岩后，徐霞客来到周敦颐故里，即今清塘镇楼田村。在楼田，他只看了濂溪祠："又一里，而濂溪祠在焉。祠北向，左为龙山，右为象山，皆后山象形，从祠后小山，分支而环突于前者也。其龙山即前转嘴而出者，象山则月岩之道所由渡濂溪者也。祠环于山间而不临水，其前扩然可容万马，乃元公所生之地。今只一二后人守其间，而旁无人焉。无从索炊，乃西行。”徐霞客笔下的周敦颐故里，十分冷清，而且找不到吃饭的地方，因而随便看了一下濂溪祠就离开了。而今天的周敦颐故里已是全国重点文物保护单位，不仅已经损毁的濂溪祠在遗址的对面重新修建，且形成了一个庞大的包含周敦颐故居、濂溪祠、周敦颐纪念馆、濂溪廉政馆、周氏宗祠、仿宋民居村、故里石牌坊、文塔、濂溪桥亭、广场、周氏家族墓葬等在内的周敦颐故里建筑群（还规划打造“濂溪文化园景区”）。可惜的是在打造这些建筑群时，不少珍贵遗迹受到破坏，重建的古建筑没有时代特点，比如周敦颐故居，无论是建筑形式、建筑风格、建筑材料等均不符合宋代建筑的要求。这种纪念宋人的仿古建筑，应当参考《清明上河图》。十分幸运的是这次考察时，居然发现了明万历年间的“书濂溪祠成”碑，但愿他们能重视这样重要且极为稀缺的文物，赶快收藏保护起来；其实，徐霞客亲眼见到的正是这个濂溪祠。

永州之旅

——重走徐霞客游历的永州之路（下）

徐霞客离开周敦颐故里楼田村的濂溪祠后，到达达村，吃过午餐后前往月岩，他记述："又二里，直抵（月岩）山下，从其东麓拾级而上，先入下岩。其岩东向，中空上连，高拱若桥，从下望之，若虎之张吻，目光牙状俨然可畏。复从岩上遍历诸异境，是晚宿于月岩。"

月岩是绝境，一般的溶洞是一个洞口，两头对穿的是两个洞口，而月岩从顶部又冒出一个洞口来，一共三个洞口。如果站在洞内的一个适当位置，往洞外看三个洞口如三轮明月。更奇的是，

◉九疑山

如果从东洞口进，抬头看头顶上的洞口，犹如一弯新月；慢慢往前走，其月亦慢慢丰满；到了岩洞中间，竟然变成一轮满月悬空；再继续往西洞口走，满月渐亏，到达西洞口时，已是一弯残月。洞内仅100多米的距离，走了仅几分钟，看头顶上的洞口由上弦月渐渐变成满月,又由满月渐渐变成下弦月。洞称“月岩”，名副其实。月岩洞壁，如天然碑墙，上刻宋、元、明、清及近代摩崖石刻数十方。洞内还有天然石屋一间，屋前有石屏，内有石榻，用光电照射，壁上刻有《石榻铭》，传说周敦颐曾在月岩求学，这石屋为教书先生的卧室；徐霞客住月岩，是否下榻石屋亦未可知。待登至月岩顶上的石台，豁然开朗，大千世界尽收眼底。

极有特点的月岩，徐霞客着笔不多，众多宋、元、明摩崖石刻只字未提。岩洞中观赏到的月盈月亏的变化景象也无记载。月岩名称，应为古有。不过他在后来为永南的溶洞排序时补充说：“月岩第一，道州；紫霞洞第二，九疑……；蔴拐岩第十二，江华”。看来，月岩在他心中的位置还是清晰的。

离开月岩，徐霞客东南行至洪家宅。再往南至火烧铺，火烧铺因过去多竹木建筑，累受火灾并因此得名。为图吉利，后改为祥林铺，现为祥林铺镇政府所在地。祥林铺的老街没有了，全是红砖民居，难得在祥林铺村委会旁边还有一株奇老的樟树，村民说有上千年了，树围需五六人合抱，至少应有七八百年的树龄。祥林铺镇田广洞村的鬼崽岭，地面和水中散落数以千计的雕刻粗

◉月岩半月

犷、大小不一的石俑，当地人称这些石俑为“鬼崽崽”，地方也以此命名。现在鬼崽岭已为全国重点文物保护单位。

徐霞客离开道县，经江华县的高桥铺、水塘铺、加祐铺等地进入江华县城。对江华县城，他仅有“而抵江华城西”“循城下抵南门，饭于肆”十几个字的记载。在江华，他大体只记行程，着笔最多的只有浪石寺。他在江华境内只住两晚，吃了五餐饭，路过县城吃了一餐饭。在浪石寺住一晚，吃了三餐饭；在离开江华县境时于江渡住一晚，吃了一个晚餐。他记述：“浪石寺，小江中石浪如涌，此寺之所由得名也。寺有蒋姓者成道，今肉身犹在，即所称‘一刀屠’也。浪石有‘一刀屠’肉身，其面肉如生。

碑言姓蒋，即寺西村人。宋初，本屠者，卖肉，轻重俱一刀而就，不爽锱铢，既而弃妻学道，入大佛岭洞中，坐玉柱下。久之，其母入洞，寻得拜之，遂出洞，坐化于寺。后有盗欲劫江华库，过寺，以占取决，不吉。盗劫库还，遂剖其腹，取心脏而去。此亦‘一刀屠’之报也。其身已髹，而面尚肉，头戴香巾，自袭红褶为儒者服，以子孙有青其衿者耳。是日止于浪石寺，但其山僧甚粗野”，“饭（早餐）于浪石寺，欲往莲花洞……还饭于浪石，已过午矣。”

浪石寺，风景极佳，而以河流为最，“浪石清流”自古为江华八景之一。而浪石寺作为寺庙，历史上几经战乱，寺已不存。民国时期在此办学，现为沱江镇鲤鱼井中学校址。“浪石清流”的泉源也已被砌成水井。然而浪石寺留下的遗迹还有不少，如大门石墩、寺庙柱础等石构件；特别珍贵的还有《创建学碑》《重修浪石寺碑》等一系列古石碑，些许尚可识读。由于此地风光，仍有不少游人流连。

徐霞客离开浪石寺北行经界牌进入道县，再经道县的四眼桥（现改名四马桥）进入宁远，直往九疑山舜帝陵、斜岩、三分石等地考察，行程匆匆，没有留下什么重要的记载。仅两天时间，就赶到了宁远的路亭。

徐霞客记述：“路亭者，王氏所建，名应丰亭，其处旧名周家峒，王氏之居在焉。王氏，世家也，因建亭憩行者，会发乡科，故遂以‘路亭’为名。计时尚早，因雨湿衣透，遂止而向薪焉。”

◉紫霞岩内景

第二天早晨，雨止而云气蒙密，徐霞客才离开路亭西行去舜帝陵。

路亭村，原属九疑瑶族乡，1996 年划归湾井镇。村里人说，我们的祖先做好事修了路亭，供祭祀舜帝陵的来往人员歇脚，明弘治年间族人王性中了进士，官至知州，得到好报，村子遂以“路亭”为名。徐霞客歇息路亭时，王氏为望族，故徐称：“王氏，世家也。”徐离开路亭两年后，为旌表王性，族人建云龙牌坊。该牌坊与建于明代的王氏虚堂（王氏宗祠）一起，已被公布为全国重点文物保护单位。

路亭离舜帝陵很近，徐霞客到了舜帝陵，然而他不识庐山真面目，当时没有进去。他说：“圣殿者即舜陵也。余初从路岐望之，见颓垣一二楹，而路复荒没，以为非是，遂从其东逾岭而北。二里，遇耕者问之，已过圣殿而抵斜岩矣。”

斜岩，又名紫霞岩。徐霞客对斜岩情有独钟，连宿四晚，并将其列为“永南十二名洞之第二”。初进斜岩，他是这样记述的：“已过圣殿（舜陵）而抵斜岩矣。遂西面登山，而穹岩东向高张，势甚宏敞。洞门有石峰中峙，界门为两，飞泉倾坠而上，若水帘然。岩之右，垂石纵横，岩底有泉悬空而下，有从垂石之端直注者，有从石窦斜喷者，众隙交乱，流亦纵横，交射于一处，更一奇也。其下复开一岩，深下亦复宏峻，然不能远入也。岩后上层，复开一岩，圆整高朗，若楼阁然，正对洞门中峙之峰（两瀑悬帘其前，为外岩最丽处），其下有池，潴水一方，不见所出之处，而水不盈。池之左复开一门，即岩后之下层也。由其内坠级而下，即深入之道矣。余既至外岩，即炊米为饭，为深之计。”

徐霞客在斜岩住下来后，僧明宗为他介绍当地名胜：“此间胜迹，近则有书字岩、飞龙岩，远则有三分石。三分石不可到，二岩君当先了之。”徐霞客听从明宗的意见，并请明宗带路，先探书字、飞龙二岩。

书字岩即玉琯岩，徐霞客记述说：“书字岩，岩不甚深，后有垂石天矫，如龙翔凤翥。岩外镌‘玉琯岩’三隶字，为宋人李挺祖笔。岩右镌‘九疑山’三大字，为宋嘉定六年知道州军事莆田方信孺笔。其侧又隶刻汉蔡中郎《九疑山铭》，为宋淳祐六年潼川李袭之属郡人李挺祖书。盖袭之既新其宫，因镌其铭于侧，以存古迹。后人以崖有巨书，遂以‘书字’名，而竟失其实。始知书字岩之即为玉琯，而此为九疑山之中也。始知在箫韵南者为舜陵，在玉琯岩之北者，为古舜祠。后人合祠于陵，亦如九疑司之退于太平营，沧桑之变如此。土人云：永福（寺）昔时甚盛，中有千余僧常住，田数千亩，是云永福即舜陵。称小陵云：义以玉琯、舜祠相迫，钦登绎扰，疏请合祠于陵。今舜陵左碑，俱从永福移出。后玉琯古祠既废，意寺中得以专享，不久寺竟芜没，可为废古之鉴。”

徐霞客考察玉琯岩，解决了众多历史疑案：第一，徐霞客到九疑山时，“求所谓碧虚洞、玉琯岩……俱云无之”。连僧明宗

◉玉琯岩

◉玉琯岩中的摩崖石刻

也不知有玉琯岩，只知有书字岩。徐霞客看了玉琯岩中的摩崖石刻后清楚了，这里原名“玉琯岩”，后因“九疑山”几个字特大，“遂以‘书字’名”。故此，“书字岩之即为玉琯”。第二，他廓清了古舜帝陵与古舜帝祠原来是分开的，古舜陵在今址，古舜祠在玉琯岩附近，后因有一个永福寺财大气粗，人多势众，冒充舜帝陵也在永福寺，逼得舜祠迁往舜陵，祠陵合一。永福寺原本洋洋得意，觉得“得以专享”，谁知“不久，寺竟芜没”“沧桑之变如此”。今日的永福寺，2005 年重建落成，规模宏大，但愿不忘前车之鉴。第三，古舜帝祠已经找到，就在玉琯岩侧，是否依照徐霞客记载的“在玉琯岩之北者，为古舜祠”找到的，不得而知。2002 年，省考古研究所对古舜帝祠遗址进行调查、勘探和小规模发掘。2003—2004 年正式发掘。发掘成果显示，遗址不晚于南宋，因怕损坏南宋遗址下面的地层，发掘暂停。但局部试掘证明，下层还有秦汉时的古舜帝祠遗址。古舜帝祠遗址的考古发掘成果当时轰动全国。史学界认为，古舜帝祠遗址是迄今为止国内唯一有传世文献、存世碑刻、地下出土文物与丰富考古实证相互印证的上古帝王祠祀遗址。有的专家认为，因此可以把舜帝南巡狩的传说变成信史。2006 年，遗址以“玉琯岩古舜帝庙遗址”的名称被国务院公布为全国重点文物保护单位。现已在玉琯岩古舜帝庙遗址建“舜帝庙考古遗址公园”，公园主要由舜帝庙遗址博物馆、园林休闲区、遗址保护区（含玉琯岩）三部分组成，面积达 13 万多平方米。

徐霞客考察完玉琯岩，再探飞龙岩。对飞龙岩，徐兴趣不大，只几笔带过。回到斜岩后，他再在僧明宗和顾仆陪同下深入洞内详细考察斜岩。他由于住在这里，对斜岩考察特别细，记述也多，长达近千字。尽管如此，他对洞中众多的唐宋以来题刻、题墨却一笔也没有记载。我们进洞考察时，至今还有不少题刻、题墨，如治平四年（1067 年）、嘉熙二年（1238 年）、崇祯四年（1631 年）、康熙四十六年（1707 年）、康熙六十年（1721 年）等题刻、题墨的纪年还可识读；特别是治平四年（1067 年）的题刻，字迹清晰、书法苍劲，雕刻精细，时隔 1000 多年，几乎完全可以识读，为难得的珍品。遗憾的是，这么珍贵的文化遗存，斜岩的管理者为何不善加保护和整理识读，任由游客乱刻乱画、肆意破坏，令人痛心。

◉舜帝陵

斜岩即紫霞岩，现已是九疑山的重要景区，以徐霞客对它的垂青并在此住了四晚为荣，为此在景区大门内建了徐霞客广场。广场左侧建徐霞客浮雕墙，高近6米，长27米。取材福建上等青石，采用福建传统雕刻手法制作，记载了徐霞客生平事迹。浮雕墙前塑徐霞客雕像。在斜岩洞口，建表演场，游客进来可观看“瑶族风情表演”。据传：寿星彭祖、太极仙侯、何侯均在斜岩得道羽化升仙。为此，在洞口左侧，建三仙神像祭坛，立三仙神像，

供游客在此祈福、求财、求寿、求平安。道路两旁挂满祈求的红色彩带。我们见一对浙江来的男女发生争执，女的要去祈福，男的说不信，最后还是买了香火，双双前往祭祀。后来，我们问男的：“你不信怎么也拜”？他说：“我陪她，图个高兴，图个吉利。”斜岩洞内现建游道 1 500 米，全程彩灯布景，除再现徐霞客描述的石田、石柱、溪流、风洞等美景外，还有新开拓如九曲黄河、雨洞、雷洞、八音堂等新景点。还可在中途观看梦幻电影。实际上斜岩洞内已成为五彩缤纷的地下宫殿。当然，徐霞客描绘的那种原始、自然的景象也就一去不复返了。

徐霞客住斜岩的第三天，前往舜帝陵（徐称圣殿）。徐眼中出现的舜帝陵，前有两棵可四人合抱的珠树，这种树湘南称“圆珠”，结果，外观似板栗，外皮为刺球，里面的坚果为圆形，坚果内的果肉味与板栗类似，但淀粉略少；过去这种树很多，现在已很难见到了。除珠树外还有一些大杪木，大者亦需四人合抱。

至于舜陵庙宇，徐霞客说："有屋三楹，再上一楹，上楹额云'舞于遗化'，有虞帝碑位。下三楹额云'虞帝寝殿'。列五六碑，俱世庙、神庙二朝之间者，无古迹尔。二室俱敝而隘，殊为不称。问窆宫何在？帝原与何侯飞升而去，向无其处也。……其右即为官廨，亦颓敝将倾，内有一碑已碎，而用木匡其四旁。……廨后有室三楹，中置西方圣人，两头各一僧栖焉，亦荒落至甚。"可见，当时的舜帝陵庙既破又小，仅两名僧人驻守，很不庄严，也不相称。陵寝也不知在哪里，就算以山为陵，也应给个地方，否则怎么祭祀。这也许是明末社会衰败景象的缩影。

另外，徐霞客对舜帝以 80 多岁的高龄来到湘南的原因提出质疑："若谓地（指九疑）在四岳之外，帝以耄期之年，不当有此远游，是不知大圣至公无间之心者也。盖中国诸侯，悉就四岳朝见，而南蛮荒远，故不惮以身过化。"徐的质疑有一定的道理，

◉宁远舜帝庙遗址

舜帝也许是被大禹逼逃的。大禹治水后功高盖主，舜被逼退位是有可能的。

徐霞客见到的舜帝陵，应该是史料记载于明洪武四年（1371年）迁址建造的陵、庙一体的舜帝陵。该陵、庙至徐霞客看到时已经破败，清代又屡经修葺，至20纪80年代又几乎荒废，庙址上盖有不少民居。在1988年以湖南省对外文化交流协会的名义编辑大型《湖南》画册时，根本无法拍近景，只能拍张远景照，好在不完整的外墙上还有“九疑山”三个大字（见1989年湖南美术出版社出版的《湖南》画册）。而我们现在看到的舜帝陵、庙，是20世纪90年代末开始，在明、清舜帝陵、庙的遗址上逐步重新修建的，占地2万多平方米。山门外神道两旁有11对石狮、石俑，并有一对汉白玉龙腾华表耸立两旁。陵庙内主要建筑有午门、拜亭、大殿、寝殿、碑亭及厢房等。大殿前有汉白玉雕龙丹墀及高浮雕青龙石柱；大殿抬梁式架构、重檐歇山顶，黄色琉璃瓦、琉璃双龙脊饰；殿内还有舜帝铜像。寝陵中立有“帝舜有虞氏之陵”石碑。陵寝前两侧有碑廊，陈列清代至民国时期的碑刻30余块；陵庙内还保存有一块明代大碑。舜帝陵、庙重新修建后，已经在这里举行过十几次省、市、县的公祭活动。

偶遇舜帝陵附近黄家大屋一黄姓长者，对舜帝陵、庙建筑颇有微词。他说，舜帝陵太现代化了，粗看是古建，实际全是现代建筑；而且历史上的规模从来没有这么大，是现在的人加大的。

九疑的三分石，徐霞客早知其大名，为徐霞客必游之地，然而带路的人难寻，他说："余坐玉琯中久之，因求土人导往三分石者，土人言：'去此甚远，俱瑶窟中，须得瑶人为导。然中无宿处，须携火露宿乃可'。已而重购得一人，乃平地瑶刘姓者，期以明日晴爽乃行。"徐霞客盼天晴好去三分石，谁知第二天、第三天接连下雨。第四天"雨色已止，而浓云稍开。亟饭，逾马蹄石岭，三里，抵玉琯岩之南，觅所期刘姓瑶人欲为三分石之行，而其人以云未尽，未可远行，已住他所矣。复期以明日。"第二天，徐霞客三分石之行终于可以成行了。他详细记

◉三分石

述了整个行程：

“五鼓，饭而后明。仍过玉琯南觅导者。其人始起炊饭，已乃肩火具前行。即从东上杨子岭，二里登岭，上即有石，人立而起，兽蹲而龙蝘，其上皆盘突。从岭上东南行坳中（地名茅窝）。三里，皆奇石也。下深窝，有石崖嵌削，青玉千丈，四面交流，捣入岩洞，坠石而下，深不可测，是名九龟进岩，以窝中九山如龟，其水皆向岩而趋也。其岩西向，疑永福旁透崖而出者，即此水也。又东南二里，越一岭，为蟠龙峒水口（峒进东尚深，内俱高山瑶）。又登一岭，为清水潭。岭侧有潭，水甚清澈（其东下岭，韭菜原道也）。又东南二里，渡牛头江。江水东自紫金原来，江两岸崖路俱峭削，上下攀援甚艰。时以流贼出没，必假道于此，土人伐巨枝横截崖道，上下俱从树枝，或伏而穿其胯，或骑而逾其脊。渡江，即东南上半边山，其东北高山为紫金原（山外即蓝山县治矣）。其西南高山为空寮原。再南为香炉山（空寮原山上有白石痕一幅，上自山巅，下至山麓，若悬帛然，土人谓之‘白绵油’。香炉山在玉琯岩南三十里，三分石西北二十里，高亚于三分石，顶有澄潭，广二三亩。其中石笋两枝，亭亭出水面三丈余，疑即志所称天湖也。地志谓在九疑麓，而此在山顶为异，若山巅则无之）。由半边山上行五里，稍下为狗矢窝。于是复上，屡度山脊，狭若板筑，屡踄山顶，下少上多。其东南五里而出鳌头山。先是，积雾不开，即半边、鳌头诸山，近望不及，而身至辄现。至是南眺三分石，不知所在。顷之而浓云忽开，瞥然闪影于高峰之顶（与江山县江郎山相似。一为浙源，一为潇源，但江郎高矗山半，此悬万峰绝顶为异耳），”“半边、鳌头二山，其东北与紫金夹而为牛头江，西南与空寮、（香炉）夹而为潇源江（即三分石水）。此乃两水中之脊也。二水合于玉琯东南，西下鲁观与蒲江合，始胜如叶之舟而出大洋焉。由鳌头东沿岭半行，二里始下。三里下至烂泥河，始得水而炊，已下午矣（由烂泥河东五里逾岭，岭侧小路为冷水坳，盗之内薮也。下岭三里为高梁原，乃蓝山西境，亦盗之内薮也。此岭乃蓝山、宁远分界，在三分石之东，水亦随之）。余经三分石，下烂泥河，于是与高梁原分道。折而西南行，又上一岭，山花红紫斗色（自鳌头山始见山鹃蓝花，至是又有紫花二种，一种大，花如山茶；一种小，花如山鹃，而艳色可爱。又枯树间蕈黄白色，厚大如盘。余摘袖中，夜至三分石，以箐穿而烘之，香正如香蕈）。山木干霄（此中山木甚大，有独木最贵，而楠木次之。又有寿木，叶扁如侧柏，亦柏之类也。巨者围四五人，高数十丈。潇源水侧渡河处倒横一楠，大齐人眉，长三十步不止。闻二十年前，有采木之命，此岂其遗材耶）。上下共五里，而抵潇源水。其水东南从三分石来，至此西去，而经香炉山之东北以出鲁观者。乃绝流南渡，即上三分岭麓。其岭峻削不容足，细径伏深箐中，俯首穿箐而上，即两手挽之以移足。其时箐因夙雾淋漓，既不能矫首其上，又不能平行其下，惟资之为垂空之谲练，则甚有功焉。如是八里，始渐平。又南行岭上二里。时夙雾乃翳，望顶莫辨，而晚色渐合，遂除箐依松，得地如掌。山高无水，有火难炊。命导者砍大木积而焚之，因箐为茵，因火为帏，为度宵计。既暝，吼风大作，卷火星飞舞空中，火焰游移，倏忽奔突数丈，始以为奇观。既而雾随风阵，忽仰明星，忽成零雨，拥伞不能，拥被渐湿，幸火威猛烈，足以敌之。五鼓雨甚，亦不免淋漓焉。”

徐霞客一行于风、雨、雾、火中在山上露天一宿，第二天“天渐明，雨亦渐霁。仰见三分石，露影在指顾间，辄忍饥冲湿箐而南。又下山二里，始知尚隔一峰也。度坳中小脊，复南上三里，始有巨石盘崖（昨升降处皆峻土，无块石），为导者误。出其南又一里，东眺矗顶，已可扪而摩之，但为雾霾，不见真形，道穷蹬绝。忽山雨大注，顶踵无不沾濡，乃返。过巨石崖，见其侧有线路，伏浮箐中，雨巨不可上，上亦不得有所见。遂从故道下，至夜来依火处，拟从直北旧路下，就溪炊米，而火为雨灭，止存余星，急觅干烬引之，荷而下山，乃误从其西，竟不得路。久之得微涧，遂炊涧中，已当午矣。踯躅莽箐中，久之，乃得抵涧，则五涧纵横，交会一处，盖皆三分石西、南、北面之水，而向所渡东来一溪，在其最北，乃舍其一，渡其三，而留最北者未渡，循其南涯滩流而东，一里，至来时所渡处，始涉而北。从旧道至烂泥，至鳌头偶坐，闻兰香甚，觅之即在坐隅，乃携之行，至半边山，下至牛头河，暝色已合，幸已过险，命导者从间道趋韭菜原，盖以此处有高山瑶居之，自此而南，绝无一寮，直抵高梁原而后有瑶居也。初升犹土山，既入而东下但闻水声潺潺在深壑，暗扪危级而下，又一里，过两独木桥，则见火光荧荧，亟就之，见其伏畦旁，亦不敢问。已而有茅寮一二重，呼之，一人辄秉炬出，迎归托宿焉。问其畦间诸火，则取乖者，盖瑶人以蛙为乖也。问其姓为邓，其人年及二十，谈山中事甚熟，余感其深夜迎宿，始知瑶犹存古人之厚也。亟烧枝炙衣，炊粥就枕焉。”

徐霞客在瑶寨住了一晚，下山行程一天，夜晚宿于路亭。徐霞客总结三分石之行曰：“三分石，俱称其下水一出广东，一出广西，一下九疑为潇水，出湖广。至其下，乃知为石分三岐耳。其下水东北者为潇源，合北、西诸水（即五涧交会者），出大洋，为潇水之源。直东者自高梁原为白田江，东十五里经临江所，又东二十里至蓝山县治，为岿水之源。东南者自高梁原东南十五里之大桥下棉田，西至江华县，为沲水之源，其不出两广者，以南有锦田水横流为（楚、粤）界也。锦田东有石鱼岭,为广东连州界，其水始东南流（入东粤耳）。若广西则上武堡之南，为贺县界也。”

过去，人们误以为三分石名称的来源是：“其下水一出广东，一出广西，一下九疑为潇水，出湖广。”徐霞客历尽艰险考察后终于弄清楚，这里的水“其不出两广者”，全都流入湘江。三分石名称的来源为“石分三岐耳”。徐霞客不愧是一位伟大的地理学家，仅经过两三天的实地考察，把这里的山川水系调查得一清二楚，与现代科学测量结果基本一致。

宁远县委宣传部的新闻办主任陪我们一道前往宁远的三分石等地考察。也许宁远县已经想开发三分石为旅游景点，因而已修通并正在完善通往三分石山下的山村公路，公路虽窄但路况尚好。我们的车沿着大峡谷快到三分石区域时进入瑶乡牛头江，这里的瑶族人当为给徐霞客留下良好印象的瑶人的后代。路边有两家新盖的餐馆，一家为“牛头江农家乐”，一家为“溪水瑶家”，房子两层，外饰白瓷砖，楼上住人，楼下营业。宣传部的人在这里下车，说他就不上去了，在这里安排一下，等我们下来吃午餐。是日天气晴好，从路边餐馆向山里开三四公里，三分石便从远处呈现峥嵘，它独立峰顶，直插云霄，构成天下奇观。我们再前行约五六公里，已无水泥路。再前为简易泥土公路，前左方出现一水泥大坝，大坝雏形已成，尚未完工，因而尚未蓄水。汽车开至坝顶左侧，再不能前行。这时看到这里还停了几台车，有数十男女在尚未蓄水的坝底玩耍。原来是宁远水利局的人在这里搞活动。在这里看三分石，似乎并不太远，我们决计上山，近距离目睹三分石尊容。向当地人打听，要上去来回得要二三小时，《潇湘晨报》记者刘见华略露难色。我们觉得徐霞客冒艰难险阻步行几天专程攀登三分石，我们到了三分石脚下而不上去，会遗憾一辈子，便动员小刘上山。我们走下坝底，见一股很大的清澈山水从山上流下，从山脚未封闭的大坝口流下山去，形成溪流。可以想象，待大坝完工，这里将形成一个中、小型山谷水库，为这平静的深山增添一景。我们跳过溪流，正欲上山，一当地人在后面喊话："你们上山见山路别往右走，要往左走，右走到不了三分石。"

上山的路陡险，好多地方要双手抓住树木才敢移动脚步，好在天气与心情俱佳，路上还可以欣赏周围的莽莽群山，特别是右侧远处一山头上，一巨石似跃跃欲试的大青蛙，昂首望天，似乎奢望跳入天际。我们快到山顶时，出现岔路。看路形及三分石的位置显然该往右走，这时想起好心人喊的话："右走到不了三分石。"我们毅然选择走左边的山路。当我们爬到山顶时，原以为就到了三分石，谁知登顶一望，还隔着几个山头。我们接着上山、下坡、转弯、拐角，几次都以为马上要到三分石了，三分石又与我们开玩笑，躲得远远的，使我们哭笑不得。后来我们干脆不看前面了，只看路，走一阵休息一会。小刘发现一只长约 3 寸的硕大蝉虫，爬在小松树上一动不动。他可能从未见过这么大的蝉虫，甚为惊奇，一个劲地拍照，并放在手上玩。看来，蝉虫正在蜕皮，除脚偶有微动外，各个部位均僵硬。小刘玩一阵后放归自然，继续爬山。终于，爬了将近两个小时，拐过一个山坳，才到达三分石下。

三分石，人们很难在近处见到它的真容，徐霞客也没有这个运气。这里的小气候千变万化，不是下雨就是刮风，人们难以靠近，且经常云雾缭绕，使人难识庐山真面目。徐霞客来的时候，只偶尔闪了一下脸，实际是吃了闭门羹。然而，我们这次它特别赏脸，一点都不隐藏，在明媚的阳光下裸露在我们面前，偶而有朵朵白云飘过，更显得婀娜多姿，光彩照人。

我们到了观赏三分石的最近最佳位置，再往前走，没有路，且寸步难行。而三分石如三根石柱并峙，高约百米，有的侧面略带扁平，右边一石，在阳光照射下，又似老人头像。石在阳光下呈灰色，石凹和石穴处点缀着小植物，略见生机。三石从一石根上脱颖而出，直插蓝天，四周为绝壁，人既不可上，鸟兽亦视为畏途。三分石下端连体，上略分离，如徐霞客所说“石分三岐耳”，而上端略尖且三石差不多平顶。我们一边欣赏美景一边拍照，然后坐下休息，这才发现山上长满灌木、小松树、大叶草，即徐霞客所说的古木已经绝迹。

三分石在阳光下如裸泳的佳人，让我们不想离开。忽看时间，快下午一点，县委宣传部的人还在等我们午餐，只得赶忙下山。中午在瑶乡的“牛头江农家乐”吃午餐，其中有一个菜是干烘野生泥娃，泥娃生长在山溪中；不是徐霞客所说的“乖”，而“乖”主要是生长在稻田和水塘，是指青蛙。

徐霞客从三分石下来后又一次到路亭歇息，第二天早上冒雨前往下观。下观，实为“下灌”，由于“观”“灌”音近，徐误记为“观”。他记述：下灌“巨室鳞次，大聚落也，大姓李氏居之。自路亭来，名五里，实十里而遥，雨深泥泞，俱行田畦小径

◎下灌状元楼

间，乃市酒于肆而行。下观之西，有溪自南绕下观而东，有石梁锁其下流，水由桥下出，东与箫韶水合。其西一溪，又自应龙桥来会，三水合而胜舟（北可二十里至宁远）。过下观，始与箫韶水别，路转东南向。南望下观之后，千峰耸翠（亭亭若竹竿玉立），其中有最高而锐者，名吴尖山，山下有岩窈窕如斜岩云。其内有尤洞村，其外有东角潭，皆此中绝胜处。盖峰尽干羽之遗，石俱率舞之兽，游九疑而不经此，几失其真形矣。”徐霞客特别喜欢下灌，对它赞美有加。

我们先来到徐霞客所记的应龙桥，桥还在，并不大，桥下水亦小。桥上的石板路面已经改为沙石路，汽车可以在上面通过。桥边不远有凉亭，称应龙亭。应龙亭虽已破旧，但仍然完整，且为乾隆旧亭，十分难得。两头门额上的“应龙亭”几个大字仍然十分清晰，连门额左的“乾隆辛丑冬月”和门额右的“庠生李梦（？）书”除一个字损坏外完全可以识读。应龙亭墙上镶嵌的清乾隆四十六年(1781年)《应龙亭碑记》记述：“宁境内之由江旧有应龙亭，路通两粤，控九疑，盼箫韶，清江绕其侧，但垣基待圮，卑隘堪虞，游人宦达憩息其间，不无不足之

◉下灌老商铺

憾，有善士等倡首遍募得百余金……下阔址基，上重陶尾，较旧制而高大之，猗欤盛哉！”碑刻说明这里是古代的交通要道，应龙亭久已有之，乾隆年间重新修建时比过去高大。难得的是，这里有清乾隆时修应龙亭的《应龙亭碑记》和《重修应龙桥芳名列后》碑、清同治八年（1869 年）的《应龙桥碑记》立式方碑、清嘉庆二十年（1815 年）的《新砌大路碑记》。这些路、亭、桥的碑刻，说明此地在古代交通中的重要地位，尤其是应龙亭还相当完整，应该作为文物加以保护。然而，人世沧桑，昔日车水马龙的繁华，如今已归一片寂静，只有几声虫鸣或偶见小蝶飞舞；就连徐霞客所说的“三水合而胜舟”的会合口，连船舶的影子都不见了。

我们进入徐霞客所说的“巨室鳞次，大聚落也，大姓李氏居之”的下灌村。下灌村如今号称江南第一村。它历史悠久，先祖李道辨为荡寇将军，于南齐东昏侯元年（499 年）从陕西奉命到九疑平乱，视这里为风水宝地，既风光秀丽，又有九疑灵气，遂在这里安家。唐太和二年（828 年），21 岁的族人李郃考中状元，成为族人的骄傲；据说，李郃发明了“叶子戏”，是今日“麻将”的前身。宋代熙宁年间为他盖了“状元楼”，历代均有修葺，保存至今。从唐至清代，全村出 48 位进士。近、现代出 4 位将军。可见下灌村历史上的兴旺。如今的下灌作为一个自然村，人口达 10 319 人，是湖南最大的自然村。为便于管理，后又将其划为四个行政村。现在的下灌，99.6％的人口为李姓。

下灌村的李主任欲带我们游览全村，因村子太大而不可能，我们请他带我们看一些重要古迹。我们发现，村庄虽然大都是现代建筑，但仍然有不少保存较好的古民居、老街区。老街区商铺的“中药坊”“永和号”等商号还清晰可见。我们还发现一个有不少明代构件的古祠堂、很有特色的民国时期的学校旧址和两座古桥。在村里的“状元楼”，发现大部分柱础及部分石构件明显为宋明旧物。和我们一起来的宁远县文物局的李治军，认为明代的建文帝逃亡后与下灌有瓜葛。下灌“广文桥”的说明牌中说：“广文桥：公元 1402 年 9 月，明成祖朱棣篡位改元永乐。废帝朱允炆在两位贴身大内侍卫寒清、寒洁的保护下，亡命南逃欲往九疑。

◉下灌应龙亭

途经古塘、炳塘、钱塘、来到下灌村的卢家桥。由寒洁背负废帝从桥上匆匆而过，不幸失足落水后被人发现。大清道光二十七年（1847 年），下灌人在原来的卢家桥下处建造成今天现存的全木结构大桥，取名广汶桥。1934 年清明，由原国民党何健麾下独立旅旅长李郁英书写桥文，又把汶字三点去掉，改为广文桥。'文化大革命'时期破四旧，改唤向阳桥。"

徐霞客离开下灌后经界头铺进入蓝山。在蓝山，他并没有进入蓝山县城，而是匆匆经现在的竹管寺镇排楼脚村下湾组、毛俊镇雷家岭村等地，过朱禾铺进入郴州的临武，结束了他的永州之旅。

郴州之旅

——重走徐霞客游历的郴州之路（上）

2013年10月9日，我们与《潇湘晨报》记者邹伯科、司机小田前往郴州考察，郴州文物处处长秦小军和文物处原处长刘专可等请我们在郴州的“那家酒店”午餐。下午刘专可陪同我们一道前往临武。过去从郴州去临武，车程两三个小时；2012年京珠高速复线通车，现在一个小时多一点就到了。到后即与该县文物管理所的龙碧林、凌虹、王玲燕等一道商量《徐霞客游记》（郴州段）的考察事项。当晚宿县城海悦酒店。

10月10日，小雨。清晨七时未吃早餐，一行六人即驱车前往朱禾铺。徐霞客考察完永州后，从蓝山进入临武境内，第一站就是朱禾铺。徐霞客记载“饭于朱禾铺，是为蓝山、临武分界”。

◉郴州风光

◉朱禾铺永济桥

而现在，朱禾铺是临武县楚江镇下城村的一个村民小组，且并不处蓝山、临武交界处。朱禾铺原有一条小街，有一二十家商铺，现修一条通蓝山的公路沿小街北面通过，小街被毁。在小街所处的位置，盖了一些新房和杂屋，唯一幸存的是小街南的水塘和几口古井。至于徐霞客吃过午饭的商铺，更是难以寻觅。遇村民刘也有，说朱禾铺现有 100 多人；向他打听徐霞客路过的永济桥，他只用手指向东边的一条小路说，就沿着这条路走。我们冒雨在杂草丛生的田埂小道东行约 200 多米，裤脚已湿透。只见小河上一单孔石拱桥，这就是永济桥。当时永济桥为交通要道，是蓝山通临武的必经之路，现在已经面目全非。由于桥面已铺水泥路面，两头阶梯全部填平，实际上只剩石拱；如果不走下路面，谁也不知道脚下是古石拱桥。我们拍了照便离开朱禾铺，驱车十多分钟前往楚江镇早餐。镇上有一“吉顺餐厅”，门口挂“汤粉、炒粉”招牌，准备前去就餐，而主人不太搭理；转至对面的“俭波饭店”，每人要了一碗米粉。该店做工精细，无论是米粉还是盖码，均为我们一碗一碗单独煮，虽花了点时间，但口味不错。餐毕，我们前往垫江铺。

徐霞客离开朱禾铺后，经永济桥、江山岭、东村等地到达垫江铺，身体不太舒服，就在垫江铺投宿。垫江铺实为“靛江铺”，徐霞客把“靛”音误为“垫”。靛江铺现在地处花塘乡政府的北面；而且现在有两个靛江，另一个叫靛江村，在花塘乡政府的南面。我们开始找靛江，当地人就把我们带到了靛江村。不过村民说，他们是从靛江铺搬过来的，因此也叫“靛江”。现在的靛江铺，已十分冷落，店铺没有一家，好多老铺面倒塌，大部分房子空闲没有人住，近 200 米的老街也于 1999 年铺了水泥路面。不过靛江铺老的格局还在，街道两边那一排排老的商铺，遗留在街道边、房子里的古老建筑构件，证明这里历史的古老和昔日的辉煌。在街边我们发现一栋何氏古宅，现年 82 岁的周菊香老人还住里面。这栋房子的石雕、木雕构件十分精美；古老的惜字炉，也说明这里的人对中国历史文化的珍惜。老街出口新修了一个半土不洋的门坊，证明着本土人士企图留下历史记忆的文化自觉。

徐霞客在靛江铺住了一晚，第二天清晨起来，“问知由垫江而东北十里，有龙洞甚奇”，决意一游。于是把行李寄放在靛江铺的旅店里前往龙洞。徐霞客记载：“抵石门蒋氏，有山兀立，蒋氏居后洞，在山半翠微间。洞门东南向，一入即见百柱千门，悬列其中，俯洼而下，则洞之外层也。从其左而上，穿列柱而入，众柱分列，复回环成洞，玲珑宛转，如曲房邃阁，列户分窗，无不透明聚隙，八窗掩映。从来所历诸洞，有此曲折者，无此明爽；有此宏丽者，无此玲珑。即此已足压倒众奇矣。时蒋氏导者还取火炬，余独探奇先至，意炬而入处，当在下洞外层之后，故不趋彼而先趋此。及炬至，导者从左洞之后穿隙而入。连入石门数重，已转在外洞之后，下层之上矣。乃北逾石限穿隘而入，即下石池中。其水澈不流，两崖俱穹壁列柱，而石脚汇水不漏，池中水深

◉现在的临武靛江铺很冷清

三四尺，中有石梗中卧水底，水浮其上仅尺许，践梗而行，褰裳可涉。十步之外，卧梗又横若限，限外池益大，水益深，水底白石龙一条，首顶横脊而尾拖池中，鳞甲宛然。挨崖侧又前两三步，有圆石大如斗，萼插水中，不出水者亦尺许，是为宝珠，紧傍龙侧，真睡龙颔下物也。珠之旁，又有一圆石大倍于珠，而中凹如臼，面与水平，色与珠共，是为珠盘（然与珠并列，未尝盛珠也）。由此而前，水深五六尺，无梗，不可涉矣。西望水洞宏广，若五亩之池，四旁石崖巑岏参错，而下不泄水，真异境也。其西北似有隙更深，恨无仙槎一叶航之耳！还从旧路出，经左洞下，至洞回望洼洞外层，氤氲窈窕。乃令顾仆先随导者下山觅酒，而独下洞底。环洞四旁，转出列柱之后，其洞果不深邃，而芝田莲幄，琼窝宝柱，上下层列，崆峒杳渺，即无内二洞之奇，亦自成一天也（此洞品第，固当在月岩上）。探索久之，下山，而仆竟无觅酒处。遂遵旧路十里，还至垫江，炊饭而行，日已下舂。”

徐霞客对龙洞情有独钟，描述得特别细致。1984 年，有位领导想了解徐霞客游郴州的情况，临武县委办杨水仁曾陪我们来过这里。当时，当地一蒋姓男子陪我们进洞，往洞内看，不仅徐霞客所描述的“百柱千门”等景色历历在目，且百柱千门之间烟笼雾绕。蒋姓男子说，这是洞内龙潭中的石龙在吞云吐雾。洞内一片漆黑，蒋姓男子寻找到一个仅能容一人匍匐而进的洞口贴地爬进龙潭，因洞口太小且漆黑一团，我们斗胆进入洞内龙潭。龙

◉临武龙洞中的龙气（周开发 摄）

潭很大，水清澈见底，潭中一条活生生的巨大白石龙，爪牙狰狞，使人顿感寒气逼人、阴森恐怖，来不及细看，蒋姓男子因害怕就匆忙催促出洞。

这次来到洞口，见有一些闲弃破烂的房子，据说是十多年前有人前来开发龙洞，后因生意不好而停止开发所遗留下来的。站在龙洞洞口往洞内看，徐霞客所描述的“百柱千门”奇景已经受

到部分破坏，不少钟乳石被盗，然而洞穴内吞云吐雾的景色仍可看到。由于有人开发过，洞内修了一条小路，在老乡的指引下我们找到了龙潭。然而龙潭已非往日模样，上方开了一扇门，灰尘、污物可长驱直入，已非一方净土。再看潭内，已积一二尺深的黑色污泥，只隐约可见石龙的脊背，让我们扫兴而归。

出了龙洞下山就是石门村，村内居民基本都姓蒋，也就是徐霞客所记“石门蒋氏”。石门村历史悠久，我们看到了一些古代建筑如祠堂、碉楼、民居、桥亭等很有特色，特别是蒋氏宗祠，是全省极少的、保存较完整的明代祠堂之一。祠堂后厅为穿斗式结构，而中厅又是抬梁式结构，这种混合型建筑结构也较为少见。当年，徐霞客要顾仆下山觅酒而不得，现在在石门村则家家有酒喝了。石门村的“文娱综合大楼”系四层楼房，大柱、门楼，金碧辉煌，十分气派，彰显

◉临武龙洞中的石龙（周开发 摄）

◉龙洞中的二龙戏珠

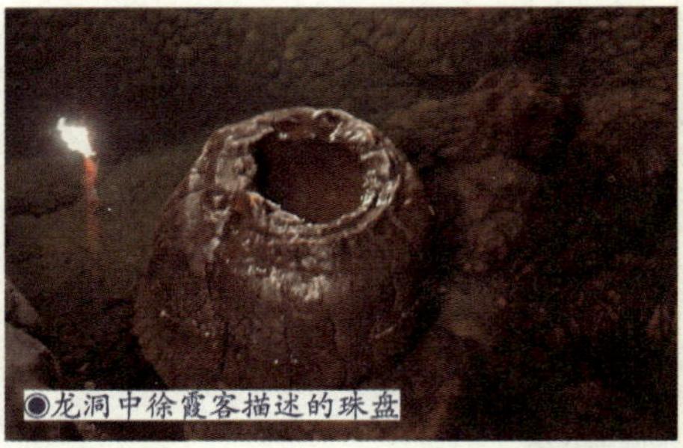
◉龙洞中徐霞客描述的珠盘

了新时代的风采。

后来，中央电视台科教频道《地理中国》栏目延宏记者前来郴州采点，听我们介绍了龙洞的有关情况后，对龙洞产生了兴趣，想去看一看。由于此时正是冬季，未见龙洞中吞云吐雾奇景，然而由于龙潭已经与外界相通，潭水大量蒸发，石龙上半身露出水面，而且可能由于氧化的作用，白龙差不多成了黄龙。好在石龙上半身露出水面，让我们有幸目睹石龙的部分真面目，令我们一行人深感震惊：人世间真有活灵活现的龙的原型，且龙珠、珠盘亦如徐霞客所说的逼真。

出得洞来，心情难以平静，龙是中华民族的象征，称中国龙，其他国家没有。龙是什么模样？实际无人知晓。据人们描述，龙有两杈角，长须，蛇身，四足，鳞片满身。它能行云布雨、吞云吐雾，升则腾空、隐则入水。龙安静时潜伏在水中不动，行动时能飞舞空中或穿江入海，兴奋时喜欢玩双龙戏珠。龙的这些特性，演绎出许多龙的故事、龙的传说、龙的文化。

《辞源》云："龙是古代传说中的一种善变化能兴云雨利万物的神异动物，为鳞虫之长。"《辞海》又云："龙是古代传说中一种有鳞有须能兴云作雨的神异动物。"因此龙是传说中的神异动物，特征是有鳞、有须，能兴云作雨的生物。传说中人类始祖伏羲、女娲皆龙身人首（或蛇身人首），又被称为"龙祖"。华夏民族的先祖炎帝、黄帝，传说和龙都有密切的关系，"黄帝龙轩辕氏龙图出河"(《竹书纪年》),相传炎帝为其母感应"神龙首"而生，死后化为赤龙。因而中国人自称为"龙的传人"。汉族传说中龙能隐能显，春风时登天，秋风时潜渊；也能兴云致雨和腾云驾雾。

龙的故事尽管是传说，但存在决定意识。中国龙或龙图腾，应该是有参照物的。这个参照物在其他地方没有发现过，而这里的石龙却活灵活现，而且还有龙宫一样的龙洞，龙洞中有龙可潜伏的龙潭，龙潭中有绚丽多彩的宝珠，宝珠边上还有珠盘；洞内除了龙的冬眠季节以外，长年可见龙洞中吞云吐雾的景象。

龙的故事、龙的传说，加上临武龙洞的惊奇发现，使我们突发灵感：临武龙洞中的石龙或者就是中国龙的参照物、中国龙的原型呢？

考证湘南的历史，由于近年来道县后背山福岩洞 10 万多年前古人类遗址和临武南强镇出气洞古人类遗址的发现；特别是道县玉蟾岩遗址、桂阳千家坪遗址的考古发掘重大发现，将湘南的历史上推到远古的石器时代甚至更早的年代。而里耶秦简的发现及史学界的研究成果，特别是炎帝神农氏、舜帝在湘南活动情况的研究成果（炎帝、舜帝陵墓均在湘南）亦将湘南的历史上推到三皇五帝时代，也就是说把湘南上推到远古文化时代，自然上推到龙文化产生的年代。刘俊男教授在 2000 年 10 月出版的《华夏上古史研究》一书中以充分的证据论证了“龙凤文化源于南方”。虽然我们对他的个别推理方式不完全赞同，但觉得他的“龙凤文化源于南方”的结论还是很有道理的。

《易·系辞》曰“上古穴居而野处”。我们站在蒋家后山脚下的溶洞前，完全可以设想，我们祖先在生产力水平低下的“穴居”年代，这个溶洞为他们的长期生存提供了最原始的家，因为这里能满足原始人对生存的最低要求。而半山腰的龙洞，冬暖夏凉，更适合人们的居住。当我们的祖先居住这里时，看到龙洞中烟笼雾绕，龙潭中的神秘“龙影”，不能不产生某种敬畏及自然崇拜。由此，这种被敬畏和崇拜的“图腾”就产生了。由于这种“图腾”虽在这里客观存在，但它不是生物，没有生命，古人赋予它的生命，并称之为“龙”。至此，“中国龙”的形象就很自然地诞生了。以后则越传越神、越传越完善。

其实，临武人早已感觉到龙洞的灵气，自古把龙洞列为临武八景之一，称为“龙洞烟云”。

徐霞客游龙洞后回到靛江铺，吃过饭后奔赴临武县城，先入北门，再转西门，然后循城南转东过县衙，再往东住徐公生祠。当晚，因风寒感冒未好，没有吃晚饭。

第二天早晨，徐霞客吃一大碗姜汤，盖两床被子，捂出一身大汗，觉得好些，于是起床出南门、过挂榜山，直趋秀岩（徐记为“凤头岩”）。从徐霞客记“凤头岩，即宋王淮锡称秀岩者”的字句看，他肯定是看过了王淮锡写的《秀岩易名记》而有备而来的。王淮锡为南宋嘉定年间临武县知县，父亲与米芾是老朋友。王淮锡见此岩特别秀丽，改称其为“秀岩”，并利用父亲与米芾的关系向米芾索取到墨宝，然后刊刻于岩内。但徐霞客并不认可“秀岩”，乃称其为“凤头岩”。游览秀岩过程中，徐霞客对王淮锡的记述颇有微词，比如，王淮锡记述秀岩洞口的水从东洞出，称“下渡溪水，其入无穷”；徐霞客考察后认为人不可以进去。实际上，秀岩洞口的水是因底下有漏斗，水是通过漏斗排出去的，并没有人可以进去的山洞；所以徐霞客质疑王淮锡“不特不能下，亦不能窥，所云‘其入无穷’，殆臆说耳”。

秀岩确实是一个很大气的奇洞。第一是高大宽敞，洞口高达30余米，底部宽约15米，大洞进深约60米（其内还有小洞）。第二是大洞内采光好，甚明亮，洞口的光线基本可以满足游览的需要。第三是洞右边的钟乳石奇形怪状，别具特色。第四是右边洞中有洞，其中景色美不胜收。第五是洞中的溪水流入洞口下的深塘，深塘只见进水，不见出水，塘底地质情况神秘。第六是洞

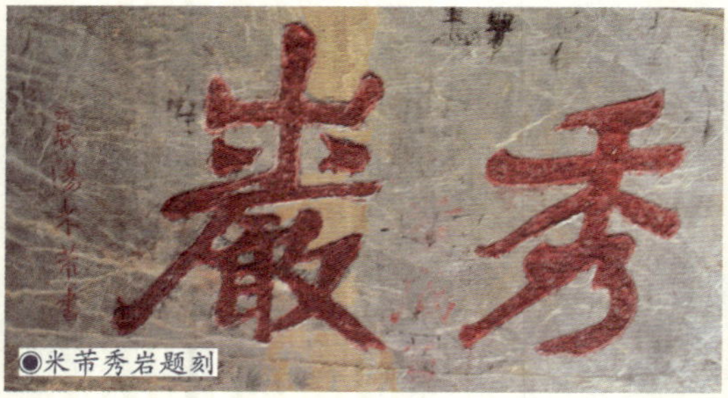

◉米芾秀岩题刻

内的古人题刻极为珍贵，特别是米芾等人的宋人题刻极为难得。为此，“秀岩摩崖题刻”2006年被省政府公布为省级文物保护单位。

徐霞客游完秀岩，即返回临武县城，途经南门，见有狗肉店，于是以狗肉饮酒进餐。龙碧林说：“南门的狗肉店，自古就很出名，口味也最好，现在仍然是吃狗肉最集中的地方，我们也去吃狗肉吧！”我们来到南门，进了几家狗肉店，都已满座，好不容易在比较简陋的“小邝狗肉店”找到了座位，我们公推凌虹点菜，她

◉临武秀岩外境

◉临武秀岩洞口康熙年间的石拱桥

点了五个菜，三荤两素，最受欢迎的是红烧狗肉，很快就清了盘，只得再加一份，也全部吃光。

吃完饭，我们想确定徐霞客路过的临武古城东、西、南、北门的位置。目前，临武古城已荡然无存，甚至古城门的位置也很难确认了，我们好不容易找到当地的苏长新、李细葱等老人，才确定南门的位置在今南正街和中河街的会合处；并在武水河边找到了一块清雍正十年（1732 年）的《文治门》（南门）石刻门额。而西门的位置在上西街与西城跃进村交接的临武县第二完全小学附近。东门则在阳光商业广场附近。北门据说拆得较早，没有打听到具体位置。

徐霞客游完秀岩，在南门吃了晚饭，仍住徐公生祠。第二天，徐霞客出东门，经阿皮洞、川州水凉亭、桐木郎桥前往宜章。桐木郎桥又名广福桥。徐霞客记：“桥下去水，自南而北，其发源当自秀岩穿穴之水也。桥东有古碑，大书飞白为广福桥。其书甚遒劲，为宋桂阳军知临武县事曾晞颜所书。”该桥为单拱石桥，离水面达 10 多米，跨度达 23 米，拱的两头砌在高出水面四五米的天然石上，因而既坚固也无需基脚，恰如“长虹落涧”一般。据龙碧林说，县志记载，该桥建于南宋宝祐三年（1255 年）。从徐霞客记载的碑刻看，建于宋代的说法可信，是十分珍贵的文物。此后，徐霞客经水下、凤集铺进入宜章的锁石村。

锁石村，徐记“村落甚盛”，通宜章的大道从村中穿过。现在的锁石村，已是 1 500 多人的大村子，基本为黄姓，始祖据说来自江夏。而其他的李、史、欧等姓居民仅 30 多人。村中除祖

◉建于宋代的桐木郎桥

祠外，支祠有十几个，现存三个门楼，从遗留的许多明代建筑构件看，确于明代就是一个大村子。村旁的古凉亭外，有一排古柏，数量近 40 棵，如此数量的古柏现已十分罕见。一老者说，他们的先祖三兄弟 700 多年前到这里建村，三兄弟各种一片柏树风水林，可惜只剩这一片了。

徐霞客出锁石村，经锁石水口，“由其东下岭二里，则武溪复自北而南，路与之遇，乃循溪南东行”。这一段武溪，水面宽阔、水流平缓，两岸青山逶迤，风景甚美，但徐霞客没有记载。当日午后天气很好，徐霞客一天走了 30 公里到达梅田。当时的梅田有“白沙巡司”，他在司旁住了一晚，但对梅田没有什么记载，只说：“始知上午有盗，百四十人自上乡来，由司东至龙村，取径道向广东。”

梅田，也许由“煤田”而来，“梅”“煤”音同。梅田产煤，地下煤储量上亿吨，称“湘南煤都”。20 世纪 60 年代，广东缺煤，湖南高风亮节，让广东在宜章境内的梅田采煤，成立广东梅田矿务局，下属一、二、五、六矿均在梅田，一时间梅田异常兴旺。直到 21 世纪初，由于市场经济的发展，广东梅田矿务局撤回广东，梅田归还湖南。我们在梅田考察时，遇几个广东前来梅田游玩的中青年男女，他们说：过去是梅田矿务局的，从小在这里长大、上学，后来又在这里参加工作，对这里很有感情，有很多童年和青年时期的记忆，深爱这个地方。这次是为寻访旧迹而

◉宜章锁石村

来，可惜已今非昔比。过去这里好热闹，现在街上没几个人，找个饭店都难了，想不到那么冷清了。不过，山还是这山，水还是这水，我们仍然热爱这个地方，以后也还会来。

梅田采煤历史悠久，明代采煤业已相当发达，梅田应该不会例外，但徐霞客却只字未提。

徐霞客离开梅田渡武溪，经龙村、焦溪等地到达宜章县城附近的艮岩。他记述：艮岩有“寺向西南，岩向西北，岩口有池一方。僧凤岩为我煮金刚笋，以醋油炒之以供粥，遂卧寺中，得一觉。”艮岩是一个风景很好的地方，“艮岩龙隐”为宜章八景之一；特别是宋、元、明三代的石刻，他也没有去欣赏。现在的艮岩，由于县城的扩大，已经处于市区。为纪念宜章的著名烈士邓中夏，1994 年在艮岩兴建中夏公园。公园中设中夏广场，中立邓中夏铜像。

徐霞客离开艮岩后进入宜章古县城，他“下午入南镇关，至三星桥。过桥，则市肆夹道，行李杂遝，盖南下广东之大道云。桥即在城南，而南门在西，大道循城而东。已乃北过东门，又直北过演武场”。与我们同行的王益清说：宜章古城用“一街两桥三岩”即可概括，一街为十里长街，两桥为三星桥和寡婆桥，三岩为蒙岩、艮岩和谦岩。看来，徐霞客虽来去匆匆，大半个古县

◉艮岩宋代题刻

◉艮岩明代题刻

◉昔日梅田古渡口上的梅田大桥

◉宜章三星桥

城都经过了，他所说的“南下广东之大道”即今日的东长街。街坊说：“十里长街指的是当年尧坡井到五里冲一段大约十里商铺林立、热闹非凡的街道，东长街是十里长街的主体。”今日的东长街现代时尚，明代的热闹已杳然长逝矣。我们沿着徐霞客经过的三星桥往北走，进入南关街，还真看到了有如徐霞客描述的“市肆夹道”的古街景象。这里保留并维修了一片古街区，尽管有些地方有点修旧如新的感觉，但总体感觉仍然不错，即使是历史文化名城郴州，也似乎略逊一筹。

徐霞客离开宜章后沿湘粤古道（即骡马古道）北上，经牛筋洞到达野石铺，这是他必游之地，因为他要在野石铺寻访野石岩上的“仙诗”。然而他历尽艰辛，身在野石岩“仙诗”脚下数十米而不自知，留下终身遗憾。他在游记中所述艰辛与执着令人顿生敬佩。记云：“野石铺，其北石峰嵌空，蹲踞路左，即为野石岩，而始不知。问其下居人，曰：‘由其北小径入即是。’乃随其北垂，转出山背，乃寺场，非岩洞也。亟出，欲投宿于岩下人家，有一人当门拒客，不入纳。余见其岩石奇，以为此必岩也，苦恳之，屋侧一小户中容留焉。欲从其舍后上岩，而其家俱编篱绝，须自其中舍后门出，而拒客人犹不肯容人。乃从南畔乱石中攀崖逾石而入。先登一岩，其门岈然，而内有透顶之隙，而不甚深。仰视门左，有蹬埋草间，亟披荆上，西南行石径间，复得石门如合掌，其内狭而稍深，右裂旁窍，其上亦透天光，而右壁之半，一圆窍透明如镜。出峡门，更西北随磴上，则穹崖削立，上有叠石耸霄，下若展幛内敛。时渐就晚，四向觅路不得，念此必野石岩无疑。《志》原云‘临官道旁’，非山后可知，但恨无补叠为径以穷其胜者。乃下，就坐其庑下，而当门人已他去。已而闻中室牖内有呼客声，乃主人卧息在内也。谓：‘客探岩曾见仙诗否？’余以所经对，曰：‘未也。穹崖之右，峡门之上，尚有路可上，明日当再穷之。’时侧户主人意虽爱客，而室甚卑隘，猪圈客铺共在一处，见余意不便，叩室中妇借下余榻，而妇不应，余因就牖下求中室主人，主人许之，乃移卧具于中。中室主人起向客言：客爱游名山，此间有高云山，乃众山之顶，路由黄岑岭而上，宜章八景有‘黄岑滴翠’‘白水流虹’二胜在其下，不可失也。”“初八日，晨，觅导游高云者，其人欲余少待，上午乃得同行。余饭后复登岩上，向穹崖之东，从郁之下，果又得路。上数步，乱石纵横，路复莫辨。乃攀逾石萼，上俱嵌空决裂，有大石高耸于外，夹成石坪，掩映愈胜，然终不得洞中诗也。徘徊久之，还至失路处，见一石穴，即在所逾石下。乃匍匐入，其内岈起裂，列穴旁通，宛转透石坪下，皆明朗可穿。盖前越其上，兹透其底，求所谓仙诗，竟无有也。下岩，导者未至，方拽囊就道，忽北路言，大盗二百余人自北来。主人俱奔，襁负奔避后山，余与顾仆复携囊藏适所游穴中，以此处路幽莫觉，且有后穴可他走也。余伏穴中，令顾仆从穴旁窥之。初奔走纷纷，已而路寂无人，久之，复有自北而南者，乃下问之，曰：'贼从章桥之上，过外岭西向黄茅矣'。乃下岩南行，

◉宜章南关老街

则自北南来者甚众，而北去者犹踯躅不前也。途人相告，即梅前司渡河百四十名之伙，南至天都石坪行劫。乃东从间道，北出章桥，转而西还，盖绕宜章之四郊，而犹不敢竟度国门也。”

徐霞客在野石铺遭遇最大的不幸是野石岩就在湘粤古道边上，他就从野石岩下经过，然而相遇而不相识，擦肩而过。为什么他始终找不到野石岩？原因可能有两个：一是他始终认为野石岩是山洞，实际上当地人往往把悬崖上的岩石也称作岩，野石岩就是这类岩石，徐霞客一个劲地找洞，所以找不到。二是语言不通，江浙话与宜章话交流有困难，所以他说“野石岩”被当地人听作“野石庵”,多走好多冤枉路。第二大不幸是着实受到了惊吓。听说“大盗二百余人自北来”，犹如惊弓之鸟，因为衡阳湘江之劫的情景还历历在目。

我们在 20 世纪 80 年代初就考察过野石岩，也遇到徐霞客那样的尴尬，村民直指野石庵，然而这时的野石庵已经只剩少量墙基及一点点断壁残垣，周围是一片菜土，难得的是还有一块明代万历年间重修野石庵的碑刻。回来再问野石岩，村民说，我们这里就是野石铺，不知什么野石岩。我们讲石岩上有三个大字，还刻有两首诗，村民才“啊”了一声，用手指向南方山脚下的一块大石头说：“就在那块大石头下面。”石头确实很大，重约几十吨，但什么也没有。村民在远处大声说：“要从底下爬进去。”开头没有听懂，后看大石好像是从高处滚落下来，倒扣于地，大石下与地之间有缝隙，有人进去过的痕迹，于是从缝隙爬进去，反过身仰看石面，清晰现出“野石铺”三个大字，旁边还有不少小字，像是刻的诗。再仔细看，还发现有“绍熙辛亥”字样，证实这是宋人题刻。

前些年，与刘专可等人再次考察野石岩。刘专可对野石岩颇有研究，写过一篇文章名《一阕三唱野石岩》。他说：野石岩的题刻来历在历史上一直没有搞清楚。一是没有落款；二是小字的字迹风化厉害；三是以前的位置太高，看不清楚；四是史志书上记载含糊。后来，著名革命烈士邓中夏的父亲邓典谟在编纂《宜章县志》时到这里考察，才揭开谜底。原来，“野石铺”三字是宋孝宗淳熙年间的荆湖南路提点刑狱潘畤所书，县令吴鉴派工匠镌刻；与此同时自己也题诗一首刻在上面。此后，继任知县滕瑱也作诗刻在上面。刘专可为纪念野石岩的历史盛事，特写了这篇文章，一唱邓典谟考证野石岩；二唱徐霞客三觅野石岩；三唱潘畤题书野石岩。据说，邓典谟考察野石岩时，刻字的巨石已经垮塌。垮塌的原因不详，一说自然垮塌；一说1921年秋天修公路时，炸山取石垮塌的。从现场考察看，炸山取石垮塌的可能性较大。

我们不解的是，我们与当地人交谈，有人说题刻是“雷公錾字”，徐霞客书中说是“仙诗”，怎么会那么神秘？仔细考察，发觉“野石铺”三字很大，每字字径达70厘米多，且书法水平很高，但无落款。诗的字迹较小，且风化程度高，如果没有垮塌，在悬崖的高处，人们是无法识别的；再加上史志记载含糊，不知出处，更增加了神秘感。特别是石刻处于人来人往、十分热闹的湘粤古道重要驿站野石铺的路旁，因而名气很大。人们风传题刻为“雷公錾字”“仙诗”，知名度很高，所以徐霞客很想一见。可以设想，如果这块巨石没有垮塌，邓典谟也不一定能破解这个谜。

2011 年，为了让人们不需钻地缝而能看到“野石铺”三个大字及所谓“仙诗”，郴州市文物处按原样复制了“野石铺”及“仙诗”，镌刻于巨石面向湘粤古道的石面。除了“野石铺”三个大字外，另有吴镒于宋淳熙丁未年（1187 年）写的诗：

夏夜浑如秋气清，梦回风露湿桃笙。
渐忻月色分山色，所憾蛙声乱水声。

另外还有滕瑱于宋绍熙辛亥年(1191 年)唱和前诗的两首诗：

其一云：

稻香蔼蔼暑风清，下马传觞听水笙。
父老指诗怀旧尹，为镌岩石记心声。

其一云：

身傍蓬莱近紫清，巧言一出忽如笙。
只因家食应无恙，书倩衡阳雁寄声。

徐霞客住宿野石铺时，本准备沿湘粤古道北上，住户的主人说：有高云山可游。再加上听说大盗要从北来，不敢贸然北上，于是徐霞客改变行程先前往高云山。在前往高云山的路途中，没

◉万华岩洞口

有什么绝景，也许有绝景没有详记。高云山地处宜章县坦山村，徐霞客只知坦山有万华岩，也是他要去的地方，于是打听万华岩的下落："问所谓坦山，皆云即此。而问所谓万华岩，皆云无之。徘徊四顾，竟无异处。"徐霞客不知道自己弄错了，宜章有坦山，郴州还有个坦山，万华岩在郴州的坦山，以至错过了万华岩这么一个绝胜的溶洞。

万华岩在郴州坦山村，是一千姿百态的钟乳石溶洞，主洞长2 000余米，洞内有溪，溪水贯穿全洞。洞中还有不少支洞，并有三个瀑布，钟乳石千姿百态，极为壮观。洞顶镌刻"万华岩"三个大字为南宋著名理学家张栻手迹；顶壁左侧有南宋李朴所书"万华岩"；下厅顶壁的"万华岩"三字，是隋朝郡守杨昌子所书；洞口左侧有南宋郴州知军赵不退的《坦山岩劝农记》石碑；可见万华岩的壮观及历史文化的悠久。后来考察发现的“水下晶锥”“石蛋生笋”为世界地质奇观。现万华岩已成为郴州市、湖南省的重要旅游景区。

徐霞客离开宜章坦山后并没有沿湘粤古道北上，而是抄近道经廖家湾赴良田。他说：“十二里而抵良田。自歪里雨作，至此愈甚，乃炊饭索馀于肆中。良田居市甚众，乃中道一大聚落。”良田历史悠久，为千年古镇，是古代郴州至宜章的湘粤古道上最大的商埠和驿站，长年车水马龙，热闹非凡。现存的古街道上还有不少古商铺和横在街上头的水仙楼；古戏台已经破旧，然而不少古碑刻记载着它的沧桑。湘南起义时，朱德、陈毅率部队经过这里，朱德还在这里开过大会，在古戏台上发表演讲。良田镇镇长廖立红说：我们很重视历史文化，古戏台、古税卡、湘粤古道

◉良田老街

◉万岁桥

等文物我们已按文物部门的要求进行了修复，增加古镇不少历史信息。良田古代是交通要道，现在仍然是交通要道。廖镇长的话一点不错，我们考察湘粤古道时，站在折岭头的山头往下看，湘粤古道、107 国道、京港澳高速公路、京广铁路、武广高铁尽收眼底，这恐怕是全国最壮丽的交通奇观。我们想，如果在折岭头山头建一个观景台，必定会吸引不少游客。

良田午餐后，徐霞客沿湘粤古道北行，宿于万岁桥。他记述：“饭后，雨不尽止，北十里，宿于万岁桥。按志：郴南有灵寿山，山有灵寿木，昔名万岁，故山下水名千秋。今有小万岁、大万岁二溪，俱有桥架其上，水俱自西而东。余以灵寿山必有胜可寻，及遍询土人，俱无可证，惟二流之易‘千秋’存‘万岁’耳。”

万岁桥又名万寿桥，是一座历史悠久的古桥，亦为郴州城至宜章的湘粤古道上的一个重要驿站，自古为交通要道。桥共五拱，宽约 5 米，长约 20 米，高约 4 米，桥面铺石板路面，现桥面上还有不少骡马脚印。据记载，桥始建于秦代，清代、民国进行过修复。我们在现场还看到残破的古碑。桥附近旧有万岁山，因山上盛产灵寿木（一种专做拐杖进贡给朝廷的小树木），唐天宝六年（747）改万岁山为灵寿山。万寿山仍在，山名也没有改。我们曾在拍摄《湘粤古道》的电视片时，与郴州电视台的罗聪等一道进山考察，如徐霞客所说，山上并没有什么胜迹。看见一个山洞，也没有太多的特点。说到灵寿木，老百姓不知道，但山上过去确

◉郴州古码头

实有种小树木可以做拐杖，而且有位农民家里还收藏了一根，大约有百多年了。我们听了很兴奋，要他们拿出来一看。收藏拐杖的人叫李定典，63 岁，他说这是他祖父用过的拐杖。这一看不打紧，还真如史书上描写的灵寿木。我们问灵寿山上还有没有这种树木？村民说 :“有，多的是。就是长得慢，稍大一点就被人砍掉了。”前任村支书李定清等数人带我们上山，他们指着一种略带藤状的植物说 :“就是这种，到处都是，我们叫鸡筋藤。”我们仔细看这种略带藤状的植物，对比他们收藏的拐杖及史书上的记载，很可能这种“鸡筋藤”就是灵寿木。不过就算他们马上封山育木，如果要等这种树木成材做拐杖，没有三五十年恐怕是不

●郴州河街

可能的。就算能够成材，符合做出好拐杖标准的也可能微乎其微。难怪历史上这种拐杖这么珍贵，只允许进贡给朝廷。

徐霞客在万岁桥住了一晚，第二天“自万岁桥北行十里，为新桥铺”。“新桥铺”应为“升桥铺”，这里已经是郴州的郊区了。升桥铺亦为驿站，以前是一条古街，两边商铺多卖凉粉，因此被称为“凉粉一条街”。升桥铺的凉粉之所以出名，得益于一口古井，叫枫树井，古井边还有两块明代的汉白玉碑。为了建设湘南综合大市场，升桥铺现在已经被完全拆迁了。拆迁之前我们就与文物部门的人来过这里，提出要保护一些文物古迹，至少把古碑和古青石板留下来，另找地方安置。但最终一点没留下来，还被打烂埋于地下。升桥铺附近有一个伏羲女娲庙，这里还留有多块古碑，76 岁的邓代千老人一直住守在这里，不肯搬迁。他说：“伏羲女娲庙一直很灵，菩萨被打掉了，但神还在，他必须守住。”据刘专可说，祭祀伏羲女娲的庙，郴州是首次发现。后来伏羲文化研究会的人亦来考察，呼吁保护。

徐霞客从“郴州之南关”进入郴州城。南关是湘粤古道上从郴州裕后街出发南下的必经之地。我们沿南关上考察时，看到南关上尽管满目疮痍，然而部分古街的格局还在，还有不少古店铺、古民居、古建筑构件及古建筑的石砌遗址。时至今日，历史文化名城郴州的古街区，就剩下这点破败的遗迹了。徐霞客从“郴州之南关”进入郴州裕后街。裕后街是郴州古城“九街十八巷”的

◉郴州裕后街陈家大屋

中心部位，是原郴江河终端码头，是郴州城的发源地。裕后街及沿郴江河的街道是解放后至改革开放后基本格局保存最完好的古街区。2010 年 12 月，当我们看到《4 亿打造郴州裕后街，将重现湘南古城风采》的报道时，着实兴奋了一下。报道中说：“保护裕后街的历史风貌，就是保护郴州古老的历史，郴州文化的根。”然而，当我们在改造好后再看裕后街时，大吃一惊，“湘南古城风采”没有重现，重现的是房地产开发的热情。郴江河边街道的石板街不见了、古码头全拆了重砌，老街道基本推倒重建，成为了不古不今、不伦不类的建筑群。原指望通过裕后街及郴江河边街道的改造，使郴州由省级历史文化名城上升为国家级历史文化名城走出第一步，如此如此，悲哉悲哉！

郴州之旅

——重走徐霞客游历的郴州之路（下）

经过裕后街，徐霞客沿城东关而北，经郴城最古老的苏仙桥横渡郴江，作苏仙岭之游。苏仙桥，州志载：北宋始建石墩木板桥，名“飞仙桥”。明代正德年间建石拱桥，6 墩 5 孔，上建桥亭。明代嘉靖年间桥被洪水冲坏，同知藏任春躬请崔岩子公卓募捐修

◉高岭椅风光

复（注：修复后的情况不明。徐霞客记：“苏仙桥横亘其上，九洞甚宏整。”徐霞客看到的显然是这座桥，可作州志补遗）。此后，清代亦多次维修。在苏仙桥游园闲聊的两位老人说：苏仙古桥 20 世纪 60 年代初还在，桥头有古树，桥东头还有条老街，蛮漂亮的。1964 年利用旧桥墩改公路桥，80 年代又改成钢筋水泥桥。现在的苏仙桥是 1999 年被大洪水冲垮后重建的。

苏仙岭是徐霞客游历的重点，游历了两个半天，他虽然没有记载，显然他在顶观住了一晚。他对苏仙岭的记载近 1 500 字，是徐的《楚游日记》中罕见的。他说：“雨复大作，余不暇入城，姑饭于溪上肆中，乃持盖为苏仙之游。随郴溪西岸行一里，度苏仙桥，随郴溪东岸行，东北二里，溪折西北去，乃由水经东上山。入山即有穹碑，书‘天下第十八福地’。由此半里，即为乳仙宫。丛桂荫门，清流界道，有僧乘宗出迎客。余以足袜淋漓，恐污宫内，欲乘势先登顶，与僧为明日期，僧以茶笋出饷，且曰：‘白鹿洞即在宫后，可先一探。’余急从之。由宫左至宫后，则新室三楹，掩门未启，即排以入，石洞正当楹后，崖高数丈为楹掩，俱不可见，洞门高丈六，止从楹上透光入洞耳。洞东向，皆青石迸裂，二丈之内，即成峡而入，已转东向，渐洼伏黑隘，无容匍匐矣。成峡处其西石崖倒垂，不及地者尺五，有嵌裂透漏之状。正德五年，锡邑秦太保金时，以巡抚征龚福全，勒石于上。又西有一隙，侧身而进，已转南下，穿穴匍匐出岩前，则明窦也。复从楹内进洞少憩，仍至前宫别乘宗，由宫内右登岭，冒雨北上一里，即为中观。观门甚雅，中有书室，花竹翛然，乃王氏者，亦以足污未入。由观右登岭，冒雨东北上一里半，遂造其顶。有大路由东向迓入者，乃前门正道；有小路北上沉香石飞升亭，为殿后路。余从小径上。带湿谒苏仙，僧俗谒仙者数十人，喧处于中，余向火炙衣，自适其适，不暇他问也。郴州为九仙二佛之地，若成武丁之骡岗在西城外；刘瞻之刘仙岭在东城外；佛则无量，智俨廖师也俱不及苏仙；故不暇及之”。“十一日，与众旅饭后，乃独游殿外虚堂。虚堂三楹，上有诗匾环列，中有额，名不雅驯，不暇记也。其堂址高，前列楼环之，正与之等。楼亦轩敞，但未施丹垩。其外即为前门，殿后有寝宫、玉皇阁，其下即飞升亭矣。是早微雨，至是微雨犹零，仍持盖下山，过中观，入谒仙，觅僧遍如，不在。入王氏书室，折蔷薇一枝，下至乳源宫，供仙案前。乘宗仍留茶点，且以仙桃石馈余，余无以酬，惟劝其为吴游，冀他日备云水一供也。宫中有天启初邑人袁子训（雷州二守）碑，言苏仙事甚详。言仙之母便县人，便即今永兴。有浣于溪，有苔成团绕足者再四，感而成孕，生仙于汉惠帝五年（前 190 年）五月十五，母弃之后洞中，即白鹿洞。明日往视，则白鹤覆之，白鹿乳之，异而收归。长就学，师欲命名而不知其姓，令出观所遇，遇担禾者以草贯魚而过，遂以苏为姓，而名之曰耽，尝同诸儿牧牛羊，不突不扰，因各群畀之，无乱群者，诸儿又称为牛师。事母至孝，母病思鱼脍，仙往觅脍，不宿而至，母食之喜，问所从得，曰：'便。'便去所居远，非两日不能返，母以为欺。曰：'市脍时舅氏在旁，且询之母恙，不日且至，可验。'舅至，母始异之。后白日奉上帝命，随仙官上升于文帝三年（前 176 年）七月十五日。母言：'儿去，吾何以养？'乃留一柜，封识甚固，曰：'凡所需，扣柜可得。第必不可开。'指庭间橘及井，曰：'此中将大疫，以橘叶及井水愈之。'后果大验。郡人亦灵异之，欲开柜一视，母从之，有只鹤冲去，此后扣柜不灵矣。母逾百岁。既卒，乡人仿佛见仙在岭，哀号不已，郡守张邈往送葬，求一见仙容，为示半面，光彩射人，又垂空出双手，绿毛巨掌，见者大异，自后灵异甚多，俱不暇览。第所谓'沉香石'者，一石突出山头，予初疑其无谓，而镌字甚古，字外有履痕迹，则仙人上升遗迹也。所谓'仙桃石'者，石小如桃形，在浅土中，可锄而得之。峰顶及乳仙洞俱有，磨而服之，可已心疾。

◉苏仙岭

◉郴州苏仙岭摩崖石刻

亦桔井之遗意也。传文甚长，略识一二，以征本末然。”

苏仙的故事始于汉代，晋葛洪又以《苏仙公》为题收入《神仙传》中，是我国最早的神仙故事之一，影响深远；为此，徐霞客特别重视，冒雨在苏仙岭考察了两个半天，还特意在顶观住了一晚，记述也特别详细。徐霞客考察苏仙岭，写了长篇大作，然而对《三绝碑》只字未提，可见苏仙在徐霞客心目中的重要地位，也可见郴州的仙文化当时在全国的重要影响。在游记中他还特意提到了郴州的“九仙二佛”，并说其余各仙“俱不及苏仙”，把苏仙置于“九仙二佛”之首。我们现在进苏仙岭考察，除了新添了如缆车等现代交通设施及一些旅游建筑外，各名胜古迹的格局基

◎白鹿洞

本没有大的变化；然而，令人痛心疾首的是，把苏仙岭的灵魂掏掉了，名为苏仙岭的仙岭，变成了佛教的“佛”岭，祭祀苏仙的核心建筑——苏仙观，变成了佛教的南禅寺。这不仅是喧宾夺主，简直是偷梁换柱。我们在山上考察时，正好也有人在议论这件事，我们想问详情时，他们又闭口不言语了。

苏仙岭除了苏仙的故事和“遗迹”外，在白鹿洞的后上方有一方圆数丈的天然大石壁，上刻著名的《三绝碑》。“三绝”是指北宋著名词人秦观（字少游，号淮海）的词、大文学家苏轼（号东坡）的跋和书法家米芾（字元章）的字。北宋绍圣四年（1097 年），秦观游苏仙岭白鹿洞，回旅社后，填《踏莎行·郴州旅舍》一词。

该词为秦观的代表作之一，十分感人，苏轼得词后特为其写跋：“少游已矣，虽万人何赎！”后来米芾获得秦词、苏跋，挥毫一并书写下来。南宋年间，郴州知军邹恭令人将米芾所书秦词、苏跋摹刻在苏仙岭的这块大石壁上。邹恭附庸风雅，也写了一段文字：“淮海词、东坡跋、元章笔，素号三绝……”刻在旁边。此后，人们就称其为《三绝碑》。1960 年 3 月，毛泽东到南方视察，接见郴州原地委书记陈洪新，两次问到《三绝碑》的保护情况，并侃侃而谈，讲解秦观作词的历史背景和该词的艺术价值。其后，《三绝碑》上就盖起了护碑亭，而且《三绝碑》在“四清”和“文化大革命”中均没有受到破坏。1963 年，陶铸到郴州视察，亦填《踏莎行》词一首，后有名人修改，又有名人书写，另立石碑刻于《三

◉三绝碑

绝碑》右下方，即号“新三绝”；后因种种原因，停止了“新三绝”的说法。

我们上苏仙岭考察时，发现摩崖石刻很多。如《跨鹤台》《升仙石》《紫云》《寿山福地》《白鹿洞》《龙旭霄霁鹤云朝骞》等及白鹿洞和《三绝碑》石壁上的一些记事石刻，不少在徐霞客到来之前就有了。徐霞客所说的“镌字甚古”的“跨鹤台”三字，志书记载为唐人手笔。据一位不愿透露姓名的老先生说，仅白鹿洞洞壁上就是一个摩崖石刻群，有几块宋代的祈雨题名石刻，有唐宰相刘瞻的题刻，有明代《苏山十二景诗》等题刻；这些石刻不少在20世纪70年代修防空洞时被毁；最为遗憾的是80年代初，为恢复“白鹿洞”三字，毁掉了唐宰相刘瞻手迹题刻。

1937年冬，抗日名将张学良被转移到苏仙岭顶观囚禁，他住过的房子还在，被称作“囚将室”，维修后已经对外开放，并设有展览室。

徐霞客下苏仙岭后仍旧过苏仙桥进城，途中得两大惊喜：一是在道州（今道县）没看到的“窊樽”，在郴州看到了；二是他认为永州的“钴鉧潭”是假的，真“钴鉧”在郴州，柳宗元借郴州“钴鉧泉”之名移到永州作“钴鉧潭”。他记述说：“郴东门外江滨有石攒耸，宋张舜民铭为窊樽。至窊樽之迹不见于道（注：道州），而得之于此，聊以代瀉。城东山下有泉，方圆十余里，其旁石壁峭立，泉深莫测，是为钴鉧泉。永州之钴鉧潭，不称大观，遂并此废食，然钴鉧实在于此，而柳（注：柳宗元）姑借名永州。”徐霞客的记述有三个启示：一是说明郴州当时很美。二是印证并补充了郴州志书中的记载。三是柳宗元经常来往于郴州与永州之间，难怪他的诗词、文章中有那么多关于郴州的题材。只可惜徐霞客记述的风景已成过往，我们只能从字里行间去体验和回味它的美丽。

郴州，其实是中国历史上最为神秘的地方之一，面纱的后面尘封着许多厚重的历史。当她的厚重面沙被慢慢揭开时，会震惊全国；因为她将改写秦、楚以至远古时期中国的历史。楚鄂君启舟节铭文中出现“郴（鄙）”字时，郴州的面目初露端倪。湖北张家山出土的汉简《奏谳书》记“苍梧守灶”，湖南龙山县里耶出土的秦简记“今洞庭兵输内史，及巴、南郡、苍梧输甲兵”“苍梧为郡九岁”“苍梧郴县”等竹简后，史学界一片哗然。突然间，史书上记载的楚、秦黔中、长沙郡消失了，被新冒出来的洞庭、苍梧两郡所代替。好几个史学家探根求源，结合旧有的秦汉以前的零星记载，以及考古发掘材料，论证了秦楚苍梧郡郡治在郴州。这时考古专家高至喜也送来好消息，说郴州曾发现楚国大墓（这是湘南首次发现相当于楚大夫一级的大墓，修京珠高速公路时被推毁，详情已载《郴州日报》），墓主人很可能是苍梧郡的重要领导成员。有专家论证认为，郴州为中国稻作文化的发祥地，神农氏南迁后在郴州建都邑，并在这里发明了稻作文化，现在炎陵县的炎帝陵是炎帝神农氏的最后一位首领炎帝的陵墓。还有专家研究后认为，舜帝被迫让位给大禹后，“南巡狩”在郴州建苍梧国，17 年后“崩于苍梧之野，葬于江南九疑，是为零陵”。

徐霞客吃过午饭后乘船经郴江离开郴州。郴江是小河，航行的船很小，只能坐二三人，因此称“吹火筒”或“泷舟”。他从郴州出发航行 30 公里到达郴江口，这是郴江入耒水处，不但是交通要道，且风景秀丽。他记述：“郴口则郴江自东南，耒水自正东，二水合而势始大。耒水出桂阳县（注：今汝城县）南五里耒山下，西北至兴宁县（注：今资兴市），胜小舟；又三十里至东江市，胜大舟；又五十里乃至此。江口诸峰，俱石崖盘立，寸土无丽。志称有曹王寨，山极险峻，暮不及登，亦无路登也。”

◉郴江口的丹霞山

徐霞客在这里提到一个特别重要的地方“东江市”。东江市是一个在历史上十分重要的商埠码头，万历《郴州志》有记载，在这里徐霞客又提到它，且强调“东江市，胜大舟”。其实，郴州古代的航运，少量人员和小宗商品可以从郴江口经郴江到达郴州，而大宗商品或较多的人员却要经郴江口沿耒水上行至东江，再从东江转陆路到达郴州。现在很多人都不会知道，这个东江，是20世纪50年代的东江市，现在的东江镇和东江水库的根，东江的名称即来源于此。古东江市是湖南最壮观、最漂亮的古商埠、古码头之一，一条台阶式石板梯道主街从河码头直上后面的山坳，主街两侧还有一些小街或巷道。码头很大，均为石砌台阶，台阶下为东江古渡，码头上方有关卡、供人休息的凉亭及码头人员用房。两岸古木参天。最热闹的是端午节赛龙舟，人山人海。赛龙舟时划船的不急，看龙舟的人急，所以资兴有个谚语：“东江划龙船，急死岸上人”。古东江市在中华人民共和国成立初期保存完好，20世纪80年代末设东江市时受到部分破坏，而这次修东江大桥时，桥头基脚正在古码头上，造成毁灭性灾难，现在只剩下少量店铺及部分码头遗迹了，要不了多久，古东江市将永远成为历史。

徐霞客讲郴江口有曹王寨，如果他下船考察就会看到，郴江口附近还有更精彩的喻家寨、首家寨、铁鼎寨、神仙寨。首家寨很可能是北宋农民起义首领李顺的逃亡之地，亦为南明小王朝余部的避难地；神仙寨朝郴江口一面如刀削平展，形成高大石墙，与徐霞客同为明朝的嘉靖年间的南京礼、吏、兵三部尚书湛若水有诗赞其“峭壁天地设，谁能斩削之”。除此之外，在神仙寨山脚有湖南省最早的石佛寺佛教摩岩石窟雕像群（元代至正年间）。石窟雕像群分布在两个石窟，住持僧赵玉明（法号：应龙）向我们介绍说：大石窟中为《华严会》场景，正中为佛祖；左一为阿难尊者、左二为文殊菩萨、左三为护法菩萨、左上方有飞天菩萨；右一为迦叶尊者、右二为普贤菩萨、右三为护法菩萨、右上方有飞天菩萨；另一石窟内只雕刻一尊观世音菩萨。我们多次来这里，一直没有人说清楚石窟雕像的内容和每尊佛像的名称，这次听了应龙的介绍，特记录在案。应龙住持，辽宁人，60 多岁。他三岁时父母去世，基本靠人施舍度日；长大后外出打工，帮人站柜台；后来有了房子和一些家产，娶了老婆；不过结婚半年就离婚了，老婆走了，自己也就出家了，房子和家产都不要了。他 2008 年出家，先后在江西九江、湖南湘潭、汨罗等地修行，到神仙寨石佛寺之前在郴州苏仙岭南禅寺。他来石佛寺之前这里没人管理，破败不堪，现在管理得井井有条，看得出他很精明能干。问他出家后不后悔？他说：怎么会后悔呢！这路走对了，出家没有了烦恼，没有了不高兴的事，心态平和。问他怎样修行？他说：“关键在自己，佛性即自性，佛度靠自度，自己不度是没有用的。”看他现在的行状，已入高僧之列了。

沿耒水而下，到达资兴的程江口，有程江来汇。徐霞客说："晨炊于程口肆中。程口者，志所称程乡水也。其地属兴宁（注：今资兴），其水发源茶陵、酃县界。舟溯流入，皆兴宁西境。十五里为郴江，又进有中远山，又名钟源，为无量佛现生地。土人夸为名山……。程乡水西入耒江，其处煤炭大舟鳞次，以水浅尚不能发。上午得小煤船，遂附之行。程口西北，重岩若剖，夹立江之两涯，俱纯石盘亘，倏左倏右，色间赭黑，环转一如武夷。所附舟敝甚而无炊具，余揽山水之胜，过午不觉其馁。"极有意思的是，徐霞客当时在程江口的记述言犹未尽，以致过了三天，船已过永兴、耒阳，到了衡阳郊区陡林铺了，又追记程江口："郴之兴宁有醽醁泉、程乡水，皆以酒名。一邑而有此二水擅名千古。晋武帝荐醽酒于太庙。《吴都赋》：'飞轻觞而酌醽醁'。程水甘美

●程江入耒水口

出美酒，刘香云：‘程乡有千日酒，饮之至家而醉，昔尝置官酝于山下，名曰程酒，同醽酒献焉。’今酒品殊劣，而二泉之水，亦莫尚焉。”

程江口位于资兴市城区西北约10多公里的程江与耒水的交汇处。它前临耒水，左依程江，是具有2000多年历史的水边重镇。徐霞客的程江口之行，对兴宁（资兴）褒贬兼之。首先赞其风景“环转一如武夷”，“所附舟敝甚而无炊具，余揽山水之胜，过午不觉其妥”。他把山川之秀当饭吃了，真正体会到“秀色可餐”的真谛。其次，他大赞兴宁历史上的美酒醽醁酒和程乡酒，感叹“一邑而有此二水（酒）擅名千古”。然而，他说：“今酒品殊劣，而二泉之水，亦莫尚焉。”徐霞客好酒，看来，当时这里的酒老板拿劣质酒或假酒糊弄了他，如果非他亲历，怎能作出这样深有感触而武断的评价呢！为了探寻醽醁酒和程乡酒的踪迹，我们特意在程水沿线作了一些初步考察。

史料载，程江水的一个重要水源出资兴蓼市的侯公山（又名郴侯山），用这里的水造的酒为程酒。我们问当地居民关于“程酒”的信息，均说不知，而只知“陈酒”，又名“老酒”。他们说，“老酒”很贵，工艺也复杂，生产周期长，一般人喝不起。一般人喝烧酒，做点白露酒过年过节喝就不错了。他们向我们推荐了二位终身酿酒的师傅段吉林（67岁）、谢月英（63岁），他们现在的工作仍然是天天造酒卖，生意很好。两位老人说，这里的人都喜欢喝酒，而且家家酿酒，大都自己喝。造酒的主要工序是这样的：一、选好糯米、高粱等原料蒸好，冷却后合酒药发酵。酒药很重要，要用自己做的土酒药，不能用市场上买的；酒药的用量有讲究，靠多年的经验积累。二、发酵好以后用焙酒工具焙酒，焙出来的酒称烧酒。烧酒有几种，头道酒最浓，也最好。此外还有二道酒、三道酒。三、用最浓的头道酒泡糯米糟酒后封坛，约一年左右时间酒糟全部化掉成酒，就造出了白露酒（一般白露节后酿制这种酒，故名）。平时一般喝烧酒，逢年过节就可享用白露酒了。四、把白露酒放地窖，每年开坛加糯米酒糟后封坛让糯米酒糟化掉。一直这样延续六七年以上的叫“陈酒”或“老酒”。五、时间越长的酒越好、越值钱，有十几二十年的，甚至三十年的。我们说想买点老酒尝一尝。谢月英说：“真不好意思，一坛老酒我舍不得卖，留着自己喝，怪我这老婆子自己嘴馋，前不久刚喝掉了。”我们说能否另开一坛，她说没到年份开不得的。从两位老人介绍的情况看，老酒即陈酒之好主要由原料、酒药、工艺、时间、窖藏等因素决定，而且可以看出这是与白酒、红酒等种类不同的酒。它的工艺是在烧酒里面加糯米酒糟，且不断地加，不断地化掉；使这些精华不断地以十年、二十年，甚至更长的时间浓缩在酒里。这样的酒怎能不好喝，怎能不让人心身陶醉！我们仔细分析，“程”“陈”同音，“陈酒”可能就由“程酒”而来，这种工艺造出来的酒应该就是“程乡酒”了。

程江口是一个历史文化底蕴特别深厚的地方，当地人说，过去的程江口很繁华，南向依水有古戏台，人们不仅在岸上可以看戏，就是坐在靠岸的程江及便江的船上也可以看戏，有时白天演，而更多的是晚上，有时白天晚上连演，有时连演半个月甚至一个月，其热闹的情景可想而知。特别是夜晚，戏台上莺歌燕舞，锣鼓喧天；河岸边及程江、便江中灯光闪烁；树林中树影虚灯；小街上人来人往；店铺中生意繁忙；南来北往的过客，往往要在此小作停留。

古戏台的东向山坡上，是全由红砂岩砌筑的关帝庙。关帝庙十分气派，有四五间房子，进庙需爬几十级台阶，独显关帝高高在上。就连关帝爷的神台，也全由红砂岩条石砌筑。关帝是财神，人人都爱财，因此关帝庙的香火，远非别处可比。富人拜关帝，只求富了更富；商人拜关帝，但求生意兴隆；百姓拜关帝，祈求好财运。就连过往的官吏、文人，也必来拜关帝，以求仕途通达；来往的船工，也要拜关帝，以求旅途平安、逢凶化吉。为此，关帝成了程江口的最高神明。

程江口有一条贯穿南北的小街，长约 0.5 公里；与小街平行，往山坡上一点还有一条半边街（因有坡度，临下方不好建房），略短。这两条街砖瓦房不多，大多是木板房盖杉树皮或茅草房的店铺。店铺简陋，却生意兴隆。这些店铺有餐馆、旅店、南杂、盐铺、油铺、橹桨等船上用品，有当铺、烟馆、酒店、布庄、香

◉程江口水府庙庙会

烛纸马铺、妓院等。旅店又称伙铺，大多为通铺，很多人挤在一个大铺上，只有稍富有的人才能用单间；有些船工为节约，通铺都不住，就住船上。靠山坡的小街及小街后面，有些青砖瓦房及土砖房，是比较富裕的商户；这些商户除自己住这里外，也接待富商及一些官宦名士。

程江口靠程江、便江的岸边为一片漂亮的古树林，长约 0.5 公里，宽约 20 米，与右边的山林相接；这片树林至今还在，有树木 200 余棵，多为木栗、古柳、女贞、桔柚等。树林之美，令人流连忘返。人们说，这里不知发生了多少李香君、小凤仙的故事。程江口小镇为什么不直接靠河岸，而相隔一片树林？当地人解释是为了防涨水。

程江口东向靠山，山下有些丹霞坦洞，因荆棘丛生，且面积较大，无法考察，是否有古人留下的遗存或摩崖石刻，不得而知。在程江口北面的山坡，当地人说有五个烟火塔，请当地人砍开一条路后，我们找到了烟火塔。烟火塔共五个，排成一线，塔与塔之间相距约 3 米，均用红条石及青砖砌成。每个烟火塔底径约 2 米，高约 2 米，圆锥形，下大上小。五个烟火塔中，第一、二个保存完整,第三、四个有损毁,第五个仅存台基。这五个烟火塔上，现均长满了树木，特别是第一个烟火塔的顶上，长了一棵不小的楮树，从树龄看，至少有 100 多年了。由此也可以推断，这五个烟火塔已经废弃了至少 100 多年。烟火塔的作用，当地人认为是用于报警、通报敌情的。由于烟火塔地处便江转弯处的山坡上，也不排除导航的功能，或二者兼有。

现在的程江口已基本荒废，构成程江口的主要建筑的木房、茅房荡然无存，古戏台仅存遗址，小街道的石板大部被人挖走，实际已成为一条小路。程江边上的关帝庙，红砂岩条石砌成的台阶及遗址还较完整，遗址上长满藤葛、荆棘、杂木；窗户、门框已成朽木，神台上的关帝菩萨已无踪影，庙内仅存《严禁诈风》《永革船总》等数块残碑。现存的房屋还有五六栋，其中古店铺两排约十来家，古青砖房二栋，其余为土砖房。偌大一个程江口，那么多房屋，现仅住五户人家，其余均为空房。两排古店铺前的

◉程江口洞穴岩葬

木柱走廊中残存着明代以前的柱础及一些古建筑构件。程江口及便江岸边的树林犹在，郁郁葱葱，而程江中的小木船、徐霞客笔下便江中的煤炭大舟及满江的木排、竹排已无踪影。程江口上新建了一个浮船台，有餐厅及游乐项目，准备在这里开发旅游。程江口南面约 100 米，新建了程江口电站，电站的大坝可通汽车，把资兴与永兴连接起来。目前，在程江口南面不远正在修建资兴通永兴的八车道超宽公路。由于交通条件的改善加上程江口的美丽丹霞风光及辉煌历史，人们已经看好了这里的旅游前景。

我们在程江口一带考察时还发现这里一些奇特的葬制，如耒水河岸的悬棺；神仙岩下的合葬（元末杀了管水运的蒙古人，分两处合葬于岩下坦洞内，有一处遭破坏，还有一处仍在，有七副棺材，外围石砌半弧围墙，从围墙上看，棺木历历在目，当地人称为“鞑子墓”）；程江边上的推葬（棺材推入坦洞，然后封闭洞口）和悬岩葬（棺材葬半山悬崖裂缝，然后用黄泥封闭）。特别有一处“骷髅坦”引人注目，之所以叫“骷髅坦”，是因为坦洞内一副棺材，内有完整尸骨。中央电视台、凤凰卫视等主流电视媒体曾纷纷报道。有人推测这是太平天国名将萧朝贵的尸骨；说萧是洪秀全的妹夫，在长沙战死后尸体运回当时的大本营郴州，暂时安放在这里；后来太平军就北上了，所以一直遗留到现在。也有人说这是采硝老人的遗骨，采硝老人在坦洞采硝，后来觉得不行了，自己躺进棺材，盖好棺盖，安然离世。值得一提的是，坦洞壁有不少疑似天地会组织的题刻。

“骷髅坦”现已成程江口的重要景观，不少人前来游览，县旅游部门还拨款修了简易游道，一村民李信科看到商机，2013 年，在坦下盖了一栋面积达 400 多平方米的三层楼房，作为“农家乐”招待游客。李信科说，家有老婆和两个女孩，盖房子一年，装修房子一年，2014 年才开始营业。现围了三口鱼塘准备养鱼，喂鸡 100 多只、鸭 70 只、羊 100 多头。问他的价格，他说鸡、鸭、羊全野外喂养，价格还可以，公鸡可卖 30 多元 500 克，母鸡 40 多元 500 克，鸭 10 多元 500 克，带毛的活羊 28 元 500 克。看他的神态，信心满满。

离开程江口，舟过永兴县城没有停，徐霞客无法游览；接着，船到达观音岩。徐霞客记述："观音岩，岩在江北岸，西南下瞰江中，有石崖腾空，上覆下裂，直滨江流。初倚其足，叠阁两层，阁前有洞临流，中容数人。由阁右悬梯直上，袅空挂蝀，上接崖顶，透隙而上，覆顶之下，中嵌一龛，观世音像在焉。岩下江心，又有石狮横卧中流，昂首向岩，种种绝异。"

观音岩（寺庙）位于永兴县城西北 2.5 公里的白狮村便江北岸的天王台山石龛中，因石龛岩壁一小石洞中有一天然岩石酷似观音而得名。观音岩前便江如练，两岸青山逶迤，岩前江心巨石如狮，风景绝佳。永兴十景中的"石屏拥翠""卧江狮石"二景就在这里。

据史籍记载，观音岩始建于唐代乾符年间(874 年—879 年)，为两层叠阁，是永兴第一座佛寺。徐霞客的记载中，观音岩亦为两层阁，登崖则有悬梯。这种格局一直保持到清光绪年间。

光绪年间以后，观音岩则已变成"依龛构楼，楼五六层，高十余丈，勾心斗角，画栋飞甍"了。1949 年以后，宗教被当作封建迷信，僧人地位下降，香客减少。1954 年，永兴航管站在这里办船民夜校，数百名船工船民在这里摘掉文盲帽子。在"文化大革命"中，观音岩内佛像被砸，僧人被遣散，殿宇无人管理；有人在观音岩附近办电石厂，废渣废料填入观音岩下的便江；又有人在观音岩顶的右上方办水泥厂，同样把废渣废料填入观音岩下的便江。本来，过去进入观音岩，需在便江涉水或乘坐木排、竹排才能进入，极有情趣；废渣废料填平观音岩下的水面后，形成二三百平方米的前坪，情趣也就变成无趣了。20 世纪 70 年代，观音阁被拆除。八九十年代，恢复宗教信仰自由，教会及信士集资重建观音阁。2002 年，观音岩一场大火，木结构建筑全被烧毁。此后教会及信徒又逐步恢复重建、扩建观音岩。

在观音岩考察中，最引人注目的是甘露洞中的滴水观音佛像。观世音手持净瓶，净瓶流出的水系观音岩中清泉水，叮咚作响，声音悦耳。我们觉得这尊观世音佛像构思特别新颖，向陪同我们考察的明辰师傅打听来历。明辰师傅广东云门佛学院毕业，年纪约 20 多岁，能说会道。他说：这尊观世音像倒真有来历，现在的住持寂元法师在这里修行时，永兴的有关人员想把观音岩承包出去搞旅游，寂元法师无奈准备离开。离开的先一天晚上，寂元法师做了一梦，梦见清泉干涸了；走之前他来看这眼永远不干的清泉，真的不出水了。他感到这是佛祖显灵，暗示他不能走，于是他决定不走了。他决定不走后，清泉又涌出来了，于是在这里建造了这尊滴水观音。当然，这眼泉水是否真的干涸过？明辰师傅的说法是事实还是杜

◉观音岩

撰？不得而知。不过某些部门曾经干预过倒可能是事实。

徐霞客过观音岩“下舟又五里，有大溪自南来注，是为森口。乃桂阳州龙渡以东渚水，东合白豹水，至此入耒江”。森口又名西河口，这里是森水（又名西河）入耒水处。森水是耒水最大的支流，可行四五吨的小舟，当地人称“西古子船”。森口以下，水量大增，河道亦宽，可行大舟。森口由于地处耒江与森水的汇合处，是耒江上的又一重要码头。特别是森水，是古代南北交通（特别是物流）的又一重要通道。从森口沿森水上行，小船可到达湘阴渡和郴县的栖枫渡，从栖枫渡上岸后经驿道过马头岭再进入郴州。

森口古有三侯祠。志载：“汉高祖遣安国侯王陵、绛侯周勃、舞阳侯樊哙来郴为义帝发丧过此，后义之，因祀焉。”三侯祠从汉代至今两千多年，一直在这里。三侯祠的祭祀文化已经被列为省级非物质文化遗产。森口还以它的特殊地理位置及美丽风光著称于世，“森口客舟”历来是永兴八景之一。

我们在森口的三侯祠考察时，正好在戏坪遇到两位跑江湖的小商贩到这里推销约一尺高的毛泽东铸像（到底是用石膏，还是玻璃钢，还是用铜，不得而知）。小商贩用两根棍子扯挂一块布，上写推销毛泽东铸像的商业广告。面对商贩及广告横幅，摆着几排条凳，坐着的、站着的有十几个人，大都是老人。商贩用扩音器进行宣传推销，其中不乏神化毛泽东的内容，但其口才之好，营销手段之高，令人叹服（如商贩说：我们不是卖，你们也不是买，毛主席他老人家怎么能买卖呢？你们要买，我们不能给；如果你们是请，那可以，我们不赚钱，只收工本费 128 元，还赠送两件饰物，刻上你们的名字，请他老人家保佑你）。我们原以为生意不会看好，谁知一下就卖出两三尊，购买的大都是老人。由此也可以看出，当地的居民，对于自己崇敬的人（自然包含王、周、樊三侯），是何等虔诚。

森口下游为柳州滩，徐霞客记述："又北五里，泊于柳州滩，借邻舟拖楼以宿。是晚素魄独莹，为三月所无，而江流山色，树影墟灯，远近映合苏东坡承天寺夜景，不为过也。"

柳州滩今名塘门口。塘门口因其下游 200 米处河中连续有大、中、小三个沙滩，统称柳洲滩，故塘门口古代亦称柳洲滩。当地老人说：柳洲滩改名塘门口，是清代以后的事。说法有二：一是清朝为加强统治，在水陆交通要道设置塘卡，逢船必拦，逢人必查。清乾隆年间编纂的《永兴县志》记载："柳洲滩塘，系接耒阳县水路顶塘，瓦房三间，栅栏一周，瓦门楼一座，烟墩五座，旗杆台一座，炮台一座，木望楼一座，哨船一座，木牌坊一座，草房一间，守塘兵六名。"久而久之，人们一到柳洲滩，就说到了塘门口。二是后来墟上发生了一次大地陷，岸边有一处地陷成塘，遂改名塘门口。地陷处原有几亩地的地陷深塘，现存残迹仅 100 多平方米，外围部分还围有篱笆，在塘门口墟坪刘运高家的屋后。

在徐霞客的笔下，塘门口不仅是一个重要的港口码头，还是一个夜色迷人的地方。他借用苏东坡的小散文《记承天寺夜游》以景抒情，自然而真切。

当地老百姓讲，过去塘门口很繁华，两千多年来都是这样，直到 20 世纪 90 年代初。1991 年，永兴县在县城附近建设便江一级电站，后来又在塘门口和两江口之间建二级电站；耒阳在大河滩下游建上堡电站，致使耒水彻底断航，使塘门口航运一落千丈，且沦为孤岛。此后，塘门口镇委、镇政府及时采取措施，举全镇之力，苦战四载，搬掉 53 万立方米土石方、耗掉 5.7 万支雷管和 26 吨炸药、投工 63 万个，修建了全长 8.8 公里、路宽 7.5 米，含有 4 座桥梁、48 个涵洞的塘门口至永兴县城的永塘公路，使塘门口摆脱了成为孤岛的局面。为让后人记住这一壮举，刻有《永塘路序》碑以作纪念。2005 年，因担心上堡电站关闸蓄水，水位大幅抬升，危及塘门口，县里决定，镇政府搬到马仰坪，老街墟场关闭。果然，2006 年，上游洪水，下游关闸，大水漫天，船可以直接划进老街。塘门口遭此重创，更加一蹶不振，不但商贸锐减，人口也逐渐往外迁移，如今老街上的几条主要街道，铺面关的关，倒的倒，大多已人去屋空，偌长的街道上，见不到几个行人，显得十分萧条。有些商铺的牌号还隐约可见，我们看到一家卖橹的老店，外墙字号上，一个黑底正楷“橹”字，特别醒目，不由得勾起我们对塘门口老街航运繁荣时美好景象的回忆。

◎直钓岩

徐霞客离开塘门口很快就到了耒阳的上堡市，他没有下船，只是看到这里产锡，他说："过上堡市，有山在江之南，岭上多翻砂转石，是为出锡之所。山下有市，煎炼成块，以发客焉。"我们与当地人交流时，他们说：实际上，上堡市一直没有大规模地开采过锡矿；不过，徐霞客提供的信息为后人在这里找矿提供了依据。20世纪90年代以后，有地质专家到这里考察，认为上堡地区地质条件优越，具有大型钨锡矿的找矿能力。现上堡市在耒水上建拦河大坝发电，使耒水航道中断。

上堡市不远有直钓岩，岩洞是徐霞客最喜欢考察的，他不能不游。他说："已过江之北，登直钓岩。岩前有真武殿、观音阁，东向迎江。而洞门瞰江南向，当门石柱中垂，界为两门，若连环然。其内空阔平整，其右隅裂一窍，历蹬而上，别为邃室；其左隅由大洞深入，石窍忽盘空而起，东进一隙，斜透天光，其内又盘空而起，若万石之钟，透顶直上，天光一围，圆若明镜，下堕其中，仰而望之，直是井底观天也。”

直钓岩又名张良洞，在现在的黄市镇对岸。据说汉代名臣张良（字子房）退隐后曾在此居住和垂钓，因他垂钓时不用鱼钩，故名直钓岩。陪我们一道考察的耒阳市文物局局长廖翠花等人说，

◉耒阳直钓岩张良题刻

这里有张良、韩愈题刻，徐霞客也来过这里。我们乘渡船过河，进入直钓岩，风光如徐霞客所记，极为独特怪异，却找不到韩愈题刻。但果然有张良题刻。题刻内容为“洞灵源”三个大字，落款为“汉佐张良书”，奇怪的是落款最下面又有“衡南王（？）书”几个小字。整个题刻

高近2米、宽约1米，笔法雄劲。看字体，当为唐至宋代人所题；“衡南王”也许是五代十国时期一个小地方封侯。文物局的人讲，张良题刻，元代已经有记载。据此推测，张良可能有“洞灵源”题刻，后风化剥离，唐至宋时期的“衡南王”重书镌刻。奇怪的是，徐霞客为什么没有发现，且只字未提？据志书记载，直钓岩还有其他重要题刻，因洞内光线太暗，住家的僧人也不在，只好作罢。不过，无论从什么角度评价，直钓岩不愧为古今名胜。

离开直钓岩后，徐霞客说：“是日风水俱利，下午又九十里，抵耒阳县南关。耒水经耒阳城东直北而去，群山至此尽开，绕江者惟残岗断陇而已。耒阳虽有城，而居市荒寂，衙廨颓陋，由南门入，经县前，至东门登城，落日荒城，无堪极目。下城，出小东门，循城外江流，南至南关入舟。是夜，色尤皎，假火贾舡中舱宿焉。”

徐霞客笔下的耒阳县城是“居市荒寂，衙廨颓陋”“落日荒城，无堪极目”，一副破败不堪的景象。时隔不到400年的今天，耒阳已经县改市，成为一个市区面积43平方公里，市区常住人口45万人的欣欣向荣的现代化城市，成为全省较大的县级市。市文物局的人说：耒阳的历史文化得到了很好的保护，蔡侯祠已是全国重点文物保护单位。以蔡侯祠、蔡伦墓、蔡子池为基础，兴建了占地8万多平方米的蔡伦纪念园。纪念园主要由主大门、蔡子池、怀圣台、碑廊、手工造纸作坊、思侯亭、蔡侯祠、蔡伦墓等景点组成，充分展示了我国古代四大发明之一的造纸文化。蔡伦纪念园还被评为国家AAA级旅游景区。另外，杜甫墓、环秀楼、青龙塔等文物古迹也得到很好的保护维修。还兴建了农耕文化博物馆、神农广场、杜甫公园等文化旅游设施。不过，十分遗憾的是，耒水河边一个靠水吃水的古城，现在的耒水只是对城市的一种装饰和点缀了；更惨的是，原来生机蓬勃的耒水航运公司，面临破产和倒闭的危险。不过，笔者对耒水还是颇有信心，我们在把湘江打造成东方的莱茵河时，耒水也许会迎来新的繁荣。我们考察时，听耒阳人说，有人主张改耒阳市为蔡伦市，我们不理解这种做法。把几千年的历史传承、历史符号、历史信息丢得干干净净不说，甚至会弄出很多别扭，比如说如果这样叙述："汉张良退隐蔡伦直钓岩""蔡伦蔡伦人""庞统理蔡伦""杜甫蔡伦留遗诗"等，多别扭。零陵改芝山，大庸改张家界、王村改芙蓉镇、酃县改炎陵从历史传承来看并不是什么好事。此风不止，可能宁远也要改舜陵县、龙山也要改里耶县了，这是很可悲的。

徐霞客离开耒阳后已经十分困难，以至"蔬米俱尽，而囊无一文"，只求赶路，无心游览，因而没有更多详述。两天后便回到衡州（衡阳）与静闻会合了。

《楚游日记》校注

[明] 徐霞客◎著　　任国瑞◎校注

校注例言

一、版本选择

《楚游日记》（以下简称《日记》）是《徐霞客游记》（以下简称《游记》）的一部分。对《日记》的校注，离不开对《游记》的版本选择和相互参校研究。《游记》在徐霞客生前未能整理成定本，他在病中将自己的日记托付给季梦良（字会明）整理。徐不久即逝世，季将徐的日记又托付给王忠纫校正，略作编次。王因故不能竟其功，又交还给季。季则“遍蒐遗帙，补忠纫之所未补，因地分集，录成一编”，名《徐霞客西游记》（季《序》），但有残缺。公元1645年清兵攻破江阴，此稿本亦遭劫难。季遂再行整理，仍有残缺。由于该书的重要价值，虽是手抄本而广为流传。清康熙二十三年（1684年），李寄（徐霞客庶子，因育于李氏故名）据曹骏甫、史夏隆抄本进行整理，补入了《游太华山记》《游颜洞记》《盘江考》等篇。至乾隆四十一年（1776年），徐镇（徐霞客族孙）根据杨名时、陈泓的校本校订刊刻，《游记》才正式出版。此时距徐霞客逝世已经历135年。现在可考的抄本有十数种，散佚或未见书目的当更多。《日记》校注，以季梦良（文中简称季本）、徐镇刻本（文中简称乾隆本）为底本。以李寄抄本（文中简称李本）、杨名时抄本（文中简称杨本）、陈泓抄本（文中简称陈本）和《四库全书》藏本（文中简称四库本）

为参校本。两个底本的区别是，一般而言，季本日记记述较详，但记述地点缺略较多；而乾隆本记述地点较全，而日记内容较简。其他参校本，在详略、缺实、正误、粗雅等方面也存在差异。为了尽可能地体现《日记》的真实全貌，在校注时除了明显的错讹衍乱者直改并且出注外，对于同一事物与人物的记述存在此详彼略的情况，则以注文全部叙出。

二、标点断句

徐霞客写日记的语言风格，是以短句为主，详略鲜明，擅用动词与比喻，惜墨如金而信息量大。叙事生动，读来如临其境。他既是一位史地学大家，同时也是一位散文大家。这就要求我们：

1. 日记文中语序错乱、漏字、衍字和形近音近错字的现象不可避免，应当先考证，然后才能标点断句。

2. 凡句意不完整者打逗号，句意完整者打句号。但有表主谓关系、因果关系、递进关系和转折关系者，则以逗号和分号标示。标点断句时，要注意语言的前后联系和它的时空关系。

3. 文中出现的书名、文章篇名与诗篇名称，均用书名号标示。许多地方出现的笼统的“志载”“志云"的“志”，均标书名号，让读者不产生歧义。

4. 题额与墓坊、崖壁石刻名称等用引号。

5. 文中自注者用括号。

6. 引用较长较完整的诗文，字改楷体、诗分行排。反之加引号处理。

7. 诗句一般奇句用逗号，偶句用句号。《日记》中无完整的词与联，故只以引号处理。

8. 多个并列的引号和书名号之间，不加顿号。

9. 在古代帝王纪年和干支纪年之后，以括号括注公元纪年。以便于读者。

三、正字注音

正字与注音在许多时候是相辅而行的。就《日记》而言应注意的是：

1. 对不常用的多义多音字及不常见的字，予以注音和注释。

2. 底本的错字，其明显者改之，其仿佛者考之，仿佛而无考者仍之。考者均于当页加注。

3. 目前尚未确定简化的字，根据《简化字总表》（国家语言文字工作委员会 1986 年 10 月份颁行）规定的“可作简化偏旁的简化字和简化偏旁”分别处理。凡本字是正体而包含该表所例偏旁的，均予类推简化；凡本字是异体字，改为相应正体简化式；正体不能简化的仍之。人名、地名和某些专著名中的异体、古体字，则酌情保留，仍以《辞海》为依据。

4. 古体字、俗体字、不规范字和明显的版刻混用字，如，日、曰、己、已、巳、汩、洎、戊、戌、戍等，以及版刻或书写误笔字，一律直改为规范简化字。

四、校勘注释

校勘力求错者正之，漏者补之，衍者去之，乱者理之。

1. 对诬称农民起义军、少数民族的字词，根据政策和法律予以注释正名。

2. 对底本中的生僻字、词予以注释。对错字、错词予以考订注释。对难句、错句予以考订注释。对字、词的错、讹、倒、衍，予以注释。

3. 对文中记述的大量的历史地名，包括山川、聚落、祠堂、寺观、桥塔、道路、名胜等，根据当前的存续、消失和变迁情况予以注释。

4. 对文中记述的大量物产、特产，根据当前的存续、消失、变迁情况予以注释。

5. 对文中记述的社会、民生，对照当代的情况予以注释。

6. 对文中记述的历史掌故进行注释。

7. 对文中观点和史实记述不当者予以注释。

8. 对文中记述的重要人物予以注释。

9. 对文中点到的重要事物、重要文献和重要作品予以注释。

10. 文中一句之内有多个地名、人名同时出现者，则合为一条出注。

11. 文中自注，均去括号。校注者在文中仅使用括号，不使用其他如方括号及改变字体字号等方法。

12. 不作重复注释。注释均为当页脚注。

任国瑞

2016年11月16日

目 录

MULU

《楚游日记》校注

[明]徐霞客 著　　任国瑞 校注

丁丑（1637年）正月十一日

是日立春，天色开霁。亟饭，托静闻随行李从舟顺流至衡州，期十七日会于衡之草桥塔下，命顾仆[①]以轻装从陆探茶陵、攸县之山。及出门，雨霏霏下。渡溪南涯，随流西行。已而溪折西北，逾一冈，共三里，复与溪遇，是为高陇[②]。于是仍逾溪北，再越两冈，共五里，至盘龙庵。有小溪北自龙头山来，越溪西去，是为巫江，乃茶陵大道；随山顺流转南去，是为小江口，乃云嵝山道。二道分于盘龙庵前。小江口即蟠龙、巫江二溪北自龙头至此，南入黄雩大溪者。云嵝山者，在茶陵东五十里沙江之上，其山深峭。

① 顾仆：即雇请之仆人。"顾"与"雇"，音同而形近，顾，乃为"雇"字之笔误、校勘之误或制版之误。

② 高陇：明代称"高陇市"，1959年设高陇公社，1984年改为高陇镇，隶茶陵县。位于县城东北部，人口1.6万，面积87平方公里，镇政府驻高陇。辖龙集、石床、光泉等12个村和高陇居委会。因其地处高阜，依田垅走向，而名"高垅"，后演化为"高陇"。龙集村是明代大学士、茶陵诗派领袖李东阳故里。石床村是前国民政府代主席谭延闿故里。光泉村有南宋爱国将领岳飞手书高达2米多的"光泉"摩崖石刻。

神庙初[①]，孤舟大师开山建刹，遂成丛林。今孤舟物故，两年前虎从寺侧攫取一僧去，于是僧徒星散，豺虎昼行，山田尽芜，佛宇空寂，人无入者。每从人问津，俱戒莫入。且雨雾沉霾，莫为引导。余不为阻，从盘龙小路，南沿小溪二里，复与大溪遇。南渡小溪入山，雨沉沉益甚。从山夹小路西南二里，有大溪自北来，直逼山下，盘曲山峡，两旁石崖，水啮成矶。沿之二里，是为沙江，即云嵝溪入大溪处[②]。途遇一人持伞将远出，见余问道，辄曰："此路非多人不可入，余当返家为君前驱。"余感其意，因随至其家。其人为余觅三人，各持械赍[③]火，冒雨入山。初随溪口东入一里，望一小溪自西峡透隙出，石崖层亘，外束如门。导者曰："此虎窟也。从来烧采之夫俱不敢入。"时雨势渐盛，遂溯大溪入，宛转二里，溪底石峙如平台，中剖一道，水由石间下，甚为丽观。于是上山，转山嘴而下，得平畴一壑，名为和尚园。四面重峰环合。平畴尽，约一里，复逾一小山，循前溪上流宛转峡中，又一里而云嵝寺在焉。山深雾黑，寂无一人。殿上金仙云冷，厨中丹灶烟空。徘徊久之，雨愈催行，遂同导者出。出溪口，导者望见一舟，亟呼而附焉。顺流飞桨，舟行甚疾。余衣履沾湿，气寒砭肌，惟

① 神庙初：指明朝万历皇帝主政初期。万历皇帝朱翊钧谥号“神宗”。中国帝王死后追尊的谥号称庙号。

② 云嵝溪入大溪处：多作“云嵝之西入太水处也”。此据四库全书版与乾隆版改订。

③ 赍（jī）：携带。

炙衣之不暇，无暇问两旁崖石也。山溪纡曲，下午登舟，约四十里而暮，舟人夜行三十里，泊于东江口。

十二日

晓寒甚。舟人由江口挽舟入酃水，遂循茶陵城过东城，泊于南关。入关，抵州前，将出大西门，寻紫云、云阳之胜。闻灵岩在南关外十五里，乃饮于市，复出南门，渡酃水。时微雨飘扬，朔风寒甚。东南行，陂陀高下五里，得平畴，是曰欧江。有溪自东南来，遂溯之行，雾中望见其东山石突兀，心觉其异。又五里，抵山嘴溪上，是曰沙陂，以溪中有陂也。溪源在东四十里百丈潭。陂之上，其山最高者，曰会仙寨。其内穹崖裂洞，曰学堂岩。再东，山峡盘亘，中曰石梁岩，即在沙陂之上，余不知也。又东一里，乃北入峡中。一里，得碧泉岩、对狮岩，俱南向。又东逾岭而下，转而北，则灵岩在焉。以东向，曾守名才汉，又名为月到岩云。①

自会仙岩而东，其山皆不甚高，俱石崖盘亘，堆环成壑，或三面回环如玦者，或两对叠如门者，或高峙成岩，或中空如洞者，每每而是。但石质粗而色赤，无透漏润泽之观，而石梁横跨，而下穹然，此中八景，当为第一。

灵岩者，其洞东向，前有亘崖，南北回环，其深数十丈，高数丈余，

① "曾守名才汉，又名为月到岩云"：曾守，即茶陵州知州，姓曾名才汉。"又名为月到岩云"，为承前省略句，即"又称其为月到岩云"之意。

中有金仙，外列门户而不至于顶，洞形固不为洞揜[①]也，为唐陈光问读书处。陈居严塘[②]，在洞北二十里。其后裔犹有读书岩中者。

观音现像，伏狮峰之东，回崖上万石迹成像，赭黄其色。

对狮岩者，一名小灵岩，在灵岩南岭之外。南对狮峰，上下两层，上层大而高穹，下层小而双峙。

碧泉岩者，在对狮之西，亦南向，洞深三丈，高一丈余。内有泉一缕，自洞壁半崖滴下，下有石盘承之，清冽异常，亦小洞间一名泉也。

伏虎岩，在清泉之后。

石梁岩，在沙陂会仙寨东谷。其谷乱崖分亘，攒列成坞，两转而东西横亘，下开一窦，中穹若梁，由梁下北望，别有天地，透梁而入，梁上复开崖一层，由东陂而上，直造梁中而止，登之如践层楼矣。

会仙寨，下临沙溪，上亘圆顶，如叠磨然，独出众山。罗洪山，罗名其纶，琼司理，[③]结净蓝[④]于下，即六空上人所栖也。其师号涵虔。

学堂岩，在会仙之北，高崖间迸开一窦，云仙人授学之处。

---

① 揜（yǎn）：掩。

② 严塘：在茶陵东境。今名仍之。

③ 琼司理：琼，指海南；宋代建琼州府，治今海口市。司理，官名，宋代置于诸州，系司理参军的简称，掌管狱讼。此处系介绍罗洪山的官职。

④ 净蓝：指道观与寺宇等清净处所。

此灵岩八景也。余至灵岩，风雨不收。先过碧泉、对狮二岩，而后入灵岩，晓霞留饭，已下午矣。适有一僧至，询为前山净侣六空也。时晓霞方理诸俗务，结茅、喂猪。饭罢，即托六空为导。回途至狮峰而睹观音现像，抵沙陂而入游石梁，入其庵，而乘暮登会仙，探学堂，八景惟伏虎未至。是日雨仍空濛，而竟不妨游，六空之力也。晚即宿其方丈。

十三日

晨餐后寒甚，阴翳如故。别六空，仍旧路西北行。三里至欧江，北入山，为茶陵向来道；南沿沙陂江西去，又一道也。过欧江，溪胜小舟，西北过二小岭，仍渡茶陵南关外，沿城溯江，经大西门，寻紫云、云阳诸胜。西行三里，过桥开陇，始见大江自东北来。于是越黄土坳，又三里，过新桥，雾中始露云阳半面。又三里，抵紫云山麓，是为沙江铺，大江至此直逼山下。由沙江铺西行，为攸县、安仁[①]大道。南登山，是为紫云仙。上一里，至山半为真武殿，上有观音庵，俱东北瞰来水。观音庵松岩，老僧也。予询云阳道，松岩曰："云阳山者，在紫云西十里。其顶为老君岩；云阳仙在其东峰之胁，去顶三里；赤松坛又在云阳仙之麓，去云阳仙三里。盖紫云为云阳尽处，而赤松为云阳正东之麓。由紫云之下，北顺江岸西行三里，为洪山庙，乃登顶之北道；由紫云之下，南循山麓西行四里，为赤松坛，乃登顶之东道；去顶各十里而近。

---

① 安仁：明为县，隶衡州府。即今湖南郴州市之安仁县。

二道之中有罗汉洞，在紫云之西，即由观音庵侧小径横过一里，可达其庵。由庵登顶，亦有间道可达，不必下紫云也。”余从之。遂由真武殿侧，西北度两小坳，一涧从西北来，则紫云与青莲庵，即罗汉仙。后山夹而成者。水北入大江，紫云为所界断。渡涧即青莲庵，东向而出，地幽而庵净。僧号六涧，亦依依近人，坚留余饭。余亟于登岭，遂从庵后西向登山。其时浓雾犹翳山半，余不顾，攀跻直上三里，逾峰脊二重，足之所上，雾亦旋开。又上二里，则峰脊冰块满枝，寒气所结，大者如拳，小者如蛋，依枝而成，遇风而坠，俱堆积满地。其时本峰雾气全消，山之南东二面，历历可睹，而北西二面，犹半为霾掩，酃江自东南，黄雩江自西北，盘曲甚远。始知云阳之峰，俱自西南走东北，排叠数重：紫云，其北面第一重也；青莲庵之后，余所由跻者，第二重也；云阳仙，第三重也；老君岩在其上，是为绝顶，所谓七十一峰之主也。云峰在南，余所登峰在北，两峰横列，脉从云阳仙之下度坳而起，峙为余所登第二重之顶，东走而下，由青莲庵而东，结为茶陵州治。余现登第二重绝顶，径路迷绝，西南望云峰绝顶，中隔一坞，而绝顶尚霾夙雾中。俯瞰过脊处，在峰下里许。其上隔山竹树一壑，两乳回环掩映，若天开洞府，即云阳仙无疑也。虽无路，亟直坠而下，度脊而上，共二里，逾一小坳，入云阳仙。其庵北向，登顶之路，由左上五里而至老君岩；下山之路，由右三里而至赤松坛。庵后有大石飞累，驾空透隙，竹树悬缀，极为倩叠。石间有止水一泓，澄碧迥异，名曰五雷池，雩祝甚灵。层岩上突，无可攀跻，其上则黑雾密翳矣。盖第二重之顶，当风无树[①]，故冰止随枝堆积。而庵中山环峰夹，竹树蒙茸，萦雾成冰，玲珑满树，如琼花瑶谷，朔风摇之，如步摇玉珮，声叶金石。偶振坠地，如玉山之颓，有积高二三尺者，途为之阻。闻其上登跻更难。时日过下午，闻赤松坛尚在下，而庵僧楚音，误为“石洞”。余意欲登顶右后。遂从顶北下山，恐失石洞之奇，且谓稍迟可冀希望晴朗也。索饭于庵僧镜然，遂东下山。路侧涧流泻石间，僧指为“子房炼丹池”“捣药槽”“仙人指迹”诸胜，乃从赤松[②]神话中之仙人，为道教所信奉而附会留侯[③]也。直下三里抵赤松坛，始知赤松之非石洞也。遂宿庵中。殿颇古，中为赤松，左黄石而右子房。殿前有古树松一株，无他胜也。僧葛民亦近人。

十四日

晨起寒甚，而浓雾复合。先是，晚至赤松，即默[④]祷黄石、

① 当风无树：文中述其冰堆于枝上，可知并非“无树”。“无”与“舞”，音近亦形近。“无”当为“舞”之误，“当风”之树能不舞吗？

② 赤松：即赤松子。相传为神农炎帝的雨师，后被尊为道教祖师。

③ 留侯：指汉代张良，字子房。汉初被封为留侯。早年在下邳得老人授兵书，此老人即是传说中的神仙黄石公。张良晚年弃官修道，尝言：“愿弃人间事，欲从赤松游。”

④ 默：古来《徐霞官游记》20 多个版本均为“嘿”。从语境、语义和形近等角度考察，“嘿”当为“默”之误。故直改而注之。

子房神位，求假半日晴霁，为登顶之胜。至是望顶浓霾，零雨四洒，遂无复登顶之望。饭后，遂别葛民下山。循山麓北行，逾小涧二重，共四里，过紫云之麓，江从东北来，从此入峡，路亦随之。绕出云阳北麓，又二里，为洪山庙。风雨交至，遂停庙中，市薪炙衣，煨榾柮[①]者竟日。庙后有大道南登绝顶。时庙下江旁停舟数只，俱以石多横甚，不能顺流下。屡招予为明日行，余犹不能恝然[②]于云阳之顶也。

十五日

晨起，泊舟将放，招余速下舟；予见四山雾霁，遂饭而决策登山。路由庙后南向而登，三里，复有高峰北峙，道分两岐：一岐从峰南，一岐从峰西南。余初由东南行，疑为前上罗汉峡中旧道，乃向云阳仙，非迳造老君岩者，乃复转从西南道。不一里，行高峰西峡，顾仆南望峡顶有石梁飞驾，余瞻眺不及。及西上岭侧，见大江已环其西，大路乃西北下，遂望岭头南跻而上。时岭头冰叶纷披，虽无径路，余意即使路讹错误，可得石梁胜，亦不以为恨，及至岭上遍觅，无有飞驾之石，第见是岭之脊，东南横属高顶，其为登顶之路无疑。遂东南度脊，仰首直上，又一里，再逾一脊，则下瞰脊南，云阳仙已在下方矣。盖是岭东西横亘，西为绝顶北尽处，东即属于前所登云阳东第二层之岭也。于是始得路，

① 榾柮（gǔ duò）：读如“骨剁”，意为木块。

② 恝（jiá 夹）然：淡忘，不以为意。

更南向登顶，其上冰雪层积，身若从玉树中行。又一里，连过两峰，始陟最高顶。是时虽旭日藏辉，而沉霾屏伏，远近诸峰尽露真形，惟西北远峰尚存雾痕一抹。乃从峰脊南下，又一里，复过两峰，有微路"十"字界峰坳间：南上复登山顶，东由半山直上，西由山半横下。然脊北之顶虽高，而纯土无石；脊南之峰较下，而东面石崖高穹，峰笋离立。乃与顾仆置行李坳中，从南岭之东，攀崖隙而踞石笋，下瞰坞中，有茅一龛，意即老君岩之静室，所云老主庵者。窃计直坠将及一里，下而复上，其路既遥，况既踞石崖之顶，仰瞩俯瞰，胜亦无殊，不若逾脊从西路下，便则为秦人洞之游，不便即北去江浒觅舟，顺流亦易。乃遂从西路行。山阴冰雪拥塞，茅棘交萦，举步渐艰。二里，路绝，四顾皆茅茨为冰冻所胶结，上不能举首，下无从投足，兼茅中自时有偃宕[①]，疑为虎穴，而山中浓雾四起，瞰眺莫见，计难再下。乃复望山崩而上，冰滑草拥，随跻随坠。念岭峻草被，可脱虎口，益鼓勇直上。二里，复得登顶，北望前西下之脊，又隔二峰矣。其处岭东茅棘尽焚，岭西茅棘蔽山，皆以岭头路痕为限，若有分界者。是时岭西黑雾弥漫，岭东日影宣朗，雾欲腾冲而东，风辄驱逐而西，亦若以岭为界者。又南一里，再下二峰，岭忽乱石森列，片片若攒刃交戟，雾西攫其尖，风东捣其腠，人从其中溜足直下，强攀崖踞坐，益觉自豪。念前有路而忽无，既

① 偃宕（yǎn dàng 演荡）：仰卧的石头。

雾而复雾，欲下而转上，皆山灵未献此奇，故使浪游之踪，迂回其辙耳。既下石峰，坳中又得“十”字路，于是复西向下岭，俱从浓雾中行矣。始二里，冰霾而草中有路，又二里，路微而石树蒙翳；又二里，则石悬树密而路绝①，盖前路之逾岭而西，皆茶陵人自东而来，烧山为炭，至此辄返。过此，崖穷树益深，上者不能下，下者不复上。余念所下既遥，再下三四里当及山麓，岂能复从前还跻？遂与顾仆挂石投崖，悬藤倒柯树干、树枝，坠空者数层，渐闻水声遥遥，而终不知去人世远近。已而雾影忽闪，露出眉峰峡谷，树色深沉。再一闪影，又见谷口两重外，有平坞可瞩。乃益揆②从历级，若邓艾之下阴平③，坠壑滚崖，技无不殚，然皆赤手，无从裹毡也。既而忽下一悬崖，忽得枯涧，遂得践石而行。盖前之攀枝悬坠者藉树，而兜衣挂履亦树，得涧而树梢为开。既而涧复生草，草复翳涧，靡草之下，不辨其孰为石，孰为水，既难着足。或草尽石出，又棘刺勾芒，兜衣挂履如故。如是三里，下一瀑崖，微见路影在草间，然时隐时现。又一里，涧从崖间

① 石悬树密而路绝：“树”，多作“路”。但句中语义自相矛盾。故据乾隆本与四库全书本改订。

② 揆（kuí）：度量。

③ 邓艾下阴平：邓艾（197—264），字士载，三国棘阳（今河南新野东北）人。初为司马属，后为魏镇西将军，与蜀将姜维相拒。公元263年同钟会分军灭蜀，艾所经即阴平间道。阴平道自今甘肃文县穿越岷山山脉，经四川平武、江油等县，绕出剑阁之西，直达成都，路虽险阻，但距离甚短。

破峡而出，两崖轰峙，而北尤危峭，始见路从南崖逾岭出。又一里，得北来大道，始有村居，询其处，为窑里，盖云阳之西坞也。其地东北转洪山庙五里而遥，南至东岭十里而遥，东岭而南更五里，即秦人洞矣。时雾影渐开，遂南循山峡行。逾一小岭，五里，上枣核岭，岭俱云阳西向度而北转成峡者。下一里，渡涧，涧乃南自龙头岭下，出上清洞。傍西麓溯涧南上半里，为络丝潭，深碧无底，两崖多叠石。又半里，复度涧，傍东麓登山。是处东为云阳之南峰，西为大岭之东嶂。大岭高并云阳，龙头岭其过脊也，其东南尽西岭，东北抵麻叶洞，西北峙五凤楼，西南为古爽冲。一溪自大岭之东北来者，乃洪碧山之水；一溪自龙头岭北下者，乃大岭、云阳过脊处之水。二水合而北出把七。铺名。龙头岭水分南北，其南下之水，由东岭坞合秦人洞水出大罗埠。共二里，越岭得平畴，是为东岭坞。坞内水田平衍连绵铺开，村居稠密，东为云阳，西为大岭，北即龙头岭过脊，南为东岭回环。余始至以为平地，即下东岭，而后知犹众山之上也。循坞东又一里，宿于新庵。

十六日

东岭坞内居人段姓，引南行一里，登东岭，即从岭上西行。岭头多漩窝成潭，如釜之仰，釜底俱有穴直下为井，或深或浅，或不见其底，是为九十九井。始知是山下皆石骨玲珑，上透一窍，辄水捣成井。窍之直者，故下坠无底；窍之曲者，故深浅随之。

井虽枯而无水，然一山而随处皆是，亦一奇也。又西一里，望见西南谷中，四山环绕，漩成一大窝，亦如仰釜，釜之底有涧，涧之东西皆秦人洞也。由灌莽中直下二里，至其处。其涧由西洞出，由东洞入，涧横界窝之中，东西长半里，中流先捣入一穴，旋透穴中东出，即自石峡中行。其峡南北皆石崖壁立，夹成横槽；水由槽中抵东洞，南向捣入洞口。洞有两门，北向，水先分入小门，透峡下倾，人不能从。稍东而南入大门者，从众石中漫流。其势较平；第洞内水汇成潭，深浸洞之两崖，旁无余隙可入。循崖则路断，涉水则底深，惜无浮槎小木排可觅支矶片石。惟小门之水，入峡后亦旁通大洞，其流可揭[①]厉[②]而入。其窍宛转而披透，其窍中如轩楞别启另开一门，返瞩捣入之势[③]，亦甚奇也。西洞洞门东穹，较东洞之高峻少杀；水由洞后东向出，水亦较浅可揭。入洞五六丈，上嵌围顶，四围飞石驾空，两重如庋悬阁，得二丈梯而度其上。其下再入，水亦成潭，深与东洞并，不能入矣。是日导者先至东洞，以水深难入而返，不知所谓西洞也。返五里，饭于导者家，日已午矣。其长询知洞水深，曰："误矣！此入水洞，非水所从出者。"复导予行，始抵西洞。余幸兼收之胜，岂惮害

---

① 揭（qì 气）：提起衣裤涉浅水。

② 厉（lì 例）：穿着衣服涉深水。

③ 返瞩捣入之势：多本作"捣返观倒入之势"，费解有误。此据乾隆本和四库全书本直改。

怕往复之烦。既出西洞过东洞，共一里，逾岭东望，见东洞水所出处；复一里，南抵坞下，其水东向涌出山麓，亦如黄雩之出石下也。土人环石为陂，壅填塞为巨潭以翘山塍。从其东，水南流出谷，路北上逾岭，共二里始达东岭之上，此由州入坞之大道也。登岭，循旧路一里，返宿导者家。

十七日

晨餐后，仍由新庵北下龙头岭，共五里，由旧路至络丝潭下。先是，余按《志》有“秦人三洞，而上洞惟石门不可入”之文，余既以误导兼得两洞，无从觅所谓上洞者。土人曰：“络丝潭北有上清潭，其门甚隘，水由中出，人不能入，入即有奇胜。此洞与麻叶洞俱神龙蛰处，非惟难入，亦不敢入也。”余闻之，益喜甚。既过络丝潭，不渡涧，即傍西麓下。盖渡涧为东麓，云阳之西也，枣核故道；不渡涧为西麓，大岭、洪碧之东也，出把七道。北半里，遇樵者，引至上清潭。其洞即在路之下、涧之上，门东向，夹如合掌。水由洞出，有二派：自洞后者，汇而不流；由洞左者，乃洞南旁窦，其出甚急。既逾洞左急流，即当伏水而入。导者止供炬爇火，无肯为前驱者。余乃解衣伏水，蛇行以进。石隙既低而复隘，且水没其大半，必身伏水中，手擎火炬，平出水上，乃得入。西入二丈，隙始高裂丈余，南北横裂者亦三丈余，然俱无入处。惟直西一窦，阔尺五，高二尺，而水没其中者亦尺五，隙之余水面者，五寸而已。计匍匐水中，必口鼻俱濡水，且以炬探之，贴隙顶而入，犹半为水渍。时顾仆守衣外洞[①]，若泅水入，谁为递炬者？身可由水，炬岂能由水耶？况秦人洞水，余亦曾没膝浸服，[②]俱温然不觉其寒，而此洞水寒，与溪涧无异。而洞当风口，飕飗弥甚。风与水交逼，而火复为阻，遂舍之出。出洞，披衣犹觉周身起粟，乃爇火洞门。久之，复循西麓随水北行，已在枣核岭之西矣。

去上清三里，得麻叶洞。洞在麻叶湾，西为大岭，南为洪碧，东为云阳、枣核之支，北则枣核西垂。大岭东转，束涧下流，夹峙如门，而当门一峰，耸石屼突，为将军岭；涧捣其西，而枣核之支，西至此尽。涧西有石崖南向，环如展翅，东瞰涧中，而大岭之支，亦东至此尽。回崖之下，亦开一隙，浅不能入。崖前有小溪，自西而东，经崖前入于大涧。循小溪至崖之西胁乱石间，水穷于下，窍启于上，即麻叶洞也。洞口南向，大仅如斗，在石隙中转折数级而下。初觅炬倩导，亦俱以炬应，而无敢导者。曰："此中有神龙。"或曰："此中有精怪。非有法术者，不能摄服。"最后以重资觅一人，将脱衣入，问余乃儒者，非羽士，复惊而出曰："予以为大师，故欲随入；若读书人，余岂能以身殉耶？"余乃过前村，寄行李于其家，与顾仆各持束炬入。时村民之随至洞口

① 时顾仆守衣外洞："外洞"，乾隆本与四库全书本作"洞外"。

② 余亦曾没膝浸服："服"疑为"股"之误写。乾隆本作"予虽没浸股膝，温然可近"。

数十人，樵者腰镰，耕者荷锄，妇之炊者停爨[1]，织者投杼，童子之牧者，行人之负载者，接踵而至，皆莫能从。余两人乃以足先入，历级转窦，递炬而下，数转至洞底。洞稍宽，可以测身矫首，乃始以炬前向。其东西裂隙，俱无入处，直北有穴，低仅一尺，阔亦如之，然其下甚燥而平。乃先以炬入，后蛇伏以进，背磨腰贴，以身后耸，乃度此内洞之第一关。其内裂隙既高，东西亦横亘，然亦无入处。又度第二关，其隘与低与前一辙，进法亦如之。既入，内层亦横裂，其西南裂者不甚深。其东北裂者，上一石坳，忽又纵裂而起，上穹下狭，高不见顶，至此石幻异形，肤理石表与石质顿换，片窍俱灵。其西北之峡，渐入渐束，内夹一缝，不能容炬。转从东南之峡，仍下一坳，其底砂石平铺，如涧底洁溜，第干燥无水，不特免揭厉，且免沾污也。峡之东南尽处，乱石轰驾，若楼台层叠，由其隙皆可攀跻而上。其上石窦一缕，直透洞顶，光由隙中下射，若明星钩月，可望而不可摘也。层石之下，涧底南通，覆石低压，高仅尺许；此必前通洞外，涧所从入者，第不知昔何以涌流，今何以枯洞也，不可解矣。由层石下北循涧底入，其隘甚低，与外二关相似。稍从其西攀上一石隙，北转而东，若度鞍历峤。两壁石质石色，光莹欲滴，垂柱倒莲，纹若镂雕，形欲飞舞。东下一级，复值涧底，已转入隘关之内矣。于是辟成一衖[2]

① 爨（cuàn 窜）：烧火煮饭。《孟子·滕文公上》："许子以釜甑爨，以铁耕乎？"

② 衖："弄"的异体字，小巷之意。

阔有二丈，高有丈五，覆石平如布幄，涧底坦若周行。北驰半里，下有一石，庋[①]出如榻[②]，楞边匀整；其上则莲花下垂，连络成帏，结成宝盖，四围垂幔，大与榻并，中圆透盘空，上穹为顶；其后西壁，玉柱圆竖，或大或小，不一其形，而色皆莹白，纹皆刻镂：此衖中第一奇也。又直北半里，洞分上下两层，洞底由东北去，上洞由西北登。时余所赍火炬已去其七，恐归途莫辨，乃由前道数转而穿二隘关，抵透光处，炬恰尽矣。穿窍而出，恍若脱胎易世。洞外守视者，又增数十人，见余辈皆顶额[③]称异，以为大法术人。且云："前久候以为必堕异吻，故余辈欲入不敢，欲去不能。兹安然无恙，非神灵摄服，安能得此！"余各谢之，曰："吾守吾常，吾探吾胜耳，烦诸君久伫，何以致之！"然其洞但入处多隘，其中洁净干燥，余所见洞，俱莫能及，不知土人何以畏入乃尔！乃取行囊于前村，从将军岭出，随涧北行十余里，抵大道。其处东向把七尚七里，西向还麻止三里，余初欲从把七附舟西行，至是反溯流逆上，既非所欲，又恐把七一时无舟，天色已霁，遂从陆路西向还麻。时日已下舂，尚未饭，索酒市中。又西十里，宿于黄石铺，去茶陵西已四十里矣。是晚碧天如洗，月白霜凄，亦旅中异境，竟以行倦而卧。

---

① 庋（guǐ 鬼）：置放。《新唐书·牛仙客传》："前后赐与，缄庋不敢用。"
② 榻：床。
③ 顶额：以手加额作敬礼状。

黄石铺之南，即大岭北峙之峰，其石嶙峋插空，西南一峰尤甚，名五凤楼，去十里而近，即安仁道。余以早卧不及询，明日登途，知之已无及矣。

黄石西北三十里为高暑山，又有小暑山，俱在攸县东，疑即司空山也。二山之西，高峰渐伏。茶陵江北曲，经高暑南麓而西，攸水在山北。是山界茶、攸两江云。

十八日

晨餐后，自黄石铺西行，霜花满地，旭日澄空。十里为丫塘铺，又十里，为珠玑铺，则攸县界矣。又西北十里，斑竹铺。又西北十里，长春铺。又十里，北度大江，即攸县[①]之南关矣。县城濒江北岸，东西两门，与南门并列于江侧。茶陵之江北曲西回，攸水自安福封侯山西流南转，俱夹高暑山而下，合于县城东，由城南西去。是日一路霁甚，至长春铺，阴云复合。抵城才过午，候舟不得，遂宿学门前，亦南门。

十九日

晨餐后，阴霾不散。由攸县西门转北，遂西北登陟陂陀。十里，水涧桥，有小水自北而南。越桥而西，连上二岭，其西岭名黄山。下岭共五里，为黄山桥，有水亦自北而南，其水较大于水涧，而平洋亦大开。西行平畴三里，上牛头山。又山上行二里，曰长冈冲，

① 攸县：时隶长沙府，即今株洲市之攸县。

下岭为清江桥。桥东赤崖如回翅，涧从北来，大与黄山桥等。桥西开洋，大亦如黄山桥，但四围皆山，不若黄山洋南北一望无际也。洋中平畴，村落相望，名漠田。又五里，西入山峡，已为衡山县界。界北诸山皆出煤，攸人用煤不用柴，乡人争输入市，不绝于路。入山，沿小溪西上，路分两歧：西北乃入山向衡小路，西南乃往太平等附舟路。于是遵西南，五里为荷叶塘。越盼儿岭，五里至龙王桥。桥下水北自小源岭来，南向而去，其居民萧姓，亦大族也。北望二十里外，小源岭之上，有高山屏列，名曰大岭山，乃北通湘潭[①]道。过桥，西面行三里，上长岭。又西下一坞，三里，上叶公坳。又四里，下太平寺岭，则大江在其下矣。隔江即为芒洲，其地自攸县东四十五里。是日上长岭，日少开，中夜雨声滴沥，达明而止。

二十日

先晚候舟太平寺涯上，即宿泊舟间。中夜见东西两山，火光荧荧，如悬灯百尺楼上，光焰映空，疑月之升、日之坠者。既而知为夜烧。既卧，闻雨声滴沥，达旦乃止。上午得舟，遂顺流西北向山峡行。二十五里，大鹅滩。十五里，过下埠[②]，下回乡滩，险甚。过此山始开，江乃西向。行二十五里，北下横道滩，又十五里，暮宿于杨子坪之民舍。

---

① 湘潭：时为县，隶长沙府，即今之湘潭市。

② 下埠：在衡东县东境，洣水东岸，今之夏浦。

二十一日

四鼓，月明，舟人即促下舟。二十里，至雷家埠①，出湘江，鸡始鸣。又东北顺流十五里，抵衡山县②。江流在县东城下。自南门入，过县前，出西门③。三里，越桐木岭，始有大松立路侧。又二里，石陂桥，始夹路有松。又五里，过九龙泉，有头巾石。又五里师姑桥，山陇始开，始见祝融北峙，然夹路之松④，至师姑桥而尽矣。桥下之水东南去。又五里入山，复得松。又五里，路北有"子抱母松"。 大者二抱。小者分两岐。又二里，越佛子坳，又二里，上俯头岭，又一里则岳市⑤矣。过司马桥，入谒岳庙，出饭于庙前。问水帘洞在山东北隅，非登山之道；时才下午，犹及登顶，密云无翳，恐明日阴晴未卜。踌躇久之，念既上岂能复迂道而转，遂东出岳市，即由路亭北依山转岐。初，路甚大，乃湘潭入岳之道也。东北三里，有小溪自岳东高峰来，遇樵者引入小径。三里，上山峡，望见水帘布石崖下。二里，造其处，乃瀑

---

① 雷家埠：明置巡检司，今名雷溪市，隶衡东县。

② 衡山县：西晋惠帝永熙元年（290年）置县，因南岳衡山而得名。明隶衡州府，今属衡阳市。

③ 西门：乾隆本、四库本作"望岳门"。

④ 然夹路之松："松"，原作"峰"。因与前后语境不符，故据乾隆本、四库本改"峰"为"松"。

⑤ 岳市：在衡山县西境之岳庙前，即今南岳镇，为入衡山之门户。岳庙共八进，占地98500平方米。

之泻于崖间者，可谓之“水帘”，不可谓之“洞”也。崖北石上大书“朱陵大沥洞天”，并“水帘洞”“高山流水”诸字，皆宋、元人所书[1]，不辨其款。引者又言，其东九真洞，亦山峡间出峡之瀑也。下山又东北二里，登山循峡，逾一隘，中峰回水绕，引者以为九真矣。有樊山者至，曰：“此寿宁宫故址，乃九真下流。所云洞者，乃山环成坞，与此无异也，其地在紫盖峰之下。逾山而北尚有洞，亦山坞，渐近湘潭境。”予见日将暮，遂出山，十里，僧寮已近，还宿庙。

二十二日

力疾[2]登山。由岳庙西度将军桥，岳庙东西皆涧。北入山一里，为紫云洞[3]，亦无洞，山前一冈当户环成耳。由此上岭一里，大石后度一脊。由络丝潭北下一岭，又循络丝上流之涧一里，为宝善堂[4]。其处涧从东西两壑来，堂前有大石如劈，西涧环石下[5]，出玉板桥，与东涧合而南。宝善界两涧中，去岳庙已五里。堂后复蹑蹬一里，又循西涧岭东平行二里，为半云庵[6]。庵后渡涧西，蹑级

---

① 皆宋、元人所书：“宋”原作“宏”。疑为笔误而直改。

② 疾：急速。

③ 紫云洞：在紫云峰下，今岳云中学所在地。

④ 宝善堂：在玉板桥东南，已毁，现为农田。

⑤ 西涧环石下：“西”，乾隆本作“两”，四库本、丁本均作“西”。

⑥ 半云庵：1983 年拆除，遗址尚存，在巴巴岭下。

直上二里，上一峰，为茶庵。又直上三里，逾一峰，得半山庵[①]，路甚峻。里许,路南有铁佛寺。寺后跻级一里,路两旁俱细竹蒙茸。上岭，得丹霞寺。复从寺侧北上[②]，由半山庵丹霞侧北上，竹树交映，青翠滴衣。竹中闻泉声淙淙。自半云逾涧，全不与水遇，以为山高无水，至是闻之殊快。时欲登顶，过诸寺俱不入。由丹霞上三里，为湘南寺，又二里，南天门[③]。平行东向二里，分路。南一里，飞来船、讲经台。转至旧路，又东下半里，北度脊，西北上三里，上封寺。上封东有虎跑泉，西有卓锡泉。

二十三日

上封。

二十四日

上封。

二十五日

上封。

---

① 半山庵：即今半山亭。

② “里许，路南有铁佛寺。寺后跻级一里，路两旁俱细竹蒙茸。上岭，得丹霞寺。复从寺侧北上”：此一段季抄本脱载，乾隆本与四库本在“大石后度一脊”句后依地望及杨载田、刘惕之考证移此。“复从寺侧北上”与下句“由半山庵丹霞侧北上”重复，疑为抄写之误。铁佛寺，初名铁佛庵；丹霞寺，又名五岳殿；二者今俱存，依次在半山亭与湘南寺之间。

③ 南天门：南天门距南岳镇9公里，有石牌坊、祖师殿、卧龙碑等。季抄本在“南天门”以上仅“十五里，半山庵，五里，南天门。”此据乾隆本、四库本补详。

二十六日

晴。至观音崖，再上祝融会仙桥，由不语崖西下。八里，分路。南茅坪。北二里，九龙坪，仍转路口。南一里，茅坪。东南由山半行，四里渡乱涧，至大坪分路。东南上南天门。西南小路直上四里，为老龙池，有水一池在岭坳，不甚澄，其净室多在岭外。西南侧刀之西，雷祖之东分路。东二里，上侧刀峰。平行顶上二里，下山顶，度脊甚狭。行赤帝峰北一里，绕其东，分路。乃南由坳中东行，一里，转出天柱东，遂南下。五里，过狮子山与大路合，遂由岐路西入福严寺①，殿已倾，僧佛鼎谋新之。宿明道山房。

二十七日

早闻雨，餐后行少止。由寺西循天柱南一里，又西上二里，越南分之脊，转而北，循天柱西一里，上西来之脊，遂由脊上西南行，于是循华盖之东矣。一里，转华盖南，西行三里，循华盖西而北下。风雨大至，自是持盖行。北过一小坪，复上岭②，共一里，转而西行岭脊上。连度三脊，或循岭北，或循岭南，共三里而复上岭。于是直上二里，是为观音峰矣。由峰北树中行三里，雨始止，而沉霾殊甚。又西南下一里，得观音庵，始知路不迷。又下一里，为罗汉台。有路自北坞至者，即南沟来道。于是复南上二里，

---

① 福严寺：此寺依山而建，有岳神殿、大雄宝殿、藏经阁等，后有拜经台，旁有古银杏。今尚存。

② 复上岭：季抄本作“复过上岭”。“过”为衍字，据乾隆本、四库本删。

连度二脊，丛木亦尽，峰皆茅矣。既逾高顶，南下一里，得丛木一丘，是为云雾堂。中有老僧，号东窗，年九十八，犹能与客同拜起。时雾稍开，又南下一里半，得东来大路，遂转西下，又一里半至涧，渡桥而西，即方广寺①。寺正殿崇祯初被灾，三佛俱雨中。盖大岭之南，石廪峰分支西下，为莲花诸峰；大岭之北，云雾顶分支西下，为泉室、天台诸峰。夹而成坞，寺在其中，寺始于梁天监中②。水口西去，环锁甚隘，亦胜地也。宋晦庵、南轩诸迹，俱没于火。寺西有洗衲池，补衣石在涧旁。渡水口桥，即北上山，西北登一里半，又平行一里半，得天台寺。寺有僧全撰，名僧也。适他出，其徒中立以芽茶馈。盖泉室峰又西起高顶，突为天台峰。西垂一支，环转而南，若大尾之掉，几东接其南下之支。南面水仅成峡，内环一坞如玦，在高原之上，与方广可称上下二奇。返宿方广庆禅、宁禅③房。

先是，余欲由南沟趋罗汉台至方广；比登古龙池，乃东上侧刀峰，误出天柱东；及宿福严，适佛鼎师通道取木，遂复辟罗汉台路。余乃得循之西行，且自天柱、华盖、观音、云雾至大坳，皆衡山来脉之脊，得一览无遗，实意中之事也。由南沟趋罗（汉）台亦迂，不若径登天台，然后南岳之胜乃尽。

---

① 方广寺：今为重修宇，右有纪念朱熹、张栻之二贤祠，前有“洗衲”等石刻。

② 天监中：天监系南朝梁武帝年号，在公元502~519年。

③ 宁禅：原作“宁然”，据其二十八日日记校改。

二十八日

早起，风雨不收。宁禅、庆禅二僧固坚持留，余强别之。庆禅送至补衲台而别。遂沿涧西行，南北两界，山俱茅秃。五里，始有石树萦溪，崖影溪声，上下交映。又二里，隔溪前山，有峡自东南来，与方广水合流西去。北向登崖，崖下石树愈密，涧在深壑，其中有黑、白、黄三龙潭，两崖峭削，故路折而上，闻声而已，不能见也。已而平行山半，共三里，过鹅公嘴，得龙潭寺。寺在天台西峰之下，南为双髻峰。盖天台、双髻夹而西来，以成龙潭之流；潭北上即为寺，寺西为狮子峰，尖削特立，天台以西之峰，至此而尽；其南隔溪即双髻西峰，而莲花以西之峰，亦至此而尽；过九龙，犹平行山半，五里，自狮子峰南绕其西，下山又五里，为马迹桥①，而衡山西面之山始尽。桥东去龙潭十里，西去湘乡②界四十里，西北去白高③三十里，南至衡阳界孟公坳五里。自马迹桥南渡一涧，涧即方广九龙水去白高者。即东南行，四里至田心。又越一小桥，一里，上一低坳，不知其为界头④也。过坳又五里，有水自东北山间悬崖而下，其高数十仞，是为小响水塘，盖亦衡山之余波也。又二里，有水自北山悬崖而下，是为大响水塘。阔大过前崖，而

① 马迹桥：在衡山县西隅，今称“马迹”。
② 湘乡：东汉建武初年建县，明隶长沙府，今属湘潭市。
③ 白高：在衡山县北隅，今称“白果”。
④ 界头：在衡阳县东隅，即今之“界牌”。

水分两级，转下峡间，初见上级，后见下级，故觉其不及前崖飞流直下也。前即宁水桥[①]，问水从何处，始知其南由唐夫沙河而下衡州草桥。盖自马迹南五里孟公坳分衡阳、衡山界处，其水北下者，即由白高下一殒江，南下者，即由沙河下草桥，是孟公坳不特两县分界，而实衡山西来过脉也。第其坳甚平，其西来山即不甚高，故不之觉耳。始悟衡山来脉非自南来，乃由此坳东峙双髻，又东为莲花峰后山，又东起为石廪峰，始分南北二支，南为岣嵝、白石诸峰，北为云雾、观音以峙天柱。使不由西路，必谓岣嵝、白石乃其来脉矣。

由宁水桥饭而南，五里，过国清亭，逾一小岭，为穆家洞[②]。其洞回环圆整，水自东南绕至东北，乃石廪峰西南峡中水；山亦如之，而东附于衡山之西。径洞二里，复南逾一岭，一里，是为陶朱下洞，其洞甚狭，水直西去。路又南入峡，二里，复逾一岭，为陶朱中洞，其水亦西去。又南二里，上一岭，其坳甚隘，为陶朱三洞，其洞较宽于前二洞，而不及穆洞之回环也。二里，又逾一岭，为界江，其水由东南向西北去。界江之西为大海岭。溯水南行一里，上一坳，亦甚平，乃衡之脉又西度为大海岭者。其坳北之水，即西北下唐夫；其坳南之水，即东南下横口者也。逾坳

① 宁水桥：即今银溪桥，在衡阳县东。

② “国清亭”与“穆家洞”：“国清亭”即今“国清寺”，又称“国庆”。“穆家洞”今称“莫家洞”。皆在衡阳县东境。

共一里，为傍塘①，即随水东南行。五里，为黑山，又五里，水口，两山逼凑，水由其内破壁而入，路逾其上。一里，水始出峡，路亦就夷平。又一里，是为横口。傍塘、黑山之水南下，岣嵝之水西南来，至此而合。其地北望岣嵝、白石诸峰甚近，南去衡州尚五十里，遂止宿旅店。是日共行六十里。

二十九日

早起，雨如注，乃踯躅泥途中。沿溪南行，逾一小岭，是为上梨坪。又逾一小岭，五里，是为下梨坪，复与溪遇。又循溪东南下，十里，为杨梅滩②，有石梁南北跨溪上，溪由梁下东去，路越梁东南行。五里入排冲，又行排中五里，南逾青山坳。排冲者，冈自谭碧岭东南至青山，分为两支，俱西北转，两冈排闼，夹成长坞，缭绕为田，路由之入，至青山而坞穷。乃逾坳而南，陂陀高下，滑泞几不留足，而衣絮沾透，亦疲而不觉其寒。十里，下望日坳③，为黄沙湾，则蒸江自西南沿山而来，路遂随江东南下，又五里为草桥，即衡州府④矣。觅静闻，暮得之绿竹庵天母殿瑞光师处。亟投之，就火

---

① 傍塘：在衡阳县东隅，今称伴塘。

② 杨梅滩：在衡阳县东隅，今称杨梅桥。

③ 望日坳：在今衡阳市北郊，今称望城坳。

④ 衡州府：公元220年孙吴于长沙郡西部始设衡阳郡，治今湘乡，下辖蒸阳（今衡阳县）、重安（今衡南县）、湘南、湘西（今衡山、衡东、南岳区）、湘乡、益阳等地。明为衡州府。1942年元旦始建衡阳市，1943年改为省辖市。1983年衡阳地区与市合并，行市管县体制。今下辖南岳、石鼓、雁峰、珠晖、蒸湘5区，耒阳、常宁2市，衡阳、衡南、衡东、衡山、祁东5县。

炙衣，而衡山古太坪僧融止已在焉。先是，予过古太坪，上古龙池，于山半问路静室，而融止及其师兄应庵双瞽。苦留余。余急辞去，至是已先会静闻，知余踪迹。盖融止扶应庵将南返桂林七星岩，故道出于此，而复与之遇，亦一缘也。

绿竹庵在衡北门外华严、松萝诸庵之间。八庵连络，俱幽静明洁，呗诵之声相闻，乃藩府焚修之地。盖桂王以亲藩乐善，故孜孜于禅教云。

三十日

游城外河街，泞甚。暮，返宿天母殿。

二月初一日

早饭于绿竹庵，以城市泥泞，不若山行。遂东南逾一小岭，至湘江之上。共一里，溯江至蒸水入湘处。隔江即石鼓合江亭。渡江登东岸，东南行，其地陂陀高下，四里，过把膝庵，又二里，逾把膝岭。岭南平畴扩然，望耒水自东南来，直抵湖东寺门，转而北去。湖东寺者，在把膝岭东南三里平畴中，门对耒水，万历末无怀禅师所建，后憨山亦来同栖，有静室在其间。余至，适桂府供斋，为二内官强斋而去。乃西行五里，过木子、石子二小岭，从丁家渡[①]渡江，已在衡城南门外。登崖上回雁峰，峰不甚高，

① 丁家渡：原作“下家渡”，访当地无“下”与“夏”姓，故据乾隆本、四库本改之。

东临湘水，北瞰衡城[①]，俱在足下，雁峰寺笼罩峰上无余隙焉，然多就圮者。又饭于僧之千手观音殿。乃北下街衢，淖泥没胫，一里，入南门，经四牌坊，城中阛阓[②]与城东河市并盛。又一里，经桂府王城东，又一里，至郡衙西，又一里，出北门，遂北登石鼓山。山在临蒸驿之后、武侯庙之东，湘江在其南，蒸江在其北，山由其间度脉，东突成峰，前为禹碑亭，大禹《七十二字碑》在焉。其刻较前所摹望日亭碑差古，而漶漫[③]殊甚，字形与译文亦颇有异者。其后为崇业堂，再上，宣圣殿中峙焉。殿后高阁甚畅，下名回澜堂，上名大观楼。西瞰度脊，平临衡城，与回雁南北相对，蒸、湘夹其左右，近出窗槛之下，惟东面合流处则在其后，不能全括。然三面所凭擥[④]，近而万家烟市，三水帆墙，湘江自南，蒸江自西，耒江自东南。远而岳云岭树，披映层叠，虽书院之宏伟，不及吉安白鹭大观，地则名贤乐育之区，而兼滕王、黄鹤之胜[⑤]，

① 北瞰衡城："北"原作"南"，方位误，故据乾隆本改。又四库本作"北瞰郡城"，待考。

② 阛阓（huán 环 huì 会）：阛，市区的墙；阓，市区的门。故通称市区为"阛阓"。

③ 漶（huàn 患）漫：模糊。

④ 擥：同"牵"。

⑤ 滕王、黄鹤之胜：滕王阁、黄鹤楼之胜概。

韩文公、朱晦庵、张南轩[①]讲学之所。非白鹭之所得侔[②]矣。楼后为七贤祠，祠后为生生阁。阁东向，下瞰二江。蒸、湘合流于前，耒水北入于二里外，与大观楼东西易向。盖大观踞山顶，收南北西三面之奇，而此则东尽二水同流之胜者也。又东为合江亭，其址较下而临流愈近。亭南崖侧，一隙高五尺，如合掌东向，侧肩入，中容二人，是为朱陵洞后门。求所谓“六尺鼓”不可得，亭下濒水有二石如竖碑，岂即遇乱辄鸣者耶？自登大观楼，正对落照，见黑云衔日，复有雨兆。下楼，践泥泞冒黑过青草桥，东北二里入绿竹庵。晚餐既毕，飓风怒号，达旦甫止，雨复潇潇下矣。

衡州城东面濒湘，通四门，余北、西、南三面鼎峙，而北为蒸水所夹。其城甚狭，盖南舒而北削云。北城外，则青草桥跨蒸水上。此桥又谓之韩桥，谓昌黎公过而始建者。然文献无征，今人但有草桥之称而已。而石鼓山界其间焉。盖城之南，回雁当其上泻；城之北，石鼓砥其下流；而潇、湘循其东面，自城南抵城北，于是一合蒸，始东转西南来，再合耒焉。

蒸水[③]者，由湘之西岸入，其发源于邵阳县[④]耶姜山，东北流

---

① 韩文公、朱晦庵、张南轩：韩文公即韩愈（768~824年），字退之，自谓郡望昌黎，世称韩昌黎。朱晦庵即朱熹（1130~1200年），字元晦、仲晦，号晦庵，别称紫阳，徽州婺源人。张南轩即张栻（1133~1180年），字敬夫、乐斋，号南轩，汉州绵竹人，后迁衡阳，丞相张浚之子。

② 侔（móu）：齐等。《庄子·大宗师》：“畸人者，畸于人而侔于天。”

③ 蒸水：原作“葵水”，据本日记上下文改。今仍称蒸水。

④ 邵阳县：时为宝庆府附郭县，其地即今邵阳市。

经衡阳北界，会唐夫、衡西三洞诸水，又东流抵望日坳为黄沙湾，出青草桥而合于石鼓东。一名草江，以青草桥故。一名沙江，以黄沙湾故。谓之蒸者，以水气加蒸也。舟由青草桥入，百里而达水福，又八十里而抵长乐。

耒水者，由湘之东岸入，其源发于郴州之耒山，西北流经永兴、耒阳界。又有郴江发源于郴之黄岑山，白豹水发源于永兴之白豹山，资兴水发源于钴鉧泉，俱与耒水会。又西抵湖东寺，至耒口而合于回雁塔之南。舟向郴州、宜章者，俱由此入，过岭，下武水，入广之湞江[①]。

来雁塔者，衡州下流第二重水口山也。石鼓从州城东北特起垂江，为第一重；雁塔又峙于蒸水之东、耒水之北，为第二重。其来脉自岣嵝转大海岭，度青山坳，下望日坳，东南为桃花冲，即绿竹、华严诸庵所附丽高下者。又南濒江，即为雁塔，与石鼓夹峙蒸江之左右焉。

衡州之脉，南自回雁峰而北尽于石鼓，盖邵阳、常宁之间迤逦而来，东南界于湘，西北界于蒸，南岳岣嵝诸峰，乃其下流回环之脉，非同条共贯者。徐灵期谓南岳周回八百里，回雁为首，岳麓[②]为足，遂以回雁为七十二峰之一，是盖未经孟公坳，不知

①"武水"、"湞（zhēn 贞）江"：武水，又称武溪，今仍称武水。在骑田岭以南，为广东北江源。北江，明代称湞江。

② 岳麓：即今岳麓山，又称灵麓峰，为衡山七十二峰之一，被认为是衡山之足故名。山在今长沙市岳麓区，湘江西岸，海拔 297 米。

衡山之起于双髻也。若岳麓诸峰磅礴处，其支委固远矣。

初二日

早起，欲入城，并游城南花药山。雨势不止，遂返天母庵。庵在修竹中，有乔松一株当户，其外层冈回绕，竹树森郁，俱在窗槛之下，前池浸绿，仰色垂痕，后坂帏红，桃花吐艳。原名桃花冲。风雨中春光忽逗，而泥屐未周，不能无开云之望。下午，滂沱弥甚，乃拥炉瀹茗，兀坐竟日。

初三日

寒甚，而地泞天阴，顾仆病作，仍拥炉庵中，作《上封寺募文》。中夜风声复作，达旦仍（未）止雨。

初四日

雨，拥炉庵中，作完初上人《白石山精舍引》。

初五日

峭寒，酿雨。令顾仆往河街城东濒湘之街、市肆所集，觅永州船。余拥炉书《上封疏》《精舍引》，作《书怀诗》呈瑞光。

初六日

雨止，泞甚。入城拜乡人金祥甫，因出河街。抵暮返，雨复霏霏。金乃江城[①]金斗垣子，随桂府分封至此。其弟以荆溪壶[②]开肆东华门府墙下。

---

① 江城：徐霞客故乡江阴的别称。

② 荆溪壶：江苏宜兴烧制的陶壶，为当时饮茶最好的茶具。

初七日

上午开霁。静闻同顾仆复往河街更定永州舡。余先循庵东入桂花园。乃桂府新构[①]庆桂堂地，为赏桂之所。前列丹桂三株，皆耸干参天，接荫蔽日。其北宝珠茶五株，虽不及桂之高大，亦郁森殊匹。又东为桃花源。西自华严、天母二庵来，南北俱高岗夹峙，中层叠为池，池两旁依冈分坞，皆梵宫绀宇[②]，诸藩阉[③]亭榭，错出其间。桃花源之上即桃花冲，乃岭坳也。其南之最高处新结两亭，一曰停云，又曰望江，一曰望湖，在无忧庵后修竹间。时登眺已久，乃还饭绿竹庵。复与完初再上停云，从其北逾桃花冲坳，其东冈夹成池，越池而上，即来雁塔矣。塔前为双练堂，西对石鼓，返眺蒸、湘交会，亦甚胜也。塔之南，下临湘江，有巨楼可凭眺，惜已倾圮。楼之东即为耒江北入之口，时日光已晶朗，岳云江树，尽献真形。乃趣[④]完初觅守塔僧，开扃而登塔，历五层。四眺诸峰，北惟衡岳最高，其次则西之雨母山，又次则西北之大海岭，其余皆冈陇高下，无甚峥嵘，而东南二方，固豁然无际矣。湘水自回雁北注城东，至石鼓合蒸，遂东转，经塔下。东合耒水北去，三水曲折，不及长江一望无尽，而纡回殊足恋也。眺望久

---

① 构：建造。

② 梵（fàn 饭）宫绀（gàn 干）宇：梵宫，即佛教寺庙；绀宇，佛寺的别称。

③ 藩阉：古时称分封于各地的诸王为藩；贬称宦官为阉。

④ 趣（cù 促）：催促。

之，恐静闻觅舟已还，遂归询之，则舟之行尚在二日后也。是日颇见日影山光，入更复雨。

按，雨母山在府城西一百里，乃回雁与衡城来脉，兹望之若四五十里外者，岂非雨母，乃伊山耶？恐伊山又无此峻耳。《志》曰："伊山在府西三十五里，乃桓伊[①]读书处。"而雨母则大舜巡狩所经，亦云云阜。余苦久雨，望之不胜曲水之想[②]。

初八日

晨起雨歇，抵午有日光，遂入城，经桂府[③]前。府在城之中，圆亘城半，朱垣碧瓦，新丽殊甚。前坊标曰"夹辅亲潢"，正门曰"端礼"。前峙二狮，其色纯白，云来自耒河内百里。其地初无此石，建府时忽开得二石笋，俱高丈五，莹白如一，遂以为狮云。仍出南门，一里，由回雁之麓又西一里，入花药山。山不甚高，即回雁之西转回环而下府城者。诸峰如展翅舒翼，四拱成坞，寺当其中，若在围城之内，弘敞宽阔为一方之冠。盖城北之桃花冲，俱

---

① 桓伊：东晋谯国铚县人（今安徽宿县西南），字叔夏，小字子野，一作野王。前秦苻坚南下时，他与谢玄、谢琰大破秦军于淝水，稳定了东晋的偏安局面。

② 曲水之想：即"曲水流觞"的向往。古俗于阴历三月上旬巳日就水滨宴饮，举行仪式，以消灾去邪。魏以后固定为三月三日。后人因引水环曲成渠，流觞取饮，相与为乐。称为曲水或曲水流觞。

③ 桂府：即桂端王朱常瀛之府第。《徐霞客游记》中亦称桂端王为"桂藩""桂王"。桂端王为神宗庶七子，1601 年封王，1627 年就藩衡州府。

静室星联，而城南之花药山，则丛林独峙者也。寺名报恩光孝禅寺。寺后悬级直上，山顶为紫云宫，则道院也。其地高耸，可以四眺。还寺，遇锡僧觉空，兴道人。其来后余，而先至此。因少憩方丈，观宋徽宗弟表文。其弟法名琼俊，弃玉牒而游云水。时知府卢景魁之子移酌入寺，为琼俊所辱，卢收之狱中，潜书此表，令狱卒王祐入奏，徽宗为之斩景魁而官王祐。其表文与徽宗之御札如此，寺僧以为宗门一盛事。然表中称衡州为邢州，御札斩景魁，即改邢为衡，且以王祐为衡守。其说甚俚，恐寺中捏造而成，非当时之实迹也。出寺，由城西过大西门、小西门，城外俱巨塘环绕，阛阓连络。共七里，东北过草桥，又二里，入绿竹庵，已薄暮矣。是日雨已霁，迨中夜，雨声复作潺潺，达旦而不止。

初九日

雨势不止，促静闻与顾仆移行李舟中，而余坐待庵中。将午，雨中别瑞光，过草桥，循城东过瞻岳、潇湘、柴埠三门，入舟。候同舟者，因复入城，市鱼肉笋米诸物。大鱼每二三月水至衡山县放子，土人俱于城东江岸以布兜围其沫，养为雨苗，以大艑贩至各省，皆其地所产也。过午出城，则舟以[①]下客移他所矣。与顾仆携物匍匐雨中，循江而上，过铁楼及回雁峰下，泊舟已尽而竟不得舟。乃觅小舟，顺流复觅而下，得之于铁楼外。盖静闻先

① 以：“已”字之误。

守视于舟，舟移既不为阻，舟泊复不为觇[1]，听我辈之呼棹而过，杂众舟中竟不一应，遂致往返也。是日雨不止，舟亦泊不行。

初十日

夜雨达旦。初涉潇湘，遂得身历此景，亦不以为恶。上午，雨渐止。迨暮，客至，雨散始解维。五里，泊于水府庙之下。

十一日

五更复闻雨声，天明渐霁。二十五里，南上钩栏滩，衡南首滩也，江深流缩，势不甚汹涌。转而西，又五里为东阳渡[2]，其北岸为琉璃厂，乃桂府烧造之窑也。又西二十里为车江[3]，或作汉江。其北数里外即云母山。乃折而东南行，十里为云集潭，有小山在东岸。已复南转，十里为新塘站，旧有驿，今废。又六里，泊于新塘站上流之对涯。同舟者为衡郡艾行可、石瑶庭，艾为桂府礼生[4]，而石本苏人，居此已三代矣。其时日有余照，而其处止有谷舟二只，遂依之泊。已而，同上水者又五六舟，亦随泊焉。其涯上本无村落，余念石与前舱所搭徽人俱惯游江湖，而艾又本郡人，其行止余可无参与，乃听其泊。迨暮，月色颇明。余念入春以来尚未见月，及入舟前晚，则潇湘夜雨，此夕则湘浦月明，两夕之间，

---

① 觇（chān）：观测。

② 东阳渡：今名同。在衡阳市南境，湘江东岸。

③ 车江：今名同。在衡南县中部，湘江西岸。

④ 礼生：祭祀时赞礼司仪的执事。

各擅一胜，为之跃然。已而忽闻岸上涯边有啼号声，若幼童，又若妇女，更余不止。众舟寂然，皆不敢问。余闻之不能寐，枕上方作诗怜之，有“箫管孤舟悲赤壁，琵琶两袖湿青衫”之句，又有“滩惊回雁天方一,月叫杜鹃更已三”等句。然亦止虑有诈局，俟怜而纳之，即有尾其后以挟诈者，不虞其为盗也。迨二鼓，静闻心不能忍，因小解涉水登岸。静闻戒律甚严，一吐一解，必俟登涯，不入于水。呼而诘之，则童子也，年十四五，尚未受全发，诡言出王阉之门，年甫十二，王善酗酒，操大杖，故欲走避。静闻劝其归，且厚抚之，彼竟卧涯侧。比静闻登舟未久，则群盗喊杀入舟，火炬刀剑交丛而下。余时未寐，急从卧板下取匣中游资移之。越艾舱，欲从舟尾赴水，而舟尾贼方挥剑斫尾门，不得出，乃力掀篷隙，葬投之江中，复走卧处，觅衣披之。静闻、顾仆与艾、石主仆，或赤身，或拥被，俱逼聚一处。贼前从中舱，后破后门，前后刀戟乱戳，无不以赤体受之者。余念必为盗执，所持䌷衣[1]不便，乃并弃之。各跪而请命，贼戳不已，遂一涌掀篷入水。入水余最后，足为竹纤所绊，竟同篷倒翻而下，首先及江底，耳鼻灌水一口，急踊而起。幸水浅止及腰，乃逆流行江中，得邻舟间避而至，遂跃入其中。时水浸寒甚，邻客以舟人被盖余，而卧其舟，溯流而上三四里，泊于香炉山，盖已隔江矣。还望所劫舟，火光赫然，群盗齐喊一声为号而去。已而同泊诸舟俱移泊而来，有言

① 䌷（chóu）衣：即绸衣，丝织衣服。“䌷”，“绸”的异体字。

南京相公身被四创者，余闻之暗笑其言之妄。且幸乱刃交戟之下，赤身其间，独一创不及，此实天幸。惟静闻、顾奴不知其处，然亦以为一滚入水，得免虎口，资囊可无计矣。但张侯宗琏所著《南程续记》一帙[①]，乃其手笔，其家珍藏二百余年，而一入余手，遂罹此厄，能不抚膺[②]！其时舟人父子亦俱被戳，哀号于邻舟。他舟又有石瑶庭及艾仆与顾仆，俱为盗戳，赤身而来，与余同被卧，始知所谓被四创者，乃余仆也。前舱五徽人俱木客，亦有二人在邻舟，其三人不知何处。而余舱尚不见静闻，后舱则艾行可与其友曾姓者，亦无问处。余时卧稠人中，顾仆呻吟甚，余念行囊虽焚劫无遗，而所投匣资或在江底可觅。但恐天明为见者取去，欲昧爽即行，而身无寸丝，何以就岸。是晚初月甚明，及盗至，已阴云四布，迨晓，雨复霏霏。

十二日

邻舟客戴姓者，甚怜余，从身分里衣、单裤各一以畀[③]余。余周身无一物，摸髻中犹存银耳挖一事。余素不用髻簪，此行至吴门，念二十年前从闽前返钱塘江浒[④]，腰缠已尽，得髻中簪一枝，夹其半酬饭，以其半觅舆，乃达昭庆金心月房。此行因换耳挖一

① 帙（zhì 至）：用布帛制成的包书的套子，因称书一套为一帙。

② “罹（lí 离）”与“膺（yīng 英）”：罹，遭遇不幸的事；膺，胸；抚膺，气愤。

③ 畀（bì 币）：给予、付与。

④ 浒（hǔ 虎）：水边。

事，一以绾发，一以备不时之需。及此堕江，幸有此物，发得不散。艾行可披发而行，遂至不救。一物虽微，亦天也。遂以酬之，匆匆问其姓名而别。时顾仆赤身无蔽，余乃以所畀裤与之，而自著其里衣，然仅及腰而止。旁舟子又以衲破衣一幅畀予，用蔽其前，乃登涯。涯犹在湘之北东岸，乃循岸北行。时同登者余及顾仆，石与艾仆并二徽客，共六人一行，俱若囚鬼。晓风砭骨，砂砾裂足，行不能前，止不能已。四里，天渐明，望所焚劫舟在隔江，上下诸舟，见诸人形状，俱不肯渡，哀号再三，无有信者。艾仆隔江呼其主，余隔江呼静闻，徽人亦呼其侣，各各相呼，无一能应。已而闻有呼予者，予知为静闻也，心窃喜曰："吾三人俱生矣。"亟欲与静闻遇。隔江土人以舟来渡余，及焚舟，望见静闻，益喜甚。于是入水而行，先觅所投竹匣。静闻望而问其故，遥谓余曰："匣在此，匣中之资已乌有矣。手摹《禹碑》及《衡州统志》犹未沾濡也。"及登岸，见静闻焚舟中衣被竹芨犹救数件，守之沙岸之侧，怜予寒，急脱身衣以衣余，复救得余一裤一袜，俱火伤水湿，乃益取焚余炽火以炙之。其时徽客五人俱在，艾氏四人，二友一仆虽伤亦在，独艾行可竟无踪迹。其友、仆乞土人分舟沿流捱觅，余辈炙衣沙上，以候其音。时饥甚，锅具焚没无余，静闻没水取得一铁铫[1]，复没水取湿米，先取干米数斗，俱为艾仆取去。煮粥遍食诸难者，而后自食。迨下午，不得艾消息，徽人先

① 铫（diào 调）：一种熬东西用的有柄有流的小锅。

附舟返衡，余同石、曾、艾仆亦得土人舟同还衡州。余意犹妄意艾先归也。土舟颇大，而操者一人，虽顺流行，不能达二十余里，至汉江已薄暮。二十里至东阳渡，已深夜。时月色再阴，乘月行三十里，抵铁楼门，已五鼓矣。艾使先返，问艾竟杳然也。

先是，静闻见余辈赤身下水，彼念经笈在篷侧，遂留，舍命乞哀，贼为之置经。及破余竹撞，见撞中俱书，悉倾弃舟底。静闻复哀求拾取，仍置破撞中，盗亦不禁。撞中乃《一统志》诸书，及文湛持、黄石斋、钱牧斋与余诸手柬，并余自著日记诸游稿。惟与刘愚公书稿失去。继开余皮厢[①]，见中有尺头，即阖置袋中携去。此厢中有眉公与丽江木公叙稿，及弘辨、安仁诸书，与苍梧道顾东曙辈家书共数十通，又有张公宗琏所著《南程续记》，乃宣德初张侯特使广东时手书，其族人珍藏二百余年，予苦求得之。外以庄定山、陈白沙字裹之，亦置书中。静闻不及知，亦不暇乞，俱为携去，不知弃置何所，真可惜也。又取余皮挂厢，中有家藏《晴山帖》六本，铁针、锡瓶、陈用卿壶，俱重物，盗入手不开，亟取袋中。破予大笥[②]，取果饼俱投舡底，而曹能始《名胜志》三本、《云南志》四本及《游记》合刻十本，俱焚讫。其艾舱诸物，亦多焚弃。独石瑶庭一竹笈[③]竟未开。贼濒行，辄放火后舱。时静闻正

---

① 厢：同箱。

② 笥（sì 饲）：装饭食及衣物的竹器。方的称笥，圆的称箪。

③ 竹笈（jí）：书箱。

留其侧，俟其去，即为扑灭，而余舱口亦火起，静闻复入江取水浇之。贼闻水声，以为有人也，及见静闻，戳两创而去，而火已不可救。时诸舟俱遥避，而两谷舟犹在，呼之，彼反移远。静闻乃入江取所堕篷作筏，亟携经笈并余烬余诸物，渡至谷舟；冒火再入取艾衣、被、书、米及石瑶庭竹笈，又置篷上，再渡谷舟；及第三次，则舟已沉矣。静闻从水底取得湿衣三四件，仍渡谷舟，而谷（舟）乘黑暗匿绌衣等物，止存布衣布被而已。静闻乃重移置沙上，谷舟亦开去。及守余辈渡江，石与艾仆见所救物，悉各认去。静闻因谓石曰："悉是君物乎？"石遂大诟污损责难静闻，谓："众人疑尔登涯引盗。谓讯哭童也。汝真不良，欲掩我之筐。"不知静闻为彼冒刃、冒寒、冒火、冒水，夺护此筐，以待主者，彼不为德，而后诟之。盗犹怜僧，彼更胜盗哉矣，人之无良如此！

十三日

昧爽登涯，计无所之。思金祥甫为他乡故知，投之或可强留。候铁楼门开，乃入。急趋祥甫寓，告以遇盗始末，祥甫怆悲愤然。初欲假数十金于藩府，托祥甫担当，随托祥甫归家收还，而余辈仍了西方大愿。祥甫谓藩府无银可借，询余若归故乡，为别措以备衣装。余念遇难辄返，（缺）觅资重来，妻孥必无放行之理，不欲变余去志，仍求祥甫曲济。祥甫唯唯。

十四、十五日

俱在金寓。

十六日

金为投揭内司，约二十二始会众议助。初，祥甫谓已不能贷，欲遍求众内司共济，余颇难之。静闻谓彼久欲置四十八愿斋僧田于常住，今得众济，即贷余为西游资。俟余归，照所济之数为彼置田于寺，仍以所施诸人名立石，极为两便。余不得已，听之。

十七、十八日

俱在余寓。时余自顶至踵，无非金物，而顾仆犹蓬首赤足，衣不蔽体，只得株守金寓。自返衡以来，亦无晴霁之日，或雨或阴，泥泞异常，不敢动移一步。

十九日

往看刘明宇，坐其楼头竟日。刘为衡故尚书[1]刘尧诲养子，少负膂力[2]，慷慨好义，尚书翁故倚重，今年已五十六，奉斋而不禁酒，闻余被难，即叩金寓余，欲为余缉盗。余谢物已去矣，即得之，亦无可为西方资。所惜者唯张侯《南程》一纪，乃其家藏二百余年物；而眉公辈所寄丽江诸书，在彼无用，在我难再遘[3]耳。刘乃立神前，曰："金不可复，必为公复此。"余不得已，亦姑听之。

---

① 尚书：明代中央机构六部的长官均称尚书。

② 膂（Lǚ旅）力：体力。

③ 遘（gòu够）：遇。

二十日

晴霁，出步柴埠门外，由铁楼门入。途中见折宝珠茶[①]，花大瓣密，其红映日；又见折千叶绯桃[②]，含苞甚大，皆桃花冲物也，拟往观之。而前晚下午，忽七门早闭，盖因东安有大盗临城，祁阳亦有盗杀掠也。余恐闭于城外，遂复入城，订明日同静闻往游焉。

二十一日

阴云复布，当午雨复霏霏，竟不能出游。是日南门获盗七人，招党及百，刘为余投揭捕厅。下午，刘以蕨芽[③]为供饷余，并前在天母殿所尝葵菜[④]，为素供二绝。余忆王摩诘“松下清斋折露葵”，及东坡“蕨芽初长小儿拳”，尝念此二物，可与蓴[⑤]丝共成三绝，而余乡俱无。及至衡，尝葵于天母殿，尝蕨于此，风味殊胜。盖葵松而脆，蕨滑而柔，各擅一胜也。是日午后，忽发风，寒甚，中夜风吼，雨不止。

二十二日

晨起，风止雨霁。上午，同静闻出瞻岳门，越草桥，过绿竹园。

---

① 宝珠茶：“珠”，原作“株”。此据乾隆本、四库本改。

② 绯桃：“绯”，原作“徘”。此据乾隆本、四库本改。

③ 蕨芽：即蕨菜、蕨苔，山间野生蕨类植物的嫩芽。

④ 葵菜：即冬葵，古代重要蔬菜之一。今湘、赣、川仍有栽培。

⑤ 蓴（dò 破）：即苴（jù 居）蓴，又名蘘荷。叶如初生的甘蔗，根如姜牙。《楚辞·大招》：“脍苴蓴只。”王逸注：“苴蓴，蘘荷也……切蘘荷以为香，备众味也。”

桃花历乱，柳色依然，不觉有去住之感。入看瑞光不值，与其徒入桂花园，则宝珠盛开，花大如盘，殷红密瓣，万朵浮团翠之上，真一大观。徜徉久之，不复知身在患难中也。望隔溪坞内，桃花竹色，相为映带，其中有阁临流，其巅有亭新构，阁乃前游所未入，亭乃昔时所未有缀。急循级而入，感花事之芳菲，叹沧桑之倏忽。登山踞巅亭，南瞰湘流，西瞻落日，为之怃然。乃返过草桥，再登石鼓，由合江亭东下，濒江观二竖石。乃二石柱，旁支以石，上镌对联，一曰："临流欲下任公钓。"一曰："观水长吟孺子歌。"非石鼓也。两过此地，皆当落日，风景不殊，人事多错，能不兴怀！

二十三日

碧空晴朗，欲出南郊，先出铁楼门。过艾行可家，登堂见其母，则行可尸已觅得两日矣，盖在遇难之地下流十里之云集潭也。其母言："昨亲至其地，抚尸一呼，忽眼中血迸而溅我。"呜呼，死者犹若此，生何以堪！询其所伤，云"面有两枪"。盖实为阳侯助虐，所云支解为四，皆讹传也。时其棺停于城南洪君鉴山房之侧。洪乃其友，并其亲。毕君甫适挟青乌至，盖将营葬也，遂与偕行。循回雁西麓，南越冈坞，四里而至其地。其处乱冈缭绕，间有掩关习梵之室，亦如桃花冲然，不能如其连扉接趾，而阒寂过之。洪君之室，绿竹当前。危冈环后，内有三楹，中置佛像，左为读书之所，右为僧爨之处，而前后俱有轩可憩，庭中盆花纷列，亦幽栖净界也。艾棺停于岭侧，亟同静闻披荆拜之。余诵"同是天涯遇难人，一生何堪对一死”之句，洪、毕皆为拭泪。返抵回雁之南，有宫翼然于湘江之上，乃水府殿也。先是艾行可之弟为予言，始求兄尸不得，依其签而获之云集潭，闻之心动。至是乃入谒之，以从荆、从粤两道请决于神，而从粤大吉。时余欲从粤西入滇，被劫后，措资无所，或劝从荆州[①]，求资于奎之叔者。时奎之为荆州别驾，从此至荆州，亦须半月程，而时事不可知，故决之神。以两处贷金请决于神，而皆不能全。两处谓金与刘。余益钦服神鉴。盖此殿亦藩府新构，其神极灵也。乃觅道者，俱录其词以藏之。复北登回雁峰，饭于千手观音阁东寮，即从阁西小径下，复西入花药寺，再同觉空饭于方丈。薄暮，由南门入。是日风和日丽，为入春第一日云。

二十四日

在金寓，觉空来顾。下午独出柴埠门，市蒸酥，由铁楼入。是夜二鼓，闻城上遥呐声，明晨知盗穴西城，几被逾入，得巡者喊救集众，始散去。

二十五日

出小西门，观西城被穴处。盖衡城甚卑，而西尤敝甚，其东城则河街市房俱就城架柱，可攀而入，不待穴也。乃绕西华门，循王墙后门后宰门外肆，有白石三块欲售。其一三峰尖削如指，

① 荆州：明置荆州府，治江陵，即今湖北省江陵县。

长二尺，洁白可爱；其一方竟尺，中有沟池田塍可蓄水，但少假人工，次之；其一亦峰乳也，又次之。返金寓。

是时衡郡有倡为神农之言者，谓神农、黄帝当出世，小民翕然[1]信之，初犹以法轮寺为窟，后遂家传而户奉之。以是日下界，察民善恶，民皆市纸焚献，一时腾哄，市为之空。愚民之易惑如此。

二十六日

金祥甫初为予措资，展转不就。是日忽阄一会[2]，得百余金，予在寓知之，金难再辞，许假二十金，予以田租二十亩立券付之。

二十七、二十八、二十九日

俱在金寓候银，不出。

三月初一日

桂王临朝，命承奉刘及王承奉之侄设斋桃花冲施僧。静闻往投斋，晤王承奉之侄，始知前投揭议助之意，内司不爽。盖此助非余本意，今既得金物，更少贷于刘，便可西去。静闻见王意如此，不能无望。余乃议先往道州，游九疑，留静闻候助于此，余仍还后与同去，庶彼得坐俟，余得行游，为两便云。

初二日

乃促得金祥甫银，仍封置金寓，以少资随身。刘许为转借，

① 翕（xì）然：和顺。

② 忽阄（jiū）一会：民间一种互济的办法，每人每月出定额的钱，轮流归一人使用，称上会。以拈阄的形式决定得钱者的先后。

期以今日，复不能得。予往别，且坐候之，遂不及下舟。

初三日

早出柴埠门登舟。刘明宇先以钱二千并绢布付静闻，更以糕果追予于南关外。时余舟尚泊柴埠未解维[①]，刘沿流还觅，始与余遇，复订期而别。是日风雨复作，舟子迁延，晚移南门埠而泊。

初四日

平明行，风暂止，夙雨霏霏。下午过汉江，抵云集潭，去予昔日被难处不远，而云集则艾行可沉汨之所也。风雨凄其，光景顿别，欲为《楚辞》招之，黯不成声。是晚泊于云集潭之西岸，共行六十余里。

初五日

雷雨大至。平明发舟，而风颇利。十里，过前日畏途，沉舟犹在也。四里，过香炉山，其上有滩颇高。又二十五里，午过桂阳河口，桂阳河自南岸入湘。舂水出道州舂陵山，岿水出宁远九疑山，经桂阳西境，合流至此入湘，为常宁县界。由河口入，抵桂阳[②]尚三百里。又七里，北岸有聚落名松北[③]。又四里，泊于瓦洲夹。共行五十里。

---

① 解维：解开系船的缆绳，意即开船。维，船缆。

② 桂阳：明洪武九年（1376 年）降桂阳路置桂阳州，治所在今湖南桂阳县。1913 年改名桂阳县。桂阳河即舂陵水，今名同。舂水当指其北源，即今新田县北部；岿水当指其南源，即今蓝山县南部。

③ 松北："北"当为"柏"，四月二十一日记为"松柏"，明时称松柏市，设巡检司。今称松柏，在常宁县东北隅，湘江南岸。

初六日

昧爽行，雨止风息。二十里，过白坊驿[①]，聚落在江之西岸，至此已入常宁县界矣。又西南三十里，为常宁水口，其水从东岸入湘，亦如桂阳之口，而其水较小，盖常宁县[②]治犹在江之东南也。又西十五里，泊于粮船埠[③]，有数家在东岸，不成村落。是日共行六十五里。

初七日

西南行十五里，河洲驿[④]。日色影现，山冈开伏。盖自衡阳来，湘江两岸虽冈陀缭绕，而云母之外，尚无崇山杰嶂。至此地，湘之东岸为常宁界，湘江西岸为永之祁阳界，皆平陵扩然，冈阜远叠也。又三十里，过大铺[⑤]，于是两岸俱祁阳属矣。上九州滩，又三十里，泊归阳驿[⑥]。

初八日

饭后余骤疾，呻吟不已。六十里，至白水驿[⑦]。初拟登访戴宇

① 白坊驿：今称柏坊，在常宁县北隅，湘江南岸。

② 常宁县：唐天宝初以新宁县改常宁县，治今湖南常宁县。元至元十九年升为州。明洪武三年（1370 年）复降为县，隶衡州府。即今常宁县。

③ 粮船埠：即今粮市，在祁东县东南隅，湘江北岸。

④ 河洲驿：今名河洲，古来江与河互称，因湘江而名。在常宁县北隅，湘江南岸。

⑤ 大铺：今称大堡，在常宁县西北隅，湘江南岸。

⑥ 归阳驿：明时又称归阳市，今称归阳。在祁阳县南隅，湘江北岸。

⑦ 白水驿：今称白水，处祁阳县南境，湘江南岸，白水与湘江汇流处之东侧。

完，谢其遇劫时解衣救冻之惠，至是竟不能登。是晚，舟人乘风顺，又暮行十五里，泊于石坝里，盖白水之上流也。是日共行七十五里。按《志》：白水山在祁阳东南二百余里，山下有泉如白练。（缺）去祁阳九十余里，又在东北。是耶，非耶？

初九日

昧爽，舟人放舟，余病犹甚。五十余里，下午抵祁阳①，遂泊焉，而余不能登。先隔晚将至白水驿，余力疾起望西天，横山如列屏，至是舟溯流而西，又转而北，已出是山之阳矣，盖即祁山也。山在湘江北，县在湘江西、祁水南②，相距十五里。其上流则湘自南来，循城东，抵山南转，县治实在山阳、水西。而县东临江之市颇盛，南北连峙，而西向入城尚一里。其城北则祁水西自邵阳来，东入于湘，遂同曲而东南去。

初十日

余念浯溪③之胜，不可不一登，病亦稍差④，而舟人以候客未发，乃力疾起。沿江市而南，五里，渡江而东，已在浯溪下矣。

---

① 祁阳：三国吴置县，治所在今湖南祁东县东南。隋废。唐武德四年（621年）复置，移治今祁阳县西南。明景泰中移治今湖南祁阳县，隶永州府。

② 县在湘江西、祁水南：原作“县在湘江南西祁水南”，“江”后衍“南”字，据乾隆本，四库本改。

③ 浯（wú 吾）溪：处祁阳县西南五里。元结《浯溪铭序》：“溪在湘水之南，北汇于湘，爱其胜异，遂家溪畔，命曰浯溪。”

④ 差（chài）：同“瘥”，病愈。

第所谓狮子袱者，在县南滨江二里，乃所经行地，而问之，已不可得。岂沙积流移，石亦不免沧桑耶？浯溪由东而西入于湘，其流甚细。溪北三崖骈峙，西临湘江，而中崖最高，颜鲁公①所书《中兴颂》高镌崖壁，其侧则石镜嵌焉。石长二尺，阔尺五，一面光黑如漆，以水喷之，近而崖边亭石，远而隔江村树，历历俱照彻其间。不知从何处来，从何时置，此岂亦元次山②所遗，遂与颜书媲胜耶！宋陈衍云："元氏始命之意，因水以为浯溪，因山以为峿山，作室以为㾁亭，③三吾之称，我所自也。制字从水、从山、从广，我所命也。三者之目，皆自吾焉，我所擅而有也。"崖前有亭，下临湘水，崖巅石巉簇，如芙蓉丛萼。其北亦有亭焉，今置伏魔大帝像。崖之东麓为元颜祠，祠空而隘。前有室三楹，为驻游之所，而无守者。越浯溪而东，有寺北向，是为中宫寺，即漫宅旧址也，倾颓已甚，不胜吊古之感。时余病怯行，卧崖边石上，待舟久之，恨磨崖碑拓架未彻④而无拓者，为之怅怅！既午舟至，又行二十里，过媳妇娘塘，江北岸有石娉婷立岩端，矫首作西望状。其下有鱼曰竹鱼，小而甚肥，八九月重一二斤，

① 颜鲁公：即颜真卿（709–785 年），我国唐代著名书法家。《新唐书·颜真卿传》称他"善正、草书，笔力遒婉，世宝传之。"

② 元次山：即元结（723–772 年），字次山，河南鲁县人，唐代文学家。晚年为道州刺史，浯溪一带有元氏遗迹，其住宅人称漫郎宅。

③ 㾁（wú 吾）亭："㾁"，原作"唐"。据《元次山集·㾁亭铭》改。

④ 彻：通"撤"，撤除。

他处所无也。时余卧病舱中，与媳妇觌面而过。又十里，泊舟滴水崖而后知之，矫首东望，已隔江云几曲矣。滴水崖在江南岸，危岩亘空，江流寂然，荒村无几，不知舟人何以泊此？是日共行三十五里。

十一日

平明行，二十五里，过黄杨铺[①]，其地有巡司。又四十里，泊于七里滩。是日共行六十五里。自入舟来，连日半雨半晴，曾未见皓日当空，与余病体同也。

十二日

平明发舟。二十里，过冷水滩[②]。聚落在江西岸，舟循东岸行。是日天清日丽，前所未有。一舟人俱泊舟东岸，以渡舟过江之西岸，市鱼肉诸物。余是时体亦稍苏，起坐舟尾，望隔江聚落俱在石崖之上。盖濒江石骨嶙峋，直插水底，阛阓之址，以石不以土，人从崖级隙拾级以登，真山水中窟宅也。涯上人言二月间为流贼杀掠之惨，闻之骨竦。久之，市物者渡江还，舟人泊而待饭，已上午矣。忽南风大作，竟不能前，泊至下午，余病复作。薄暮风稍杀，舟乃行，五里而暮。又乘月五里，泊于区河。是晚再得大汗，

① 黄杨铺：明置黄杨堡巡检司，今称黄阳司，在今湖南永州市零陵区东北隅，湘江北岸。巡司，即巡检司。明清时各州县均于关隘要地设巡检司，以武人担任巡检。

② 冷水滩：今名同，在永州市城区北境，名冷水滩区，处湘江西岸。按：闰四月初一、初二日日记中称之冷水湾，应为冷水滩。

寒热忽去，而心腹间终不快然。夜半忽转北风，吼震弥甚，已而挟雨益骄。是日共行三十里。

十三日

平明，风稍杀，乃行。四十里，为湘口关。人家在江东岸，湘江自西南，潇江自东南，合于其前而共北。余舟自潇入，又十里为永①之西门浮桥，适午耳，雨犹未全止。诸附舟者俱登涯去，余亦欲登陆遍览诸名胜，而病体不堪，遂停舟中。已而一舟从后来，遂移附其中，盖以明日向道州者。下午，舟过浮桥，泊于小西门。隔江望江西岸，石甚森幻，中有一溪自西来注，石梁跨其上，心异之。急索粥为餐，循城而北，乃西越浮桥，则浮桥西岸，异石嘘吸灵幻。执土人问愚溪桥，即浮桥南畔溪上跨石者是；钴鉧潭，则直西半里，路旁嵌溪者是。始知潭即愚溪之上流，潭路从西，桥路从南也。乃遵通衢直西去，路左人家隙中，时见山溪流石间。半里，过柳子祠②，祠南向临溪。再西将抵茶庵，则溪自南

① 永：指明置永州府，治零陵，即今永州市零陵区。隋开皇九年（589 年）置永州，州治零陵（即今零陵区）。大业初改为零陵郡。唐武德四年（621 年）复为永州，天宝初改为零陵郡，乾元初复为永州。元改为永州路。

② 柳子祠：清代以后称“柳子庙”。位于永州市零陵区潇水西岸柳子街。北京宋仁至和三年（814 年），土人为纪念柳宗元而建。清光绪三年（1877 年）重建，占地面积 2000 多平方米。面对愚溪，背倚青山，庙门镌“柳子庙”三字石刻。庙为歇山式破木结构，有戏台、中殿和后殿。内有柳宗元塑像及生平事迹陈列馆。

来，抵石东转，转处其石势尤森特[①]，但亦溪湾一曲耳，无所谓潭也。石上刻“钴鉧潭”三大字，古甚，旁有诗，俱已泐不可读。从其上流求所谓小丘、小石潭，俱无能识者。按是水发源于永州南百里[②]之鸦山，有“冉”“染”二名。一以姓，一以色。而柳子厚[③]易之以“愚”。按文求小丘，当即今之茶庵者是。在钴鉧西数十步丛丘之上，为僧元会所建，为此中鼎刹。求西山亦无知者。后读《芝山碑》，谓芝山即西山，亦非也，芝山在北远矣，当即柳子祠后圆峰高顶，今之护珠庵者是。又闻护珠、茶庵之间，有柳子崖，旧刻诗篇甚多，则是山之为西山无疑。余觅道其间，西北登山，而其崖已荒，竟不得道。乃西南绕茶庵前，复东转经钴鉧潭，至柳子祠前石步渡溪，而南越一冈，遂东转出愚溪桥上，两端架潇江之上，皆前所望异石也。因探窟踞萼，穿云肺而剖莲房，上瞰既奇，下穿尤幻，但行人至此以为溷围[④]，污秽灵异，莫此为甚，安得司世道者一厉禁之。桥内一庵曰圆通[⑤]，北向俯溪，有竹木胜。时舟在隔江城下，将仍从浮桥返，有僧圆面而长须，见余

① 转处其石势尤森特：原作“转处甚石势尤森时”，“甚”系“其”之误；“时”系“特”之误。参考乾隆本、四库本，从沪本改。

② 百里：原为“里百”，据乾隆本、四库本改。

③ 柳子厚：即唐代著名文学家柳宗元。曾被贬为永州员外司马，在永州度过了十年（805—815 年）时光，在这里写下了许多文学名篇，留下了许多遗迹与传说。

④ 溷（hùn 诨）围：厕所。

⑤ 圆通：乾隆本作“通圆”，据四库本及季抄本同日下文改。

盘桓久，辄来相讯。余还问其号，曰："顽石。"问其住山，曰："衡之九龙。"且曰："僧即寓愚溪南圆通庵。今已暮，何不暂止庵中。"余以舟人久待，谢而辞之，乃返。

十四日

余早索晨餐，仍过浮桥西，见一长者，余叩问此中最胜，曰："溯江而南二里，濒江为朝阳岩。随江而北，转入山冈二里，为芝山岩。无得而三也。"余从之，先北趋芝山。循江西岸半里，至刘侍御山房[①]。讳兴秀，为余郡司李者也。由其侧北入山，越一岭，西望有亭，舍之不上。由径道北逾山冈，登其上，即见山之西北，湘水在其北而稍远，又一小水从其西来，而逼近山之东南，潇水在其东，而远近从之。潇江东岸，又有塔临江，与此山夹潇而为永之水口者也。盖北即西山北走之脉[②]，更北尽于潇、湘合流处，至此其中已三起三伏，当即《志》所称万石山，而郡人作记或称为陶家冲，土名。或称为芝山，似形似名。或又镌崖历亭，《序》谓此山即柳子厚西山，后因产芝，故易名为芝，未必然也。越岭而北，从岭上东转，前望树色掩映，石崖巑岏，知有异境。亟下崖足，仰而望之，崖巅即山巅，崖足即山足半也。其下有庵倚之，见路绕其北而上，乃不入庵而先披[③]路。遥望巅崖耸透固

① 山房：山中房屋，常用来称山中书房或僧舍。

② 盖北即西山北走之脉："北"，乾隆本、四库本作"此"，据季抄本改。

③ 披：寻找，开探。

奇，而两旁乱石攒绕，或上或下，或起或伏，如莲萼芝房，中空外簇，随地而是。小径由其间上至崖顶，穿一石关而入。有室南向，门闭不得入，绕其南至西，复穿石峡而入焉，盖其侧有东西二门云。室止一楹，在山顶众石间。仍从其西峡下至崖足，一路竹木扶疏，玉兰铺雪，满地余香犹在。入崖下庵中，有白衣大士甚庄严，北有一小阁可憩，南有一净侣结精庐依之。门在其左，初无从知，问而得之，犹无从进，僧忽从内启扉[1]揖入，从之。小庭侧窦，穿卧隙而上，则崖石穹然，有亭缀石端，四窗空明，花竹掩映，极其幽奥。僧号觉空，坚留瀹茗[2]，余不能待而出。

仍从旧路，南至浮桥。闻直西四十里有寺曰石门山，最胜，以渴登朝阳岸，不及往。令顾奴[3]从桥东溯潇放舟南上；余从桥西，仍过愚溪桥，溯潇西崖南行。一里，大道折而西南，道州道也。由岐径东南一里，则一山怒而竖石奔与江斗。逾其上，俯而东入石关，其内飞石浮空，下瞰潇水，即朝阳岩矣。其岩后通前豁，上覆重崖，下临绝壑，中可憩可倚，云帆远近，纵送其前。惜甫伫足而舟人已放舟其下，连声呼促，余不顾。崖北有石蹬直下缘江，亟从之。蹬西倚危崖，东逼澄江，尽处忽有洞岈然，高二丈，

① 扉（fēi 非）：门扇。陶潜《癸卯十二月作与从弟敬远》诗：“顾盼莫谁知，荆扉昼常闭。”

② 瀹（yuè 跃）茗：煮茶。瀹，以汤煮物。

③ 顾奴：即雇仆。顾乃雇之误。详见前注。

阔亦如之，亦东面临江，溪流自中喷玉而出，盖水洞也。洞口少入即转而南，平整轩洁，大江当其门，泉流界其内，亦可憩可濯，乃与上岩高下擅奇，水石共韵者也。入洞五六丈，即汇流满洞。洞亦西转而黑，计可揭①而进，但无火炬，而舟人遥呼不已，乃出洞门。其北更有一岩，覆结奇云，下插渊黛，土人横杙②架板如阁道。然第略为施栏设几，即可以坐括水石，恐缀瓦备扁，便伤雅趣耳。徙倚久之，仍从石磴透出岩后，遂凌绝顶。其上有佛庐官阁，石间镌刻甚多，多宋、唐名迹，而急不暇读，以舟人促不已也。

下舟溯江，渐折而东，七里至香炉山③。山小若髻，独峙于西岸，山江中④，乃石骨攒簇而成者。其上佳木扶摇，其下水窍透漏。最可异者，不在江之心，三面皆沙碛环之，均至山足则决而成潭，北西南俱若界沟，然沙逊于外，而水绕其内，其东则大江之奔流矣。盖下流之沙不能从水而上，而上流之沙何以不逐流而下，岂

① 揭（qì 气）：提起衣裳。如：揭衣涉水。《诗·邶风·匏有苦叶》：“济有深涉，深则厉，浅则揭。”

② 杙（yì 亦）：小木桩。

③ 香炉山：今名同，在今永州市零陵区，潇湘二水交汇北流处。或因释、道之故，全国名香炉山者甚多。如福建南安县、连江县，贵州瓮安县、凯里市，湖北汉阳县、利川市、黄州市，河北沽源县，黑龙江宾县，云南嵩明市，湖南衡阳市；在湖南永州市境，除零陵区外，还有江华瑶族自治县亦有香炉山。《中国历史地名大辞典》称徐霞客所游者，为江华瑶族自治县的香炉山。而考其地理形态则与零陵区之香炉山吻合。

④ 山江中：“山”应为“出”之误，方合文意。

日夜有排剔之者耶？亦理之不可解也。下午过金牛滩，其上有金牛岭，一峰尖峭而分耸，三峰斜突而横骞①，江流直捣其胁。至是舟始转而南，得风帆之力矣。是晚宿于庙下，舟行共五十里，陆路止二十里也。

先是，余闻永州南二十五里有澹岩之胜，欲一游焉。不意舟行五十里而问之，犹在前也。计当明晨过其下，而舟人莽不肯待。余念陆近而水远，不若听其去，而从陆蹑之，舟人乃首肯。

十五日

五更闻雨声泠泠，达旦雷雨大作。不为阻，亟炊饭。五里至岩北②，力疾登涯，与舟人期会于双牌③。双牌者，永州南五十里之铺也。永州南二十五里为岩背，陆路至此与江会。陆路从此南入山，又二十五里而至双牌；水路从此东迂溯江，又六十里而至双牌。度舟行竟日，止可及此，余不难以病体追蹑也。岩背东北临江，从其南二里西向入山，山石忽怒涌作攫人状。已而望见两峰前突，中有云庐高敞，而西峰耸石尤异，知胜在是矣。及登之，而官舍半颓。先是望见西峰之阳，洞门高张，至是路从其侧而出，其上更见石崖攒舞，环玦东向，其下则中空成岩，容数百人，下平上穹，

① 一峰尖峭而分耸，三峰斜突而横骞：此据季本。乾隆本、四库本作“岭北峰尖削，南则横突三峰”。并存备考。

② 岩北：即下述之“岩背”。乾隆本、四库本丁本作“岩北”，沪本作“岩背”。

③ 双牌：今名同，在潇水东岸，即今双排县城。明时称双排铺，1969 年置双排县。

明奥幽爽，无逼仄昏暗之状病。其北洞底亦有垂石环转，覆楞分内外者，巨石磊砢[①]界道，石上多宋、元人题镌。黄山谷[②]最爱此岩，谓为此中第一，非以其幽而不闷，爽而不露耶？岩东穿腋窍而上，有门上透丛石之间，东瞰官舍后回谷，顿若仙凡分界。岩西南又辟一门，逾门而出其右，石壁穹然，有僧寮倚之，西眺山下平畴，另成一境，桑麻其中。有进贤江发源自西南龙洞，洞去永城西南七十里。江东来直逼山麓，而北入于潇。进贤江侧又有水洞，去此二里，秉炬可深入，昔人谓此洞水陆济胜，然不在一处也。按澹岩之名，昔为澹姓者所居。而旧经又云，有正实者，秦时人，遁世于此，始皇三召不赴，复尸解焉，则又何以不名周也。从僧寮循岩南东行，过前所望洞门高张处，其门虽峻，而中夹而不广，其内亦不能上通后岩也。仍冒雨东出临江，望潇江迢迢在数里外，自东而来。盖缘澹山之南，即多崇山排亘，有支分东走者，故江道东曲而避之。乃舍江南行，西遵西岭，七里至木排铺，市酒于肆，而雨渐停。又南逾一小岭，三里为阳江。其江不能胜舟，西南自大叶江、小叶江来，至此二十余里，东注于潇。其北则所谓西岭者横亘于右，其南则曹祖山、张家冲诸峰骈立于前。又南七里，直抵张家冲之东麓，是为陈皮铺。又南三里，逾一小岭，望

---

① 磊砢（lěi luǒ 垒裸）：很多石头杂乱堆放。

② 黄山谷：即黄庭坚（1045–1105 年），字鲁直，自号山谷道人，洪州分宁（今江西修水）人。北宋著名诗人，晚年两次受贬谪。

西山层坠而下，时现石骨，逗奇标异；已而一区凑灵，万窍逆幻。亟西披之，则石片层层，尽若鸡距龙爪，下蹲于地，又如丝瓜之囊，筋缕外络，而中悉透空；但上为蔓草所缚，无可攀跻，下为棘箐所塞，无从披入。乃南随之，见旁有隙土新薙地者[①]，辄为扪入，然每至纯石，辄复不薙。路旁一人，见余披踄久，荷笠倚锄而坐待于下，余因下问其名，曰："是为和尚岭，皆石山也。其西大山，是为七十二雷。"因指余前有庵在路隅，其石更胜。从之，则大道直出石壁下，其石屏插而起，上多透明之窦，飞舞之形；其下则清泉一泓，透云根而出。有庵在其南，时僧问其名，曰："出水崖。"[②]问他胜，曰："更无矣。"然仰见崖后石势骈丛，崖侧有路若丝，皆其薙地境也。贾勇[③]从之，其上石皆如卧龙翥[④]凤，出水青莲，萼丛瓣裂。转至山水崖后，觉茹[⑤]吐一区，包裹丛沓，而窈窕无竟[⑥]。盖其处西亘七十二雷大山，丛岭南列，惟东北下临官道，又出水崖障其东，北复屏和尚岭，四面外同错绮，其中怪

---

①新薙(tì剃)地者：刚刚除去野草的土地。薙地，除去野草。"薙"，原作"雉"，据乾隆本改。

②时僧问其名，曰："出水崖"：乾隆本、四库本作"问之僧则出水崖也"。出水崖：今名同，在今双牌县境清泉庵废址。

③贾（gǔ古）勇：鼓足勇气。

④翥（zhù铸）：飞举。

⑤茹（rú如）：相连的根。

⑥竟：终止。

石层朋，采艳夺眺。予乃透数峡进，东北屏崖之巅，有石高蛩[1]，若天门上开，不可慰即。蛩石西南，即出水崖内壑，一潭澄石隙中，三面削壁下嵌，不见其底，若爬梳[2]沙蔓，令石与水接，武陵渔[3]当为移棹。予历选山栖佳胜，此为第一，而九疑尤溪村口稍次云。[4]

搜剔久之，乃下。由庵侧南行二里，有溪自西南山凹来，大与阳溪似。过溪一里，东南转出山嘴，复与潇江遇。于是西南溯江三里，则双牌在焉。适舟至，下舟，已下舂[5]矣。双牌聚落亦不甚大，其西南豁然，若可远达，而舟反向南山泷中入。盖潇水南自青口与沲水合，即入山峡中，是曰泷口。北行七十里，皆连山骈峡，亏蔽天日，且水倾泻直下，一所云"泷"[6]也。泷中有麻潭驿，属零陵[7]。驿南四十里属道州，驿北三十里属零陵。按其地即丹霞翁宅也，《志》云：在府南百里零陵泷下，唐永泰中[8]有泷

① 有石高蛩（qióng 穷）：有巨石峭立伸向天穹，令人畏惧。蛩，忧惧。《楚辞 · 九叹 · 离世》："心蛩蛩而怀顾兮，魂眷眷而独逝。"

② 爬梳：爬搔梳整。

③ 武陵渔："武陵渔人"的省称。此即陶渊明《桃花源记》里发现桃花源的武陵渔人。"武陵渔当为移掉"，意即出水崖一带风景胜过桃花源。

④ 自"其上石皆如卧龙翥凤"至此，季抄本仅有两句："其上石皆怪异，不可名状。转至山水崖后，三面峭壁下嵌，惟西南丛石之隙，下洼成潭，沙汜蔓覆，不见其底，当出水崖之内壑也。"兹并存备考。

⑤ 下舂（chōng 冲）：日落。承上省表时间的主语太阳。"舂"，通"冲"。

⑥ 泷（lóng 龙）：湍急的河流。此泷今已建成双排水库。

⑦ 零陵：原本作"陵零"，据下文及《明史 · 地理志》改。

⑧ 唐永泰中：唐代代宗永泰在公元 765–766 年。

水令唐节，去官即家于此泷，自称为丹霞翁。元结自道州过之，为作宅刻铭。然则此泷北属零陵，故谓之零陵泷。而所谓泷水县者，其即此非耶？又按《志》：永州南六十里有雷石镐，当泷水口，唐置。则唐时泷水之为县，非此而谁耶？时风色甚利，薄暮，乘风驱舟上滩，卷浪如雷。五里入泷，又五里泊于横口，江之东岸也，官道在西岸，为雷石镇小墅耳。

自永州至双牌，陆五十里，水倍之。双牌至道州[①]，水陆俱由泷中行，无他道。故泷中七十里，止有顺逆分，无水陆异。出泷至道州，又陆径水曲矣。

十六日

平明行，二十里，为麻潭驿，其地犹属零陵，而南即道州界矣。自入泷来，山势逼束，石滩悬亘，而北风利甚，卷翠漱玉，宛转凌波，不觉其难，咏旧句“舡梭织峰翠，山轴卷溪绡”《下宁洋溪》中诗，若为此地设也。其处山鹃盛开，皆在水涯岸侧，不作蔓山布谷之观，而映碧流丹，老觉有异。二十里，吴垒铺，其西南山稍逊，舟反转而东。又五里，复南转，其东北岸有石，方形

① 道州：指道州府。明洪武初改道州路置道州府，治于营道县（即今湖南省道县）。九年复为道州，废营道县入州。唐贞观八年（634 年）改南营州置道州，治于营道县（今道县西）；天宝初改为江华郡，治所未变；乾元初复为道州。元改为道州路。宋改为营道县。1913 年废州为道县。

叠砌，围亘山腰，东下西起，若甃[①]而成者，岂垒之遗者耶？又十里，山势愈逼束，是为泷口。又五里，泊于将军滩。滩有峰立泷之口，若当关者然。溯流出泷，划然若另辟区宇。是夜月明达旦，入春来所未有。

十七日

平明行，水径迂曲，五里至青口。一水东自山峡中出者，宁远道也，此水最大，即潇水也；一水南自平旷中来者，道州道也，此水次之，即沲水也，水小弱。乃舍潇而南溯沲。又五里为泥江口。按《志》有三江口，为潇、沲、营合处[②]，问之舟人，皆不能知，岂即青口耶？但营水之合在上流耳。水西通营阳，舟上罗坪三日程，当即营水矣。又三十里，抵道州东门，绕城南，泊于南门。下午入城，自南门入，过大寺，名报恩寺。由州前抵西门。登南城回眺，乃知道州城南临江水，东南西三门俱南濒于江，惟北门在内。盖沲水自江华，掩、遨[③]二水自永明[④]，俱合于城西南十五里外，东北来，抵城西南隅，绕南门至东门，复

① 甃（zhòu 绉）：以砖石垒砌为井壁。孔颖达疏引《子夏传》曰：“甃，亦治也。以砖垒井，修井之坏，谓之为甃。”

② 为潇、沲（tuó）、营合处：系潇水、沲水、营水合流处。沲，同沱。江水支流。

③ 遨：原作“邀”，据乾隆本、四库本改。掩水在西，遨水在南，合流后即今之永明河。

④ 永明：明为县，隶永州府道州。即今湖南永州市之江永县。

东南去，若弯弓然，而城临其背。西门有濂溪水，西自月岩，翼云桥跨其上。东门亦水自北来注，流更微矣。迨暮，仍出南门，宿舟中。夜复雨。

道州附郭有四景：东有响石，即五如石。西有濂溪，北有九井，南有一木。南门外一大木卧江底。

十八日

天光莹彻，早饭登涯。由南门外循城半里，过东门，又东半里有小桥，即涍泉[①]入江处也。桥侧江滨有石突立，状如永州愚溪桥，透漏耸削过之，分岐空腹，其隙可分瓣而入，其窦可穿瓠而透，所谓五如石也。中有一石，击之声韵幽亮，是为响石。按元次山《道州诗题》，石则有五如、窊樽[②]，泉则有潓、漫等七名，皆在州东，而泉经一涍而可概其余，石得五如而窊樽莫觅。屡询，一儒生云："在报恩大寺。"然元序云，在州东左湖中石山巅。石窊可樽，其上可亭，岂可移置寺中者，抑寺即昔之左湖耶？质之其人，曰："入寺自知。"乃入东门，经南门内，西过报恩寺，欲入问窊樽石，见日色丽甚，姑留为归途探质。亟出西门，南折过翼云桥，有二岐。从西二十五里为濂溪祠，又十里为月岩；又南为十里铺，又六十里为永明县；十里铺侧有华岩，由岩下间道可

---

① 涍（xiào 孝）泉：湖南道县古水名。

② 窊（wā 洼）樽：形如酒樽的石头。元结《窊樽》诗云："窊石堪为樽，状类不可名。"

出濂溪祠。余欲兼收之，遂从南行。大道两傍俱分植乔松，如南岳道中，而此更绵密。有松自下分柯五六枝，丛挺竞秀，此中特见之，他所无也。自州至永明，松之夹道者七十里，栽者之功，亦不啻甘棠矣。州西南冈陀高下，置道因之。而四顾崇山开远，惟西北一山最高而较近，则月岩后所倚之大山也。至十里铺东，从小径北向半里，为华岩。洞门向北，有小水自洞下出。由洞入，止闻水声，而不见水。转东三丈余，复南下，则穹然深暗，不复辨光矣。时洞北有僧寮，行急不及入觅火炬，闻其内止一炬可尽，亦不必觅也。遂从寮右北向小径行。此处山小而峭，或孤峙，或两或三，连珠骈笋，皆石骨嶙峋，草木摇飏，升降宛转，如在乱云叠浪中，令人茫然，方向（莫）辨。然无大山表识，惟西北崇峰，时从山隙瞻其一面，以为依归焉。五里，横过山蹊，四五里，渡一小石桥，又逾岭，得大道西去。随之二里，又北入小径，沿石山之嘴，共四里而转出平畴，则道州西来大道也[①]，又一里而濂溪祠在焉。祠北向，左为龙山，右为象山[②]，皆后山，象形，从祠后小山分支而环突于前者也。其龙山即前转嘴而出者，象山则月岩之道所由渡濂溪者也。祠环于山间而不临水，其前扩然，可容

① 则道州西来大道也："道州"原作"道中"，因语义模糊、方位不确，而据乾隆本、四库本改。

② 象山：此据季本。陈本、乾隆本、四库本皆作"豸（zhì 至）山"。豸，指长脊兽，如猫、虎，引申为体长无脚之虫。

万马，乃元公所生之地，今止一二后人守其间，而旁无人焉。无从索炊，乃西行。一里，过象山，沿其北，又一里，渡濂溪。溪自月岩来，至此为象山东障，乃北走，又东至州西入沲水。从溪北溯流西行，五里而抵达村，为洪氏聚族。乃卧而候饭，肆中无酒，转沽久之，下午始行。遂西南入山。路傍先有一峰圆锐若标，从此而乱峰渐多，若卓锥，若骈指，若列屏，俱环映于大山之东，分行逐队，牵引如蔓，皆石骨也。又五里，南转入乱山之腋。又三里，西越一岭，望见正西一山，若有白烟一脉抹横其腰者，即月岩上层所透之空明也。盖正西高山屏立，若齐天之不可阶，东下第三层而得此山，中空上蛩，下辟重门，翠微中剜，光映前山，故遥睇若白云不动。又二里，直抵月岩山下，从其东麓拾级而上，先入下岩。其岩东向，中空上连，高蛩若桥，从下望之，若虎之张吻，目光牙状，俨然可畏。复从岩上遍历诸异境，是晚宿于月岩。

十九日

自月岩行二里，仍过所望岩如白烟处。分岐东南行，穿小石山之腋，宛转群队中。八里出山，渡大溪而东，是为洪家宅[①]，亦洪氏之聚族也。又东南入小土山，南向山脊行，三里而下。一里出山，有巨平岩横宕而东。一里，复南向行山坡，又二里，南上一岭。名银鸡岭。越岭而下，有村两三家。从其东又三里为武田，自月岩至武田二十里。其中聚落颇盛。再东半里，即永明之大道

① 洪家宅：今名同，在今湖南道县西境。

也。横大道而过，南沿一小平溪行一里，渡桥而东又半里，则大溪汤汤介于前矣。是为永明掩、遨二水，是为六渡。渡江复东南行，陂陀高下，三里为小暑洞。又东逾山冈，三里得板路甚大，乃南随板路，又十里而止于板寮，盖在上都之东北矣，问所谓杨子宅、南龙，俱过矣。

二十日

从寮中东南小径，一里，出江华大道，遂南遵大道行，已为火烧铺矣。铺在道州南三十里而遥、江华[①]北四十里而近。又行五里为营上，则江华、道州之中，而设营兵以守者也。其后有小尖峰倚之。东数里外有峰突屼，为杨柳塘，由此遂屏亘而南，九疑当在其东矣。西南数里外，有高峰圆耸，为斜溜。其南又起一峰，为大佛岭，则石浪以后云山也。自营上而南，两旁多小峰巑岏。又五里，为高桥铺。又三里，有溪自西而东，石骨嶙峋，横卧涧中，济流漱之，宛然包园石壑也。溪上有石梁跨之，当即所谓高桥矣。又南七里，为水塘铺。自高桥来，途中村妇多觅笋箐中，余以一钱买一束，携至水塘村家煮之，与顾奴各啜二碗，鲜味殊胜，

---

① 江华：明为县，隶永州府道州，县治有迁移。“明洪武二十八年，析宁远卫置右千户所于县，建城于今县治隔江之东，名镇守所城。天顺中，迁治西北五里，地名黄冈，合县、所为一城，即今治也。”（《嘉庆重修一统志·永州府·古迹》）天顺六年（1462 年）以后，江华县治迁与宁远卫右千户所同城，在今江华县西北，沱水与萌渚水汇流处稍北的沱江镇。1955 年建湖南江华瑶族自治县，县治设水口镇。

以筒藏其半而去。水塘之西，直逼斜溜，又南，斜溜、大佛岭之间，有小峰东起，若纱帽然。又五里为加佑铺[1]，则去江华十里矣。由铺南直下，从径可通浪石寺。转而东南从岭上行，共六七里而抵江华城西。盖自高桥铺南，名三十里，而实二十五里也。循城下抵南门，饭于肆。又东南一里，为麻拐岩。一名回龙庵。由回龙庵沿江岸南行半里，水分二道来：一自山谷中出者，其水较大，乃沲水也；一自南来者，亦通小舟，发源自上武堡。盖西界则大佛岭、班田、嚣云诸山迤逦而南去，东界则东岭、苦马云诸峰环转而南接，独西南一坞遥开，即所谓上武堡也，其西南即为广西富川、贺县界。大小二江合于麻拐岩之南。大江东源锦田所[2]，溯流二百余里，舟行三四日可至；小江南自上武堡，舟溯流仅到白马营[3]，可五十里。然入江之口，即积石为方堰，置中流，横遏江舟，不得上下，堰内另置小舟，外有桥，横板以渡。白马营东大山曰吴望山，有秦洞甚奇，惜未至；又南始至上武堡，堡东大山曰冬冷山。二山之水合出白马营，为小江上流云。乃沿南小江岸又西行三里，是为浪石寺。小江中石浪如涌，此寺之所由得名也。寺有蒋姓者成道，今肉身犹在，即所称“一刀屠”也。浪石有“一

---

① 加佑铺：乾隆本、四库本作“伽祐铺”。

② 锦田所：其地今称码市，在湖南江华瑶族自治县东。

③ “小江”与“白马营”：小江，今名西河，即萌渚水。白马营，系古称，明时称白芒营，因白芒岭得名。今称白芒营，在江华县西隅，西河东岸。

刀屠”肉身，其面肉如生。碑言姓蒋，即寺西村人。宋初，本屠者，卖肉，轻重俱一刀而就，不爽锱铢[①]。既而弃妻学道，入大佛岭洞中，坐玉柱下。久之，其母入洞寻得。拜之，遂出洞，坐化于寺。后有盗欲劫江华库，过寺，以占取决，不吉。盗劫库还，遂剖其腹，取心脏而去。此亦“一刀屠”之报也。其身已髹[②]，而面尚肉，头戴香巾，身袭红褶，为儒者服，以子孙有青其衿者耳。是日止于浪石寺，但其山僧甚粗野。

二十一日

饭于浪石寺。欲往莲花洞，而僧方聚徒耕田，候行路者，久之得一人，遂由寺西遵大路行。南去山尽为上武堡，贺县[③]界。西逾大佛坳为富川道。坳去江华西十里。闻逾坳西二十里，为崇柏，即永明界；又西二十五里，过枇杷所[④]，在永明东南三十里，为广西富川界；更西南三十里，即富川县[⑤]治云。七里，直抵大佛岭下。先是，路左有一岩，若云楞嵌垂，余疑以为即是矣，而莲花岩尚在路右大岭之麓。乃从北岐小径入，不半里，至洞下。导者取枯

---

① 不爽锱（zī 资）铢（zhū 朱）：一点不差。锱、铢：均系古代极小的重量单位。

② 髹（xiū 休）：以漆漆物。

③ 贺县：明洪武十年（1377 年）以贺州改置贺县，隶平乐府，治今广西贺县八步镇东南之贺街，处桂江与贺江汇口处。1951 年迁治今址。

④ 枇杷所：在今湖南江永县东南隅之松柏。

⑤ 富川县：隶平乐府，即今广西富川县。西汉元鼎四年（公元前 113 年）置富川县，治今广西钟山县。唐天宝初改名富水县，后复名富川县。明洪武二十八年（1395 年）移治今广西富川瑶族自治县。1983 年改为自治县。

竹一大捆，缚为六大炬分肩以出，由路左洞披转以入。还饭于浪石，已过午矣。乃循旧路，抵麻拐岩之西合江口，有板架江坝外为桥，乃渡而南。东南二里，至重元观，寺南一里，入狮子岩洞。出洞四里，渡小江桥，经麻拐岩，北登岭，直北行，已过东门外矣。又北逾一岭，六里，渡淹水而北，宿于江渡。

二十二日

昧爽，由江渡循东山东北行。十里为蜡树营。由此渐循山东转，五里，过鳌头源北麓。二里，至界牌①，又三里，过石源，又五里，过马冈源。自鳌头源突于西北，至东北马冈源，皆循山北东向行，其山南皆瑶人所居也。马冈之北，犹见淹水东曲而来；马冈之南②，始见溪流自南而北。又东七里，逾虎版石。自界牌而来，连过小岭，惟虎版最高。逾岭又三里，为分村，乃饭。村南大山，内有分岭。谓之“分”者，岂瑶与民分界耶？东三里，渡大溪，南自九彩源③来者。溪东又有山横列于南，与西来之山似。复循其北麓行七里，至四眼桥，有溪更大，自顾村来者，与分村之水，皆发于瑶境也。渡木桥，颇长，于是东登岭。其先只南面崇山，北皆支冈条下；至是北亦有山横列，路遂东行两山之间。

---

① 界牌：今名同，在今江永县东隅。

② 马冈之南：“南”原作“北”，考前后两句所述水之方位及徐霞客之文笔而改正。

③ 九彩源：应即后文中之“韭菜原”。

升跻冈坳十里，抵孟桥西之彭家村，乃宿。是日共行五十里，而山路荒僻，或云六十里云。

二十三日

五鼓，雨大作。自永州来，山田苦旱，适当播种之时，至此嗷嗷已甚，乃得甘霖，达旦不休。余僵卧待之，晨餐后始行，持盖草履，不以为苦也。东一里，望见孟桥，即由岐路南行。盖至是南列之山已尽，遂循之南转。五里，抵唐村坳[①]。坳北有小洞东向，外石嶙峋，俯而入，下有水潺潺，由南窦出，北流而去。乃停盖，坐久之。逾岭而南，有土横两山，中剖为门以适行，想为道州、宁远之分隘耶。于是连涉两三岭，俱不甚高，盖至是前南列之山转而西列，此皆其东行之支垅，而其东又有卓锥列戟之峰，攒列成队，亦自南而北，与西面之山若排闼[②]者。然第西界则崇山屏列，而东界则乱阜森罗，截级不紊耳。直南遥望两界尽处，中竖一峰，如当门之标，望之神动，惟恐路之不出其下也。过唐村坳，又五里而至大洋。道州来道亦出此。其处山势忽开，中多村路。又南二里，东渡一桥，小溪甚急。逾桥则大溪洋洋，南自九疑，北出青口，即潇水之上流矣。北望小溪入江之口，有众舟舣[③]其侧。小舟上至鲁观[④]，去九疑四五里，潇江与母江合处。渡

① 唐村坳：今名同，在今湖南道县东南。

② 排闼（dá 达）：长排的门屏。闼，门屏。

③ 舣（yǐ 蚁）：同“檥”。附船着岸；停泊。左思《蜀都赋》：“试水客，舣轻舟。”

④ 鲁观：明置巡检司，今名鲁光，在今湖南宁远县南境。

大溪，是为车头。又东南逾岭，共六里，为红洞。市米而饭，零雨犹未止。又东南行六里，直逼东界乱峰下，始过一小峰，巉石岩岩，东裂一窍，若云气氤氲。攀坐其间，久之雨止，遂南从小路行。四里，过一村。曰大盖。又南二里至掩口营，始与宁远南来之路合，北去宁远三十里。掩口之南，东之排岫，西之横嶂，至此凑合成门，向所望当门之标，已列为东轴之首，而西嶂东垂，亦竖一峰，北望如插屏，逼近如攒指，南转如亘垣，若与东岫分建旗鼓而出奇斗胜者。二里，出凑门之下，水亦从其中南出，其下平畴旷然，东西成壑。于是路从西峰之南，转西向行。又三里而至路亭。路亭者，王氏所建，名应丰亭，其处旧名周家峒，王氏之居在焉。王氏，世家也，因建亭憩行者，会发乡科①，故遂以“路亭”为名。是日止行三十五里，计时尚早，因雨湿衣透，遂止而向薪焉。

二十四日

雨止而云气蒙密。平明，由路亭西行，五里为太平营，而九疑司亦在焉。由此西北入山，多乱峰环岫，盖掩口之东峰，如排衙列戟，而此处之诸岫，如攒队合围，俱石峰森罗。中环成洞，穿一隙入，如另辟城垣。山不甚高，而窈窕回合，真所谓别有天地也。途中宛转之洞，卓立之峰，玲拢之石，喷雪惊涛之初涨。漾烟沐雨之新绿，如是十里而至圣殿。圣殿者，即舜陵也。余初

① 会发乡科：参加乡试考取了举人。

从路岐望之，见颓垣一二楹，而路复荒没，以为非是，遂从其东逾岭而北。二里，遇耕者而问之，已过圣殿而抵斜岩矣。遂西面登山，则穹岩东向高张，势甚宏敞。洞门有石峰中峙，界门为两，飞泉倾坠其上，若水帘然。岩之右，垂石纵横，岩底有泉悬空而下，有从垂石之端直注者，有从石窦斜喷者，众隙交乱，流亦纵横交射于一处，更一奇也。其下复开一岩，深下亦复宏峻，然不能远入也。岩后上层复开一岩，圆整高朗，若楼阁然，正对洞门中峙之峰，两瀑悬帘其前，为外岩最丽处。其下有池，潴水[①]一方，不见所出之处，而水不盈。池之左复开一门，即岩后之下层也。由其内坠级而下，即深入之道矣。余既至外岩，即炊米为饭，为深入计。僧明宗也，曰："此间胜迹，近则有书字岩、飞龙岩，远则有三分石。三分石不可到，二岩君当先了之，还以余晷[②]入洞，为秉烛游，不妨深夜也。"余颔之。而按《志》求所谓紫虚洞，则兹洞有碑称为紫霞，俗又称为斜岩，斜岩则唐薛伯高已名之，其即紫虚无疑矣。求所谓碧虚洞、玉琯岩、高士岩、天湖诸胜，俱云无之。乃随明宗为导，先探二岩。

---

① 潴（zhū 猪）水：停聚的水。潴：水停聚的地方。《周礼·地官·稻人》："以潴畜水。"亦指水停聚。《宋史·河渠志一》："[星宿海]流出复潴，曰哈剌海。"

② 余晷（guǐ 鬼）：剩余的时间。晷，日影。引申为时光。韩愈《进学解》："焚膏油以继晷。"

出斜岩北行，下马蹄石，其阴两旁巉石嵯峨，叠云耸翠[①]，其内乱峰复环回成峒。盖圣殿之后，即峙为萧韶峰，萧韶之西即起为斜岩。山有岭界其间。岭北之水，西北流经宁远城，而下入于潇江，即舜源水也。岭南之水，西北流经车头，下会舜源水而出青口，即潇水也。萧韶、斜岩之南北，俱乱峰环峒，独此二峰之间，则峡而不峒，盖有岭过脊于中，北为宁远县治之脉也。马蹄石南，其峒宽整，问其名，为九疑洞。余疑圣殿、舜陵俱在岭北，而峒在岭南，益疑之。已过永福寺故址，础石犹伟，已犁为田。又南过一溪，即潇水之上流也。转而西共三里，入书字岩。岩不甚深，后有垂石夭矫，如龙翔凤翥。岩外镌“玉琯岩”三隶字，为宋人李挺祖笔。岩右镌“九疑山”三大字，为宋嘉定六年[②]知道州军事莆田[③]方信孺笔。其侧又隶刻汉蔡中郎《九疑山铭》，为宋淳祐六年[④]郡守潼川[⑤]李袭之属[⑥]郡人李挺祖书。盖袭之既新其宫，因镌其铭于侧以存古迹。后人以崖有巨书，遂以“书字”名，而竟

---

① 叠云耸翠：原缺“翠”字，以空一格表示。现据乾隆本、四库本补入。

② 宋嘉定六年：即公元1213年。嘉定为南宋宁宗年号，时在公元1208–1224年。

③ 莆田：南朝陈废帝置县（一说隋平陈时置），治今福建莆田市东南。隋开皇十年（590年）废。唐武德六年（623年）复置，移治今莆田市。宋有莆田县，即今莆田市。

④ 宋淳祐六年：即公元1246年。淳祐为南宋理宗年号，时在公元1241–1252年。

⑤ 潼川：南宋潼川府，治今四川三台县。明置潼川州。

⑥ 属：古同“嘱”。

失其实。始知书字岩之即为玉琯，而此为九疑山[①]之中也。始知在箫韶南者为舜陵，在玉琯岩之北者，为古舜祠。后人合祠于陵，亦如九疑司之退于太平营，沧桑之变如此。土人云：永福（寺）昔时甚盛，中有千余僧常住，田数千亩，是云永福即舜陵。称小陵云：义以玉琯、舜祠相迫，钦癸绎扰，疏请合祠于陵。今舜陵左碑，俱从永福移出。后玉琯古祠既废，意寺中得以专享，不久，寺竟芜没，可为废古之鉴。

余坐玉琯中久之，因求土人导往三分石者。土人言："去此甚远，俱瑶窟中，须得瑶人为导。然中无宿处，须携火露宿乃可。"已而重购得一人，乃平地瑶刘姓者，期以明日晴爽乃行。不然，姑须之斜岩中。乃自玉琯还，过马蹄石之东，入飞龙岩。岩从山半陷下，内亦宽广，如斜岩外层之南岩，有石坡中悬，而无宛转之纹。岩外镌"飞龙岩"三字，岩内镌"仙楼岩"三字，俱宋人笔。

出洞，复逾马蹄石，复共三里而返斜岩。明宗乃出火炬七枚，与顾仆分携之，仍爇炬前导。始由岩左之下层捱隙历蹬而下，水

① 九疑山：亦名苍梧山。在今湖南宁远县南境。秦始皇发五军攻南越，命一军守九疑之塞。山有九峰，即舜源、娥皇、女英、杞林、石城、石楼、朱明、箫韶、桂林等。舜源最高，达 1600 余米；其余海拔在 700–800 米之间。九峰相似，行者疑惑，因名九疑。然校注者认为，九疑因舜帝之疑冢而得名。"九"为极言，或非实数；古之帝王将相死后随葬丰富，为防盗墓，皆筑多处墓冢，有三、五、九、十二等数。如战国时屈原死后在汨罗山（在今湖南汨罗市汨罗江北岸）筑有十二疑冢。舜为帝王，死后在相邻山中多处筑墓，正相其宜。徐霞客考察后认为："峰岫不一，不止于九"。

从岩左飞出，注与人争级，级尽路竟，水亦无有。东向而入，洞忽平广。既而石田鳞次，水满其中，遂塍上行，下遂坠成深壑。石田之右，上有石池，由池涉水，乃杨梅洞道也。舍之，仍东下洞底。既而涉一溪，其水自西而东，向洞内流。截流之后，循洞右行，路复平旷，洞愈宏阔。有大柱端立中央，直近洞顶，若人端拱者，名曰“石先生”。其东复有一小石竖立其侧，名曰“石学生”，是为教学堂。又东为吊空石，一柱自顶下垂，半空而止，其端反卷而大。又东有石莲花、擎天柱，皆不甚雄壮。于是过烂泥河，即前所涉之下流也。其处河底泥泞，深陷及膝，少缓，足陷不能拔。于是循洞左行，左壁崖片楞楞下垂，有上飞而为盖者，有下庋而为台者，有中凹而为床、为龛者，种种各有名称，然俚不足纪也。南眺中央有一方柱，自洞底屏立而上，若巨笏[①]然。其东有一柱，亦自洞底上穹，与之并起，更高而巨。其端有一石旁坐石莲上，是为观音座。由此西下，可北绕观音座后。前烂泥河水亦绕观音座下西来，至此南折而去。洞亦转而南，愈宏崇，游者至此辄止，以水深难渡也。余强明宗渡水，水深逾膝，然无烂泥河泞甚。既渡，南向行，水流于东，路循其西，四顾石柱参差高下，白如羊脂，是为雪洞，以其色名也。又前为风洞，以其洞转风多也。既而又当南下渡河，明宗以从来导游，每岁不下百次，曾无

① 笏(hù 护)：即朝笏，古代在朝廷上大臣朝见君王时手中所执的狭长板子，用玉、象牙或竹片制成，作为指画及记事之用。

至此者。故前遇观音座，辄抽炬竹插路为志记号，以便归途。时余草履已坏，跣一足行，先令顾仆携一緉[①]备坏者，以渡河水深竟私置大士座下，不能前而返。约所入已三里余矣。闻其水潜出广东连州[②]，恐亦臆论，大抵入潇之流，然所进周通，正无底也。还过教学堂，渡一重河，上石田，遂北入杨梅洞。先由石田涉石池，池两崖石峡如门，池水满浸其中，涉者水亦逾膝，然其下皆石底平整，四旁俱无寸土。入峡门，有大石横其隘。透隘入，复得平洞，宽平广博。其北有飞石平铺，若楼阁然，有隙下窥，则石薄如板，其下复穹然成洞，水从下层奔注而入，即前烂泥诸河之上流也。洞中产石，圆如弹丸，而凹面有蝟[③]纹，“杨梅”之名以此。然其色本黄白，说者谓自洞中水底视，皆殷紫，此附会也。此洞所入水，即岩外四山洼注地中者。此坞东为箫韶峰，西即斜岩，南为圣殿西岭，北为马蹄石，皆廓高里降，有同釜[④]底，四面水俱潜注，第不见所入隙耳。出洞，已薄暮，烧枝炙衣，炊粥而食，遂卧岩中。终夜瀑声、雨声，杂不能辨，诘朝起视，

---

① 緉（liǎng 两）：古代计算鞋子的量名，如现在之双。

② 连州：时隶广州府，即今广东连县。隋开皇十年（590 年）置连州，治桂阳县（今广东连县）。大业初改为熙平郡。唐武德四年（621 年）复名连州。元至元十七年（1280 年）升为连州路，十九年仍降为州。明洪武二年（1369 年）废，十四年复置。1912 年降为连县。

③ 蝟（wèi 谓）：“猬”的异体字，动物名，即“刺猬”。

④ 釜（fǔ 府）：古代的炊器，敛口圜底，或有两耳，用以煮物。

则阴雨霏霏也。

此岩之瀑，非若他处悬崖泻峡而下，俱从覆石之底悬，穿窦下注，若漏卮[①]然。其悬于北岩上洞之前者，二瀑皆然而最大；其悬于右岩洼洞之上者，一瀑而有数窍，较之左瀑虽小，内有出自悬石之端者一，出于石底之窦而斜喷者二，此又最奇也。

二十五日

静坐岩中，寒甚。闲则观瀑，寒则煨枝，饥则炊粥，以是为竟日程。

二十六日

雨仍不止。下午，持盖往圣殿，仍由来路北逾岭，稍东，转出箫韶峰之北。盖箫韶自南而北，屏峙于斜岩之前，上分两岐，北尽即为舜陵[②]矣。陵前数峰环绕，正中者上岐而为三，稍左者顶有石独耸。庙中僧指上岐者娥皇峰，独耸者为女英峰，恐未必然。盖此中古祠今殿，峰岫不一，不止于九，而九峰之名，土人亦莫能辨之矣。陵有二大树夹道，若为双阙然，其大俱四人围，庙僧呼为“珠树”，而不识其字云。结子大如指，去壳可食，谓其既枯而复荣，未必然也。两旁桫本甚巨，中亦有大四围者，

① 漏卮（zhī 知）：渗漏的酒器。

② 舜陵：舜帝陵墓。一说在今湖南宁远县南九疑山，一说在今山西运城市东北安邑镇北。在长沙马王堆三号汉墓出土之地形图中，注有“帝舜”二字及显著的陵墓符号。《水经·湘水注》：九疑山“南山有舜庙，前有石碑，文字缺落，不可复识。”圣殿，即舜庙。

寻丈而上，即分岐高耸。由二珠树中入，有屋三楹，再上一楹。上楹额云“舞干遗化”，有虞帝牌位。下三楹额云“虞帝寝殿”，列五六碑，俱世庙、神庙二朝之间者，无古迹也。二室俱敞而隘，殊为不称。问窆宫①何在？帝原与何侯飞升而去，向无其处也。因遍观其碑，乃诗与祝词，惟慈溪②颜鲸。嘉靖间学道。一碑已断，言此地即古三苗③地，帝之南巡苍梧，此心即“舞干羽”之心④。若谓地在四岳之外，帝以耄期之年，不当有此远游，是不知大圣至公无间之心者也。盖中国诸侯，悉就四岳朝见，而南蛮荒远，故不惮以身过化。其说似为可取。李中溪元阳引《山海经》，谓帝舜炼丹于紫霞洞，白日上升。《三洞录》谓帝舜禅位后，炼丹于此。后儒者不欲有其事，谓帝崩于苍梧之野；而道者谓其在九疑中峰。夫圣人之初，原无三教之名，圣而至于

---

① 窆（biǎn 扁）宫：落葬的地方。

② 慈溪：明为县，隶宁波府，治今浙江宁波市西北郊慈城镇。唐开元二十六年（738 年）置县，治今慈城镇。明永乐十六年（1418 年）改名慈谿（“溪”的异体字）县。中华人民共和国成立后复名慈溪县，1955 年移治浒山镇，即今址。1988 年改为市。

③ 三苗：古族名。亦称有苗或苗民。《史记·五帝本纪》载其地在江、淮、荆州（今河南南部至湖南洞庭、江西鄱阳一带）。传说舜时被迁至三危（今甘肃敦煌一带）。

④ “舞干羽”之心：即文德教化之心。古代舞者所执的舞具，文者执羽，武者执干。《书·大禹谟》：“帝乃诞敷文德，舞干羽于两阶。”宋张孝祥有《六州歌头》词云：“干羽方怀远，静烽火，且休兵。”

神，上天下地，乃其余事。及执儒者，三见而辨其事，不亦固哉。后其侄李恒颜宰宁远[1]，跋[2]其后，引《艺文志》载蔡邕谓舜在九疑解体而升。书曰："陟方乃死。"韩愈曰："陟，升也，谓升天也。"《零陵郡志》载道家书，谓帝厌治天下，修道九疑，后遂仙云。宁远野史《何侯记》载，负元君家九疑，修炼丹药功成，帝舜狩止其家。帝既升遐，负元君亦于七月七日升去。是兹地乃舜鼎湖，非陵寝也。且言苍梧在九疑南二百里，即崩苍梧，葬九疑亦无可疑者。唐元次山之说似未必然，其说种种姑存之。惟寝殿前除露立一碑甚巨，余意此必古碑，冒雨趋视之，乃此山昔为瑶人所据，当道剿而招抚之者。其右即为官廨，亦颓敝将倾，内有一碑已碎，而用木匡其四旁。亟读之，乃道州九疑山《永福禅寺记》，淳熙七年[3]庚子道州司法参军长乐郑舜卿撰，知湖、梧州军州事河内向子廓书。书乃八分体[4]，遒逸殊甚。即圣殿古碑，从永

① 宁远：在今湖南省南部、湘江支流潇水上游。明洪武初置道州千户所，寻改为宁远卫，治今湖南道县。后废。汉置泠道、营道两县，唐改置唐兴县，后改延唐县。北宋崇宁三年（1104 年）改延唐县置宁远县，治今湖南宁远县。宰（zǎi）：主宰，主政。

② 跋（bá 拔）：写在书籍或文章后面，以评价其内容或说明其写作分工与经过等的一种文体。

③ 淳熙七年：即公元 1180 年。淳熙：南宋孝宗年号，时在公元 1174—1189 年。

④ 八分体：即隶书体。隶书由篆书简化演变而来，楷书由隶书演变而来。魏晋时已有楷书，时称隶、楷皆为隶书。为了在称谓上区别两种字体，故将有波磔（zhé 哲）的隶书别称为"八分"。后世称"八分体"与"八分书"者，皆指隶书。

福移出者，然与陵殿无与，不过好事者惜其字画之妙，而移存之耳。然此廨将圮，不几为永福之续耶？舜卿碑中有云："余去年秋从山间谒虞帝祠，求何侯之丹井、郑安期之铁臼，访成武丁于石楼，张正礼于娥皇，与萼绿华之妙想之故迹，乃了无所寄目，留永福寺齐云阁二日，桂林、万岁诸峰四顾如指，主僧意超方大兴工作，余命其堂曰彻堂。"廨后有室三楹，中置西方圣人，两头各一僧栖焉，亦荒落之甚。乃冒雨返斜岩，濯足炙衣，晚餐而卧。

二十七日

雨色已止，而浓云稍开。亟饭，逾马蹄石岭，三里，抵玉琯岩之南，觅所期刘姓瑶人，欲为三分石之行。而其人以云雾未尽，未可远行，已往他所矣。复期以明日。其人虽不在，而同居一人于山中甚熟，惜患疮不能为导，为余言：玉琯乃何侯故居、古舜祠所在，其东南山上为炼丹观故址。《志》言在舜庙北箫韶、杞林[1]之间，中有石臼，松穿臼而生，枝柯拳曲如龙。余遍询莫知其处，想郑舜卿所云访郑安期之铁臼，岂即此耶？然宋时已不可征矣。《志》又引《太平广记》，鲁妙典为九疑女冠，麓林道士授《大洞黄庭经》，入山十年，白日升天，而山中亦无知者。九疑洞之西，地名有鲁观，亦无余迹。舜卿碑所云玉妙，想岂即其人耶？舜卿《永福碑》又云："访成武丁于名楼。"楼亦无征矣。飞龙洞

---

① 杞林：原作"祀林"。《寰宇通志》《明一统志》载九疑山九峰之一皆为"杞林"，故据而改之。"杞林之间"的"之"，原作"三"，所误显明，故改之。

又名仙楼岩，岂即石楼之谓耶？不然，何以又有此镌也？由此东行五十里，有三石参天，水分三处，俗呼为舜公石，即三分石也。路已湮。由此南行三十里，有孤崖如髻，盘突山顶，俗呼为舜婆石。有径可达。其下有蒲江，过岭为麻江，由麻江口搭筒櫓舡可达锦田。其人以所摘新茗为献。乃仍返斜岩。中道过永福故址，见其南溪甚急，虽西下潇江，而东北南三面皆予所经，未睹来处，乃溯流寻之。则故址之左，石崖倒悬，水由下出，崖不及水者三尺，而其下甚深，不能入也。过马蹄石，见岭北水北流，忆昨过圣殿西岭，见岭南水南流，疑其水俱会而东去，因东趋箫韶北麓，见其水又西注者，始知此坞四面之水俱无从出，而杨梅下洞之流为烂泥河者，即此众水之沁地而入者也。两岭之间，中有釜底凹向，名山潭，有石穴在桑坞中，僚人耕者以大石塞其穴，水终不蓄。桑园叶树千株，蚕者各赴采，乃天生而无禁者。是日仍观瀑炙薪于岩中，而云气渐开，神为之爽。因念余于此洞有缘，一停数日，而此中所历诸洞，亦不可无殿最①，因按列书之为永南洞目。月岩第一，道州；紫霞洞第二，九疑；莲花洞第三，江华；狮岩第四，江华；朝阳岩第五，永州；澹岩第六，永州，大佛岭侧岩第七，江华；玉琯岩第八，九疑；华岩第九，道州；月岩南岭水洞第十，

① 殿最：高下等级。古时考核政绩军功，上等称“最”，下等称“殿”。《汉书·宣帝纪》：“丞相御史课殿最以闻。”李善注引《汉书·音义》：“上功曰最，下功曰殿。”陆机《文赋》：“考殿最于锱铢，定去留于毫芒。”

道州；飞龙岩第十一，九疑；麻拐岩第十二，江华。又闻道州长田有中朗洞，不及到。此外尚有经而不胜书，胜而不及到者，不罄附于此。

二十八日

五鼓，饭而候明。仍过玉琯南觅导者。其人始起炊饭，已乃肩火具前行。即从东上杨子岭，二里登岭，上即有石，人立而起，兽蹲而龙蝘①，其上皆盘突。从岭上东南行坳中，地名茅窝。三里，皆奇石也。下深窝，有石崖嵌削，青玉千丈，四面交流，捣入岩洞，坠巨石而下，深不可测，是名九龟进岩，以窝中九山如龟，其水皆向岩而趋也。其岩西向，疑永福旁透崖而出者，即此水也。又东南二里，越一岭，为蟠龙峒水口。峒进东尚深，内俱高山瑶②。又登岭一里，为清水潭。岭侧有潭，水甚澄澈。其东下岭，韭菜原道也。又东南二里，渡牛头江。江水东自紫金原来，江两崖路俱峭削，上下攀援甚艰。时以流贼出没，必假道于此，土人伐巨枝横截崖道，上下俱从树枝，或伏而穿其胯，或骑而逾其脊。渡江即东南上半边山，其东北高山为紫金原③，山外即蓝山县治矣。其西南高山为空寮原，再南为香炉山。空寮原山上有白石痕一幅，

---

① 蝘（yǎn）：此处同“偃”，即仰面倒下。

② 高山瑶：瑶族的一个支系，居住于大山之中，与居于平地的平地瑶、不断迁徙的过山瑶相区别。

③ 原：我国西北通常称高而平的地面为原。此处诸“原”，则是半山腰之台地。

上自山巅，下至山麓，若悬帛然，土人谓之“白绵绸”。香炉山在玉琯岩南三十里，三分石西北二十里，高亚于三分石，顶有澄潭，广二三亩，其中石笋两枝，亭亭出水面三丈余，疑即《志》所称天湖也。地志谓在九疑麓，而此在山顶为异，若山麓则无之。由半边山上行五里，稍下为狗矢窝。于是复上，屡度山脊，狭若板筑，屡跻山顶，下少上多，共东南五里而出鳌头山。先是积雾不开，即半边、鳌头诸山，近望不及，而身至辄现。至是南眺三分石，不知所在。顷之而浓云忽开，瞥然闪影于高峰之顶，与江山县江郎山相似。一为浙源，一为潇源，但江郎高矗山半，此悬万峰绝顶为异耳。半边、鳌头二山，其东北与紫金夹而为牛头江，西南与空寮、香炉夹而为潇源江，即三分石水。此乃两水中之脊也。二水合于玉琯东南，西下鲁观与蒲江合，始胜如叶之舟而出大洋焉。由鳌头东沿岭半行，二里始下。三里下至烂泥河，始得水而炊，已下午矣。由烂泥河东五里逾岭，岭侧小路为冷水坳，盗之内薮也。下岭三里为高梁原，乃蓝山西境，亦盗之内薮也。此岭乃蓝山、宁远分界，在三分石之东①，水亦随之。余往三分石，下烂泥河，于是与高梁原分道。折而西南行，又上一岭，山花红紫斗色，自鳌头山始见山鹃蓝花。至是又有紫花二种，一种大，花如山茶；一种小，花如山鹃，而艳色可爱。又枯树间蕈②黄白色，厚大如盘。

① 在三分石之东：“东”原作“唐”，据乾隆本、四库本改。

② 蕈（xùn 训）：伞菌类植物，无毒者可食。

余摘袖中，夜至三分石，以箐[1]穿而烘之，香正如香蕈。山木干霄。此中山木甚大，有独木最贵，而楠木次之。又有寿木，叶扁如侧柏，亦柏之类也。巨者围四五人，高数十丈。潇源水侧渡河处倒横一楠，大齐人眉，长三十步不止。闻二十年前，有采木之命，此岂其遗材耶！上下共五里而抵潇源水。其水东南从三分石来，至此西去，而经香炉山之东北以出鲁观者。乃绝流南渡，即上三分岭麓。其岭峻削不容足，细径伏深箐中，俯首穿箐而上，即两手挽之以移足。其时箐因夙雾淋漓，既不能矫首其上，又不能平行其下，惟资之为垂空之繘练[2]，则甚有功焉。如是八里，始渐平。又南行岭上二里。时夙雾仍翳，望顶莫辨，而晚色渐合，遂除箐依松，得地如掌。山高无水，有火难炊。命导者砍大木积而焚之，因箐为茵，因火为帏，为度宵计。既暝，吼风大作，卷火星飞舞空中，火焰游移，倏而奔突数丈，始以为奇观。既而雾随风阵，忽仰明星，忽成零雨，拥伞不能，拥被渐湿[3]，幸火威猛烈，足以敌之。五鼓雨甚，亦不免淋漓焉。

二十九日

天渐明，雨亦渐霁。仰见三分石，露影在指顾间，辄忍饥冲湿箐而南。又下山二里，始知尚隔一峰也。度坳中小脊，复

---

①箐（jīng 精）：细竹。

②繘（jú 橘）练：汲水的竹绳。

③拥被渐湿："湿"原作"温"与文中语境不符，从沪本改。

南上三里，始有巨石盘崖；昨升降处皆峻土，无块石，为导者误。出其南，又一里，东眺矗顶，已可扪而摩之，但为雾霾，不见真形，进穷磴绝。忽山雨大注，顶踵无不沾濡，乃返。过巨石崖，见其侧有线路伏深箐中，雨巨不可上，上亦不得有所见。遂从故道下，至夜来依火处，拟从直北旧路下，就溪炊米。而火为雨灭，止存余星，急觅干烬引之，荷而下山。乃误从其西，竟不得路。久之得微涧，遂炊涧中，已当午矣。踯躅莽箐中，久之，乃得抵涧，则五涧纵横，交会一处，盖皆三分石西南北三面之水，而向所渡东来一溪在其最北。乃舍其一，渡其三，而留最北者未渡。循其南涯滩流而东，一里，至来时所渡处，始涉而北。从旧道至烂泥，至鳌头偶坐。闻兰香甚，觅之即在坐隅，乃携之行。至半边山，下至牛头河，暝色已合，幸已过险，命导者从间道趋韭菜原。盖以此处有高山瑶居也。自此而南，绝无一寮[①]，直抵高梁原而后有瑶居也。初升犹土山，既入而东下，但闻水声潺潺在深壑。暗扪危级而下，又一里，过两独木桥，则见火光荧荧。亟就之，见其伏畦旁，亦不敢问。已而有茅寮一二重，呼之，一人辄秉炬出，迎归托宿焉。问其畦间诸火，则取乖者，盖瑶人以蛙为乖也。问其姓为邓，其人年及二十，谈山中事甚熟。余感其深夜迎宿，始知瑶犹存古人之厚也。亟烧枝炙衣，炊粥就枕焉。

---

① 寮（liáo 辽）：小屋。

三十日

以隔宿不寐，平明乃呼童起炊。晨餐后行，始见所谓韭菜原，在高山之底，亦若釜焉。第[①]不知夜来所闻水声潺潺，果入洞，抑出峡也。洼中有澄潭一，甚深碧，为龙潭云。西越一山，共二里过清水潭，又一里半，过蟠龙溪口。又一里半，逾一岭，过九龟进岩。遂上岭，过茅窝，下杨子岭，共五里，抵导者家。又三里，还饭于斜洞，乃少憩洞中，以所携兰花九头花，共七枝，但叶不长耸，不如建[②]耳。栽洞中当门小峰间石台上以供佛。下午始行，北过圣殿西岭，乃西出娥皇、女英二峰间，已转而东北行，共十里，过太平营。又北五里，宿于路亭。是夕始睹落照。

九疑洞东南为玉琯岩，乃重四围中起小石峰，岩在其下，西向。有卦山在其西，正当洞门。形如茭也，又似儒巾，亦群山中特起者。其中平央，南北通达，是为古祠基，所称何侯上升处也。由此南三十里为香炉山，东南五十余里为三分石，西三十里为舜母石，又西十里为界头分九，则江华之东界矣。

三分石[③]，俱称其下水一出广东，一出广西，一下九疑为潇水，

---

① 第：此处作“但”义。

② 建：指建兰，亦称秋兰。夏秋间开花，花绿黄色，有红斑或褐斑，原产我国多地，品种丰富。

③ 三分石：又名舜公石、三峰石，位于今湖南宁远县九疑山南端。海拔1822米，由三块360余米高的花岗岩构成。衍生有许多美丽的传说。原《中国历史地名大辞典》称三分石“在今湖南蓝山县西南”之说，属地关系错误。

出湖广。至其下,乃知为石分三岐耳。其下水东北者为潇源,合北、西诸水即五洞交会者，出大洋，为潇水之源。直东者自高梁原为白田江，东十五里经临江所[①]，又东二十里至蓝山县治，为岿水之源。东南者自高梁原东南十五里之大桥下锦田，西至江华县，为沲水之源。其不出两广者，以南有锦田水横流为楚、粤界也。锦田东有石鱼岭，为广东连州界，其水始东南流，入东粤耳。若广西，则上武堡之南为贺县界也。

高梁原，为宁远南界、蓝山西界，而地属于蓝，亦高山瑶也，为盗贼渊薮。二月间，出永州杀东安县捕官，及杀掠冷水湾、博野桥诸处，皆此辈也。出入皆由牛头江，必假宿于韭菜原、蟠龙洞，而经九疑峒焉。其党约七八十人，有马二三十匹，刨锐罗帜甚备，内有才蓄发者数人，僧两三人，即冷水坳岭上庙中僧。又有做木方客亦在焉。韭菜原中人人能言之，而余导者亦云然。

四月初一日

五鼓，雨大作，平明冒雨行。即从路亭岐而东北，随萧韶溪西岸行。三里，西望掩口东两山峡，已出其下平畴矣。于是东山渐豁，溪转而东，路亦随之。又五里，溪两旁石盘错如斗，水奔束其中，隘处如门，即架木其上以渡。既渡，循溪南岸行，又二

---

① 临江所：在今湖南蓝山县县城。《明史·地理志》作宁溪千户所。

里而抵下观[1]。巨室鳞次，大聚落也。大姓李氏居之。自路亭来，名五里，实十里而遥，雨深泥泞，俱行田畦小径间，乃市酒于肆而行。下观之西，有溪自南绕下观而东，有石梁锁其下流，水由桥下出，东与萧韶水合。其西一溪，又自应龙桥来会，三水合而胜舟，北可二十里至宁远。过下观，始与萧韶水别，路转东南向。南望下观之后，千峰耸翠，亭亭若竹竿玉立，其中有最高而锐者，名吴尖山。山下有岩，窈窕如斜岩云，其内有尤村洞，其外有东角潭，皆此中绝胜处。盖峰尽干羽之遗，石俱率舞之兽，游九疑而不经此，几失其真形矣。恨未带杖履游览其中，搜剔奇閟也。东南二里，有大溪南自尤村洞来，桥亭横跨其上，是为应龙桥，又名通济桥。过桥，遂南入乱峰中，即吴尖山东来余派也。二里上地宝坪坳，于是四旁皆奇峰宛转，穿瑶房而披锦幛，转一隙复攒一峒，透一窍更露一奇，至狮象龙蛇夹路而起，与人争道，恍惚梦中曾从三岛经行，非复人世所遘也。共六里，饭于山口峒。由山口南逾一岭，共三里，有两峰夹道，争奇竞怪。峰下有小溪南向，架桥亭于其上。贪奇久憩，遇一儒冠者，家尤村之内，欲挽余还其处，为吴尖主人，余期以异日，问其姓名，为曰王璇峰云。过峡而南，始有容土负块之山。又五里，逾一岭，为大吉墅，石峰复夹道起。路东一峰，嵌空玲珑，逆悬攲裂，蜃云不足喻其巧，余望之神往，亟披荆入，旨窦隙透漏，或盘空而上，或穿腋而转，

① 下观：今作下灌，村名。在湖南宁远县东南。

莫可穷诘，惜不能诛茅引级，以极幽玄之妙也。其西峰悬削亦然。路出其间，透隘而南，始豁然天开地旷，是为露园下。于是石峰戢影[1]，西俱崇峦峻岭，东皆回冈盘坂。南二里，遂出大路，在藕塘、界头二铺之间。又南五里，宿于界头铺，是为宁远、蓝山之界。其西之大山曰满云山，当是紫金原之背，其支东北行，界遂因之。再南为天柱山，即《志》所称石柱[2]岩洞之奇者。余既幸身经山口一带奇峰，又近瞻吴尖、尤村众岫，而所慕石柱，又不出二里之外，神为跃然。但足为草履所蚀，即以鞋行犹艰，而是地向来多雨，畦水溢道，鞋复不便。自永州至此，无处不苦旱，即近而路亭、下观，亦复嗷嗷[3]；而山口以南，遂充畦浸壑，岂"满云"之验耶！

初二日

余欲为石柱游。平明，雨复连绵，且足痛不胜履，遂少停逆旅。上午雨止，乃东南行。途中问所谓五柱山岩之胜，而所遇皆行道之人，莫知所在。已而雨止路滑，四顾土人不可得，乃徘徊其间，庶几一遇。久之，遇樵者，又遇耕者，问石柱、天柱，皆以无有对。共五里，过一岭，山势大豁，是为总管庙。亟投庙中问道者，终不能知。又东南行，遥望正东有耸尖卓立，不

① 戢（jí 集）影：匿迹。
② 石柱：原作"石洞柱"，即下称"石柱"，当衍"洞"字，故改。
③ 嗷嗷（áo 敖）：哀号声。

辨其为树为石。又五里，抵颜家桥，始辨其为石峰，而非树影也。颜家桥下小水东北流去。过桥，又东南逾一小岭，遂从间道折而东向临武道。蓝山大道南行十五里至城。共四里过宝林寺，读寺前《护龙桥碑》，始知宝林山脉由北柱来，乃悟向所望若树之峰正在寺北，亦在县北，寺去县十五里，此峰在寺后恰二十里，《志》所称石柱，即碑所称北柱无疑矣。又东过护龙桥，桥下水南流汹涌，即颜家桥之曲而至者。随溪东行，于是北瞻石柱，其峰倩削如碧玉簪，而旁有石崖，亦兀突露奇，然较之尤村山口之峰，直得其一体，不啻微矣。又二里至下湾田，有大树峙路隅，上枝分耸，而其下盘曲堆突，大六七围，其旋窝错节之间，俱受水若洗头盆，亦树妖也。又东，路出卧石间，溪始折而南向蓝山路。乃东入冈陇二里，有路自西南横贯东北，想即蓝山趋桂阳之道矣。又东沿白帝岭行。盖界头铺山脉自满云山东北环转，峙而东起为白帝岭。故界头之南，其水俱南转蓝山，而山自界头西峙巨峰，即九疑东隔，屏立南绕，东起高岭即白帝，北列夹坞成坪，中环中央，西即蓝山县[1]治。而路循白帝山南行，屡截支岭，五里，路转南向，又五里为雷家岭，则白帝之东南尽处也。饭于雷家岭。日未下午，而前途路杳无人，行旅俱宿，遂偕止焉。既止行，乃大霁。是日止行三十里，以足裂而早雨，

① 蓝山县：明隶桂阳州，即今湖南蓝山县。唐天宝元年（742年）改南平县始置蓝山县，治今湖南蓝山县东北。五代时移治今址。

前无宿处也。

初三日

中夜起，明星皎然，以为此后久晴可知。比晓，饭未毕，雨仍未止矣[①]。蹀躞[②]泥淖中，大溪亦自蓝山曲而东至，遂循溪东行。已而溪折而南，路折而东。逾一岭，共五里，大溪复自南来，是为许家渡。渡溪东行一里，溪北向入峡，路南向入山。五里为杨梅原，一二家倚山椒，为盗焚破，零落可怜。至是雨止。又南十里，为田心铺。田心之南，径道开辟，有小溪北向去，盖自朱禾铺来者。自此路西大山，自蓝山之南南向排列，而澄溪带之；路东石峰耸秀，亦南向排列，而乔松荫之。取道于中，三里一亭，可卧可憩，不知行役之苦也。共二十里，饭于朱禾铺，是为蓝山、临武分界。更一里，过永济桥，其水东流，过东山之麓，折而北以入岿水者。又南四里为江山岭，则南大龙之脊，而水分楚、粤矣。岭西十五里曰水头，《志》谓武水出西山下鸬鹚石，当即其处。过脊即循水东南，四里为东村。水由峡中南去，路东南逾岭，直上一里而遥，始及岭头，盖江山岭平而为分水之脊，此岭高而无关过脉也。下岭，路益开整，路旁乔松合抱夹立。三里，始行坞中。其坞开

① 雨仍未止矣：原作为“雨仍止矣”。明显为快书漏了，故依文意而改。

② 蹀（xiè 屑）躞（dié 碟）：小步走。古乐府《白头吟》第二首：“蹀躞御沟上，沟水东西流。”《楚辞·九章·哀郢》：“众蹀躞而日进兮，美超远而逾迈。”亦作“躞蹀”等。

洋成峒[1]，而四围山不甚高，东北惟东山最巍峻，西南则西山之分支南下，言抵苍梧，分粤之东西者也。三里，径坞出两石山之口，又复开洋成峒。又三里，复出两山口。又一里，乃达埜江铺而止宿焉。南去临武尚十里。是日行六十里，既止而余体小恙。

初四日

予以夜卧发热，平明乃起。问知由埜江而东北十里，有龙洞甚奇，余所慕而至者，而不意即在此也。乃寄行囊于旅店，逐由小径东北行。四里，出大道，则临武北向桂阳州路也。遵行一里，有溪自北而南，益发于东山之下者。名斜江。渡桥，即上捱冈岭。越岭，路转纯北，复从小径西北入山，共五里而抵石门蒋氏。有山兀立，蒋氏居后洞，在山半翠微[2]间。洞门东南向，一入即见百柱千门，悬列其中，俯洼而下，则洞之外层也。从其左而上，穿列柱而入，众柱分列，复回环成洞，玲珑宛转，如曲房邃阁，列户分窗，无不透明聚隙，八窗掩映。从来所历诸洞，有此屈折者，无此明爽，有此宏丽者，无此玲珑，即此已足压众奇矣。时蒋氏导者还取火炬，余独探奇先至，意炬而入处，当在下洞外层之后，故不趋彼而先趋此。及炬至，导者从左洞之后穿隙而入。连入石门数重，

---

① 峒：四围皆山，中有平地，此平地有如凹陷之洞，故湖南、广西、贵州多有称峒者。峒多为人口聚居之地，故峒亦借称苗、壮、侗、土等少数民族。

② 翠微：青翠隐约的山色。

已转在外洞之后，下层之上矣。乃北逾石限穿隘而入，即下石池中。其水澄澈不流，两崖俱穹壁列柱，而石脚汇水不漏，池中水深三四尺。中有石埂中卧水底，水浮其上仅尺许，践埂而行，褰裳可涉[①]。十步之外，卧埂又横若限，限外池益大，水益深，水底白石龙一条，首顶横脊而尾拖池之中，鳞甲宛然。挨崖侧又前两三步，有圆石大如斗，蒡插水中，不出水者亦尺许，是为宝珠，紧傍龙侧，真睡龙颔下物也。珠之旁，又有一圆石大倍于珠，而中凹如臼，面与水平，色与珠共，是为珠盘。然与珠并列，未尝盛珠也。由此而前，水深五六尺，无埂，不可涉矣。西望水洞宏广，若五亩之池，四旁石崖巑岏参错，而下不泄水，真异境也。其西北似有隙更深，恨无仙槎一叶航之耳！还从旧路出，经左洞下，至洞回望洼洞外层，氤氲[②]窈窕。乃令顾仆先随导者下山觅酒，而独下洞底，环洞四旁，转出列柱之后。其洞果不深邃，而芝田莲幄，琼窝宝柱，上下层列，崆峒杳渺，即无内二洞之奇，亦自成一天也。此洞品第，固当在月岩上。探索久之，下山，而仆竟无觅酒处。遂遵旧路十里，还至埝江，炊饭而行，日已下舂。五里，过五里排，已望见临武[③]矣。又五里，

---

① 褰（qiān 牵）裳可涉：揭起衣服可以涉水过去。

② 氤氲（yīn yūn 因晕）：气、光、色和谐动荡。

③ 临武：明为县，隶桂阳州，即今湖南临武县。西汉置县，治今湖南临武县东。王莽改名大武县。东汉复为临武县。唐如意元年（692 年）改为隆武县，神龙元年（705 年）复名临武县。五代晋天福四年（939 年）废。南宋绍兴十一年（1141 年）复置，移治今址。

入北门，其城上四围俱列屋如楼。入门即循城西行，过西门，门外有溪自北来，即江山岭之流与水头合而下注者也。又循城南转而东过县前，又东入徐公生祠而宿。徐名开禧，昆山人。祠尚未完，守祠二上人曰大愿、善岩。是晚，予病寒未痊，乃减晚餐，市酒磨锭药饮之。

初五日

早，令顾仆炊姜汤一大碗，重被袭衣[①]覆之，汗大注，久之乃起，觉开爽矣。乃晨餐，出南门，渡石桥，桥下溪即从西门环至者。城外居民颇盛。南一里，过邝氏居，又南二里，过迎榜桥。桥下水自西山来，北与南门溪合，过桥即为挂榜山，余初过之不觉也。从其南东上岭，逶迤而上者二里，下过一亭，又五里过深井坪，始见人家。又南二里，从路右下，是为凤头岩，即宋王淮锡称秀岩者。洞门东北向，渡桥以入。出洞，下底，抵石溪，溪流自桥即伏石间，复透隙潆崖，破洞东入。此洞即王记所云"下渡溪水，其入无穷"处也。第王从上洞而下，此则水更由外崖入。余抵水洞口，深不能渡。闻随水入洞二丈，即见天光，五丈，即透壁出山之东。是山如天生桥，水达其下仅三五丈，往连州大道正度其上，但高广，度者不觉耳。予登巅东瞰，深壑下环，峡流东注。近俱峭石森立，灌莽翳之，不特不能下，亦不能窥，所云"其入无穷"，殆臆说耳。还十里，下挂榜山南岭，仰见岭侧，洞口岈然，问樵者，曰："洞

① 袭衣：衣上加衣。

入可通隔山。”急披襟东上，洞门圆亘，高五尺，直透而入者五丈，无曲折黑暗之苦，其底南伏而下，则卑而下洼，不能入矣。仍出，渡迎榜桥，回瞻挂榜处，石壁一帏，其色黄白杂而成章，若剖峰而平列者，但不方整，不似榜文耳。此山一枝俱石，自东北横亘西南，两头各起一峰，东北为挂榜，西南为岭头，而洞门介其中，为临武南案。西山支流经其下，北与南门水合，而绕挂榜北麓，东向而去。返过南门，见肆有戌肉①，乃沽而餐焉。晚宿生祠。

初六日

饭而行。出东门，五里，一山突于路北，武水亦北向至，路由山南。水北转山嘴复东南去。路折而东北，一里，一路直北，乃桂阳间道；一岐东北，乃宜章道也。三里至阿皮洞，武溪复北折而来，经其东北去。水西有居民数家，从此渡桥东上牛庙岭，俱寂无村落矣。逾岭下四里，为川州水凉亭。又五里，升降山谷，为桐木郎桥。桥下去水，自南而北，其发源当自秀岩穿穴之水也。桥东有古碑，大书飞白，为广福桥。其书甚遒劲，为宋桂阳军②知临武县事曾晞颜所书。从此南而东上一岭，又东向循山半行五里，路忽四岐，乃不东而从北。下岭，又东从山坞行五里，为牛行。牛行人烟不多，散处山谷。盖大路从四岐直东，俱高岭无人，而

---

① 戌（xū 须）肉：即狗肉。古人以十二种兽名与十二地支相配，称为十二肖属，戌属狗，故戌肉即狗肉。

② 桂阳军：宋代桂阳军，驻今湖南桂阳县地。

此为小路,便于中火耳。由牛行又东,从小径登岭。逾而下,三里,为小源,亦有村民数家。从此又东北逾二岭而下,共五里,为水下。遇一人,言:“水下至凤集铺止三里,而岭荒多盗,必得送者乃可行。”余乃饭于水下村家,其人为我觅送者不得,遂东南一里,复南上小径,连逾二岭,则铺在山头矣。其铺正在岭侧脊,是为临武、宜章东西界,而铺亭颓落,寂无一家。乃东下岭,转而东北行。二里,始有村落,在小溪西。渡溪桥,而东北循水下二里,至锁石,村落甚盛。北望有大山高穹,是为麻田大岭。由锁石北上岭,三里过社山,两峰圆削峙,~尖圆而~斜突,为锁石水口。由其东下岭二里,则武溪复自北而南,路与之遇。乃循溪南东行,溪复转而北,溪北环成一坪,是为孙车坪,涯际有小舟舶焉。即从溪南转入山峡,一里,南上一岭,曰车带岭。其岭嶕①而荒,行者俱为危言。余不顾,直上一里半,登其巅,东望隐隐有斑黄之色,不辨其为云为山,而麻田大岭已在其北矣。下岭里半,有溪流淙淙,其侧石穴中,有泉一池,自穴顶下注,清泠百倍溪中,乃掬而饮之,以溪水盥焉。更下而东,共七里,至梅田②白沙巡司。武溪复北自麻田③南向而下,经司东而去。是日午后大霁,共行

① 嶕(jiāo 焦):高巅。

② 梅田:今名同,在今湖南宜章县西境。

③ “武溪”“麻田”:武溪,今名武水。源出今湖南临武县西,东流折南至广东韶关市西南合浈水。麻田,今名同,在今湖南宜章县西隅,武水东岸。

六十里，止于司侧肆中。先是，途人屡以途有不测戒余速行，余见日色尚早，何至乃尔，抵逆旅，始知上午有盗，百四十人自上乡来，由司东至龙村，取径道向广东，谓土人无恐，尔不足扰也。

初七日

晨餐后乃行，以夜来体不安也。由司东渡武溪，遂东上渡头岭。东北行，直逼麻田大岭下，共三里，乃转东南，再上岭，二里而下，始就坞中行。又五里，有数十家散处山麓间，是为龙村。其北有石峰突兀路左。又东北二里，乃南向登岭，从岭上平行三里，始南下峡中，有细流自南而北，渡溪即东上岭，里半为高明铺。又下岭，又三里，为焦溪桥。焦溪在高明南，有数十（家）夹桥而居，其水自北而南。由此东南三里，逾一岭，为芹菜坪。其南有峰分突，下有层崖承之，其色斑赭杂黑，极似武彝之一体。此处四山俱青葱巉岏①，独此有异。又三里，逾岭，颇高。其先行岭北，可平瞻麻田、将军寨、黄岑岭诸峰；已行岭南，则南向旷然开拓，想武江直下之境矣。下岭，又北二里，有楼横路口，是为隘口。其东南山上，有塔五层，修而未竟。过隘口，循塔山之北垂，觅小径转入山坳，是为艮岩。寺向西南，岩向西北，岩口有池一方。僧凤岩为我煮金刚笋，以醋油炒之以供粥，遂卧寺中，得一觉。下午入南镇关，至三星桥。过桥，则市肆夹道，行李杂遝，盖南下广东之大道云。桥即在城南，而南门在西，大道循城而东。已

① 巉岏（chán yuán 蝉元）：山高而锐。

乃北过东门，又直北过演武场。其西萼石巉巉，横卧道侧。共北十里，过牛筋洞，居民将及百家，在青岑山下。盖大山西南，初峙为麻田大岭，犹临武地。其东北再峙为将军寨。已属宜章。此最高之顶，乃东北度为高云山，有寺焉。乃北转最深处，于是始东列为黄岑。其山南北横列，其南垂即为曲折岭，又东更列一层，则青岑也，牛筋洞在其东北麓。更北行一里，为野石铺。其北石峰嵌空，蹲踞路左，即为野石岩，而始不知。问其下居人，曰："由其北小径入即是。"乃随其北垂，转出山背，乃寺场，非岩洞也。亟出，欲投宿于岩下人家，有一人当门拒客，不入纳。余见其岩石奇，以为此必岩也[①]，苦恳之，屋侧一小户中容留焉。欲从其舍后上岩，而其家俱编篱绝，须自其中舍后门出，而拒客人犹不肯容入。乃从南畔乱石中攀崖逾石而入。先登一岩，其门岈然[②]，而内有透顶之隙，而不甚深。仰观门左，有磴埋草间，亟披荆上。西南行石径间，复得石门如合掌，其内狭而稍深，右裂旁窍，其上亦透天光，而右壁之半，一圆窍透明如镜。出峡门，更西北随磴上，则穹崖削立，上有叠石耸霄，下若展幛内敛。时渐就晚，四向觅路不得，念此即野石岩无疑。《志》原云"临官道旁"，非山后可知，但恨无补叠为径以穷其胜者。乃下，就坐其庑下，而

① 以为此必岩也：探其语义，当为"以为必此岩也"。

② 岈（xiā 虾）然：山门深邃。岈：山深邃貌。柳宗元《始得西山宴游记》："其高下之势，岈然洼然，若垤若穴。"

当门人已他去。已而闻中室牖内有呼客声，乃主人卧息在内也。谓："客探岩曾见仙诗否？"余以所经对。曰："未也，穹崖之右，峡门之上，尚有路可上，明日当再穷之。"时侧户主人意虽爱客，而室甚卑隘，猪圈客铺共在一处，见余意不便，叩室中妇借下余榻，而妇不应，余因就牖下求中室主人，主人许之，乃移卧具于中。中室主人起向客言："客爱游名山，此间有高云山，乃众山之顶，路由黄岑岭而上，宜章八景有'黄岑滴翠''白水流虹'二胜在其下，不可失也。"余颔之。

初八日

晨，觅导游高云者，其人欲余少待，上午乃得同行。余饭后复登岩上，由穹崖之东，从郁之下，果又得路。上数步，乱石纵横，路复莫辨。乃攀逾石萼，上俱嵌空决裂，有大石高耸于外，夹成石坪，掩映愈胜，然终不得洞中诗也。徘徊久之，还至失路处，见一石穴，即在所逾石上。乃匍伏入，其内峬岈起裂，列穴旁通，宛转透石坪下，皆明朗可穿。盖前越其上，兹透其底，求所谓仙诗，竟无有也。下岩，导者未至，方拽囊就道，忽北路言，大盗[①]二百余人自北来。主人俱奔，襁负[②]奔避后山，余与顾仆复携囊藏适所游穴中，以此处路幽莫觉，且有后穴可他走也。余伏穴中，令顾仆从穴旁窥之。初奔走纷纷，已而路寂无人。久之，

① 大盗：这里作者因历史的局限，对一支二百余人的农民起义军的贬称。
② 襁（qiǎng）负：用布幅将人背负在背上。

复有自北而南者，乃下问之，曰："贼[①]从章桥之上，过外岭西向黄茅矣。"乃下岩南行，则自北南来者甚众，而北去者犹蹜蹜[②]也。途人相告，即梅前司渡河百四十名之夥，南至天都石坪行劫。乃东从间道，北出章桥，转而西还，盖绕宜章[③]之四郊，而犹不敢竟度国门也。南从旧路一里半，抵牛筋洞北，遂从小径，西南循大山行。里半，出牛筋洞之后，乃西越山峡，共五里，出峡，乃循青岑南麓行。有路差大，乃西南向县者，而黄岑之道则若断若续，惟以意拟耳。共西三里，转一冈，始与南来大道合，遂北向曲折岭。二里，直跻岭坳，其西即"白水流虹"。章水之上源，自高云山南径黄岑峒，由此出峡，布流悬石而下者也。土人即称此岭曰黄岑，然黄岑山尚北峙，此其南下支。逾岭，西北半里，即溯涧行，黄岑山[④]高峙东北，其阳环成一峒，大溪横贯之。竟峒里半，有小径北去，云可通章桥。仍溯溪西行三里，为兵马堂路口。仍溯溪北转一里，乃舍溪登岭。北上一里，西下坞中，是为藏经楼。高山四绕，小涧潆门[⑤]，寺甚整洁。昔为贮藏之所，近为贼劫，寺

①贼：这里作者因历史局限性对农民起义军的贬称。

②蹜（sù）蹜：形容举足促狭的样子。

③宜章：明为县，隶郴州，即今湖南宜章县。北宋太平兴国初，以义章县改名为宜章县，治今湖南宜章县。

④黄岑（cén）山：即骑田岭，或箕（淇）田岭。在今湖南宜章县西北，接郴州界。《明史·地理志》：彬州"南有黄岑山，与宜章县界，亦曰骑田岭，五岭之第二岭也。"

⑤小涧潆门："涧"原作"洞"，据乾隆本、四库本改。

僧散去，经移高云，独一二僧闭户守焉。因炊粥其中，坐卧其中久之。下午，乃由寺左登岭，岧峣直上者二里，是为坪头岭。逾岭稍下，得坞甚幽，山帏翠叠，众壑争流，有修篁一丘，丛木交映中，静室出焉。其室修洁，而空寂无人，高山流水，窈然而已。半里，逾坞，复溯涧北上岭一里，岭穷而水不绝。此坪头而上第二岭也。水复自上坞透峡下，路透峡入，又平行坞中半里，渡涧，东北上岭。涧东自黄岑山后来，平流坞中，石坪殷红，清泉素润，色侔濯锦；出峡下泻，珠鸣玉韵，重木翳之，杳不可窥；于是绕静室西南下注，出藏经岭南，为大章之源也。岭不甚高，不过半里，渐盘出黄岑北。其处山鹃鲜丽，光彩射目，树虽不繁，而花色绝胜，非他处可比。此坪头上第三岭也。稍过坪，又东北上一里，逾岭脊。此坪头上第四岭矣。其西石峰突如踞狮，为将军山南来东转之脉，其东则南度为黄岑山者也。逾岭北下一里，折而西北下，行深树中又一里，得高云寺。寺虽倚翠微，犹踞万峰绝顶。并肇于隆庆五年，今渐就敝，而山门方丈，犹未全备，洵[①]峻极之构造非易也。寺向有五十僧，为流寇所扰，止存六七僧，以耕种为业，而晨昏之梵课不废，亦此中之仅见者。主僧宝幢，颇能安客。至寺，日犹未衔山，以惫极，急浴而卧。

初九日

晨起，浓雾翳山，咫尺莫辨，问山亦无他奇，遂决策下山，

---

① 洵（xún）：诚然；实在。《诗·郑风·有女同车》：“彼美孟姜，洵美且都”。

东北向丛木中下。初，余意为萝棘所翳，即不能入，而身所过处，或瞻企不辜。及五里至山麓，村落数家散处坞中，问所谓坦山，皆云即此；而问所谓万华岩，皆云无之。徘徊四顾，竟无异处。但其水东下章桥，大路从之，甚迂；由此北逾虎头岭出良田，为间道，甚便。遂从村侧北上岭，岭东坳中，涧水泻大石崖而下，悬帘泄布，亦此中所仅见。一里，逾坳上，一里半，复溯流北行坞中，一里半，又逾岭而下，有溪自西而东，问之，犹东出章桥者也。渡溪，又有一溪自北来入。溯溪北行峡中，二里为大竹峒，居民数家，水自西来，想亦黄茅岭下之余波也。由竹峒东逾大竹岭，岭为大竹山南下之脊，是为分水，东由吴溪出郴，西由章桥入宜。上少下多。东向直下二里，是为吴溪。居民数家，散处甚敞，前章桥流贼所从而西者也。村东一里，有桥跨溪上，度桥北，上小分岭，亦上少下多。二里，下至仙人场，有水颇大，北自山峒透峡而东，一峰当关扼之，水激石奋。水折而南，峰剖其西，若平削而下者，以为下必有洞壑可憩；及抵崖下，乃绝流而渡，则寂无人烟。乃北逾一冈，二里为歪里。先为廖氏，居人颇盛，有小水自北南去。乃从其村东上平岭，北行一里，其西坞中为王氏，室庐甚整。询之土人，昨流贼自章桥北小径，止于村西大山丛木中，经宿而去，想必有所阚[①]而不敢动也。从此东北出山坳，石

① 阚（kàn 勘）：望。此处引申为“忌惮”。

道修整，十二里而抵良田[①]。自歪里雨作，至此愈甚，乃炊饭索饮于肆中。良田居市甚众，乃中道一大聚落，二月间，流寇三四百人亦群而过焉。饭后，雨不尽，止北十里，宿于万岁桥。按《志》，郴南有灵寿山，山有灵寿木，昔名万岁，故山下水名千秋。今有小万岁、大万岁二溪，俱有桥架其上，水俱自西而东。余以灵寿山必有胜可寻，及遍询土人，俱无可征，惟二流之易“千秋”存“万岁”耳。

初十日

雨虽止而泞甚。自万岁桥北行十里，为新桥铺，有路自东南来合。想桂阳县之支道也。又北十里为郴州[②]之南关。郴水东自山峡，曲至城东南隅，折而北径城之东关外，则苏仙桥横亘其上。九洞，甚宏整。至是雨复大作，余不暇入城，姑饭于溪上肆中，乃持盖为苏仙之游。随郴溪西岸行，一里，度苏仙桥，随郴溪东岸行，东北二里，溪折西北去，乃由水经东上山。入山即有穹碑，书“天下第十八福地”。由此半里，即为乳仙宫。丛桂荫门，清流界道，有僧乘宗出迎客。余以足袜淋漓，恐污宫内，欲乘势先

① 良田：今名同，即今湖南郴州市苏仙区良田镇。

② 郴州：明洪武初改郴州路置郴州府，治郴阳县，即今湖南郴州市苏仙区与北湖区。九年（1376 年）降为州。隋开皇九年置郴州，治今湖南郴州市城区。大业初改为桂阳郡。唐武德四年（621 年）复为郴州，天宝初又改为桂阳郡，乾元初又复为郴州。五代晋天福初改为敦州，五代汉乾祐初复旧名。元至元中升为郴州路。1913 年降郴州为郴县。

登山顶，与僧为明日期。僧以茶笋出饷，且曰："白鹿洞即在宫后，可先一探。"余急从之。由宫左至宫后，则新室三楹，掩门未启。即排以入，石洞正当楹后，崖高数丈，为楹掩，俱不可见，洞门高丈六，止从楹上透光入洞耳。洞东向，皆青石迸裂，二丈之内，即成峡而入，已转东向，渐洼伏黑隘，无容匍伏矣。成峡处其西石崖倒垂，不及地者尺五，有嵌裂透漏之状。正德五年，锡邑秦太保①金时，以巡抚征龚福全，勒石于上。又西有一隙，侧身而进，已转南下，穿穴匍伏出岩前，则明窦也。复从楹内进洞少憩，仍至前宫别乘宗，由宫内右登岭，冒雨北上一里，即为中观。观门甚雅，中有书室，花竹翛然②，乃王氏者，亦以足污未入。由观右登岭，冒雨东北上一里半，遂造其顶。有大路由东向迂入者，乃前门正道；有小路北上沉香石、飞升亭，为殿后路。余从小径上，带湿谒苏仙，僧俗谒仙者数十人，喧处于中，余向火炙衣，自适其适，不暇他问也。郴州为九仙二佛之地，若成武丁之骡冈在西城外，刘瞎之刘仙岭在东城外，佛则无量，智俨廖师也，俱不及苏仙，故不暇及之。

十一日

与众旅饭后，乃独游殿外虚堂。堂三楹，上有诗扁环列，中

① 太保：明时一般为勋戚、文臣武将所授之官衔，无实职。太保之官，始置于西周，为辅弼国君之官。春秋后废，汉复置，次于太傅。历代沿置，多为大官加衔，非实职。

② 翛（xiāo 消）然：自由自在貌。《庄子·大宗师》："翛然而来，翛然而往。"

有额，名不雅驯，不暇记也。其堂址高，前列楼环之，正与之等。楼亦轩敞，但未施丹垩，已就欹裂。其外即为前门，殿后有寝宫玉皇阁，其下即飞升亭矣。是早微雨，至是微雨犹零，仍持盖下山。过中观，入谒仙，觅僧遍如，不在。入王氏书室，折蔷薇一枝，下至乳源宫，供仙案间。乘宗仍留茶点，且以仙桃石馈余，余无以酬，惟劝其为吴游，冀他日备云水一供耳。宫中有天启初邑人袁子训雷州二守①。碑，言苏仙事甚详。言仙之母便县②人，便即今永兴。有浣于溪，有苔成团绕足者再四，感而成孕，生仙于汉惠帝五年③五月十五。母弃之后洞中，即白鹿洞。明日往视，则白鹤覆之，白鹿乳之，异而收归。长就学，师欲命名而不知其姓，令出观所遇，遇担禾者以草贯鱼而过，遂以苏为姓④，而名之曰耽。尝同诸儿牧牛羊，不突不扰，因各群畀之，无乱群者，诸儿又称为牛师。事母至孝，母病思鱼脍，仙往觅脍，不宿而至。母食之喜，问所从得，曰："便。"便去所居远，非两日不能返，母以为

① 雷州二守：雷州府（明置，治海康，今广东海康县）同知。府之最高行政长官称知府，同知之官仅次于知府。西汉景帝时始置太守之官，至唐玄宗时止。此后太守非正式官名，仅用作刺史或知府之别称，明以后则专以称知府。故俗称知府为太守，同知为二守。

② 便县：西汉置，治今湖南永兴县。王莽改名便屏县。东汉复为便县。南朝宋废，陈复置。隋废。北宋熙宁六年（1073 年）改高亭县置永兴县，明代仍之。

③ 汉惠帝五年：即公元前 190 年。汉惠帝，即刘邦的儿子刘盈，在位七年。

④ 以苏为姓：时"苏"字为"蘇"，与"以草贯鱼"之担禾者相合。

欺。曰:“市脍时舅氏在旁,且询知母恙,不日且至,可验。”舅至,母始异之。后白日奉上帝命,随仙官上升于文帝三年[①]七月十五日。母言:“儿去,吾何以养?”乃留一柜,封识甚固,曰:“凡所需,扣柜可得。第必不可开。”指庭间橘及井曰:“此中将大疫,以橘叶及井水愈之。”后果大验。郡人益灵异之,欲开柜一视,母从之,有只鹤冲去,此后扣柜不灵矣。母逾百岁,既卒,乡人仿佛见仙在岭哀号不已。郡守张邈往送葬,求一见仙容,为示半面,光彩射人。又垂空出只手,绿毛巨掌,见者大异。自后灵异甚多,俱不暇览。第所谓“沉香石”者,一石突山头,予初疑其无谓,而镌字甚古,字外有履迹痕,则仙人上升遗迹也。所谓“仙桃石”者,石小如桃形,在浅土中,可锄而得之,峰顶及乳仙洞俱有,磨而服之,可已心疾,亦橘井之遗意也。传文甚长,略识一二,以征本末云。还过苏仙桥,从溪上觅便舟,舟过午始发,乃过南关,入州前,复西过行台[②]前,仍出南关。盖南关外有十字口,市肆颇盛,而城中甚寥寂。城不大,而墙亦不甚高。郴之水自东南北绕,其山则折岭横其南而不高,而高者皆非过龙之脊。

午后,下小舟,东北由苏仙桥下,顺流西北去,六十里达郴口。时暮色已上,而雨复至,恐此北晚无便舟,而所附舟连夜往程口,遂随之行。郴口则郴江自东南,耒水自正东,二水合而势始大。

---

① 文帝三年:即公元前 177 年。文帝,即西汉皇帝刘恒,在位二十三年。

② 行台:即行御史台,分掌监察权。

耒水出桂阳县[1]南五里耒山下，西北至兴宁县，胜小舟；又三十里至江东市[2]，胜大舟；又五十里乃至此。江口诸峰，俱石崖盘立，寸土无丽[3]。《志》称有曹王寨，山极险峻，暮不及登，亦无路登也。舟人夜鼓棹，三十里，抵黄泥铺，雨至而泊。余从篷底窥之，外若桥门，心异，因起视，则一大石室下也。宽若数间屋，下汇为潭，外覆若环桥，四舟俱泊其内。岩外雨声潺潺[4]，四鼓乃止。雨止而行，昧爽[5]达程口矣。乃登涯。

十二日

晨炊于程口肆中。程口者，《志》所称程乡水也，其地属兴宁，其水发源茶陵、酃县[6]界。舟溯流入，皆兴宁西境。十五里为郴江，

---

① 桂阳县：时隶郴州，即今湖南汝城县。其与明代同属湖广布政司的桂阳州有别。

② 江东市：即十二日所记之“东江市”。今仍称东江，于1987年建成东江水库（又称东江湖），在今湖南资兴市西境。

③ 寸土无丽：任何地方都不生长花草树木。丽：附着。《易·离》：“日月丽乎天，百谷草木丽乎土。”

④ 岩外雨声潺潺：此句乾隆本作“岩外雨声山色，不意梦中睹此奇境。”时间与空间情况皆不合，不采纳。

⑤ 昧爽：犹黎明。天将亮未亮时。《书·太甲上》：“先王昧爽丕显，坐以待旦。”程大昌《演繁露》卷十：“[黎明]犹曰昧爽也。昧，暗也；爽，明也。亦明暗相杂也”。

⑥ 酃（líng灵）县：西汉置，治今湖南衡阳市东。东晋太元二十年（395年）废。南宋嘉定四年（1211年）复置，移治今湖南株洲市东南炎陵县。1961年6月依原境复置酃县，1994年更名为炎陵县。

又进有中远山，又名钟源。为无量佛现生地，土人夸为名山。又进，则小舟尚可溯流三日程，逾高脚岭则茶陵道矣。若兴宁县治，则自东江市而上三十里乃至也。程乡水西入郴江[①]，其处煤炭大舟鳞次，以水浅尚不能发。上午，得小煤船，遂附之行。程口西北，重岩若剖，夹立江之两涯，俱纯石盘亘，倏左倏右，色间赭黑，环转一如武夷。所附舟敝甚而无炊具，余揽山水之胜，过午不觉其馁。又二十里，过永兴县。县在江北，南临江岸，以岸为城，舟过速不及停。已而得一小舟，遂易之，就炊其间。饭毕，已十五里，为观音岩。岩在江北岸，西南下瞰江中，有石崖腾空，上覆下裂，直滨江流。初倚其足，叠阁两层，阁前有洞临流，中容数人。由阁右悬梯直上，袅空挂蝀[②]，上接崖顶，透隙而上，覆顶之下，中嵌一龛，观世音像在焉。岩下江心，又有石狮横卧中流，昂首向岩，种种绝异。下舟又五里，有大溪自南来注，是为森口[③]。乃桂阳州龙渡以东诸水，东合白豹水，至此入耒江。又北五里，泊于柳州滩，借邻舟拖楼以宿。是晚素魄[④]独莹，为

---

① 郴江：虽乾隆本、四库本皆作“耒江”，均误。

② 蝀(dōng 东)：虹。“蝀”即“蝃(dì 帝)蝀”亦作“蝃蝀”。见《尔雅·释天》。这是由两个无意义的字构成的一个专有名词，有如“葡萄”。此系以“蝀”借代“蝃蝀”而作“虹”之义。此词之借代用法，此为首见。吾人不赞成此种作法。

③ 森口：在今湖南永兴县北隅塘市一带。桂阳州龙渡以东诸水汇为桂水，今称西河，耒江今称东江，二水在此汇合。

④ 素魄：指皎洁的月光。

三月所无，而江流山色，树影墟灯，远近映合，苏东坡承天寺夜景不是过也[①]。永兴以北，山始无回崖突石之观，第夹江逶迤耳。

十三日

平明过舟，行六十五里，过上堡市。有山在江之南，岭上多翻砂转石，是为出锡之所。山下有市，煎炼成块，以发客焉。其地已属耒阳，盖永兴、耒阳两邑之中道也。已过江之北，登直钓岩。岩前有真武殿、观音阁，东向迎江。而洞门瞰江南向，当门石柱中垂，界为二门，若连环然。其内空阔平整。其右隅裂一窍，历磴而上，别为邃室。其左隅由大洞深入，石窍忽盘空而起，东迸一隙，斜透天光；其内又盘空而起，若万石之钟[②]，透顶直上，天光一围，圆若明镜，下堕其中，仰而望之，直是井底观天也。是日风水俱利，下午又九十里，抵耒阳县[③]南关。

① 苏东坡承于寺夜景不是过也：揣作者本意应是"苏东坡承天寺夜景不过如是也"。苏东坡于宋元丰二年（1080 年）因乌台案被贬黄州，四年过去，仍未复职。于元丰六年十月十二日夜有感不寐，激友夜游今湖北黄冈县境内的承天寺。作《记承天寺夜游》一文。文中有："相与步于中庭。庭下如积水空明，水中藻荇交横，盖竹柏影也。"等句。

② 钟：此指古代盛贮粮食、酒浆等物品的器物。

③ 耒（lěi 垒）阳县：明隶衡州府，即今湖南衡阳市之耒阳市。秦置耒阳县，治今耒阳市。王莽改为南平亭县。东汉复为耒阳县。南朝梁、陈间移治今耒阳市东北。隋改为涞阴县。唐武德四年（621 年）复为耒阳县并还旧治。元至元十九年（1282 年）升为州。明洪武三年（1370 年）降为县。1986 年改设为市，隶衡阳市。

耒水经耒阳城东直北而去，群山至此尽开，绕江者惟残冈断陇而已。耒阳虽有城，而居市荒寂，衙廨颓陋。由南门入，经县前，至东门登城，落日荒城，无堪极目。下城，出小东门，循城外江流，南至南关入舟。是夜，色尤皎，假火贾舡中舱宿焉。

十四日

五鼓起，乘月过小舟，顺流而北，晨餐时已至排前，行六十里矣。小舟再前即止于新城市，新城去衡州陆路尚百里，水路尚二百余里，适有煤舟从后至，遂移入其中而炊焉。又六十里，午至新城市[①]，在江之北，阛堵甚盛，亦此中大市也，为耒阳、衡阳分界。时南风甚利，舟过新城不泊，余私喜冣[②]日之力尚可兼程百五十里。已而众舟俱止涯间，问之，则前湾风逆，恐有巨浪，欲候风止耳。时余蔬米俱尽，而囊无一文，每更一舟，辄欲速反迟，为之闷闷。以刘君所惠细一方，就村妇易米四筒。日下舂，舟始发。乘月随流六十里，泊于相公滩，已中夜矣，盖随流而不棹[③]也。按：耒阳县四十里有相公山，为诸葛武侯驻兵地，今已在县西北，入衡阳境矣，滩亦以相公名，其亦武侯之遗否耶？新城之西，江忽折而南流，十五六里而始西转，

① 新城市：即今湖南耒阳市北耒水东岸新城镇。元末明初曾置新城县，治新城。后废，置江东巡检司，隶衡阳县，治所仍其县。

② 冣（jù 据）：聚，积累。

③ 棹（zhào 召）：划船的工具。此处化为动词“划船”。

故水路迂曲再倍于陆云。

十五日

昧爽行，西风转逆，云亦油然。上午甫六十里，雷雨大至，舟泊不行。既午，带雨行六十里，为前吉渡[①]，舟人之家在焉，复止不行。时雨止，见日影尚高，问陆路抵府止三十里，而水倍之，遂度西岸登陆而行。陂陀高下，沙土不泞。十里至陡林铺，则泥淖不能行矣，遂止宿。

郴东门外江滨有石攒耸，宋张舜民铭为窊樽。至窊樽之迹不见于道，而得之于此，聊以代渴。城东山下有泉，方圆十余里，其旁石壁峭立，泉深莫测，是为钴鉧泉。永州之钴鉧潭不称大观[②]，遂并此废食，然钴鉧实在于此，而柳州[③]姑借名永州[④]；窊樽

---

① 前吉渡：陈本、乾隆本、四库本作“前溪渡”，清代称“泉溪市”，今称“泉溪”。在今湖南衡南县东境，耒水东岸。

② 不称大观：原作“不称不大观”，明显衍“不”字，从乾隆本、四库本删。

③ 柳州：此非地名，系指柳宗元。柳宗元与刘禹锡等参加主张革新的王叔文集团，任礼部员外郎。失败后贬为永州司马，后迁柳州刺史，故又称“柳柳州”或“柳州”。

④ 自“城东山下有泉”至“而柳州姑借名永州”关于钴鉧潭的记载，乾隆本、四库本系于四月初十日日记所记位置为“郴州东、百余里”。《嘉庆重修一统志》郴州山川载：“钴鉧潭在兴宁县东，源出八面山李家洞，为资兴水之源。《舆地纪胜》：‘山下有一泉，方广十余里，四旁石壁峭立，其泉深邃清澄。’”钴鉧（gǔ mǔ 古母），原作钴鉧，即熨斗。形如熨斗的水潭称钴鉧潭。郴州确有钴鉧泉，但不在“城东山下”，而在郴州所属的兴宁县东面山下，距郴州城东八百余里，为资兴水源。李抄本脱“百余里”。

实在于道，而舜民姑拟象于此耳。全州亦有钴鉧潭，亦子厚所命。

永州三溪：浯溪为元次山所居，在祁阳。愚溪为柳子厚所谪[①]，在永。濂溪为周元公[②]所生，在道州。而浯溪最胜。鲁公之磨崖，千古不朽；石镜之悬照，一丝莫遁。有此二奇，谁能鼎足！

郴之兴宁有醽醁泉[③]、程乡水，皆以酒名，一邑而有此二水擅名千古。晋武帝[④]荐醽酒于太庙[⑤]。《吴都赋》："飞轻觞而酌醽醁"。程水甘美出美酒，刘香云："程乡有千日酒，饮之至家而醉，昔尝置官酝[⑥]于山下，名曰程酒，同醽醁酒献焉。"今酒品殊劣，而二泉之水，亦莫尚焉。

浯溪之"吾"有三，愚溪之"愚"有八，濂溪之"濂"有二。有三与八者，皆本地之山川亭岛也。"濂"则一其所生在道州，一其所寓在九江[⑦]，相去二千里矣。

---

① 谪（zhé 折）：指古代官吏因罪被降职或流放。

② 周元公：即宋代著名理学家周敦颐（1017-1073 年），字茂叔，道州（今湖南道县）人，因生于濂溪畔，故人称周濂溪。南宋宁宗嘉定十三年（1220 年）赐谥为元公，故称周元公。

③ 兴宁有醽（líng 灵）醁（lù 录）泉：兴宁，明为县，隶郴州，即今湖南资兴市。醽醁，泉水名，用此水酿制的酒质好味美，后因以醽醁指称美酒。

④ 晋武帝：即西晋的第一个皇帝司马炎。在位二十六年，即公元 265-290 年。

⑤ 太庙：帝王的祖庙。

⑥ 酝（yùn 蕴）：酿酒。

⑦ 所寓在九江：周敦颐晚年求知南康军（治今江西九江市星子县南康镇），居庐山莲花峰下，前有溪，故移故乡道州濂溪之名而名之。

元次山题朝阳岩诗："朝阳岩下湘水深，朝阳洞口寒泉清。"其岩在永州南潇水上，其时尚未合于湘。次山身履其上，岂不知之，而一时趁笔，千古遂无正之者，不几令潇、湘易位耶？

十六日

见明而炊，既饭犹久候而后明，盖以月光为晓也。十里至路口铺，泥泞异常，过此路复平燥可行。十里，渡湘江，已在衡郡南关之外。入柴埠门，抵金寓，则主人已出，而静闻宿花药未归。乃濯足偃息，旁问静闻所候内府助金，并刘明宇物，俱一无可望，盖内府以病，而刘以静闻懈弛也。既暮，静闻乃归，欣欣以听经为得意，而竟忘留日之久。且知刘与俱在讲堂，暮且他往，与静闻期明午当至讲所，不遑[①]归也。乃怅怅卧。

十七日

托金祥甫再恳内司，为静闻请命而已。与静闻同出西安门，欲候刘也。入委巷[②]中，南转二里，至千佛庵。庵在花药之后，倚冈临池，小而颇幽，有云南法师自如，升高座讲《法华》。时雨花缤纷，余随众听讲。遂饭于庵，而刘明宇竟复不至。因从庵后晤西域僧，并衡山毗卢洞大师普观，亦以听讲至者。下午返金寓，

① 遑（huáng 皇）：同"遑遑"，惊恐匆忙之态。《后汉书·邓禹传》："长安吏人，遑遑无所依归。"陶潜《归去来辞》："胡为乎遑遑欲何之？""不遑归"，即不急着回来。

② 委巷：偏僻小巷。

时余已定广右[1]舟，期十八行。是晚，祥甫兄弟与史休明、陆端甫饯余于西关肆中。入更返寓，以静闻久留而不亟于从事，不免征色发声[2]焉。

十八日

舟人以同伴未至，改期二十早发。余亦以未晤刘明宇，姑为迟迟。及晤刘，其意犹欲余再待如前也。迨下午，适祥甫僮驰至寓，呼余曰："王内府已括诸助，数共十二金，已期一顿应付，不烦零支也。"余直以故事视之，姑令静闻明晨往促而已。

十九日

早过刘明宇，彼心虽急，而物仍莫措，惟以再待恳予，予不听也。急索所留借券，彼犹欲望下午焉。促静闻往候王，而静闻泄泄，王已出游海会、梅田等庵，因促静闻往就见之，而余与祥甫赴花药竺震上人之招。先是，竺震与静闻游，候余至，以香秫[3]程资馈，余受秫而返资。竺震匍匐再三，期一往顾。初余以十八发，固辞之。至是改期，乃往。先过千佛庵听讲毕，随竺震于花药，饭于小阁，以待静闻，憩啖甚久，薄暮入城。竺震以相送至寓，以昨所返资果固掷而去。既昏，则静闻同祥甫赍

① 广右：即广西。

② 征色发声：现出怒色，高叫起来。

③ 秫（shú 熟）：粘高粱。

王所助游资来，共十四金[①]。王承奉为内司之首，向以赍奉入都，而其侄王桐以仪卫典仗，代任叔事。虽施者二十四人，皆其门下，而物皆王代应以给。先是，余过索刘借券，彼以措物出，竟不归焉。

二十日

黎明，舟人促下舟甚急。时静闻、祥甫往谢王并各施者，而余再往刘明宇处，刘竟未还。竺震仍入城来送，且以冻米[②]馈余，见余昨所嗜也。余乃冒雨登舟。久之，静闻同祥甫追至南关外，遂与祥甫挥手别，舟即解维。三十里，泊于东阳渡，犹下午也。是日阴雨霏霏，江涨浑浊，湘流又作一观。而夹岸鱼厢鳞次，盖上至白坊，下过衡山，其厢以数千计，皆承流取子，以鱼苗贷四方者。每厢摧[③]银一两，为桂藩[④]供用焉。

二十一日

三十里，过新塘站。又二十里，将抵松柏，忽有人亟呼岸上，而咽不成声，则明宇所使追余者也。言明宇初肩舆来追，以身重舆迟，乃跣而驰，而令舆夫之捷足者前驱要余，刘即后至矣。欲听其匍匐来晤于松柏，心觉不安，乃与静闻登涯逆之，冀一握手别，便可仍至松柏登舟也。既登涯，追者言来时刘与期从江东岸

---

① 金：白银作为货币的单位为两，亦称金、银一两为一金。

② 冻米：晾干后的熟糯米。

③ 摧：通“催”，又称催征、催科，即催收赋税。

④ 桂藩（fān，旧读fán）：指明时桂阳州（治今湖南桂阳县）。“藩”原误作“济”，改之。封建王朝分封的地面称“藩”。

行，乃渡而滨江行，十里至香炉山，天色已暮，而刘不至。已遇一人，知其已暂憩新塘站，而香炉山下虎声咆哮，未暮而去来屏迹，居者一两家，俱以木支扉矣。乃登山顶，宿于茅庵，卧无具，栉无梳，乃和衣而卧。

二十二日

夜半雨声大作，达旦不休，乃谋饭于庵妪[①]而行。始五里，由山陇中行，虽枝雨之沾衣，无泥泞之妨足。后五里，行田塍间，时方插秧，加岸壅水，泞滑殊甚。共十里至新塘站，烟雨满江来，问刘明宇，已渡江溯流去矣。遂亦问津西渡，始溯江岸行四里，至昔时遇难处，焚舟已不见，从涯上人家问刘踪迹，皆云无之。又西一里，出大路口，得居人一家，再三询之，仍无前过者。时刘无盖，而雨甚大，意刘必未能前。余与静闻乃暂憩其家，且谋饭于妪，而令人从大道，仍还觅于渡头。既而其妪以饭出，冷甚。时衣湿体寒，见其家有酒，冀得热飞大白[②]以敌之。及以酒至，仍不热，乃火酒[③]也。余为浮两瓯，俱留以待追者。久之，追者至，知刘既渡，即附舟上松柏，且拟更蹑予白坊驿，非速行不及。乃

---

① 妪（yù 玉）：老年妇人。

② 大白：酒杯。《说苑·善说》："饮不釂者，浮以大白。"《文选·左思〈吴都赋〉》："飞觞举白。"刘良注："大白，杯名。"

③ 火酒：屈大均《广东新语》卷十四："暹罗酒，以烧酒复两烧之，以檀香烧烟，薰之如漆，乃投檀香其中，蜡封埋土三年，绝去火气，乃出而饮，此烧酒之尤烈者，是曰火酒。饮一二杯，可愈积病杀虫。然广中烧酒，皆火酒也，亦曰气酒。"徐霞客曾在腾越（今云南腾冲县）过端午，亦得饮火酒。

持盖匍匐，路俱滑塍[①]，屡仆屡起，因令追者先趋松柏要留刘，而余同静闻更相跌，更相诟也。十五里过新桥，桥下乃湘江之支流，从松柏之北分流内地，至香炉对峰仍入于江者。过桥五里，西逾一岭，又五里，出山坞，则追者同随刘之夫携茶迎余，知刘已相待松柏肆中矣。既见，悲喜交并，亟治餐命酒。刘意犹欲挽予，候所贷物，予固辞之。时予所附广右舟今晨从此地开去，计穷日之力，当止于常宁河口，明日当止于归阳。从松柏至归阳，陆路止水路之半，竟日可达，而路泞难行，欲从白坊觅骑，非清晨不可得；乃遍觅渔舟，为夜抵白坊计。明宇转从肆中借钱百文，厚酬舟人，且欲同至白坊，而舟小不能容，及分手已昏黑矣。二鼓，雨止月出，已抵白坊，有驿。余念再夜行三十里可及舟，更许厚酬，令其即行，而舟人欲返守鱼厢，强之不前，余乃坚卧其中。舟人言："适有二舟泊下流，颇似昨所过松柏官舫。"其舟乃广右送李道尊至湘潭者，一为送官兴收典史徐姓者所乘[②]，一即余所附者。

---

①路俱滑塍：此语与文言语法、句法皆不合，徐氏行文流畅雅致，亦不至如此。或当其写完"路俱滑，屡仆屡起"后，忽思及须说明原因，遂于"滑"后先补一"田塍"的"塍"字以作标识以备修改，当时便一气书写下去。讵料，稿未竟改而人已去矣。悲哉！

②一为送官兴收典史徐姓者所乘："兴收"当为"兴宁"所误。徐霞客所游区域之县邑名称首字带"兴"者，时惟"兴宁"而已。"典史"乃元置之官，明清沿置，为知县下掌管缉捕、监狱之官。如无县丞、主簿，则典史兼领其职。就考察史地人文之旅行家而言，未有知其姓氏官名而不知其属地者。故"兴宁"误为"兴收"无疑。

第予舟人不敢呼问，余令其刺舟往视之，曰："中夜何敢近官舫！"予心以为妄，姑漫呼顾行[①]，三呼而得应声，始知犹待余于此也。乃刺舟过舫，而喜可知矣。

二十三日

昧爽，浓雾迷江，舟曲北行。二十里，过大鱼塘，见两舟之被劫者，哭声甚哀，舟中杀一人，伤一人垂死。于是，余同行两舫人反谢予曰："昨不候君而前，亦当至此。至此祸其能免耶！"始舟子以候予故，为众所诟，至是亦德色焉。上午雾收日丽，下午蒸汗如雨。行共六十里，泊于河洲驿。

二十四日

昧爽行，已去衡入永矣。三十里过大铺，稍折而西行；又十里，折而北行；午热如炙，五里，复转西向焉。自大铺来，江左右复有山，如连冈接阜。江曲而左，直抵左山，而右为旋坡；江曲而右，直抵右山，而左为回陇，若更相交代者然。又二十五里，泊于归阳驿之下河口。是日共行六十里，竟日皓日如烁，亦不多见也。

二十五日

晓日莹然，放舟五里，雨忽至。又南三十五里，为河背塘[②]，又西十里，过两山隘口。又十里，是为白水，有巡司。复远峰四辟，

---

① 顾行：疑为误笔，应为"顾（雇）仆"。此前诸为"顾仆，独此处为"顾行"，一人而两称，于理不合。昔时"顾"本通"雇"，而"仆""行"则不可通。
② 河背塘：今作河埠塘，在今湖南祁阳县东境，湘江南岸。

一市中横，为一邑之大聚落云。是日共行六十里，晚而后霁，泊于小河口。小河南自山峒来，北入于湘江，小舟溯流入，可两日程，皆祁阳属也。山峒不一，所出靛、锡、杉木最广，白水市肆，俱倚此为命，不依湘江也。既泊，上觅戴明凡[①]家，谢其解衣救难之患，而明凡往永不值。

二十六日

舟人登市神福[②]，早餐后行。连过山隘，共三十里，上观音滩[③]。风雨大至，舟人泊而享馂[④]，遂止不行。深夜雨止风息，潇潇江上，殊可怀也。

二十七日

平明行，舟多北向。二十里，抵祁阳东市，舟人复泊而市米，过午始行。不半里，江涨流横，众舟不前，遂泊于杨家坝，东市南尽处也。下午舟既泊，余乃同静闻渡杨家桥，共一里，入祁阳西门。北经四牌坊，东出东门外，又东北一里，为甘泉寺。泉一方，当寺前坡下，池方丈余，水溢其中，深仅尺许，味极淡冽，极似惠泉[⑤]水。城东山陇缭绕，自北而南，两层成峡，泉出其中。寺东向，

① 戴明凡：三月初八日，记作“戴宇完”。

② 神福：祀神，求福佑。

③ 观音滩：今名同，已成聚落，在今湖南祁阳县南境，湘江南岸。

④ 享馂（jùn 俊）：吃祀神所余食物。

⑤ 惠泉：今名同，在今江苏无锡市西隅之锡惠公园内。此泉唐代曾誉为“天下第二泉”，今为风景胜地。

倚城外第一冈。殿前楹有吾郡宋邹忠公名浩[①]，贬此地与蒋沛游。《甘泉铭碑》，张南轩名栻。从郡中蒋氏得之，跋而镌此。邹大书，而张小楷，笔势遒劲，可称二绝。其前山第二层之中，盘成一窝，则九莲庵也。旧为多宝寺，邑人陈尚书重建而复之，中有法雨堂、藏经阁、三教堂。而藏经阁中供高皇帝像，唐包巾，丹窄衣，眉如卧蚕而中不断，疏须开张而不志文，乃陈氏得之内府[②]而供此者。今尚书虽故，而子孙犹修饰未已，视为本家香火矣。寺前环堵左绕，其中已芜，而闭户之上，有砖镌“延陵道意”四字，岂亦邹忠公之遗迹耶？而土人已莫知之，那得此字之长为糖羊也。九莲庵之山，南垂即为学宫。学在城外而又倚山，倚山而又当其南尽处，前有大池，甘泉之流，南下东绕，而注于湘。其入湘处为潇湘桥。桥之北奇石灵幻，一峰突起，为城外第二层之山。一盘而为九莲，再峙而为学宫，又从学宫之东度脉突此，为学宫青龙之沙。其前湘江从南至此，东折而去；祁江从北至此，南向入湘；而甘泉活水，又绕学前，透出南胁，而东向入湘。乃三交会之中，故桥曰潇湘桥，亭曰潇湘亭，今改建玄华阁，庙曰潇湘庙，谓似潇、湘

---

① 邹忠公：即邹浩（1060—1111 年）字志完，常州晋陵（今江苏常州市）人。进士及第，调扬州、颍昌府教授。因上疏忤旨，被削官，羁管新州（今广东新兴）。徽宗时，官至兵、吏二部侍郎。后蔡京擅权，素忌浩，贬浩为衡州别驾。高宗时赐谥忠，故称邹忠公。

② 内府：内即皇宫，又称大内。内府即皇宫中掌库藏之官，亦通称皇宫为内府。

之合流也。庙后蒡裂瓣簇，石态多奇。庙祀大舜像，谓巡守由此，然隘陋不称。峰之东北，有石梁五拱跨祁水上，曰新桥，乃东向白水道，而衡州道则不由桥而北溯祁流矣。时余欲觅工往浯溪拓《中兴摩崖颂》，工以日暮不及往，故探历诸寺。大抵甘泉古朴，九莲新整，一以存旧，一以征今焉。日暮，由江市而南，经三吾驿，即次山吾水、吾山、吾亭境也，去"山"、去"水"而独以"吾"甚是。自新桥三里，南至杨家桥，下舟已昏黑矣。是两日共行五十里，先阻雨，后阻水也。是夜水声汹汹，其势愈急。

二十八日

水涨舟泊,竟不成行。亟枵腹[①]趋甘泉,觅拓碑者,其人已出。又从大街趋东门，从门外朱紫衙觅范姓，八角坊觅陈姓裱工，皆言水大难渡，以浯溪、阳江也。为余遍觅拓本，俱不得。复趋甘泉，则王姓拓工已归，索余重价，终不敢行，止就甘泉摹铭二纸。余先返舟中，留静闻候拓焉。

祁阳东门外大街与濒江之市,阛阓连络,市肆充牣[②]高门大第，可与衡郡比隆。第城中寥寂，若只就东城外观，可称岩邑。

二十九日

昧爽放舟。晓色蒸霞，层岚开藻，既而火轮涌起，腾焰飞芒，

① 枵（xiāo 嚣）腹：空腹；饥饿。范成大《次韵陈季陵求砚》："宝玩何曾救枵腹。"

② 牣（rèn 认）：满；多。

直从舟尾射予枕隙，泰岳日观[1]，不谓得之卧游也。五里过浯溪，摩崖在西。东溯流从西，又二十里，过媳妇塘，娉婷傍北，沿洄自南，俱从隔江矫首。所称“媳妇石”者，江边一崖，从山半削出，下插江底，其上一石特立而起，昂首西瞻，岂其良人[2]犹玉门[3]未返耶？又二十里，过二十四矶，矶数相次。又五里泊于黄杨铺。

黄杨铺已属零陵。其东即为祁阳界，其西遥望大山，名驷马山，此山已属东安[4]，则西去东安界约三十里。西北有大路通武冈州[5]，共二百四十里。黄杨有小水自西而来，石梁跨其上，名大桥。桥下通舟，入止三五里而已。不能上也。

闰四月初一日

昧爽，从黄杨铺放舟，至是始转南行。其先自祁阳来，多西向行。十五里大护滩，有涡成漩，诸流皆奔入漩中，其声如雷，

---

① 泰山日观：泰山观日出的景致。泰山：即东岳泰山，在今山东泰安县西。海拔 1545 米，泰山日出为一佳景。徐霞客约 24 岁时曾游泰山，而此时已 52 岁了。

② 良人：丈夫。

③ 玉门：古关名，汉武帝时置，在今甘肃敦煌西北小方盘城。明时已废。徐氏描述“媳妇石”，顿起良人为国戍边未还之遐思，其胸襟文思，世无多人。

④ 东安：明为县，隶永州府，治今湖南东安县之紫溪。北宋雍熙元年（984 年）升东安场置东安县，治紫溪。1945 年移治今址白牙市镇。

⑤ 武冈州：明洪年九年（1376 年）降武冈路置武冈州，隶宝庆府，治今湖南武冈县。1912 年废州为县。

盖漏卮也。又上为小护滩。又十五里为高粟市[①]。即方潋驿也。又二十里过青龙矶，矶石巑岏。横啮江流。又十里，昏黑而后抵冷水湾。下午，余病鱼腹，为减晚餐。泊西岸石涯下，水涨石没，不若前望中峥嵘也。

初二日

舟人登涯市薪菜，晨餐时乃行。雷雨大作，距午乃晴。共四十里，泊于湖口关，日尚高舂[②]也。自冷水湾来，山开天旷，目界大豁，而江两岸，啖水之石时出时没，但有所遇，无不赏心悦目。盖入祁阳界，石质即奇，石色即润；过祁阳，突兀之势，以次渐露，至此而随地涌出矣；及入湘口，则耸突盘亘者，变为峭竖回翔矣。

初三日

平明，放舟入湘口，于是去潇而转向湘矣。潇即余前入永之道，与湘交会于此。二水一东南，潇；一西南，湘。会同北去，为洞庭众流之主，界其中者即芝山[③]之脉，直走而北尽。尽处两流夹之，尖若龙尾下垂，因其脊无石中砥，故两流挫也必锐而后已。潇之东岸即湘口驿。有古潇湘祠，祀舜帝之二妃。由祠前截潇水而西，

① 高粟市：古称高粟市，明清时皆作高溪市，今仍称高溪市，在今湖南永州零陵区北境，湘江北岸。

② 高舂：日过午后之时。昔时午后农村忙于以谷舂碓成米，故称高舂。

③ 芝山：原作“楚山”，据乾隆本、四库本改。芝山，又名芝山岩、万石山，在今湖南永州市西南隅。

盘龙尾而入湘。湘口之中，有砂碛中悬，丛木如山，湘流分两派潆之，若龙口之含珠，上下之舟，俱从其西逼山崖而上。时因流涨，即从珠东夹港沿龙尾以进。一里，绕出珠后，即分口处也。于是西北溯全湘，若入咽喉然，其南有小水北向入湘，即芝山西麓之水，余向登岭所望而见之者也。是时潇水已清，湘水尚浊。入湘口时，有舟泊而待附，共五人焉，即前日鲤鱼塘被劫之人也。由湘口而上，多有西北之曲，滩声愈多，石崖愈奇。二十里，有斜突于右者，上层峭而下嵌空。又二十里，有平削于左者，黄斑白溜，相间成行；又有骈立于右者，与江左平剖之崖，夹江对峙，如五老比肩，愈见奇峭。转而西行五里，过军家埠。又转而南，又一山中剖卑平插江右，其下云根倒浸重波。询之，无知其名者。时落日正衔山外，舟过江东，忽峰间片穴通明，若钩月与日并悬，旋即隐蔽。由山下转而东，泊于军家埠、台盘子之间，去军家埠又五里矣。

初四日

昧爽发舟，东过挂榜崖。崖平削江左，下至水面，嵌入成潭，其上石若磨崖，色间黄白，远逾临武，外方整而中界三分，北之前所见江左成行者[①]，无其高广。由挂榜下舟转南，行二十里，上西流滩。又十里，石溪驿[②]，已属东安矣。驿在江南岸，今已革。

---

① 北之前所见江左成行者："北"疑为"比"之误，形近所致。

② 石溪驿：即今石期市，在今湖南东安县南隅，湘江南岸。

有东江自南而北，注于湘，市廛[①]夹东江之两岸，有大石梁跨其口，名曰复成桥。其水发源于零陵南界，舡由桥下南入，十五里为零陵界。又二十五里为东江桥[②]，其上有小河三支，通筏而已。按《志》:“永水出永山，在永州西南九十里，北入湘。”即此水无疑也。石溪驿为零陵、东安分界。石溪，考本地碑文曰石期；东江，土人又谓之洪江，皆音相溷也。石期之左，有山突兀，崖下插江中，有隙北向，如重门悬峡。山之后顶为狮子洞，洞门东南向，不甚高敞。穿石窟而下一里，可透出临江门峡，惜时方水溢，其临江处既没浸中，而洞须秉炬入。先，余乘舟人泊饭市肉，一里攀山椒而上，徘徊洞门，恐舟人不余待，余亦不能待炬入洞，急返舟中。适顾仆亦市鱼鸭入舟，遂带雨行。又五里，泊于白沙洲。其对崖有石壁临江，黄白灿然满壁，崖北山巅又起一崖，西北向有庵倚之，正与余泊舟对，雨中望之神飞，恨隔江不能往也。是日共行四十里，天雨滩高，停泊不时耳。

初五日

雨彻夜达旦，晨餐乃行。十里，江南岸石崖飞突，北岸有水自北来注，曰右江口。或曰幼江。又五里，上磨盘滩、白滩埠，

---

① 市廛(chán 蝉)：商肆集中的地方。“廛”，季抄本作“缠”，当为音同而误。

② 东江桥：今作东湘桥，在今湖南永州市零陵区西隅，东湘江东岸。东江，今称东湘江。

两岸山始峻而削。峭崖之突于右者，有飞瀑挂其腋间，虽雨壮其观，然亦不断之流也。又五里，崖之突于左，为兵书峡。崖裂成峃[①]，有石嵌缀其端，形方而色黄白，故效颦三峡[②]之称。其西坳亦有瀑如练，而对岸江滨有圆石如盒，为果盒塘。果盒、兵书，一方一圆，一上一下，皆对而拟之者也。又西五里，为沉香崖。崖斜叠成纹，崖端高迥处叠纹忽裂，中吐两枝，一曲一直，望之木形黝色[③]，名曰沉香，不知是木是石也。其上有大树一株，正当崖顶。更有上崖一重内峙，有庵嵌其间，望之层岚耸翠，下挈遥江，真异境也。土人言："有县令欲取沉香，以巨索悬崖端大树垂人下取，忽雷雨大作，迷不可见。令惧而止。"亦漫语[④]也。过崖，舟转而南，泊于罗埠头[⑤]之东岸。是日止行二十五里，滩高水涨，淋雨不止也。罗埠头在江西岸，倚山临流，聚落颇盛，其地西北走东安大道也。

初六日

夜雨虽止，而江涨有声，遂止不行。西望罗埠，一水盈盈，舟渡甚艰。舟中薪尽，东岸无市处，令顾仆拾坠枝以供朝夕焉。

---

① 峃（xué 学）：多大石的山。《说文·山部》"峃，山多大石也。"韩愈《会合联句》："吟巴山荦峃，说楚波堆垄。"

② 三峡：即长江三峡。西起重庆奉节市白帝城，东至湖北宜昌市南津关，即瞿塘峡、巫峡和西陵峡三段峡谷的总称，全长 189 公里。

③ 黝（yǒu 友）黑：微青黑色。

④ 漫语：随便说的话。

⑤ 罗埠头：今称禄半头。在今湖南东安县西南隅，湘江西岸。

下午，流杀风顺，乃挂帆东南行。五里，东泊于石冲湾。是夕月明山旷，烟波渺然，有西湖、南浦[①]之思。前一夕，江涨六七尺；停一日，落痕亦如之。

初七日

昧爽行，西转四里为下厂。又西一里，江南山一支自南奔而北向；又西一里，江北山一支自北奔而南来，两山夹江凑而门立，遂分楚、粤之界。两山之东，属湖广永州府东安县；两山之西，属广西桂林府全州。全州旧属永，洪武二十八年改隶广西。其界始不从水而从山。又五里为上厂。于是转而南行，共十五里，迤逦而西，为柳浦驿[②]。又南十里，为金华滩。滩左有石崖当冲，轰流崭壁，高下两绝，险胜一时。西转八里，为夷襄河口，有水自北岸入湘。舟入二里，为夷襄[③]，大聚落也。又西二里，泊于庙头[④]。

---

① 南浦：在今江西南昌。系明时南昌府城外之驿站，山水清嘉之地。驿有亭，供船停泊，亦接待官员及迎送客人。《明一统志》南昌府：“南浦亭，在府城广润门外，下瞰南浦，今为南浦驿。”

② 柳浦驿：今作柳铺，在广西全州东北隅之湘江西岸。

③ 夷襄：以河名地。夷襄河，今作宜湘河，在广西全州北境，自西向东流入湘江。

④ 庙头：今名同，在广西全州东北隅之湘江西岸。

《楚游日记》今译

任国瑞◎译

《〈楚游日记〉今译》，以本书《〈楚游日记〉校注》为本，参照多种今译本翻译。旨在恪守原义，力避歧义，直译为主，力求明白晓畅与生动，再现明代湖南之面貌。

目　录

MULU

《楚游日记》今译

任国瑞　译

丁丑年（1637年）正月十一日

这一天是立春，天气晴朗。赶紧吃了饭，委托静闻随同行李一起坐船顺流而下到衡州，相约本月十七日在衡州草桥塔下相会，叫雇请的仆人携带着轻装跟随我从陆路探游茶陵州和攸县的山。等走出门，满天细雨霏霏。渡过溪流到南岸，顺流往西行。随后溪折往西北，我们越过一座山冈，共走三里，又与溪流相遇，这地方是高陇。从高陇仍旧渡过溪流到了北面，再越过两座山冈，共走五里，到盘龙庵。有条小溪从北面的龙头山流来，渡过溪流往西去，这是巫江，是到茶陵州城的大路；依山顺流转往南去，为小江口，这是到云嵝山的路。两条道路在盘龙庵前分岔。小江口就是蟠龙、巫江两溪从北面的龙头流到此处，然后往南汇入发源于黄雩仙庙的那条大溪的地方。云嵝山在茶陵州东面五十里沙江的上边，深幽峻峭。神宗初年，孤舟大师开山建寺，于是这里便成了众僧聚居修道的地方。现今孤舟大师已经离世。两年前老虎从寺侧叼衔了一个僧人去，于是众僧徒四处奔散，豺狼虎豹白天出没，山中的田地全部荒芜，佛宇空寂，没有人烟。每当向人问起去那寺庙的路，都告戒我们不要去。而且雨雾迷濛，阴霾浓密，没有谁肯给我们作向导。我不被这一切所阻，从盘龙庵的小路，往南沿小溪而行，两里，又与大溪相遇。往南渡过小溪进入山中，雨下得更猛。从两山间的小路往西南走两里，有条大溪自北面流来，直逼山下，曲折地绕流在山峡中，溪两旁的石崖，被水流侵蚀形成一个个横伸斜突的矶石。沿溪走两里，为沙江，它是云嵝山来的溪水汇入大溪的地方。途中遇到一个人拿着伞将要远行，见我问路，说道："这条路若不是几个人一起就不可以进去，我应当返回家为先生您作先导。"我感谢他的情意，跟随到了他家。那人为我又找了三个人，大家拿着刀、棍、火把，冒雨进入山中。起先是从溪口往东进去，走一里，望见一条小溪从西南山峡中穿流出来，石崖层层横贯，对峙如门。向导说："此地是虎穴，烧炭打柴的人都不敢进去。"这时雨势渐大，于是逆大溪而上，曲折地走两里，溪底石头耸峙如同平台，石台中间破裂开一条通道，水从其间流泻下去，景象优美。从此处登山，转过山嘴往下走，见到一片平整的谷地，名叫和尚园。谷地四面重重山峰环绕聚合。从平坦的田野尽头约走一里，又翻过一座小山，顺前面所沿的那条溪流曲折地行进在山峡中，又走一里，云嵝寺便到了。山峦幽深，雾气浓黑，寺中静寂无一人，佛殿上如来的金身久无香火祭供而透出冷气，厨灶中早已火灭烟空。徘徊许久，雨势更大，像是催促我们快走。同向导出了寺，走出溪口，向导望见一条船，赶忙呼住大家上船。船顺流飞桨，航行迅疾。我衣服鞋子全湿透了，水气寒冷，浸入肌肤，连烘烤衣服都来不及，更无暇再探问溪两旁崖石的情形了。山溪迂回曲折，下午登船，约行了四十里，天就黑下来，船夫又在夜色中撑船航行三十里，停泊在东江口。

十二日

清晨非常寒冷。船夫将船从江口牵入酃水中，顺茶陵城驶过东城，停泊南关。下船进关，抵达州衙门前，拟出茶陵城大西门，去探寻紫云山、云阳山的美好风景。听说灵岩在南关外十五里，便就城中集市上喝了些酒，又走出南门，渡过酃水。当时细雨飘飞，北风寒冷异常。往东南方向行，在倾斜不平的山坡间忽上忽下走了五里，见到一片平坦的田野，这地方叫欧江。有条溪水从东南面流来，便逆溪而上行，从雾气中望见东山上石头突兀，觉得很奇异。又走五里，抵达山嘴处的溪边，这里叫沙陂，因为溪流中有个沙石堆。溪流的源头在东面四十里的百丈潭。沙石堆边上那最高的山叫会仙寨，山中穹隆的崖壁破裂开，形成岩洞，叫学堂岩。再往东，山峡盘曲绵亘，山峡的中部叫石梁岩，它居于沙陂之上，但我不知道它为什么叫“石梁”。又往东走一里，往北便进入山峡中。走一里，见到碧泉岩、对狮岩，都南向而立。又往东过山岭下走，转而向北，就到灵岩了。因为岩朝东面，知州曾才汉又称其为月到岩。

从会仙岩往东，山都不高，石崖盘曲绵延，堆叠环绕而形成沟谷，有的三面回环如同玦玉，有的两边对峙如同大门，有的高高耸立形成险峻的山崖，有的中间空虚如同洞穴，如此等等到处都是。只是石质粗糙而颜色赤红,没有晶莹明亮、滋润光滑的景象。而山崖间石梁横跨，石梁下崖壁穹隆，它应是此地八景的第一。

灵岩洞朝向东面，洞前面有座横贯的山崖，南北曲折环绕。深几十丈，高几丈，里面有如来佛像。洞外列置着门窗，但那门窗没有抵到洞口顶部，所以洞形不被遮掩。它是唐代陈光问读书的地方。陈光问居住在严塘，严塘在这岩洞北面二十里。他的后裔还有到这岩洞中读书的。

观音现像，在伏狮峰的东面。回浪的崖壁上有个由石头的痕印组合成的观音像，颜色为赭黄色。

对狮岩又叫小灵岩,在灵岩南面的山岭外。它南面对着狮峰，分为上下两层，上层大而高高隆起，下层小而两个洞穴对峙。

碧泉岩在对狮岩的西面，也是面朝南，洞深三丈，高一丈多。洞内有一缕泉水从洞壁的半腰往下滴，下面有一个石盘承接着，那泉水清冽异常，也可算是小洞中的一条名泉。

伏虎岩在清泉岩的后面。

石梁岩在沙陂会仙寨东面的山谷中。那山谷中，纷乱的山崖横贯交错，聚集排列形成山坞，山坞转了两个弯后东西横亘。山坞的崖壁下裂开个小洞，中间穹隆如同桥梁，从梁下向北望去，别有天地，穿过石梁进去，上面又裂开一层崖壁。从东面的山坡上去，直到那石梁中间而停止，攀登来如同登临一座重叠高耸的楼阁。

会仙寨下临沙溪，上面横贯着一个圆顶，如重叠的磨盘，独自高出众山。罗洪山，又名罗其纶，曾任过琼州府司理，在此山下营建了寺宇，这就是如今六空上人栖身的地方。六空禅师的法号为涵虚。

学堂岩在会仙寨的北面，高峻的崖壁间迸裂开一个小石洞，传说是仙人传授学问的地方。

这就是灵岩八景。我到灵岩后，风雨一直不停。先过碧泉、对狮两岩。而后进入灵岩。晓霞留我在岩中吃饭，这时已是下午。恰好有一个僧人来到岩中，询问后知道他是前面山中的净侣六空。当时晓霞正在干着一些日常事务：编茅绳、喂猪等。于是，吃罢饭便拜托六空作向导。往回走的途中，到狮峰便亲睹了观音现像的景观，抵沙陂便进入石梁岩游览，进了六空所居的庙庵，便乘着暮色攀登会仙寨，探游学堂岩，八景中只有伏虎岩未曾到。这一天仍然细雨迷濛，竟然没有妨碍游览，这是得力于六空的帮助。夜晚我就住宿在六空的方丈内。

十三日

早餐后，天气很寒冷，天空云雾遮蔽如故。告别了六空，沿原路往西北行，走三里到欧江。往北进入山中，是昨天从茶陵城来时所走的路。往南沿沙陂江向西去，是到茶陵城的另一条路。过了欧江，溪流才能够航行船只，我往西北翻过两座小山岭，仍然从茶陵城南关外渡过江流，沿城墙溯江而行，经过大西门，去探寻紫云山、云阳山的各处优美风景。西行三里，越过一座桥后冈陇渐开，这才看见大江从东北面流来。从冈陇间越过黄土坳，又走三里过新桥，云雾中隐隐露出半边云阳山。又走三里，抵达紫云山麓，为沙江铺，大江到了这里直逼山下。从沙江铺西行，是通往攸县和安仁县的大道。从南边登山，山脚下是紫云仙。上走一里，到半山为真武殿，殿上有座观音庵，它们都朝向东北面，似在鸟瞰自东北来的水流。观音庵中的松岩，是个上了年纪的僧人。我问他到云阳山的道路，他回答说："云阳山在紫云山西面十里。山顶为老君岩。云阳仙在老君岩半山间，离山顶有三里。赤松坛又在云阳仙的山麓，离云阳仙有三里。紫云山在云阳山尽头处，而赤松坛在云阳山正东麓。从紫云山下顺江北岸往西行三里，为洪山庙，那里是攀登山顶的北路。从紫云山下，顺山南麓往西行四里，为赤松坛，是攀登山顶的东路。洪山庙和赤松坛离山顶各不足十里。两条道路的中间有个罗汉洞。在紫云山的西面，从观音庵侧面的小路横穿一里，可以到达洞边的庵。从庵上山顶也有小路可以到达，便不必下紫云山了。"我按他所说而行。于是从真武殿侧面，往西北越过两个小山坳，有一条涧流从西北流来，它是从紫云山与青莲庵（即罗汉仙）后面流出的。涧中水往北汇入大江，紫云山和它西面的山峰被水流隔开。渡过涧流就是青莲庵，它朝向东面而突出来，地方清幽而庵中洁净。庵中僧人法号叫六涧，也是温和而易于接近，他坚决要留我吃饭。我急着登岭而婉谢，于是从庵后往西攀登。当时浓雾还笼罩着半山间，我全然不顾，直往上攀登三里，翻越了两层峰脊，脚步踏上的地方，雾气也旋即散开。又上两里，峰脊上冰块缀满林木的枝头，那寒气凝结成的冰块，大的如拳头，小的如鸡蛋，依树枝而粘结，遇来风而坠落，满地堆积。当时我所在的山峰雾气已经全部消散，山的南东两面，景物明晰可辨，然而北西两面，仍有一半被雾气遮掩。郿江从山东南流来，黄雩江自西北流来，环绕迂曲很远。这才知道云阳山的山峰，都是自西南走向东北，排列重叠数重：紫云山是它北面的第一重；青莲庵的后面，即我从那里登山的地方是第二重；云阳仙所在的山峰是第三重；老君岩在云阳仙上面，为山的顶端，它就是所说的七十一峰的主峰。云峰在南面，我所登上的山峰在北面，两峰横列，山脉从云阳仙的下面越山坳而耸起，峙为我所登山峰的第二重之顶端，它向东延伸下去，从青莲庵再往东，盘结成茶陵州城所背靠的山峰。我登上第二重的顶端后，道路迷失甚至断绝了。往西南眺望云峰的顶端，中间隔着一个山坞，而云峰的顶端还隐没在晨雾之中。俯瞰山脊越过去的地方，在峰下一里左右。山脊那边有长满翠竹绿树的山谷，两侧的山峰如同两乳，曲折环绕而相互掩映，整个山谷若天然洞府，无疑它就是云阳仙的所在。虽无路，也赶忙直坠而下，然后越过山脊往上走，共两里，翻过小山坳，进入云阳仙。那庵朝北，登顶的路从庵的左边走，往上五里便到老君岩，下山的路在庵右侧，三里便到赤松坛，庵后面有大石头高高累起，飞架在空中而中间透出缝隙，竹子树木悬缀在石头上，景象极为美妙。石头中间有一潭不流动的深水，异常清澈碧绿，名叫五雷池，天旱时祭祀求雨很灵验。一层层岩石向上突起，没办法攀登，岩石上浓雾遮掩。第二重山的顶上，树木当风起舞，所以冰块只是依附着树枝而堆积。而庵所在的山谷环绕夹峙，竹树茂密婆娑，雾气萦绕在其间结成冰，便是满树玲珑，如同琼花瑶谷，北风吹摇，便如摇响妇女的玉佩，亦如敲击雄浑的钟磬。冰块冰条偶尔被震动而坠落地下，便如玉石山崩，有堆积到两三尺高的，道路都被阻塞。听说庵上面登攀起来更为艰难。这时已经到了下午，听说赤松坛还在庵下边。因庵中僧人讲的是楚地方言,我将“赤松”误听成了“石洞”。我本意想登上云阳山山顶右侧后，便从山顶北面下山，但又恐怕错过石洞的奇景，并且有人说稍迟一会天气可望晴朗。我向庵中僧人镜然要了些食物，便往东面下山。路侧涧流奔泻在石缝间，僧人指点着说是“子房炼丹池”“捣药槽”“仙人指迹”等一些名胜，将赤松子的传说附会于留侯张良。直往下走三里抵达赤松坛，这才知道是赤松而不是石洞。于是宿于庵中。庵中的殿很古老，中间供奉赤松子，左边是黄石公，右边是张子房。殿前有一棵古松，没有其他好的景物。庵中僧人葛民也平易近人。

十四日

早晨起来，天气很寒冷，浓雾密布山冈。昨天晚上到赤松坛后，我就默默祈祷过黄石和子房的神位，祈求给半天的晴朗天气，为我能登上山顶饱览那里的优美景致。到现在望着山顶上浓雾弥漫、零星的小雨四处飞洒的样子，便不再抱有攀登山顶的希望。饭后，便告别葛民下山。顺山麓往北行，越过两条小涧，共走四里，经过紫云山山麓，江流从东北流来，从此处流入山峡中，路也顺流而去。绕出云阳山北麓，又走两里，为洪山庙。因为风雨交加，便停留在庙中，买了些柴禾烧火烘烤衣服，一整天都围着火盆烤火。庙后面有条大路，沿着它往南可以登到云阳山最高顶。当时庙下面江边停着几只船，都是因为江流中石头太多，堵塞得厉害，不能顺流而下，船夫屡屡招呼我，叫我明天搭乘船走，我却仍不能放弃游览云阳山的念头。

十五日

早晨起来，停泊的船只即将挂帆航行，船夫招呼我赶快上船；我见四周山上的雾气已散开，便吃了饭，打定主意登山。路从庙后向南往上走，登三里，又有座高峰耸立在北面，道路分成两条：一条岔向那座高峰的南面，一条岔向它的西南。我先是从东南走，疑心它就是前日我上罗汉洞时所经过的山峡中的那条旧道，而实际上它是到云阳仙的路，不是径直通到老君岩的，这才又折回来从西南面那条路走。不到一里，走到那座高峰的西面山峡中，雇仆往南望见山峡顶上有一座石桥飞架在两端，我急忙眺望但未能望见。等往西上到岭侧面，看见大江已经绕流到岭西面，大路却往西北下去，于是朝岭头往南向上攀登。当时岭头上叶片似的冰块纷乱杂沓，虽然没有路，但我想，即使路走错了，只要可以寻到石梁美景，也就不感到遗憾。等到达岭上四处寻觅，没有飞架的石头，只是见到所在之岭的岭脊，往东南横连着一个高顶，我想，那高顶定是登云阳山顶的路。于是往东南越过山脊，仰头直往上爬，又走一里，再越过一山脊，往下俯瞰山脊南面，云阳仙已经在下方了。大概这座山岭东西横亘，西面为云阳山最高顶端的北面尽头处，东面就是与前面所登云阳山东边第二层山相连接的山岭。从此处开始才找到路，于是继续向南朝山顶攀登，山岭上冰雪层层堆积，身躯像从玉树林中穿行。又走一里，接连翻过两座山峰，才登到最高顶。这时虽然旭日隐藏着它的光辉，但浓黑的阴霾消散了，远近各山峰都显露出真实形态，只有西北方远处的一座山峰还有淡淡的一片雾。于是从峰脊往南下走，又走一里，再翻过两座山峰，峰坳间有两条隐隐约约的小路，呈“十”字状交叉：往南上又是登山顶的路，东边的从半山中直往上延伸，西边的从半山腰斜伸下去。然而，峰脊北面的山顶虽然高，却纯是土，没有石头；峰脊南面的山峰较低一些，而它的东面却是石崖高高隆起，石峰石笋相对耸立。于是和雇仆将行李放在峰坳中，从峰坳南边山岭的东面，攀着崖壁间的缝隙而上，坐在石笋间，向下俯瞰山坞中，有一间茅屋，心想它就是老君岩的静室，所谓的老主庵。我私下想，直下到茅屋处有将近一里的距离，下去后又上来，路程既遥远，况且又已经坐在石崖的顶上仰视俯瞰过，四周的景物也没有什么特殊的，所以不如越过山脊从西边的路下山，方便就去游览秦人洞，不方便就往北到江边去找船顺流而下，也很容易。于是便从西边的路走。山北面冰雪壅塞，茅草荆棘交错缠绕，举步渐渐艰难。两里后便没有了路，四顾都是茅草茨黎，被冰凌黏结着，上不能伸头，下无从落脚，加之茅草丛中本来就不时有一些倒卧的石头，我怀疑这地方是虎穴，而山中又浓雾四起，俯瞰眺望一无所见，心里计议着难以再往下走。于是又朝着山顶往上爬，因为冰滑、丛草壅塞，所以一步一滑。想着峰岭峻峭深草遮覆，可以脱离虎口，就更加鼓足勇气直往上爬。两里，重新登上山顶，往北回望前面从西边向下所走的那山脊，又隔着两座山峰了。那地方山岭的东面茅草荆棘全都被火烧光，山岭的西面却是茅草荆棘遮蔽着山野，并且都是以岭头上的路痕为界限，像是有条分界似的。这时岭西面黑雾弥漫，岭东面日影明朗，雾气想要翻腾冲滚到东面，风立刻将其驱逐向西，也好像是以岭头为分界似的。又往南一里，再走下两座山峰，忽然见到峰岭上乱石林立，一片片如刀刃合聚、戈戟交集，西面石丛的尖尖上雾气拂掠，东面石丛中烈风劲吹，人从石丛中溜足直下，又坚决攀上石崖坐在上面，更加觉得自豪。回想起前时下山先有路而忽绝，雾散后又阴霾满天，想下山却又被迫转回山上的情景，都是因为山中神灵还没有呈献出这一奇景，所以故意使我放慢脚步，迂回曲折地绕圈子。下了石片林立的峰岭，到山坳中又见到呈“十”字状交叉的路，从“十”字路口往西下岭，便都是在浓雾中穿行了。开头的两里，到处是冰凌阴霾，但草丛中有路；又走两里，路变得隐微而且石头树草遮掩了路径和视线；再走两里，却是石头悬立树木茂密，道路断绝。大概前面所经过的西路，都是茶陵人从东面过来，到山中砍柴禾烧炭走出来的，到了此处就往回走。过了此处，崖石穹隆树木更深，从上面不能下，从下面同样不能上。我想，往下走的路程已经有好远，再往下走三四里就应当到达山麓了，岂能又像前面那次一样往回登？于是与雇仆或吊在石头上或纵身跃向崖壁间，或悬在藤条上或倒钩着树枝，从虚空的崖石间坠落了几层，渐渐听到水声从遥远处传来，然而终究不知道离人世是远还是近。旋即雾影忽然闪开，露出层层山峰和峡谷，树色浓暗。雾影再一闪，又见峡谷口上的两重山崖外，有一个平坦的山坞可以看得见。于是揣度着草丛的深浅踩踏着石磴往下走，像当年邓艾的军队下阴平间道一样，遇着沟谷往下坠，遇着崖壁朝下滚，什么技法都用尽了，然而我们都是赤裸着手，无从让手上裹上套子而身上披上毡子。不久，忽然下了一座悬崖，见到一条干涸的山涧，于是得以踏着石头向前走。前面攀着枝条悬空下坠借助于树，而刺穿衣服钩挂住鞋子的也是树。到了山涧中树木才稍微稀疏些，随即山涧中又生长了些草，草又遮蔽了涧底，倒伏的草丛下边，不能分辨哪是石头哪是水，很难下足。即或草没有了石头露出来，而棘刺勾芒，又像前面下山时一样戳衣挂鞋。如此这般走了三里，下了一座有瀑布悬挂的山崖，隐约见到路影在草丛间，然而时隐时现。又走一里，涧流从两边山崖间破峡而出，两边的山崖高高地对峙着，北边的尤其高峻陡峭，这才见到路从南边山崖间越过岭而出去。又走一里，见到从北面来的大路，这才开始有村庄，一打听，这地方为窑里，大略是云阳山西面的一个山坞。从窑里折往东北到洪山庙有五里多，往南到东岭有十里多，东岭往南再走五里，就是秦人洞了。当时迷雾渐渐散开，于是往南顺着山峡行、越过一座小山岭，走五里，登上枣核岭，这两岭都是云阳山向西延伸而后转往北形成山峡的山岭。朝下走一里，渡过一条涧流，那涧流从南面的龙头岭下流来，流出上清洞。依傍着岭西麓溯涧往南上行半里，为络丝潭，此潭深碧无底，两旁的山崖间堆叠着许多石头。又走半里，仍渡过涧流，依傍着岭东麓往山上登。此处东面为云阳山的南面山峰，西面是大岭东面的一座高峻的山峰。大岭与云阳山一样高，龙头岭在大岭的山脊上，它东南面到西岭结束，东北面抵麻叶洞，西北面耸立着五凤楼峰，西南面为古爽冲。从大岭的东北面流来的一条溪水，发源于洪碧山；从龙头岭往北朝下流的一条溪水，发源于大岭、云阳山山脊，两条溪水汇合而往北流出把七（铺的名称）。龙头岭的水分流往南北两面，从岭南面流下去的水，经东岭坞汇合秦人洞来的水流出大罗埠。共走两里，越过山岭到一片平坦的田野，这是东岭坞。山坞内水田平展，村落稠密，山坞的东面为云阳山，西面为大岭，北面就是龙头岭的山脊，南面是东岭曲折环绕。我刚到时以为这个山坞已经是低平的地方，待走下东岭，而后知道这山坞仍处在众山之上。顺山坞东面又走一里，投宿在新庵。

十六日

东岭坞内一个姓段的居民，导引我往南走一里，登上东岭，然后便从岭上往西行。岭头上有许多水流回旋下落冲出的深水坑，如同一口口锅仰放着，锅底都有洞穴直通向下成为井，它们有的深有的浅，有的见不到底，这地方是九十九井。这才知道这山的下面都是玲珑的石头，上有一洞，被水冲捣成井。有的洞直下，所以下坠无底；有的洞曲折，所以深浅随情形的变化而不同。这些井虽然干枯无水，然而整座山到处都是，也是一个奇观。又往西一里，望见西南面山谷中，四面山峰环绕，水流回旋下落冲成一大个洼坑，也如一口仰放着的锅，坑底有涧流，涧的东西两边都是秦人洞。从茂密的草木中直往下走两里，到了那大洼坑处。洼坑中的涧流从秦人洞西洞流出，进入东洞中，它横界在洼坑的中间，东西长半里，流到中途先捣入一个洞穴中，旋即穿过洞穴从东面流出来，便从石峡中流走。那山峡南北两边都是耸立如壁的石崖，夹峙而形成一条横槽；水从横槽中流抵东洞，向南捣入洞口。东洞有两个门，朝向北面，有一股水先分流入小门内，透过夹壁向下倾泻，人不能随水而入。稍往东而向南流入大门内的水，从众多石头中间漫流，水势较为平缓；只是洞内水流汇聚成潭，深深地淹没了洞内的两边崖壁，旁边没有别的缝隙可以让人沿着走进去。顺崖走则道路断绝，涉水过则水太深，可惜的是没有木筏乘着进去，以便可以觅取潭水边的支矶片石。只有小门中的水，流入夹壁中后也向旁边通到大洞，那水流较浅，可以提起衣裤走进去。那通往大洞的孔穴曲折而有缝隙漏着光，孔穴中如另有一间开着门的、有栏杆的小屋子，从那里回身观看水流捣入的态势，也很奇异。西洞的洞门朝东高高隆起，比起东洞洞门的高峻来稍逊一些；水从洞后面向东流出去，而且水也较浅可以提起衣裤走入其中。进入洞内五六丈后，上面镶嵌着围顶，四周石头凌空飞突，洞壁的第二层上如同悬空架着楼阁，若得到两丈高的梯子便可攀到上面。再往下走，水流也汇聚成潭，潭的深度与东洞中的一样，不能再进去了。这天向导先带领我到东洞，因为洞中水深难以进去，便返回了，不知道所谓的西洞。往回走五里，在向导家吃过饭，已是中午了。那向导家的一个长者询问后得知我们所到的那个洞里面水深，便说："错了！这是入水洞，不是水从其中流出的那个洞。"于是又导引我前行，这才抵达西洞。我庆幸两个洞的优美景观都得以游览，何惧路途往返的麻烦呢！

出了西洞后经过东洞，共走一里，越过山岭往东望去，看到东洞的水流出山腹的那地方；又走一里，往南抵达山坞下，见那水从山麓向东涌出，也如黄雩江从石头下边涌出来一样。当地人用石块砌成一个圆形的池子，堵起一大潭水用以灌溉山中的田畦。从池子的东面起，水往南流出山谷，路往北越岭而去，共走两里才到达东岭上，这是从茶陵州城进入东岭坞的大路。登上岭头，顺原路走一里，返回到向导家住宿。

十七日

早餐后，仍从新庵往北下了龙头岭，共走五里，由原路到达络丝潭下。起初，我查阅到志书上有“秦人洞分三个洞，然而上洞只有石门，不可以进入里边”的记载，后来我既然因为被误导而得以游览两洞，就无心寻觅所谓的上洞。当地人说：“络丝潭北面有个上清潭，它的门很狭窄，水由门中流出，人不可能进去，若进去便有奇异优美的景观。此洞与麻叶洞都是神怪龙蛇潜伏的地方，不只是难以进去，而且也不敢进去。”我听了这话，更加欣喜异常。过了络丝潭后，不渡涧流，就依傍着岭西麓往下走。因为渡过涧流为岭的东麓，那里在云阳山的西面，就是来时所经过的枣核岭的那条路；不渡涧流为岭的西麓，在大岭、洪碧山的东面，是通往把七铺的路。往北半里，遇一打柴人，他带领我们到了上清潭。那洞就在路下边，涧流上边，洞门朝东，两边相夹如同两掌相合。水从洞中出来，有两股：从洞后出来的，汇聚成潭而不流动；从洞的左边，即洞南的支洞出来的，流得很急。随后我越过洞左边的急流，将下入水中走进洞去。向导只提供火把，没有肯当先导的。我便脱了衣服匍匐在水中像蛇一样爬着进去。石头间的缝隙既低矮又狭窄，而且被水淹没了大半，必须身体没入水中，手举着火把平伸出水面上，才能进去。往西进去两丈，石头间的缝隙才高高地裂开一丈多，南北横向裂开的也有三丈多，然而都没有进入缝隙的通道。唯独正西面有个小洞，宽有一尺五，高两尺，然而水淹没着的部分也有一尺五，水面上剩余的缝隙不过五寸而已。我揣度若匍匐在水中爬进去，必然口鼻都被沾湿，并且我用火把探了一下，即使贴着缝隙的顶往里爬，火把仍有一半被水浸泡。当时雇仆在洞外守着衣服，若游着水进去，谁为我递火把？身体可以从水中过，火把难道能从水中过吗？况且秦人洞的水，也曾淹到我的膝盖、浸湿过大腿，都温暖不觉得寒冷，而此洞中的水寒冷，与溪涧中的没有差别。又加之洞当风口，风刮得很猛。风与水交相侵逼，而火把又成为阻止我往里进的一个因素，于是就放弃探险返身出来。出了洞披上衣服，还觉得周身起粟，于是在洞门边烧了堆火烘烤。过了许久，仍顺岭西麓随水往北行，直至枣核岭西面。

离开上清潭三里，找到麻叶洞。此洞在麻叶湾，西面是大岭，南面是洪碧山，东面是云阳山、枣核岭的分支，北面则是枣核岭的西边。大岭折往东延伸，夹立在涧的下游，峰岭夹峙如门，山门相对处有座山峰，峰上石头高耸突兀，它是将军岭；涧流捣贯将军岭的西面，而枣核岭分支往西延伸到此结束。涧流西面有座石崖朝南环绕，如同鸟雀展开的翅膀，向东俯瞰涧流中，大岭的分支，也往东延伸到此处而结束。回旋的石崖下，也裂开一条缝隙，但浅而不能进去。石崖前面有条小溪，自西向东流，经石崖前汇入大涧流中。我们顺小溪到达石崖西侧的乱石中间，水流石崖下以至看不见，洞穴在上面张开，这就是麻叶洞。洞口朝南，仅如斗大，在石头缝隙中转折了几层而通向下。起初找火把请向导时，当地人也都只答应提供火把，而没有敢导引我游洞的。他们说："这洞中有神龙。"有的说："这洞中有精怪。除非是有法术的人，否则不能使那精怪畏惧而顺服。"最后出重资找到一人，将要脱衣进洞时，问知我是读书人，不是道士，又惊骇地返出来，说道："我以为你是有降服神怪法术的道士，所以想随你进去。若是读书人，我岂能以身殉葬？"我于是到前村，将行李寄在那人家中，与雇仆各持火把走进洞。当时村民跟随我们到洞口的有几十人，打柴的腰插镰刀，耕田的肩扛锄头，妇女们做饭的停止了灶上的活计，织布的将梭子抛掷在一边，还有放牧的童子、背东西的行人等等，接踵而至，但都没有跟随我们进去的。我俩于是把脚先伸进洞，然后踩着石坎，从一些小洞中绕行，互相传递着火把朝下走，折了几次后到达洞底。洞底稍微宽一些，可以侧身昂首，于是才将火把举向前。洞东西两边崖壁上裂开的缝隙都没有通道可以进去，正北有个孔穴，低矮得只有一尺，宽也是一样，然而那孔穴下很干燥而且平坦。于是先将火把伸进去，而后像蛇一样往里爬，脊背磨擦着孔穴顶部，腰部贴着孔壁，下身向后翘起，才通过了这内洞中的第一关。孔穴以内洞壁上的缝隙渐高，又是东西贯通，然而也没有进入的通道。又通过第二关，它的狭窄和低矮程度与前面一关完全相同，进入里边的方法也相同。进去后，内层同样横向裂开，西南边裂开的缝隙不很深。那东北边裂开的缝隙，斜向上过了一个石坳后，忽然又纵向裂开，上面穹隆下面狭窄，高不见顶。到了此处，岩石变化出不同的形态，表层纹理顿时改换，每一片石每一个孔都显得灵异。西北面的洞峡渐往里渐狭窄，两壁夹着一条缝，窄得不能容纳火把。折往东南面的洞峡走，依然下了一个石坳，洞峡底部砂石平铺，如同涧流底一般洁净光滑，只是干燥无水，这不仅省了提起衣裤的麻烦，而且避免了水流弄湿弄脏衣服和身体。洞峡的东南尽头处，乱石崩裂堆架，若楼台一样层层叠累，由石头的缝隙间都可以攀登着上去。那上面有一小条石缝，直通洞顶，光从缝隙中照射下来，宛若明亮的星星和如钩的月亮，可望而不可摘。层层叠累的石头下面，涧底通向南，覆盖的石头低低地遮压在沟涧上面，间隙仅有一尺左右高；这必定是以前通向洞外、涧流从其中淌进来的通道。只是不知从前为什么流水奔涌，如今又为什么成了干涸的洞，真是不可理解。从层层叠累的石头下往北顺涧底进去，那狭窄的通道很低矮，与外面所经过的两个关相似。稍微从它西面一点攀上一条石头间的夹缝，先转往北而后转往东，若过马鞍似的地形越过尖而高的山头一样。两壁的石质石色，光洁如玉，润嫩如水，仿佛欲滴，那垂悬的石柱、倒挂的石莲花，花纹仿如雕刻，形态像要飞舞起来。往东走下一个石阶，又到了涧底，便已经转入隘关以内了。从这里进去是一个小石巷，宽有两丈，高有一丈五，上面覆盖的石头平得如同布篷，涧底平而宽广若大路。往北急行半里，下面有一块石块横伸出来，如同一张床，棱边匀称整齐。它顶上石莲花下垂，纵横的石条网织成石帐，结成宝盖，四周垂悬着帐幕，与床一样大小，帐幕中间圆而贯通，向上回旋，上面穹隆形成顶。它后面的西边，一根根圆形的像是用玉石做成的石柱直立着，有的大有的小，形态各不相同，而颜色都晶莹洁白，花纹都像是雕刻的：这是小石巷中的第一奇景。又直往北半里，洞分为上下两层，涧底朝东北延伸而去，到洞上层从西北攀登。这时我们带的火把已经用掉了十分之七，恐怕回去的路途分辨不清，于是从前面所走的道路折了几次，穿过两道隘关，抵达透光处时，火把恰好燃尽了。穿过孔穴走出洞，仿佛投胎转世一般。洞外守着观看的人，此时又增加了几十个，见到我俩都将手举到额头行了礼，大称奇异，把我俩视为有大法术的得道之人。并且说：“我们守候很久，以为你们必落怪物的口中，所以我等想进去看看却又不敢，想离开又不能。现在你俩安然无恙，若不是神灵畏惧而顺服你们，怎能够有如此结果！”我分别道谢了各位，对他们说：“我遵从我的规则行事，我探游我所喜爱的风景名胜，烦劳各位久久站立守候，这叫我用什么来表达对大家的敬意呢！”然而那洞只是入口处多一些狭窄的地方，洞中却洁净干燥，这是我所见过的洞都不能比的，不知当地人为什么那样害怕进去。于是到前村取了行李，从将军岭出来，顺山涧往北行十多里，抵达大路上。那里向东到把七铺还有七里，向西到还麻只有三里，我开初想从把七铺搭乘船只往西行，到现在去把七铺反而是溯流上行，已经不是我所希望的，又恐怕把七铺一时间没船只，而天色已经晴开，于是从陆路向西朝还麻走。当时太阳已落山，尚未吃饭，于是在集市中弄了些酒。又往西走十里，投宿在黄石铺，离开茶陵州城向西已经四十里了。这天晚上碧空如洗，月白霜寒，也是旅行途中的一处不同寻常的住宿地，但因为走得太疲倦，倒下就睡着了。

黄石铺的南面，就是大岭北面耸起的山峰，怪石嶙峋，直插云空，西南面的一座山峰尤其突出，名叫五凤楼峰，距此峰不足十里，就是通往安仁县城的路。我因头天晚上早早睡下，未能打听到这些，第二天踏上路途，知道时已经来不及了。黄石铺西北面三十里为高暑山，另外又有座小暑山，它们都在攸县东境，我怀疑就是司空山。两山的西面，高峻的山峰渐渐低伏下去。茶陵江折往北，经高暑山南麓流向西去，攸水在高暑山的北面。所以此山分隔了茶陵江、攸水两条江流。

十八日

早餐后，从黄石铺往西行，霜花铺满大地，旭日升起在明净的天空。十里为塘铺，又走十里为珠矶铺，这里便是攸县界了。又往西北走十里，到斑竹铺。又往西北走十里，到长春铺。又走十里，往北渡过大江，就是攸县的南关了。县城濒临江的北岸，东、西两个城门与南城门并列在江侧。茶陵江先折往北而后绕向西，攸水从安福县封侯山往西流而后转向南，都夹着高署山而向下流淌，汇合在县城东边，从城南向西流去。这天一路上天气都很晴朗，到长春铺时阴云又笼罩了天空。抵达攸县县城时才过中午，因没有等到船只，便投宿在学门前。也是南门。

十九日

早餐后，阴霾不散。从攸县西门折往北，便朝西北登上倾斜不平的山坡。走十里，到水涧桥，有条小水自北往南流。越过桥往西走，接连上了两座山岭，西面的山岭叫黄山。下了岭共走五里，为黄山桥，有条水也是自北往南流，那水大于水涧桥下的那条，山间平坦的坝子也十分开阔。往西从平坦的田野间走三里，上了牛头山。又从山上行两里，叫长冈冲，走下岭为清江桥。桥东边红色的崖壁如同回旋伸展的鸟翅，山涧水从北边流来，与黄山桥下的那条一样大。桥西一片平坦，大小也如同黄山桥的平洋，只是四周都是山，不像黄山洋南北一望无际。宽阔的平地满布田块，村落相望，地名叫漠田。又走五里，往西进入山峡，已经是衡山县界、界北面的众山中都出产煤，攸县人用煤不用柴，乡村中的人争相运煤到市场中去卖，运煤的人流不绝于路。进了山，沿一条小溪往西向上走，道路分为两条：往西北的是进山向衡山县城去的小路，往西南的是到太平寺等处搭乘船只的路。我们从分路处沿着往西南去的那条走，五里为荷叶塘。越过盼儿岭，走五里到龙王桥。桥下的水从北面的小源岭流来，向南而去，村中的居民姓萧，也是一个大家族。向北望去，二十里外，小源岭上面，有座高山如一道屏障横列着，名叫大岭山，它是北通湘潭县的路。跨过龙王桥，往西南行三里，登上长岭。又往西下到一个山坞中，走三里，上了叶公坳。又走四里，下了太平寺岭，大江就在岭下。江对岸就是芒洲，从攸县县城东面过来到芒洲有四十五里路程。这天上长岭时，太阳隐隐露了下脸，半夜雨声滴沥，到天亮停止。

二十日

头天晚上因为在太平寺旁边的江岸上等候船只，便睡在一只停泊的船中。半夜时见到东西两面山上，火光闪烁，如同将灯悬挂在百尺高的楼上，火焰映射天空，开始时我怀疑是月亮升上天空、太阳坠下山去的那种景象。随后才知道是夜间的山火。睡下后，听到雨声滴沥，直到天亮才停止。上午找到船只，于是乘船顺流往西北向山峡间行。二十五里，到大鹅滩。又行十五里，过了下埠，下回乡滩，滩很险。过此处后山才分隔开，江流便向西流去。行二十五里，往北驶下横道滩，又行十五里，傍晚时投宿在杨子坪的村民家中。

二十一日

四更时，月色皎洁，船夫便催促上船。行二十里，到雷家埠，驶入湘江中才有鸡鸣。又往东北顺流航行十五里，抵达衡山县城，在县东城下船。我们从南门进城，经过县衙前，出了西门。走三里，翻越桐木岭，这才有高大的松树分立路侧。又走两里，到石陂桥，路两边才有松树夹立。又走五里，过九龙泉，泉边有头巾石。又五里，到师姑桥，山峦冈垄才相互分隔开一些，这才见到祝融峰耸立在北面，然而夹立在路两边的松树，到师姑桥后便没有了。桥下的水往东南流去。又走五里进入山中，才又有松树。又走五里，路北边有所谓"子抱母松"。大的那棵有两抱粗，小的那棵分成两杈。又走两里翻过佛子坳，又走两里登上俯头岭，又走一里到岳市。越过司马桥，进入岳庙中拜谒，出来后在庙前吃饭。询问得知水帘洞在衡山东北隅，不是登山的道路所经处。当时是下午，还来得及登上山顶，见密云没有完全遮蔽天空，不知明日是阴是晴。踌躇了半天，心想既然上到了这里岂能又绕道回去，于是往东走出岳市，便从路亭北面依山转入一条岔路中。起初，路很大，是从湘潭入衡山的道路。往东北走三里，有条小溪从衡山东面的高峰上流来，这时遇到一位打柴的人领我们走上小路。三里，上到山峡中，望见一条水帘铺挂在石崖下。两里后，到达那地方，原来是一股瀑布倾泻在石崖间，可以称之为“水帘”，不可以称之为“洞”。崖壁北面的石头上大大地书写着“朱陵大沥洞天”以及“水帘洞”“高山流水”等一些字，都是宋、元时期的人书写的，但分辨不出他们的题名。引路人又说，水帘洞东面的九真洞，也是从山峡间流泻出来的瀑布。下了山又往东北走两里，登上山顺着山峡，越过一个山隘，山隘中峰回水绕，引路人以为就是九真洞了。有个烧山垦荒的人来到，说：“这里是寿宁宫故址，是九真洞的下游。所说的洞，是山峦环绕围成山坞，与此处没有两样，那地方在紫盖峰的下面。越过山往北走还有洞，也是山坞，那里已逐渐接近湘潭县境。”我见太阳快要落山，便出了山中，走十里，僧人的小屋已经近在眼前，于是回到庙中住下。

二十二日

奋力急速地朝山上攀登。从岳庙往西越过将军桥，岳庙的东、西两面都是山涧。往北入山一里，为紫云洞，其实也没有洞，不过是山前面的一条山冈环绕在山口处围成一个山坞罢了。由此上岭一里，从大石头后越过一条山脊。从络丝潭北面走下一岭，又顺着络丝潭上游的山涧走一里，为宝善堂。那里两条山涧水从东西两个山谷中流来，堂前有块大石头如同刀劈的一样，西边那条山涧水环绕石头下边，流出玉板桥，与东边那条山涧水汇合而往南流去。宝善堂隔在两条山涧水中间，它距离岳庙已有五里。从堂后面仍然踩着石磴朝上走一里，又顺西涧东面的山岭平行两里，为半云庵。从庵后渡到涧西边，踏着石阶直往上走两里，攀上一座山峰，为茶庵。又直往上走三里，翻越一座山峰，到半山庵，道路十分陡峻。走了一里多，路南边有个铁佛寺。从寺后踏着石阶往上一里，路两旁尽是些纷乱的细竹。上岭，到丹霞寺。从半山庵、丹霞寺侧面往北朝上走，竹子树木交相衬映，青翠的颜色仿佛要滴落到衣服上。走在竹丛中，听到泉声淙淙。从半云庵越过山涧后，从未与水流相遇，以为山高没有水了，到此听到水声感到特别愉快。当时一心想登上山顶，经过各寺庙都没有进去。从丹霞寺往上走三里，为湘南寺，又走两里，到南天门。向东平走两里，路岔开。往南走一里，到飞来船和讲经台。转回原路，又向东朝下走半里，往北越过山脊，再往西北朝上走三里，到达上封寺。上封寺东面有虎跑泉，西面有卓锡泉。

二十三日

在上封寺。

二十四日

在上封寺。

二十五日

在上封寺。

二十六日

天气晴朗。到了观音崖，再次登上祝融会仙桥，从不语崖往西朝下走。八里后，路岔开。路口南边为茅坪。往北走两里，到九龙坪。仍然转回路口，往南走一里，到茅坪。往东南从半山腰中走，四里后渡过来源杂沓的山涧水，到大坪路岔开。往东南去上南天门。从西南面的小路直往上走四里，为老龙池，有一池水在岭坳上，不很清澈。僧人的净室大多在岭外。又往西南走，到侧刀峰西面、雷祖峰东面路岔开。往东走两里，登上侧刀峰。从侧刀峰顶上平行两里，走下山顶，所越过的山脊很狭窄。从赤帝峰北面走一里，绕到峰东面，路岔开。于是往南从山坳中向东行，一里，转出天柱峰东面，便往南朝下走。走五里，过了狮子山后与大路交合，于是从岔路往西进入福严寺，寺中的佛殿已经倾塌，僧人佛鼎打算新建。住在明道山房。

二十七日

早晨听到雨声，餐后出发时稍微停了些。从寺西面顺着天柱峰南边走一里，又往西朝上走两里，越过天柱峰朝南面的山脊，折往北，顺天柱峰西面走一里，登上从西边延伸过来的山脊，便从山脊上往西南行，从这里起就是顺着华盖峰的东面走了。一里，转到华盖峰南面，往西走三里，顺华盖峰西面往北朝下走。这时急风骤雨来临，我们撑伞而行。往北越过一小块山间平地，又上了岭，共走一里，折往西从岭脊上行。接连越过三座山脊，或者顺岭北，或者顺岭南，共走三里又上岭。从那岭直往上走两里，就是观音峰了。从观音峰北面的树林中行三里，雨才停下来，然而天空中阴霾仍十分浓密。又往西南朝下走一里，见到观音庵，这才知没迷路。又朝下走一里，为罗汉台。有条路从北面山坞中过来，它就是从南沟来的路。从罗汉台又往南朝上走两里，接连越过两座山脊，丛密的树木也没有了，山峰间都是些茅草。随后越过高高的山顶，往南朝下走一里，见到一座丛木生长的小山，这就是云雾堂。云雾堂中有个老僧人，法号叫东窗，年纪九十八岁，还能和客人同样地起身互行打拱作揖的礼仪。这时雾气稍微散开了些，又往南朝下走一里，见到从东面过来的大路，于是折往西下去，又走一里半到达山涧边，越过山涧上的桥到西面，就是方广寺。寺的正殿崇祯初年遭灾被毁，三尊佛像裸露在雨中。大略大岭的南面，石凛峰分出支脉往西延伸下去，成为莲花等山峰。大岭的北面，云雾堂所在山峰的峰顶分出支脉往西延伸下去，成为泉室、天台等山峰。它们夹峙而形成山坞，方广寺就位于山坞中，寺始建于南朝梁天监年间（502–519年），山坞的水口往西过去的地方，峰峦回环交锁，极为险要狭窄，也是一处名胜之地。宋代朱晦庵、张南轩留在寺中的各种遗迹，都毁灭于火灾中。寺西面有个洗衲池，补衣石则在山涧旁边。跨过水口桥，就往北上了山，向西北攀登一里半，又平走一里半，见到天台寺。寺中有个僧人叫全撰，是个有名的僧人。当时恰巧他外出了，他的徒弟中立馈赠了我一些最嫩的茶叶。大略泉室峰从西面高顶延伸而来，突起而成为天台峰。天台峰西面垂下一条支脉，它环绕而折向南面，像一条摆动的大尾巴，几乎往东连接着天台峰向南延伸下去的那条支脉。天台峰南面两山间的水流细小，山峡内环绕着一个山坞如同玦玉，这山坞位于高山之上，与方广寺所在的山坞可称为上下两奇。返回方广寺，宿于庆禅和宁禅房中。

原先，我想从南沟前往罗汉台再到方广寺。等登上古龙池，却往东上了侧刀峰，错转出天柱峰东面。到宿在福严寺时，正好佛鼎禅师凿通道路取木修殿，便又辟开了到罗汉台的路。我这才得以顺着那辟开的路往西行，而且从天柱峰、华盖峰、观音峰、云雾堂所在的山峰到大坳，都是衡山来脉的峰脊，得以一览无遗，实在是心中快意的事。从南沟前往罗汉台，道路绕行较远，不如径直登上天台峰，这样南岳衡山的优美景致便可以览尽。

二十八日

早晨起来，风雨未停。宁禅、庆禅两位僧人坚决挽留我，我强硬地辞别了他们。庆禅送我到补衲台才与我分别。于是沿山涧往西行，南北两边，山都是光秃秃的，尽生长着一些茅草。走五里，才有石崖树木萦绕在溪畔，崖影溪流，上下交相映照。又走两里，溪对岸的前山间，有个山峡自东南面延伸过来，山峡中的水与方广寺来的水汇合而流往西去。我们向北朝山崖上攀登，山崖下面石头树木更加茂密，山涧水处深谷之中，那深谷中有黑、白、黄三个龙潭，因为谷两边崖壁峻峭陡削，所以路折往上走，这样便只是听到水声而已，不能见到龙潭。随后在山半平行三里，过鹅公嘴，到龙潭寺。此寺在天台峰的西峰下，寺南面为双髻峰。大概天台峰、双髻峰夹峙而往西延伸过来，从而形成了有三个龙潭在其中的那条水流；龙潭北面山上就是寺，寺西面为狮子峰，尖削陡峭，孤峰耸立，天台峰以西的山峰，到此结束。狮子峰南面溪流对岸就是双髻峰的西峰，莲花峰以西的山峰，也到此结束。过了九龙坪，依然从半山中平坦的道路朝前行去，五里后，从狮子峰南面绕到峰西面，下了山又走五里，为马迹桥，衡山西面的山峦这才结束。马迹桥东距龙潭十里，西距湘乡县界四十里，西北距白高三十里，南到衡阳县界孟公坳五里。从马迹桥往南渡过一条山涧，就是从方广寺、九龙坪流往白高去的那条。然后便往东南行，四里到田心。又越过一座小桥，走一里，登上一个低矮的山坳，我当时不知道它是往两县分界处。越过山坳又走五里，有条水流从东北面山间悬崖上倾泻下来，高有几丈，这里是小响水塘，大约这水也是衡山水流的余波。又走两里，有条水流从北面山上悬崖间倾泻下来，这里是大响水塘。水面的宽处超过前面那崖壁上的，但水分成两级折下山峡间，先看见上面的一级，然后见到下面的那级，所以觉得它不如前面崖壁上的那样飞流直下。大响水塘前面就是宁水桥，我向旁人询问桥下的水从何处流来，才知道它是往南从唐夫沙河而流下衡州城草桥。大略从马迹桥南面五里衡阳、衡山两县分界处的孟公坳起，水往北流是从白高流下入殒江，往南流是从沙河流下草桥，因此孟公坳不只是两县的分界，而实际上是衡山往西延伸而来的山脉经过的地方。只是这山坳很平，衡山往西延伸而来的山岭不很高，所以没有觉察到罢了。我这才悟出衡山的来脉不是从南面来，而是从此坳东面耸起为双髻峰，又往东为莲花峰后面的山，又往东耸起为石廪峰，这才分成南北两支，南支为岣嵝、白石等山峰，北支为云雾堂所在的山峰和观音峰，而后耸起为天柱峰。假若不从衡山西面走，必定认为岣嵝峰、白石峰就是它的来脉了。

在宁水桥吃了饭后往南走，五里，经过国清亭，然后越过一座小山岭，为穆家洞。那洞曲折环绕，圆而齐整，水流从洞的东南面绕到东北面，它就是石廪峰西南山峡中的水流；洞周围的山也是环绕盘曲，往东连接衡山的西面。过洞走两里，又往南翻越一座山岭，走一里，为陶朱下洞，那洞很狭窄，水从洞中直往西流去。道路又向南进入山峡中，走两里，又翻越一座山岭，为陶朱中洞，洞中的水也往西流去。又往南走两里，登上一座山岭，岭坳很狭窄，那地方为陶朱三洞，此洞较宽于前面的两个洞，但不如穆洞那样曲折环绕。走两里，又越过一座山岭，为界江，江水从东南向西北流去。界江的西面为大海岭。溯水往南行一里，登上一个山坳，也很平坦，是衡山的山脉又往西延伸为大海岭的那个山坳。山坳北边的水，是往西北流下唐夫的那条。山坳南边的水，是往东南流下横口的那条。翻过山坳共走一里，为傍塘，便沿水流往东南行。走五里，为黑山，又走五里，为水口，两山迫近，水流从中间破壁而入，道路则要翻越水流上面的山崖。一里后，水才流出山峡，路也趋平。又走一里，就是横口。傍塘、黑山的水往南流下来，岣嵝峰的水从西南流来，到此处便汇合。从此地向北眺望，岣嵝、白石等众山很近，它南距衡州城还有五十里，于是便停下来住宿在旅店中。这一天共行了六十里。

二十九日

早晨起来，大雨如注，于是在泥泞的道路中艰难地行走，边往前走边向后滑。沿溪往南行，越过一座小山岭，为上梨坪。又越过一座小山岭，走五里，为下梨坪，到这里又与溪流相遇。又沿溪往东南朝下走，十里，为杨梅滩，有座石桥南北横架在溪上，溪水从石桥下往东流去,路越过石桥往东南走。走五里进入排冲，又从排冲走五里，向南翻越青山坳。所谓排冲，是一条山冈从谭碧岭往东南延伸到青山后，分为两支，都折向西北，两座山冈中间如同一扇门，它们相夹而形成长长的山坞，山坞中田畴环绕，路顺山坞进去，到了青山坞便结束了。于是翻过山坳往南走，山坡高低不平，泥浆滑溜，几乎不能立足，衣服里层的棉絮虽然湿透了，也因为疲惫而不觉得寒冷。走十里，下了望日坳，为黄沙湾，蒸江从西南面沿山而来，道路于是顺江往东南朝下走。又走五里为草桥，即到达衡州府城。去找寻静闻，傍晚在绿竹庵天母殿瑞光禅师处见到了他。赶忙奔到瑞光禅师房中，凑近火烘烤衣服，而衡山古太坪的僧人融止这时已经在瑞光禅师的房中了。这之前，我经过古太坪，上古龙池，在半山中曾到融止的静室问路，融止和他师兄应庵（双目失明）苦苦挽留我，我急着告辞而去。到现在他已经先见着静闻，所以静闻知道了我的踪迹。因为融止搀扶着应庵打算南下返回桂林七星岩，所以经过这地方，而我又与他们相遇，也是一次机缘。

绿竹庵在衡州城北门外华严、松萝等众庵之间。八个庵连接着，各庵都幽静明亮而清洁，僧人诵经的声音相互可闻，它们是藩府焚香修道的地方。大概因为桂王以宗室受封者的身份而乐于行善，所以对于佛教中的事极为努力而不怠。

三十日

游览城外的河街，街道上泥浆很深。傍晚返回天母殿住宿。

二月初一日

早早地在绿竹庵吃了饭，因为城中街道泥泞，我想不如从山上行。于是往东南翻越一座小山岭，到达湘江边上。共走一里，溯江到了蒸水汇入湘江处。对岸是石鼓合江亭。渡江登东岸，往东南行，那地方山坡高低不平，走四里，经过把膝庵，又走两里，翻过把膝岭。岭南面田畴平坦宽广，举目望去，耒水从东南方流来，直抵湖东寺门前，折往北流去。湖东寺在把膝岭东南面三里平坦的田野中，寺门对着耒水，它是万历末年无怀禅师所建，后来憨山也到寺中来与无怀一同住留，他有间静室在寺中。我到达寺中时，正遇上桂府施舍斋饭给僧人，被两个桂府的内官强行拉着我们也去吃了斋饭。饭后往西行五里，翻过木子、石子两座小山岭，从丁家渡过江，已到衡州城南门外。攀着山崖上了回雁峰，这峰不很高，向东临眺湘水，往北俯瞰衡州城，都在脚下，雁峰寺笼罩在峰上，使峰上不再有空隙，然而寺中的殿宇许多处即将坍塌。又在僧人住的千手观音殿吃了饭，这才往北向下朝街道走去。路上污泥淹没到小腿，走一里，进入城南门，经过四牌坊，城中的街道店铺与城东的河市同样繁盛。又一里，经过桂府王城东面；又一里，到府衙门西面；又一里，出了城北门，便往北登上石鼓山。这山在临蒸驿后面、武侯庙东边，湘江在山南面，蒸江在山北面，山脉从两江之间穿越而过，到东面耸成山峰，峰前为禹碑亭，大禹的《七十二字碑》就立在亭中。碑上的刻字比起前面临摹到的望日亭中碑上的字，略显苍古，但字迹非常模糊，不可辨识，字形和解释的文字也很有一些不同。禹碑亭后为崇业堂，再往上走，宣圣殿矗立在中间。殿后面高耸的楼阁非常宽敞舒适，下层名叫回澜堂，上层名叫大观楼。从楼上往西俯瞰石鼓山山脊穿越过去的地方，正好平对着衡城，与回雁峰南北相对峙，蒸、湘两江夹在楼的左右两边，江流近得像从窗户门槛下流过，只有东面两江合流处在楼的后面，不能全部观览。然而楼的三面所凭靠的，近处是居住着千万人家的市街，以及三条江流中来往行驶的船只，湘江从南面来，蒸江从西面来，耒江从东南面来。远处却是高山、云彩、峰岭、树木，它们相互遮蔽映衬，层层叠叠。虽然（石鼓）

书院的宏伟，不如（江西）吉安白鹭书院那样壮观，但却是名士贤达们乐意讲学育才的一个地方，兼有滕王阁、黄鹤楼的优越之处，它们是韩文公、朱晦庵、张南轩讲授学业的处所。不是白鹭书院能够比得上的。这座楼的后面为七贤祠，祠后面为生生阁。阁朝向东，往下俯瞰，两江（蒸江、湘江）汇合在阁前，耒水在两江合流处北面两里外汇入，此阁与大观楼的朝向相反，大观楼朝西，此阁朝东。大略地说，大观楼雄踞山顶，囊括了南北西三面的奇观，而此阁却尽收东面两水同流的美景。又往东为合江亭，亭址所在处较为低下而更加临近江流。亭南面石崖边，有条五尺高的缝隙，如同两掌相合而朝向东方，侧着肩膀进去，里面可以容纳两个人，这是朱陵洞的后门。我寻觅所谓的“六尺鼓”，但没有找到。合江亭下靠近江水边有两块石头如竖立着的两块碑，它们难道就是所说的遇到时世危乱便自动鸣响的那石头吗？登上大观楼时，正对着落日残辉，见太阳隐隐地藏在黑云后边，又出现了要下雨的征兆。下了楼，踩着污泥趁着夜色越过青草桥，往东北走两里进入绿竹庵。晚餐后，飓风怒号，直到天亮才停止，而雨又潇潇地下了起来。

衡州城东面濒临湘江，通着四个门，余下北、西、南三面如鼎一样并峙，而北面被蒸水夹着。城很狭窄，大体上南部较宽展而北部窄削。北城外，青草桥横架在蒸水上。此桥又称为韩桥，说是昌黎先生经过此处而建立的。然而图书文籍中找不到证明，今人只有草桥的称呼而已。而石鼓山隔在北城与青草桥之间。城南面，回雁峰耸立在湘水岸上；城北面，石鼓山屹立在它的下游。而潇湘水依回雁峰东侧，从城南流抵城北，到城北后首先汇合蒸水，才从东面折向西南来，再汇合耒水。

蒸水从湘江西岸汇入湘江。它发源于邵阳县耶姜山，往东北流经衡阳县北界，汇合唐夫以及衡山西面的三个洞等处来的水，又往东流抵望日坳，形成黄沙湾，然后流出青草桥而与湘江汇合在石鼓山东面。它一个名称叫草江，因流经青草桥的缘故。又有一个名称叫沙江，因流经黄沙湾的缘故。而称之为蒸江，是因为水流中的水气如蒸气般缭绕上升。船从青草桥进入江中，航行一百里便到达水福，又航行八十里而抵达长乐。

耒水从湘江的东岸汇入湘江。它发源于郴州的耒山，往西北流经永兴、耒阳两县界。又有条郴江发源于郴州的黄岑山，一条白豹水发源于永兴县的白豹山，一条资兴水发源于钴鉧泉，它们都与耒水汇合。又折往西流抵湖东寺，到耒口与湘江汇合在回雁塔的南面。到郴州、宜章县去的船，都从汇流处入水。越过山岭，下到武水中，顺武水进入广东的浈江。

来雁塔所在的山，是衡州城水流下游第二重水口处的山。石鼓山从州城东北孤零零耸起，垂立在江边，为第一重；雁塔山又耸立在蒸水的东面、耒水的北面，为第二重。它的来脉从岣嵝峰折向大海岭，越青山坳，下望日坳，往东南延伸为桃花冲，即绿竹、华严等各庵依地势高低列置在其间的那个山冲。又往南延伸到江边，便是雁塔山，它与石鼓山夹峙在蒸江的左右两边。

衡州府城的山脉，南边从回雁峰开始，北边到石鼓山结束，它大概从邵阳县、常宁县之间曲折连绵而来，东南以湘江为界，西北以蒸江为界，南岳的岣嵝等山峰，是它的尾部曲折环绕的山脉，与它不是共同贯通的一条。徐灵期说南岳周围八百里，回雁峰为首，岳麓山为尾，这样便将回雁峰视为南岳七十二峰之一，这大概是因为没有从盂公坳走过，不知道衡山起自于双髻峰的缘故。至于岳麓等广阔无边的各处山峰，因为是衡山支脉的末尾，固然延伸得很远了。

初二日

早晨起来，想进城去，并游览城南的花药山，因为雨势不止，便返回天母庵。此庵在修竹丛中，对着庵门有一棵高大的松树，庵外层层山冈曲折环绕，翠竹绿树丛生繁茂，这一切都近在窗户门槛之下。庵前的池塘中浸染着绿色，仰看是青翠的山色，俯视是枝叶花草倒映在水波中的痕印。庵后山坡上一片绯红，桃花争相吐艳。这地方原名桃花冲。风雨中忽然春光如此惹人，而我沾带泥浆的足迹还未能遍游周围地方，这就令我不能没有云开雾散天气放晴的期望。下午，雨下得更大，于是围着火炉煮茶喝，终日坐着不动。

初三日

天气很寒冷，地上泥泞并且天阴，雇仆又发病，于是仍旧围着火炉坐在庵中，写作《上封寺募文》。半夜时风声又起，到天亮雨仍未止。

初四日

天下着雨，围着火炉坐在庵中，为完初上人写作《白石山精舍引》。

初五日

天气严寒，天空中酝酿着一场雨。叫雇仆到河街（城东濒临湘江的一条街道，是店铺集中的地方）寻找去永州府的船只，我围坐在火炉旁书写《上封疏》《精舍引》，并作了《书怀诗》呈送给瑞光。

初六日

雨停了，但地上很泥泞，进城去拜会家乡人金祥甫，顺便出城到了河街。傍晚返回庵中，雨又大下了起来。金祥甫是江阴人金斗垣的儿子，随同桂府被分封到此地。他弟弟开了个专门卖荆溪壶的店铺，在东华门府墙下。

初七日

上午云开雾散，天气转晴。静闻和雇仆又到河街再次预定去永州府的船。我先顺着庵往东进到桂花园。这园是桂府新近营建的庆桂堂的属地，为赏桂的处所。园中前面排列着三棵丹桂，一棵棵枝干高耸入云，遮天蔽日。北面有五棵宝珠茶，它们虽不如桂树那样高大，但也葱郁繁茂，极少有比得上的。又往东为桃花源。从西面华严、天母庵过来，南北都是高高的山冈夹峙，中间是一个个高低错落的池塘，池塘两旁依山冈之势分别形成一条条山坞，山坞中都是佛寺、藩王以及众官官们的亭阁台榭，错落点布在其间。桃花源上面就是桃花冲，它是一个岭坳。它南面的最高处新建有两个亭子，一个叫停云亭，又叫望江亭；另一个叫望湖亭，位于无忧庵后面的修竹丛中。当时登上亭子眺望已久，便返回绿竹庵中吃饭。饭后又与完初再次登上停云亭，从亭北面越过桃花冲坳，坳东面山冈夹峙形成池塘，越过池塘往上走，就是来雁塔了。塔前面为双练堂，西面对着石鼓山，从此处回首眺望蒸江、湘江交汇的图景，也非常壮美。塔的南边，下临湘江，那里有座巨大的楼，可以登上去居高眺远，可惜那楼已经倾塌。楼的东面就是耒江往北汇入湘江的江口，当时日光已经很明朗，山岳、云彩、江流、树木，全都显现出了真实形态。于是催促完初寻找到守塔的僧人，开了塔门，朝塔上攀登，共爬了五层。从塔上向四处眺望众山峰，只有北面的衡岳最高，其次是西面的雨母山，再次是西北面的大海岭，其余都是些高低起伏的山冈山坡，没有什么高峻的峰峦，因而东南两方，自然就广阔无边了。湘水从回雁峰下往北流到城东，到石鼓山汇合蒸水，便折向东，流经塔下，往东汇合耒水而向北流去，这三条水流蜿蜒曲折，不如长江那样直泻而去一望无际，然而迂回绕流的情景很值得依恋。眺望了许久，恐怕静闻他们去找船已经回来，便返回庵中，向他们询问，得知开船的日期还在两天后。这天见到了几次太阳的影子和许多山中的景致，但进入庵中后又下起了雨。

按文献记载，雨母山在衡州府城西面一百里，是回雁峰与衡州城山脉的来脉，现望过去像是在四五十里以外的那山，难道不是雨母山，而是伊山吗？恐怕伊山又没有这样峻峭。志书上记载道："伊山在府城西三十五里，乃桓伊读书处。"而雨母山是大舜巡视天下时经过的山，也叫云阜山。苦于较长时间以来雨水不断，望着雨母山，我不再有曲水的希冀。

初八日

早晨起来，雨停了，到中午有了阳光，于是进入城中，从桂府前面经过。桂府在衡州府城内，呈圆形横贯在府城的半中间，红墙碧瓦，极其新整壮丽。前面的牌坊上标着"夹辅亲潢"，正门叫"端礼"门。府门前屹立着一对石狮子，颜色纯白，据说原石来自百里外的耒河中。那地方原先没有此种石头，建府时忽然开挖得两根石笋，都是一丈五尺高，光亮洁白如同一体，于是便用来雕刻成石狮。仍旧出了城南门，走一里，然后从回雁峰麓又往西一里，进入花药山中。这山不很高，它就是回雁峰折向西又曲折环绕而向府城延伸下去的山。众峰如同展翅舒翼，四面环拱围成山坞，寺坐落在山坞中，如处在四周有防守的城内，寺的弘大宽敞是这地方中的第一。城北的桃花冲中，都是静室，如繁星点缀；而城南的花药山中，却是一寺独耸而众僧聚居。寺名叫报恩光孝禅寺。寺后面，悬空的石阶路直通向上，山顶为紫云宫，是个道院。那里地势高耸，可以眺望四方。回到寺内，遇到无锡县僧人觉空，他是兴道人。他比我后来，却先到达此处。于是在方丈室中稍事休息，观看宋徽宗弟弟的一个奏表。宋徽宗的弟弟法名叫琼俊，他抛弃皇族的身份而云游四方。他在此寺时，知州卢景魁的儿子将酒席搬到寺中来吃，被他侮辱，于是卢景魁把他逮进狱中，他暗中写了这个奏表，叫狱卒王祐上奏朝廷，徽宗为此斩了卢景魁而给王祐加官。琼俊的奏表与徽宗的亲笔批文反映的就是这么件事，寺中僧人将它视为佛教禅宗的一件盛事。然而奏表中称衡州为邢州，徽宗斩卢景魁的批文中，就把“邢”改为“衡”，而且任命王祐为衡州知州。奏表中的文词很是不雅，恐怕是寺中僧人捏造成的，不是当时的实际事实。出了寺，从城西走，路过大西门、小西门，城外到处都是大池塘环绕，街市相连。共走七里，往东北跨过草桥。又走两里，回到绿竹庵中，已经傍晚了。这一日白天雨已经停了，到半夜，雨声又潺潺作响，到天明也不停止。

初九日

雨势不止，催促静闻与雇仆将行李搬到船中，而我坐在庵中等待。将近午时，在雨中辞别了瑞光，越过草桥，顺城东经过瞻岳、潇湘、柴埠三门，进入船中。因等候同船的其他乘客，于是重新入城，购买鱼、肉、笋、米等各种物品。大鱼每年二三月顺水游到衡山县境内繁殖，当地人都到城东江岸用布兜围起鱼吐出的唾液，养成鱼苗，人们用形扁而浅的大船贩到各省去卖的都是这地方产的鱼苗。过了中午出城来到江边，却发现船因为下乘客移往别处去了。与雇仆携带着物件，在雨中竭力寻找船只，我们顺江而上，经过铁楼以及回雁峰下，已经到达所有停泊船只的尽头，然而竟然没有找到我们所搭乘的船。于是找了只小船坐着，顺流而下又找回来，最后在铁楼外找到。静闻原先在船中看守时，船移动地方他既不阻止，停泊后又不看看外面的动静，听凭我俩在小船上呼喊而过，混杂的众多船只中竟没有一声应答，这便使得我俩来回找寻。这天雨不停，船也停泊着不起航。

初十日

雨通宵达旦下个不停。初入潇湘江中，便得以身历此景，也不以为是坏事。上午，雨渐渐停下来。到傍晚，所等的同船乘客来到，雨散去，这才解开船缆开船。行五里，停泊在水府庙的下边。

十一日

五更时又听到雨声，天亮后雨渐渐停下来。行二十五里，往南上了钩栏滩，它是衡州府城南面湘江上的第一滩，到这里江流变深，水面变窄，水势不很汹涌。折往西，又行五里为东阳渡，它的北岸为琉璃厂，是桂府烧造各种器皿的窑子。又往西行二十里为车江，或写作汉江。它北面几里以外就是云母山。而后就折往东南，行十里为云集潭，有座小山在潭东岸上。随后又转往南，行十里为新塘站。先前有驿站，如今已废弃。又行六里，停泊在新塘站上游对岸。同船的为衡州府的艾行可、石瑶庭，姓艾的是桂府祭祀时赞礼司仪的执事，而姓石的本是苏州府人，移居此地已经三代了。当时太阳还有余辉，而那地方只有两条载谷的船，于是靠拢上去停泊在一起。不久后，同是向上游航行的船又有五六条，也跟着在那里停泊下来。停泊处岸上本无村落，但我想姓石的与前舱中搭乘的徽州府人都惯游江湖，而姓艾的又是本府人，或走或停我可以不过问干预，于是听凭船只停泊下来。太阳落山后，天空中月色很明亮。我回想起入春以来还未见到月亮，到前天晚上登船，潇湘江上下了一夜的雨，今夜却是明月照耀，两夜之间，各欣赏一种江上的优美夜景，于是心中不禁为此感到愉悦。旋即忽然听到江岸边有啼哭声，像是幼童，又像是妇女，哭了一更多还未停止。众船中静悄悄的，都不敢随便询问。我听着哭声不能安睡，便在枕头上作了一首诗表达怜悯之情，有“箫管孤舟悲赤壁，琵琶两袖湿青衫。”的句子，又有“滩惊回雁天方一，月叫杜鹃更已三。”等句子。然而我也只是考虑怕会有骗人的圈套，待船上的人可怜他而收纳、理会他时，便有尾随其后挟持诈骗的人到来，没有料想到他是盗贼。到两更时，静闻心中不能抑制住怜悯的心情，于是乘涉水登岸小解的机会（静闻对教中的戒律遵守得很严，吐痰及解大、小便等，一定等到上岸，从不在水中进行），招呼询问那啼哭的人，发现是个童子，年龄十四五岁，还没有留全发，欺诈说他是王宦官门下的人，年纪才十二，因为王宦官善酗酒，常拿重棍责罚他，因此想逃跑。静闻劝他回去，并且用好言抚慰他，而他竟然躺卧在岸边不动。等静闻登上船不久，就见一群盗贼喊叫着冲入船中，火把刀剑交错密集地落下。我当时还未睡，急忙从铺板下取出匣子中装着的旅费，转移到其他地方。我越过艾行可所在的那舱，想从船尾投入水中，而那里盗贼正挥剑砍着船尾的门，不能出去，于是用力掀起船篷，露出缝隙，莽撞地将匣子投到江中，又跑回睡卧处，找了衣服披在身上。静闻、雇仆和艾行可、石瑶庭以及他俩的仆人，或光着身，或裹着被子，都被逼到一起。船头的盗贼从中舱向后；船后的盗贼砍开船的后门往前，前后刀戟乱刺，船上的人无不是赤身露体地挨着。我想我必定要被盗贼抓住，所拿着的绸子衣服不便于行动，于是通通丢弃。大家个个跪在盗贼前请求保全性命，盗贼却砍戳个不停，于是大家一涌而起，掀起船篷跳入水中。我是最后一个入水，脚被竹船索绊着，竟然同船篷一起倒翻下去，头先触着江底，耳鼻都灌了水，才迅急向上浮起。幸好水浅，只到腰部，于是逆流从江中走，见到一只邻船为避开盗贼开了过来，便跃入那船中。当时水浸得我全身异常寒冷，那船上的一个乘客将船夫的被子盖在我身上，我便躺在船中。船逆流而上行了三四里，停泊在香炉山下，这里已经是湘江的另一岸了。回身望去，那只被抢劫的船，火光大起，众盗贼齐声呐喊一声作为信号，就离去了。随即，先前一同停泊的各船都移到香炉山下来停泊，船中有人说南京的读书人身上被刺伤四处，我听了暗笑那人所说之话的虚妄。幸运的是我赤身躲在乱刀棍剑下，竟没有被伤，这实在是大幸！只是不知道静闻、雇仆在何处，也以为他们一滚入水中，就能免于虎口，至于钱财就可不去计较了。只是张侯宗琏所著的一套《南程续记》，是他的手迹，他家珍藏了两百多年，而一到我手中，便遭此等厄运，怎能不痛惜！当时船夫父子俩也都被刺伤，在邻船上哀号着。另一只船上又有石瑶庭、艾行可的仆人与雇仆，他们都被盗贼刺伤，光着身体来到我的船上，与我同盖一床被子躺卧，我这才知道所说的被弄伤四处的是我的仆人。原所乘那只船前舱中的五个徽州府人都是做木活的，他们中也有两个在邻船上，其余三人不知在哪里。而我那个舱中还不见静闻，后舱中则是艾行可与他的那个姓曾的朋友，也没有打听的地方。我当时躺在众人中，雇仆呻吟得很厉害，我心想行李袋虽然被焚烧抢劫得什么都不剩了，而投到江中的匣子装着的旅游费用或许在江底可以找到。只恐怕天亮后被见到的人拿了去，想黎明就前往寻找，但身上无寸丝遮掩，何以上岸？这天晚上，起初月亮很明，等盗贼来时，已经阴云四布，到天亮时，雨又霏霏地下了起来。

十二日

邻船一个姓戴的客人，很同情我，从他身上分出内衣、单裤各一样给了我。我全身没有一件物品，摸摸发髻中还存有一个银耳挖。我向来不用髻簪，此次旅行到达苏州时，想起二十年前从福建返回到钱塘江边，随身携带的财物已经用完，从发髻中摸到一枝簪，剪下一半付了饭钱，用另一半雇了一乘轿子，才到达昭庆寺金心月房。于是此次旅行换了一个耳挖，一是用来盘束头发，一是用以防备随时的需要。到此次落入江中，幸亏有这耳挖，头发得以不散开。艾行可披发而行，以至于无救。一件物品虽然微小，特定的时候也会成为性命赖以保全的天大的神器。便用它来酬谢了他，然后匆匆问了他的姓名就告别了。当时雇仆光着身没有一点衣物遮蔽，我便把姓戴的所给裤子给了他，而自己穿着那件内衣，然而那内衣仅到腰间。旁边一只船的船夫又将一块补过补丁的布给了我，我用它遮着前面，就朝岸上登去。所登之处仍然在湘江的东北岸上，于是沿岸往北行。当时一同登岸的有我和雇仆、石瑶庭和艾行可的仆人以及两个徽州府人，一行共六人，个个都像是囚犯鬼怪。拂晓的风寒冷刺骨，碎石子划破了脚板，往前不能走，想停下又不能。走了四里，天渐渐亮开，望见那只被焚烧抢劫的船在江对面，上上下下的众多船只，看到我们这一行人的形状，都不肯为我们摆渡，再三哀求哭喊，都没有相信的。艾行可的仆人隔着江呼叫他的主人，我隔着江呼喊静闻，徽州府人也呼喊着他们的同伴，众人各各相呼，没有一声应答。旋即听到有喊我的，我知道是静闻，心中暗喜道："我三人都还活着。"于是急着想与静闻相会。江对面的一个当地人将船划过来接我，到被焚毁的船边，望见了静闻，更加欢喜得不得了。我从那只船的残骸处入水而行，先寻找投入江中的竹匣子。静闻望见后问我为何如此，然后远远地对我说："匣子在这里，但匣中的钱物已经没有了。你亲手临摹的《禹碑》以及《衡州统志》还没有沾湿。"等登上岸，见到静闻。他从被烧的船中还救得衣服、被子、竹书箱等几件物品，守在沙岸边。他怜惜我寒冷，急忙脱下身上的衣服给我穿上；又救得我的一条裤子一双袜子，都被火烧被水浸湿了，于是再取了些那船上仍燃烧得很旺的残火来烘烤被子、袜子。到这时，徽州府的五个乘客都在了，艾行可一行四人中，他的两个友人和一个仆人虽受伤也在，唯独艾行可竟然无踪迹。他的友人和仆人乞求当地人分别乘船沿江去一处一处挨着找寻，而我们在沙地上烘烤衣服，等候他的音讯。当时非常饥饿，但锅具或被烧毁或没入江中一样也不剩，静闻潜入水中捞到一个铁锅，然后再次潜入水中捞起些湿米。先是弄到几斗干米，但都被艾行可的仆人拿了去。煮了粥分给各个遭难的人吃，而后才自己吃。直等到下午，没有得到艾行可的消息，徽州府的几个人先搭乘船只返回衡州城，随后我们三人同石瑶庭、姓曾的以及艾行可的仆人也找到一只当地人的船，返回衡州城。我还假设艾行可说不定先回城了。我们所乘的那本地船很大，而驾船的只有一人，虽然是顺流下行，但不到二十几里路，到汉江就已经是傍晚了。又行二十里到东阳渡，已是深夜。当时月色更加明亮，乘月驶行三十里，抵达铁楼门，已经五更了。艾行可的仆人先返回桂府打探情况，结果艾行可竟然全无踪影。

先前，静闻见我等赤身跳入水中，他因想着佛经、书箱在船篷侧边，便留在了船上。他舍命乞求，盗贼才丢下经书。等破开我的竹箱，盗贼见箱中尽是书籍，就全部倾倒在船底上。静闻又向盗贼哀求,拾起来仍旧放在破箱子中盗贼也不禁止。箱中是《大明一统志》等书籍，以及文湛持、黄石斋、钱牧斋给我的诸多亲笔信，还有我自己写作记录的许多游记手稿。只有写给刘愚公的书稿丢失了。接着盗贼又打开我的皮箱，见其中有块绸缎布料，便全部装在袋中抢走了。此箱中有陈眉公向丽江木公叙谈各事的信稿，以及他给弘辨、安仁的几封信件，还有苍梧道顾东曙等人的家信几十封。另外又有张公宗琏所著的《南程续记》，它是宣德初年张侯担负特别使命出使广东时亲自撰写的，他家族中的人将它珍藏了两百多年，我苦苦相求才得到它，书的外面用庄定山、陈白沙写的字幅裹着，也放在书信中间。静闻不知道这些，也无暇求讨回来，都被盗贼带了去，不知丢在何处，真可惜啊！盗贼又取了我的皮挂箱，箱中有我家私藏的《晴山帖》六本，以及铁针、锡瓶、陈用卿的壶等，都是些笨重的物件，盗贼拿到后没打开，赶忙装进袋子中。破开我的大笥，果饼都被抛到船底，而曹能始的《名胜志》三本、《云南志》四本以及《游记》的合刻本十本，都被火烧掉。艾行可舱中的各种物件，也大多被烧毁。唯独石瑶庭的一个竹书箱盗贼竟然未打开。盗贼临走时，就在后舱放了火。当时静闻正好留在旁边，等盗贼一离开，就将火扑灭，但我所在那舱的舱口也起了火，静闻便又入江取水来浇火。盗贼听到水声，以为有人来，等见到是静闻，就刺了他两下后离去，而火已经不可救。当时众船都驶到远处躲避了，但两艘运谷子的船还在，静闻向他们呼喊，他们反而移向远处。于是静闻没入江中捞取落入水中的船篷作为筏子，赶紧将佛经、书箱以及我的火烧后残留的各样物品放入筏中，渡到谷船处；又冒火再到船上取了艾行可的衣服、被子、书箱、米以及石瑶庭的竹书箱，又放在船篷上，再次渡到谷船处；等第三次返回时，船已沉了。静闻从水底捞起三四件湿衣服，仍渡回谷船处，而那谷船乘黑暗隐藏了我的绸子衣服等物品，只剩些布衣布被而已。于是静闻重新将它们移到沙滩上，谷船也随之开走。等我们渡过江到达静闻那里时，姓石的和艾行可的仆人见到救下的物件，尽都各自认领了去。静闻于是对姓石的说："全是你的东西吗？"姓石的便大骂静闻，说："众人怀疑是你登陆引来盗贼（指询问啼哭的童子那件事）。你实在是品性不良，想偷取我的箱子。"他不知道静闻为了他冒刀剑、冒寒凉、冒火、冒水，并守护这箱子，以等待主人来领取，他不感谢别人的恩德，反倒辱骂。盗贼都还同情僧人，这家伙比盗贼更狠毒啊，无良心的人就是如此！

十三日

黎明登岸，担心无处可投奔。后心想金祥甫是他乡异地中相识并有交往的人，投奔他或许可以勉强停留。等铁楼门一开，就走进去，急忙奔到祥甫的寓所，将遇盗的前后情形告诉了他，祥甫显出悲伤的神态。我起初想向桂王府借几十两银子，托祥甫担保，同时托祥甫回老家时到我家中取了来还给桂王府，而我则用借得的费用仍可了却旅游西部地区的心愿。然而祥甫说桂王府没有银两可借，他征求我的意见，说若回故乡，他替我另外筹集钱币备办衣服行装。我考虑到若遇难就返回家，找了费用重新再来，妻子儿女一定不会让我走，于是不愿改变我继续旅游的意志，依然恳求祥甫曲意周济我们，祥甫表示应允。

十四日、十五日

两天都在金祥甫寓所中。

十六日

金祥甫为我们的事写了个启事送到内司。约好二十二日才会集众人商议救助。起初，祥甫说他自己不能借贷，想去向众内司请求共同接济，我感到很难堪。静闻说他早想在常住的寺内购置一块四十八愿斋僧田，如今若得到众人救济，就将所得钱物借给我作为旅游西部地区的费用，等我回到家，按照所救济钱财的数目在寺庙中为他购置田亩，仍旧立一块碑，将各位施舍钱财者的名字刻在碑上，这样就两件事都解决了。我不得已，听从了他的意见。

十七日、十八日

两天都在金祥甫的寓所中。当时我从头到脚，穿戴的都是金祥甫给的衣物，而雇仆仍然蓬头赤脚，衣不蔽体，所以只得呆守在金祥甫的寓所里。从返回衡州城以来，也无晴朗的一天，或下雨或天阴，泥泞异常，不敢移动一步。

十九日

去看望刘明宇，在他楼上坐了一整天。刘明宇为衡州府籍原尚书刘尧海的养子，少年时就有很强的体力，慷慨好义，尚书老先生原先很偏爱器重他，如今他年纪已经五十六，吃素膳但不禁酒。他听说我遭了难，就到金祥甫的寓所拜访了我，想为我缉拿盗贼。我感谢他的好意，说物件已经丢了，即便重新得到，也不可以作为旅游西部地区的费用。可惜的只是张侯《南程续记》那套书，那是他家中珍藏了两百多年的一件宝物；而陈眉公等人要我带到丽江去的各封信件，对那些盗贼没有用，对于我却难以再拥有了。刘明宇听后便在神位前立誓说："就算金银不可重得，也一定为你找回这些书和信件。"我不得已，也姑且听之。

二十日

天气晴朗，走出金祥甫的寓所，漫步到柴埠门外，从铁楼门进了城。途中见被折下的宝珠茶，花大瓣密，红艳映日；又见到被折下的花瓣重叠绯红的桃花，那欲开未开的花苞很大，它们都是桃花冲里的，我本来打算前去观赏花景。然而前天下午，忽然早早地就关闭了七个城门，大概是因为东安县有大盗（起义军）攻临县城，祁阳县境内也有盗烧杀抢掠的缘故。我担心被关在城外，便又回城，约定第二天同静闻前往桃花冲游览。

二十一日

阴云又布满天空，正午时分雨又霏霏地下了起来，我们竟不能出城到桃花冲去游览。这天城南门抓到七个盗贼（起义军），招供出他们的同伙上百人。刘明宇为我的事投了封启事到捕厅。下午，刘明宇用蕨菜款待我，这蕨菜连同前些日子在天母殿品尝的葵菜，都是蔬菜中的两种独特菜肴。我回忆起王摩诘“松下清斋折露葵”，以及苏东坡“蕨芽初长小儿拳“的诗句，曾想这两样东西，可以和莼丝合在一起成为三绝，然而我家乡一样都没有。到衡州城后，在天母殿品尝了葵菜，在这里品尝了蕨菜，风味特别美。葵菜松脆，蕨菜滑嫩，各有优点。这天午后，忽然起了风，十分寒冷，到半夜狂风吼叫，雨下个不停。

二十二日

早晨起来，风止雨歇。上午，同静闻走出瞻岳门，越过草桥，从绿竹园经过。桃花纷乱，柳色依然，心中不觉涌起离去和住留两种截然不同的感慨。进入绿竹庵中去看望瑞光，但未遇到他，便与他的徒弟一道进了桂花园，园中宝珠茶花盛开，花朵大如盘碟，花色红中带黑，花瓣密集，千朵万朵浮在青绿色的圆状的树冠上，真是一个绚丽的景观。在园中忘怀地漫游了许久，不再感觉到身在患难中。举目望去，溪流对面的山坞内，鲜艳的桃花与青翠的竹子互相映衬，桃竹丛中有个台阁，濒临溪流，山顶新建有一个亭子，台阁是前些日子游览时没有进去过的，亭子那时候还没有建。急忙沿着石阶进入山坞内，看到眼前芳菲的花朵，不禁感叹人间世事有如花开花落，瞬间便会发生很大的变化。登上山坐在亭子中，向南俯瞰滔滔湘流，往西远望西沉的太阳，顿有怅然若失之感。于是往回越过草桥，再次登上石鼓山，从合江亭往东朝下走，到江边观看二竖石。它其实是两根石柱，旁边用石头支撑着；石柱上刻有一副对联，一联是“临流欲下任公钓”，另一联是“观水常吟孺子歌”。这不是石鼓的对联。两次经过此地，都是正当日落时候，风景没有变化，人事却多舛错，怎能不触发我的情怀！

二十三日

天空晴朗，想出城到南郊。先出了铁楼门。经过艾行可家，进到堂屋见了他母亲，得知艾行可的尸体已经找到两天了，是在遇难处下游十里的云集潭找到的。他母亲说：“昨天我亲自到那地方，抚摸着尸体一呼喊，他眼眶中忽然喷涌出血来溅到我身上。”呜呼，死了的人还如此，活着的人如何能忍受悲伤！问他伤的情形，说“脸上有两处伤”。实际上是波涛之神帮助盗贼一起伤害了他，他的肢体被分解成四大块等说法，都是讹传。当时他的棺材停放在城南洪鉴君的山房侧边。洪鉴是他的友人，并且是他的亲戚。毕君甫正巧带了个术士来到，大概将举行丧葬之事，于是便与他们一同去。顺回雁峰西麓，往南越过山冈山坞，四里就到了那地方。那里乱冈盘绕，其间有几座僧人闭门修佛的屋子，也如桃花冲一样，虽然未能像桃花冲那样僧房众多连门接址，但幽静超过桃花冲。洪君的屋子，前面是翠绿的竹丛，后面是环绕高耸的山冈，里面有三间房，中间一间置立佛像，左边一间是读书的处所，右边一间是烧火做饭的地方，前后都有走廊可供休息，庭中依次放着许多盆花草，也是个清幽洁净的栖息地方。艾行可的棺材停放在岭侧，我赶忙同静闻披开灌木走到棺材前下跪叩头。我诵读了“同是天涯遇难人，一生何堪对一死”的诗句，洪、毕两人听了都禁不住抹眼泪。返回到回雁峰的南面，有一座屋檐飞临江流之上的神庙屹立在湘江边，这是水府殿。这之前艾行可的弟弟对我说，起初他哥哥的尸体找不到，后来依殿中神签所示而在云集潭找到，我听了心被触动。到这里我便进殿拜谒神像，把从荆州府走和从粤西走两条道路交给神灵祈请裁决，结果从粤西走大为吉利。当时我想从粤西进入云南，被抢劫后，无处筹借费用，有人劝我从荆州府走，向奎之叔叔求借费用。当时奎之叔为荆州府通判，从此地到荆州府城，也需走半个月，而时事变化不可预知，所以让神替我裁决。我将两处借贷银两的事交给神裁决，而结果都不能成。两处指的是金祥甫处和刘明宇处。由此我更加敬服神灵的无边法力。大约此殿也是桂王府新建的，殿中的神祇极其灵验。于是我找了个道人，将签牌上的词语全部录下来收藏着。又往北登上回雁峰，在千手观音阁东面的小屋吃了饭，就从阁西边的小路往下走，重新往西到花药寺中，并再次同觉空一起吃了饭。傍晚，从南门进入城内。这天风和日丽，为入春以来气候最好的一天。

二十四日

呆在金祥甫的寓所，觉空前来拜访。下午独自走出柴埠门，买了些蒸酥，从铁楼门回到城中。这天夜里二更时，远远地听到城墙上有呐喊声，第二天早晨得知夜间有盗贼挖掘西城墙，盗贼几乎越墙而入，幸得巡逻的人发现后呼喊众人救助，盗贼才逃离开。

二十五日

走出小西门，观看西城墙上被挖掘的地方。大略地说衡城的城墙很低矮，而西城墙尤其破败，东城那一段却是河街的店铺房屋都就着城墙架立柱子，可以攀着它们就进入城内，不必要挖掘开城墙。而后我便绕过西华门，顺桂王府城墙后门（后宰门外一家店铺中，有三块白色的石头想出售。其中两块上有三根峰棱，尖削得如手指，长两尺，洁白可爱；另有一块约一尺见方，中间图像如河渠池塘、田块、田埂，可以蓄水，但稍经人工雕凿过，不如上述那一块；还有一块也是峰乳石，又更差一些。）返回金祥甫的寓所。

这段时期，衡州府有人带头传布关于神农的流言，说神农、黄帝正降临人世，老百姓个个都很相信。开始还只是以法轮寺为流言传布的场所，后来便家家相传户户信奉。因为流言说神农、黄帝在二十五日这天下到凡间，视察民众的善事恶行，所以老百姓都买纸焚烧祭供，一时间纸价被哄抬而飞涨，市场上的纸张销售一空。愚昧的民众就是如此容易被迷惑！

二十六日

金祥甫起初为我筹措银两，反反复复都未能成。今天他上会拈阄，忽然拈中，得到百余两银钱，我在寓所中知道了这消息，金祥甫难以再推辞，答应借给我二十两，我用二十亩田租立了契据交付给他。

二十七日、二十八日、二十九日

都在金祥甫的寓所等候银两，没有出门。

三月初一日

桂王上朝处理王府事务，命令刘承奉和王承奉的侄子在桃花冲设斋饭施舍僧人。静闻前去吃斋，见到王承奉的侄子，才知道这之前金祥甫写启事送到内司商议救助我几个的那个意向，内司没能应承。这个救助方式不是我的本意，如今既然得到金祥甫借给的银两，再向刘明宇稍微贷一些，便可往西旅游。静闻见王承奉意下如此，不能没有一点指望。于是我与静闻商议决定，我先前往道州，游历九疑山，留下静闻在此等候救助，我重新回到衡州城后与他一同走，这样他得以坐等救助，我得以出游，符合双方各自的心愿。

初二日

这天才催到金祥甫借给的银两，我将它仍然封起来放在寓所，只随身带少量费用。刘明宇答应为我转借资金，约定今天就借到交给我，结果又不能拿到。我去与他辞别，并坐在他家中等候他，于是未来得及上船。

初三日

早早地出了柴埠门登上船。刘明宇先将两千文钱连同一些绢布交给静闻，再带着糕点果品到南关外追赶我。当时我乘的船还停泊在柴埠，没有开船，刘明宇沿江流找回来，才与我相遇，我俩又约定了见面的日期才辞别。这天风雨又起，船夫有意拖延，晚间将船划到南门埠停泊。

初四日

天亮时出发，风暂时停了，昨日以来的霏霏细雨仍不停地下着。下午经过汉江，抵达云集潭，这里离开我前些天遇难的地方不远，就是艾行可沉没的处所。风雨寒凉，风光景物顿时变了样，想依照《楚辞》句式吟诵一段悼文为艾行可招魂，但心神沮丧说不出话。晚上停泊在云集潭西岸，这天共行了六十多里。

初五日

雷声隆隆，大雨倾注。天亮时开船，风很便于航行。十里，经过前些天遭抢劫的那段凶险可怕的路，那只沉船的残骸还在。再行四里，经过香炉山，它的上游不远处有个沙滩很高。又行二十五里，中午过了桂阳河口，桂阳河从湘江南岸汇入湘江。（舂水源出道州舂陵山，岿水源出宁远县九疑山，流经桂阳州西境而合流，到此处汇入湘江，成为常宁县县界。从河口进入桂阳河航行，抵达桂阳州城还有三百里。）又行七里，江北岸有个村落名叫松北。又行四里，停泊在瓦洲夹。这天共行了五十里。

初六日

黎明开船，雨不再下，风也停了。行二十里，经过白坊释，村落位于江的西岸上，到这里已进入常宁县界。又往西南行三十里，为常宁县来的水汇入湘江的水口，那水从东岸汇入湘江，也如同桂阳河汇入湘江的水口处一样，但它比桂阳河小。大概常宁县城还在江的东南方。又往西行十五里，停泊在粮船埠，有几家人住在江东岸，不成村落，这天共行了六十五里。

初七日

往西南行十五里，到河洲驿。日光隐隐闪现，山冈相互分隔开并低伏下去。大概说，从衡阳县来，湘江两岸虽然山冈坡垄盘绕绵延，但云母山之外，还没见到其他高峻陡险的山。到此地，湘江的东岸为常宁县地界，湘江的西岸为永州府的祁阳县地界，两边都是平衍宽展的大土山，远处冈阜交错重叠。又行三十里，过大铺，以后江两岸就都属祁阳县了。上了九州滩，又行三十里，停泊在归阳驿。

初八日

饭后我骤然得病，不停地呻吟。行六十里，到白水驿。起初打算登岸去拜访戴宇完，感谢他在我遭到抢劫时解衣救冻的恩惠。现到了这里竟然不能登岸。这晚，船夫乘风顺，傍黑后又行十五里，停泊在石坝里，这是白水的上游。这天共行了七十五里。按照志书记载：白水山在祁阳县东南两百多里，山下有泉流，如同白练。（有缺文）距离祁阳县城有九十多里，又在县城的东北方。这记载是对还是错？

初九日

黎明时，船夫开船，我仍病得很厉害。行了五十多里，下午抵达祁阳县城，船便停泊下来，而我居然不能登岸。这之前，昨晚船将到白水驿时，我竭力支撑着病体起来向西天眺望，见一山横贯如同一道屏障，到白水驿后船溯流西行，后又折往北，到祁阳县城便已经绕到那山的南面了，那山大概就是祁山。祁山在湘江北面，县城在湘江西岸、祁水南岸，山与县城相距十五里。县城的上游，湘江从南面流来，顺城东流去，抵达山下而折向南，县城实际上在祁山南面、湘江西岸。县城东边临江的集市很兴盛，南北贯连，从集市上向西进入城中还有一里。城的北面，祁水从西面的邵阳县流来，绕到城东汇入湘江，合流后便往东南绕流而去。

初十日

我心想浯溪的胜迹美景，不可不登陆一游，病也稍好了些，而且船夫因为等候其他乘客未开船，于是竭力支撑着病体起身登上岸。沿江边的集市往南，走五里，渡过江流向东过去，便已在浯溪的下面了。听说狮子袱在县城南边离江两里远的地方，就是我已经过的地方，但四处询问，却已找不到。难道是因为泥沙淤积水流迁徙，使得石头也发生了沧海桑田般的变迁吗？浯溪从东往西汇入到湘江，水流量很小。溪北面三座山崖并列耸立，西临湘江。中间的山崖最高，颜鲁公书写的《中兴颂》高高地刻在崖壁上。它的侧边镶嵌着一块石镜，那石块长两尺、宽一尺五，有一面光亮而颜色是黑的，如同用水喷在漆上。近处崖边的亭子、石头，远处江对面的村庄树木，都清晰地映射到石块上。不知这石镜是从何处弄来，何时嵌到崖壁上的，难道也是元次山遗留下来，从而与颜鲁公书写的《中兴颂》相媲美的吗？宋人陈衍说，“元氏起初命名的意思是：因水而命名为浯溪，因山而命名为峿山，建屋而命名为庿亭，三‘吾’的名称，是我自个取的，所造的三个字分别以‘水’、以‘山’、以‘广’作为偏旁部首，是我构想的。三样景物的名目，都是从我开始，都是属于我专有的。”山崖前有座亭子，下临湘水，山崖顶部石头高峻丛集，如同芙蓉花上丛密的萼片。山崖北面也有座亭子，如今亭中置放着伏魔大帝的塑像。山崖的东麓为元颜祠，祠中空荡荡的而且狭小。祠前有三间屋子，是供人们驻留而游览此地的处所，但没有守护的人。越过浯溪往东，有座寺庙朝向北面，这是中宫寺，它就是漫宅的旧址，已经倒塌得很严重，不能产生凭吊往古事迹的感慨。当时我因病怕走路，躺在山崖边的石头上，等船好长时间，遗憾的是拓印摩崖碑的架子没有撤除但没有拓工，为此感到怅然若失。已经是中午船才来到，又行二十里，经过媳妇娘塘，江北岸有块岩石，如婷婷女子立在岩端，举头做出向西望的姿势。石头下面的水中有一种鱼叫竹鱼，小而肥，到八九月间可以长到一二斤重，其他地方没有这种鱼。当时我卧病船舱中，仅仅看了媳妇石一眼就过去了。又行十里，船停在滴水崖后才知道那石的特别，举首向东望去，已经隔着几曲江流几重云雾了。滴水崖位于江南岸，高高的岩石耸贯云空，江流静静地流淌，周围只有几个荒僻的小村子，不知船夫何以停泊在此。这天共行了三十五里。

十一日

天亮时出发，行二十五里，经过黄杨铺，那地方设有巡检司。又行四十里，停泊在七里滩。这天共行了六十五里。自衡州上船以来，连日半雨半晴，未曾见着过明月当空的天气，与我这病体情形相同。

十二日

天亮时开船。行二十里，经过冷水滩。村落在江西岸，船顺着东岸行。这天天气晴朗，日光明丽，是前些日子所没有过的。一船的乘客都在江东岸下了船，坐渡船到西岸去购买鱼、肉等各种物品。这时，我的身体也稍稍康复了些，起来坐在船尾，向江对面望过去，村落都在石崖的上面。江边的石崖嶙峋尖峭，向下直插水底，店铺房屋的基址，在石头上而不在泥土上，人们从石崖上一层层的缝隙间顺石磴往上登，真是个山水环抱中众民聚居的特殊地方。岸上的人说，二月间这地方被流窜的盗贼杀掠得很惨，我听了毛骨悚然。许久，去买物品的人渡江回到船上，而船夫仍停泊着等候吃饭，这时仍是上午。忽然南风猛烈地刮了起来，船竟然不能往前航行，一直停泊到下午，我的病重新发作。傍晚风稍小了些，船才起航，行五里天便黑了。又乘月行五里，停泊在区河。这天晚上我再次出了身大汗，寒热忽然消散了，但胸腹中始终不爽适。半夜时忽然转刮北风，而且吼震得更加厉害，不久风夹杂着雨刮得更加猛烈。这天共行了三十里。

十三日

天亮后，风势稍减，于是开船。行四十里，为湘口关。这里人家分布在江东岸，湘江从西南流来，潇江从东南流来，汇合在湘口关前折往北流去。我乘的船从汇流处进入潇江，又行十里到永州府城的西门浮桥下，正是中午，雨未全停。其余乘客都登岸离去，我也想登陆游览各处名胜，然而病体使得我不能行动，于是留在船中。随后有只船跟着来到，我便换乘到那船中，这是为了明天能前往道州。下午，船过了浮桥，停泊在小西门。隔江向西岸望去，见石头非常密集而且形态奇幻，石丛间有条溪水从西面流过来注入潇江，有座石桥横架在溪流上，我心中感到奇怪。于是急忙要了些粥吃了，顺城墙往北走，再转往西越过浮桥。浮桥西岸，怪异的石头仿佛在人们一呼一吸的瞬间都发生灵奇的变幻。拉了个当地人询间愚溪桥的所在，原来浮桥南岸溪水上横跨的石桥就是；钴鉧潭则直向西走半里，路边嵌着的溪就是。我这才知道钴鉧潭就是愚溪的上游，到潭的路往西行，去桥的路从南走。于是我沿着大道直往西去，路左边居民家的间隙之间，不时地见得到有山溪奔流在石丛中。走半里，经过柳子祠，祠朝南，濒临溪流。再往西快要到达茶庵的地方，则溪从南面流来，抵达石头便折向东，转折处石头尤其密集、特异，但也不过是个溪湾而已，无所谓潭。石头上刻着“钴鉧潭”三个大字，很是古旧，旁边刻有诗，然而刻诗处都顺石纹裂开，不可再辨读。沿溪往潭的上游找寻所谓的小丘、小石潭，都没有知道的人。据查考，此水发源于永州府城南百里处的鸦山，有“冉水”和“染水”两个名称。一个因为姓得名，另一个因为水的颜色得名。而柳子厚将它的名称改为“愚溪”。根据文献记载去寻求小丘，它应当就是如今茶庵所在的地方。茶庵在钴鉧潭西面几十步远的丛丘上，是僧人元会创建的，是此地香火很盛的一个大寺庙。又找寻西山，也没有知道的人。后来读《芝山碑》，碑文说芝山就是西山，这也是错误的，芝山在北面很远的地方，应当就是柳子祠后面圆峰高顶，如今的护珠庵所在的那座山。又听说护珠庵、茶庵之间，有座柳子崖，崖上刻着许多诗篇，据此，这座山就是西山无疑。我从两庵之间找寻道路，往西北朝山上登，然而那山崖十分荒僻，竟然没有找到路。于是往西南绕回茶庵前，又转往东经过钴鉧潭，到柳子祠前踩着溪中的石磴渡过溪流，又往南越过一个山冈，转往东到愚溪桥上，桥两端飞架到潇江之上的，都是前面所曾望见的那些奇异的石头。于是我探寻于石穴中，登上花萼似的石块，穿行在一片片云层般的石丛间，漫游在莲蓬一样的石头中，从上面俯瞰已经很奇异，穿行在下面景象更是变幻多端，只是行人到此地便将其当成厕所，将灵异之地弄得污浊肮脏，没有比这更为突出的，如何才能使管理社会风气的人对此加以严厉禁止呢？愚溪桥内有个庵叫圆通庵，庵朝北高临溪流上，周围有幽竹丛木，风景优美。当时我搭乘的那只船在江对面城墙下，我正打算仍然从浮桥上返回船中时，有个圆脸长胡须的僧人见我逗留了许久,就过来探问我。我反过来询问他的法号,他回答说叫“顽石”。问他住在哪里，回答说“在衡山九龙坪”。而且对我说：“我就寄住在愚溪南面的圆通庵。现在天已经快黑，你何不暂且留在庵中？”我因为考虑到船夫等了许久，谢过他便与他辞别，然后往回走。

十四日

我早早地吃了早餐，仍旧过到浮桥西面。见到个老人，我问他这地方中最好的风景名胜地，他说：“溯江往南走两里，濒临江边处为朝阳岩。顺江往北，转进山冈中走两里，为芝山岩。此外就没有第三处了。”我按照他说的，先往北去芝山。顺江西岸走半里，到达刘侍御山房。刘侍御名字叫刘兴秀，他是我家乡常州府的司理。从刘侍御山房侧面往北进入山中，翻越一座山岭，向西望去见到个亭子，我没有上去。从小路往北越过山冈，登到山顶上，就见到山的西北，湘水在北面而离得稍远，又有条小水从山西面流来，逼近山的东南；潇水在山的东面，由远而近流过来。潇江东岸，又有座塔临江矗立，与这山夹峙在潇江的两边，这地方便成了永州府城的水口。大概此岭的北面就是永州府西山往北延伸之脉，它再往北结束于潇、湘两江合流处，到这里，其中已经三起三伏，所以这岭应当就是志书上所称的万石山，然而本府中的人作记，或称它为陶家冲，本地民间称呼。或称它为芝山，好像是对它的形状的描述，又似乎是它的名称。有人又在山崖间和亭子中刻了诗文，诗文序言说此山就是柳子厚所指的西山，后来因为出产灵芝，所以改名为芝山，我以为未必如此。越过岭往北，从岭上转东，向前望去，树色掩映，石崖高大峻峭，心里知道将有块特别的地方呈现在眼前。迅急下到崖脚，仰首而望，崖顶便是山顶，而崖脚处是山的半中腰。崖下有个庵倚山而立，我见有条路从庵北边盘绕而上，便不进庵而先拨开草木找到那条路。远远望去，顶端的右崖高矗空透，确实很奇特，而路两旁乱石丛集环绕，或上或下，或起或伏，如同莲花的花瓣和灵芝的花盖，中间空而外围密，到处都是。小路从乱石中直上崖顶，穿过一个石关口上去，有间屋子朝南，屋门关着不能进去，我从它的南面绕到它的西面，又穿过一个石峡便进到屋中，原来它的侧面有东、西两个门。那屋子只有一间，在山顶众石之间。我仍从那屋子西面的山峡中下到崖脚，一路竹木扶疏，兰花凋零，地上像铺了一层雪，满地仍然飘着余香。进入崖下庵中，庵内有观音塑像，看上去很庄严，庵北面有个小阁可供休息，南面有个净侣傍着庵修了一间小寺庙。寺门在左边，起初我无从知道，是询问所得，然而仍旧不能进去。徘徊间寺中僧人忽然从里边打开门拱手请我进去，我接受了他的邀请。从小庭侧面的洞穴，穿过横裂的孔隙上去，则崖石穹隆，有个亭子缀在崖石边缘，四面窗户通明透亮，周围花竹掩映，极其幽雅静僻。僧人法号叫觉空，他坚决要留我煮茶品尝，我因不能再耽搁而出了寺。

仍然从原路往南，到了浮桥边。听说正西边四十里处有座寺庙叫石门山寺，景致最佳妙，但因急切想攀登朝阳岩，便没有前往。我让雇仆从浮桥东随船溯潇水往南朝上行，我从浮桥西面，仍跨过愚溪桥，溯潇水西岸的山崖往南走。一里后，大路折向西南，那是去道州的路、我从大路岔小路往东南走一里，便见一山雄峙，山中石峰高耸倒竖像要奔入江中与滔滔的江水争斗一样。攀到山上，屈身往东进入一个石关口，关口内石头飞突而起，仿佛飘浮在空中，向下瞰临潇水，这就是朝阳岩了，此岩后面贯通前面畅阔，上覆盖着层层岩石，下临直落千丈的深谷，中间可坐可倚，远处近处白云似的船帆，自由自在地飘过岩前。可惜才驻足岩上，船夫就放船到了岩下，连声呼喊，催促我下山，我不理会他的呼喊。崖北面有石磴直往下通到江边，我赶忙沿石磴朝下走。那石磴西面紧挨高大的崖壁，东面迫近清澈的江流，尽头处忽然露出一个空而幽深的洞穴，洞口高两丈、宽两丈，同样是朝东对着江，有溪流如喷玉般从洞中涌出，这是个水洞。从洞口稍进去一点就拐往南，里面平整开畅洁净，大江阻隔在洞门外，泉流流淌在洞内，水不深，可以休息也可以洗濯，与山上的岩石构成了一个高下各擅奇景、水石共具情韵的整体景观。进去五六丈，水流就积满了洞中。洞也折往西而变得黑不透光，估计可以卷起衣裤往里走，但没有火把，而船夫远远地喊叫个不停，于是走出洞门。洞的北边又有一座岩，奇丽的云朵遮蔽着顶端，下面插入青黑色的深潭中，当地人在岩间横架些小木条，铺上些木板，如栈道一样。然而只需略微架些栏杆，放些小桌凳，就可以坐在上边尽览水石风光，恐怕建亭营阁铺上瓦挂上匾，会损伤观览时的雅趣。徘徊了许久，仍从石磴穿出岩后，便登到最高顶。顶上有佛寺、官阁，岩石间镌刻的诗文字句很多，多数是宋、唐时期的名迹，但因为船夫催个不停，急着赶路没来得及读。

上船溯江而行，渐渐地折向东，七里到香炉山。那山小若发髻，孤零零地耸立在西岸边，它突出江面，是江中尖峭嶙峋的岩石堆聚而成。山间优良的树木枝条四布，随风摇曳，山脚下有过水洞通贯外露。最可称为奇异的是，山不在江心，三面都是沙粒砂石环绕，到山脚下却都冲汇成潭，北、西、南三面都像有一条分界的沟谷一样，沙被水冲到沟外堆积起来，而水绕流在沟内。山的东面则是大江奔流翻腾。下游的沙固然不能逆水而上，但上游的沙何以不随水而下？难道日夜有排除积沙疏通河道的人吗？这其中的道理也是不可理解的。下午，经过金牛滩，滩岸上有座金牛岭，一座山峰尖峭而独自耸起，另有三座山峰斜突横飞，江流直捣峰侧、到此处船才转往南行，从而可以得到风力的推助。晚宿庙下，从下船处到庙下，船共行了五十里，而陆路只有二十里。

这之前，我听说永州府南面二十五里有座景致优美的澹岩，想前往一游。没想到船行了五十里后打听那岩，却还在前方。估计船应该是明日清晨经过岩下，但船夫莽撞不会停下船来等我去游岩。我考虑，陆路近而水路远，不如让船先去，我下船游岩后再从陆路去追船，船夫表示同意。

十五日

五更时听到雨声泠泠,到天亮雷雨大作。我们不为风雨所阻,赶忙弄饭吃。船行五里到岩北，我竭力支撑着病体登上岸，与船夫约定在双牌会面。双牌是永州府城南面五十里的一个驿铺。永州府南面二十五里为岩背，陆路到这里与江流合在一处。陆路从此处往南进入山中，又走二十五里便到双牌。水路从此处起向东迂回，溯江而上，又行六十里到达双牌。我估量船航行一整天只可能到达这地方，我虽然拖着病体也不难追赶上。岩背的东北面滨临潇江，我从它南面两里处往西进入山中，忽然看见山间石头林立挺拔,呈现出像要抓人的形态。随即看到两个山峰向前突出,中间有间隐居士人住的小屋，高爽敞朗，其中西面那山峰怪石耸立尤为奇异，于是知道这地方有名胜佳迹。等登到上面，见到一所倒塌了一半的官房。先前看到西峰的南面，有个洞门高高地敞开着，路从洞门侧边绕出，到了洞上更是见到石崖丛聚挺拔，如环绕玦玉一样，缺口朝向东边。石崖下面空敞而形成岩洞，可以容纳数百人，下边平整上边隆起，明亮深曲幽静爽敞，没有狭窄昏暗一类的缺憾。北面岩洞底部也有些盘曲环绕的石头垂立着,倾覆的石棱条将洞穴分成内外两部分，很多巨大的石头杂乱地堆放着，其中有一通道，石头上有不少宋、元时人的题字刻文。黄山谷最爱这个岩洞，以为它是这地方的最好的处所，这不正是因为它幽静而又不被掩蔽阻塞，明爽而又不外露吗？从岩洞东边穿过石崖侧面的石孔往上走，有石门向上通到丛密的乱石间，从那里往东俯瞰官房后面迂回曲绕的山谷，顿时觉得它像一条仙境和凡世的分界线。岩洞西南面又有一个石口，越过门转到洞右，石壁高高隆起，有间僧人的小屋背靠石壁而立，向西眺望山下平坦的田野，另成一种境地，田野间种植着桑麻。有条叫进贤江的水流发源于西南方的龙洞，洞离永州城往西南走有七十里。此江向东流来，直逼山麓，然后向北汇入潇江。进贤江侧面又有个水洞，离此处两里，持着火把可以进到洞深处，从前的人认为这个洞水陆景观互相映衬弥补，十分奇美，然而水洞和岩洞不在一个地方。据查考，澹岩的得名，是因为此处从前是姓澹的人所居住。然而旧典籍上又说，有个名叫正实的，是秦朝时人，隐居在这里，秦始皇三次召见他，他都不去，后又仙逝在此。但为何岩又不叫周岩呢？我从僧人的小屋旁顺澹岩的南边往东走，经过前面所望见的高敞的洞门处，那洞门虽然高大，但里边狭窄不宽，而且也不能往上通到后面的岩洞中去。于是仍旧冒雨东出江边，望见潇江远远地在几里之外，从东面流过来。大概因沿着澹山的南面，有好多高山排列横贯，其中有的分出支脉向东延伸，因此江道折往东以避开山峦。我没有朝着江走，而是转向南，然后向西顺西岭走，七里到木排铺，在店中买了些酒，这时雨逐渐停下来。又往南越过一座小岭，走三里为阳江。那江不能航船，它从西南面大叶江、小叶江的合流处流来，自汇合处到此有二十多里，它往东汇入潇江。江北就是所谓的西岭，横亘在右边，江南是曹祖山、张家冲等众峰并排耸立在前方。又往南七里，直抵张家冲的东麓，这里为陈皮铺。又往南三里，越过一座小岭，望见西面的山层层向下坠陷，不时露出石棱石块，很奇特。随即，胜景集聚一区，数不清的孔穴中景态错综变幻。赶忙拨开草木向西过去，只见层层石片，尽都像鸡掌和龙爪，下蹲地上，又如丝瓜囊，瓜筋瓜丝缠结在外面，中间完全是空的。但石上面被蔓草所缠，无法攀登；石下被刺箐堵塞，无处可钻。于是顺南边走，见旁边有个在石缝间的泥土上翻土除草的人，就走近前，但除草的人每遇到清一色的石头，就不除掉上面的草。路旁有一人，见我在乱石杂草间行走了好久，便顶着斗笠斜靠锄把坐在下面等我。我于是下去问他这山的名称，他说："这是和尚岭，整座山都是石头。它西面的大山是七十二雷山。"并指着前面说，有个庵在路的拐角处，那里石头更为奇美。我按他说的走过去，大路直通到石壁下，石崖如屏障拔地而起，上面有许多通着光亮的孔穴，呈现出飞舞的形态；崖壁下有一潭碧水，透过云雾缭绕的崖壁根脚流出来。有个庵在石崖南边，向僧人询问石崖的名称，他说："叫出水崖。"问他还有没有别的胜景，回答说："再没有了。"然而我仰头看见出水崖的后面石头排列丛集，崖侧有条路细若丝线，这片地方都是那人除草所及的范围。我鼓足勇气从小路登上去，上面的石头都如卧龙，如飞凤，如露出水面的青色莲花，如丛密环列的花萼、向外分开的花瓣。转到出水崖后面，发觉眼前的地方，树根相连，鲜花绽放，枝叶花草茂密争艳，景致美好无比。这地方西面横亘着七十二雷大山，南面耸列着众多山岭，只有东北面下临官道，另外，出水崖阻隔在东面，北面又阻塞着和尚岭，四周如同交错列置着的有花纹的丝织品，而中间怪石重叠堆砌，处处光彩夺目。于是我穿过几个山峡走进去，东北面屏风般的山崖顶上，有大石头高高拱起，如天门开在上边，但不能靠近观赏以使心意满足。那拱起的大石头的西南，就是出水崖里面的深谷，石缝中有清澈的潭，它三面陡削的崖壁向下深插，见不到底，假使对潭边的积沙蔓草进行清理，石与水的佳境让武陵渔人选择，相信他会将他的小船摇到这里来。我将可供游览居息的绝妙优美境地作一番筛选比较，认为这里是第一，而九疑山尤溪村口稍次。

搜寻赏玩了许久，才往下走。从庵侧往南行两里，有条溪水从西南面山凹中流来，与阳溪差不多大。过了溪一里，往东南转出山嘴，重新与潇江相遇。从这里往西南溯江走三里，双牌便到了。船正好来到，上了船，太阳已快落山了。双牌村落也不很大，西南方很开阔，像是可以通达很远的地方，但船反而向南面山间的泷中行驶。大概潇水从南面的青口与沲水汇合后，就流入山峡，山峡口处叫泷口。从泷口往北流七十里，两边都是山岭连绵山峡并峙，遮天蔽日而且水流直往中间倾泻而下，这是之所以称为“泷”的一个原因。泷中有个麻潭驿（隶属于零陵县）。驿南的四十里隶属于道州，驿北的三十里隶属于零陵县。根据文献查考，这一湍急的河段中就是丹霞翁居住的地方。志书记载：丹霞翁的居住处在永州府南面一百里零陵泷下，唐代永泰年间，泷水县令唐节辞官后就居住在此泷中，自称为丹霞翁。元结从道州来，经过他的住处，为他的住宅作了篇铭文并刻在宅中。然而此泷的北段属于零陵县，所以称之为零陵泷。但所说的泷水县，是否就是在这地方呢？另外，按志书记载：永州府南面六十里有个雷石镐，位于泷水县水口处，是唐朝时设置的，依此，则唐代时设的泷水县不在此处又在哪里呢？当时风势很便于航行，傍晚，船夫乘风势撑船上滩，翻卷的浪涛如雷声轰鸣。行五里便进入泷中，又行了五里停泊在横口，它位于江的东岸，官道在西岸，它是雷石镇的人们游乐和过往旅客居住的一个很小的处所。

从永州府城到双牌，陆路为五十里，水路有两倍的路程。从双牌到道州城，水陆两路都是从零陵泷中走，没有其他道路。所以泷中七十里的路程，只有顺流逆流之分，没有水陆路程远近的差别。出了此泷后到道州城的路，又是陆路直而水路弯曲了。

十六日

天亮时出发，行二十里为麻潭驿，这里仍然属于零陵县，但它的南面就是道州界了。自从进入此泷以来，两边山势逼束，石滩高悬横亘，然而北风很便于航行，奔腾的江水卷翠激玉，船曲折地行进在浪尖上，不觉得航行的艰难，我吟起旧时写的两句诗："舡梭织峰翠，山轴卷溪绡。"（《下宁洋溪》中诗）这仿佛是为此地而作的。这地方杜鹃花盛开，点缀了水边岸侧，虽没有呈现出漫山遍野的景象，但映碧流丹，给人的感觉非同一般。行二十里，到吴垒铺，铺的西南面山稍向里退缩，而船反而转往东。又行五里，重新转往南，江的东北岸上有些石头，呈方形堆叠着，环绕横直在山腰上，东边下倾西边耸起，像是人工砌成的，难道是堡垒的残留部分吗？又行十里，山势更加逼束，这里便是泷口。又行五里，停泊在将军滩。滩边有座山峰屹立在泷的出口处，如守关的将士一样？溯流出了此泷，景象迥异，如另一番天地。整个夜晚月光明亮，直到天明，是入春以来从未有过的。

十七日

天亮时开船，水路迂回曲折，行五里到青口。一条水从东边的山峡中流泻出来，这是去宁远县的水路，此水最大，它就是潇水。一水从南面平坦的旷野中流来，这是去道州的水路，此水没有潇水大，它就是沲水，水势弱小。于是我们不走潇水而往南溯沲水行。又行五里为泥江口。按志书记载，有个三江口，为潇水、沲水、营水三条水流汇合处，我向船上的人打听，却都不知道，难道这就是青口吗？但是营水汇入沲水处是在潇水、沲水汇合处的上游。泥江口的水西通营阳，乘船溯此水上罗坪为三天的路程，它应当就是营水了。又行三十里，抵达道州城东门，然后绕到城南，停泊在南门边。下午我到城中去，从南门入城，经过一个大寺庙，名叫报恩寺，由州衙署前抵达西门。登上南城墙往回眺望，才知道道州城南临江水，东、南、西三个门都向南濒临江流，只有北门在里面。沲水从江华县流来，掩、遨两条水自永明县流来，它们都汇合在城西南十五里以外。水从东北流来，抵达城西南隅，绕过南门到东门边，又往东南流去，像一张弯弓一样，而城正好位于弓背上。城西门外有条濂溪水，从西面的月岩流来，翼云桥横架在溪流上。城东门外也有条水从北面流来汇入江水中，但那条水流就更加涓细了。到傍晚，我们仍然出了南门，宿在船中。夜里又下起了雨。

道州城外附近有四景：东边有响石，即五如石，西边有濂溪，北边有九井，南边有一根很特别的木头，南门外有一根大木头横卧在江底。

十八日

天空明亮清朗，我早早地吃了饭登上岸。从南门外顺城下走半里，过了东门，又往东走半里有座小桥，这里就是津泉入江处。桥侧面江滨有石头耸突插立，形态如同永州城外愚溪桥边那样，但比愚溪桥边的更透漏高耸陡峭，那些石头如枝干分向四处，中间是空的，可以分开花瓣似的石片走进石隙中，也可以穿过壶形的孔道进到小洞中，这就是所说的五如石。其中有块石头，一敲击就会发出和谐深远响亮的声音，这是响石。据考，元次山咏道州景物诗中所写到的，石头有五如石、窊樽石，泉有穗、漫等七处，都在州城东。我游览了一个涍泉便可以大概推知其余各泉的情形，至于石，我见到了五如石，但窊樽石没能寻到。屡向旁人询问，一读书人告诉说："在报恩大寺内。"然而元次山诗序中说在州城东左湖中的石山顶上。既然那石窊可以当酒樽，上面可以建亭子，那么难道可以移置到寺中？抑或寺址就是先前的左湖所在地？我质询那人，他说："到了寺中自然知道。"于是到城东门，经过南门内，往西到报恩寺，想入寺打听窊樽石，见到日色很美丽，就姑且留着等到归来的途中再探问。赶忙出了西门，往南折过翼云桥，路分成两条：从西面的那条走二十五里为濂溪祠，又走十里为月岩。从南面的那条走是十里铺，然后又走六十里为永明县。十里铺侧面有座华岩，由岩下的小路可以到濂溪祠。我想两处都游览，便往南面的那条走。大道两旁都分别栽种着高大的松树，如同上南岳衡山的路一样，而此处的更加丛密。有的松树从下面分出五六根枝杈，枝干密集挺拔，争翠竞秀，这是此地独见而其他地方所没有的。从道州到永明县，松树夹道的路程有七十里，栽种者的功劳，也不比古时种植甘棠树的地方官吏的小。州城西南，山冈山坡起伏不平，修筑道路时便顺着地势。四下望去，崇山远离，只西北面的一座山最高而且离得较近，它是月岩后面背靠的大山。到十里铺东，从小路向北走半里，便为华岩。岩洞门向北，有条小水从洞下流出。由洞口进去，只听到水声而不见水。

折往东三丈多，又折往南朝下走，洞便变得高弯幽深黑暗。洞北边有间僧人住的小屋，因为要急着走，来不及到那小屋中寻觅火把，听说洞内只需一支火把便可以游完，因而也不必再找火把来游。于是我从那小屋右面向北朝小路走。此处的山小而峻峭，或孤峰耸立，或两三座山相连相接，如同串起来的珠子和并立生长的竹笋，座座山上岩石尖峭嶙峋，草木摇曳飘舞，在山间曲折地朝上走或往下行，如同置身在纷乱的云层和重叠的波浪中，令人茫然，辨不出方向。然而没有大山作为标志，只有西北面有个高峰，我不时地从山间缝隙中窥望它的一面，把它作为辨别距离、方位的坐标。走五里，横过四条山间小路，又五里，越过一座小石桥，又翻过一座山岭，见到大路向西而去。顺大路走两里，又往北进入小路中，沿着石山山嘴，共走四里而转到平坦的田畴间，便是道州往西来的大路经过的地方。又走一里，濂溪祠就到了。祠朝向北，左边为龙山，右边为象山，都在祠后面，形态如龙似象，从祠后的小山分支出来而环拱突兀在祠前方。龙山就是前面我从它的山嘴转出到田畴间的，象山则是到月岩经过濂溪的那座山。祠被山峦环抱但不临水，前方宽展，可以容纳万马奔腾。祠是周元公出生的地方，如今只有他的一两个后人守护在其中。因为没有地方找饭吃，便往西走。一里，经过象山，沿着它的北面又走一里，渡过濂溪。濂溪从月岩流来，到此处因为被象山在东边挡住，便往北流，然后又折向东流到州城西面汇入沲水。从濂溪北岸溯流往西行，五里到达村，它是洪姓人家聚居的一个村子。于是到一家店铺中躺下来等着吃饭，店中没有酒，到别处去买花了很长时间，下午才出发。出村后便往西南进入山中。路旁边先是有一座山峰圆而尖峭好像一支标枪，从这座山峰起，乱峰渐多，有的像直立的锥子，有的像并列的手指，有的似横列的屏风，都绕环掩映在一座大山的东面，它们分成一行行，排成一队队，如藤蔓一样互相牵引，都尖峭如骨。又走五里，往南转入乱山的内侧。又走三里，往西翻越一座山岭，望见正西边的一座山，好像有一缕白烟横浮在山腰上，它就是月岩上层的山间穿洞露出来的天空。正西面高山若屏风般直立，仿佛和天一样高而难以攀登，往东延伸下来，第三层便是若有白烟横浮在山腰的这座山，山中间云雾空阔而山上面蛩首隐约，下面形成几层石门，青翠的山冈如从中间被剜了一块，光色映照到前面的山上，所以远远看去如静止不动的白云。又走两里，直抵月岩山下，我从山东麓拾级而上，先进入下岩中。那岩洞朝向东边，中间空而上面相连，高高环拱起如桥梁，从下面望上去，如同老虎张着大口，目光以及牙齿的形状，威严可畏。我又从岩上遍游了景观奇异的地方。这晚住宿在月岩中。

十九日

从月岩出发走两里，仍然从前一天所望见的如有白烟横浮的那座岩石处经过。到岔路处便往东南行，穿过小石山的内侧，曲折地从乱石中间穿行。八里出了山，渡过大溪往东走，这地方为洪家宅，也是洪姓人家聚居的村庄。又往东南进入小土山中，向南从山脊上走，三里后朝山下走，一里出了山，那地方有座巨大而平滑的岩石横贯着，往东走一里，又向南朝山坡上行，又走两里，往南登上一座岭，名叫银鸡岭。越岭往下，有个两三户人家的村子。从岭东又走三里为武田，从月岩到武田有二十里。那地方村落很大。再往东半里，就是通往永明县的大道。横过大道，往南沿一条小而平缓的溪流行一里，越过桥向东又走半里，便见一条急流奔涌的大溪横隔在前面。这两条溪是永明县流来的掩、遨两水，路与溪交合的地方为六渡。渡过江又往东南行，山坡高低起伏倾斜不平，走三里为小暑洞。又往东翻越山冈，走三里见到一条很大的石板路，沿石板路南行，又走十里停在板寮，这里大略在上都的东北面。向旁人打听所谓的杨子宅、南龙，回答说都已经走过了。

二十日

从板寮东南的小路上走，一里，到达通往江华县的大道，往南顺大道行，这里已经是火烧铺了。此铺在道州南面三十里开外、江华县北面不足四十里的地方。又行五里为营上，它是江华县至道州的中点，设置了营房驻兵把守着。营后面有座小尖峰紧靠着。东面数里外有座山峰高峻而上面光秃秃的，这是杨柳塘，从此峰起山脉便如屏风一样向南绵亘，九疑山应当就在它的东面了。西南面数里外，有座圆状的高峰耸起，这是斜溜。斜溜南边又耸起一座山峰，这是大佛岭，它便是石浪后面那座云雾缭绕的高山。从营上往南走，两旁有许多高峻尖峭的小山峰。又走五里，为高桥铺。又走三里，有条溪自西向东流，尖峭嶙峋的石块石棱横卧在涧流中，大而急的水流从石上冲刷而过，宛若包园的石谷。溪上有座石桥横架着，它应当就是所说的高桥了。又往南七里，为水塘铺。从高桥来，途中有许多乡村妇女在竹林中采摘笋子，我花一钱银子买了一束，带到水塘铺村民家煮熟了，和雇仆各吃掉两碗，味道鲜美异常，然后用筒子装了剩下的一半带上离开。水塘铺的西面，直逼斜溜，再往南，斜溜和大佛岭之间，有座小山峰耸起在东面，像一顶纱帽一样。又走五里为加佑铺，它离江华县城有十里远。由铺南直往下走，从小路可通浪石寺。我们折往东南从岭上走，共六七里就抵达江华城西面。从高桥铺南到县城，名义上说是三十里，而实际上仅二十五里。顺城墙下绕到南门边，在店中吃了饭。又往东南走一里，为麻拐岩，又叫回龙庵。由回龙庵沿江岸向南行半里，水分成两条流来：一条从山谷中流出来，水流较大，它便是沲水。一条从南面流来，也可通小船，它发源于上武堡。大略地说，西面边界是大佛岭、班田、罠云等众山峰向南曲折绵延而去，东面边界是东岭、苦马云等峰迂回环绕，与南面的山岭相接，唯独在遥远的西南形成一个山坞，这就是所说的上武堡，它的西南面便是广西富川、贺县两县边界。大、小两条江汇合在麻拐岩的南边。大江发源于东边的锦田所，溯流两百多里，船航行三四天就可以到达。小江发源于南边的上武堡，船只溯流航行，只能到达白马营，大约有五十里的路程。然而在进入江口的地方，有用石头垒砌成的方形拦水坝，位于水流中间，横阻江中的船只，使船只不能上下，坝内另外放有小船，外面有桥，桥上横铺着木板，供来往的人们越过江流。白马营东面的大山叫吴望山，山上有个秦洞，很是奇异，可惜未能前往。从白马营又往南走，才到上武堡，堡东的大山叫冬冷山。吴望、冬冷两山的水汇合而流出白马营，为小江的上游。于是我们沿南面的小江江岸又往西行三里，到浪石寺。小江中石头密密麻麻，如起伏奔涌的波浪，寺就是由此而得名。此寺中先前有个姓蒋的人修炼成佛，如今肉身还在，他就是所称的“一刀屠”。浪石寺中有“一刀屠”的肉身，他面部的肌肉如同活人一样。碑文中说，他姓蒋，是寺西村中人。他生活在宋代初期，本是个屠宰牲畜的人，卖肉时，不论轻重都是一刀割下便一点不差。后来抛弃妻子去学道，进入大佛岭洞中，坐在玉柱下修炼。过了许久，他母亲进洞方找到他。他拜过母亲，便出了洞，从此就坐化在寺中。后有盗贼想去抢劫江华县的府库，经过此寺时，用向佛卜问的方式作出决定，结果不吉利。盗贼抢劫府库回来，便剖开他的腹，取了他的心脏而去。这也算是“一刀屠”的报应。他的身体已经漆过，然而面部还存留肌肉，头戴方巾，身穿红夹衣，一副儒士的装束，这是因为他的子孙中有读书人的缘故。这一天停留在浪石寺中，但寺中的山僧很是粗野。

二十一日

在浪石寺吃饭。想前往莲花洞，但寺中僧人正好集合众徒弟耕田，无人带路，我们就等候过路的人，许久后才等到一人，于是由寺西顺大路前行。向南而去，山峦尽头处为上武堡，那里是江华县与贺县接界的地方。往西翻越大佛坳是到富川县的路。大佛坳离开江华县往西有十里。听说越过坳往西二十里是崇柏，就是江华县与永明县的交界处；又往西二十五里，经过枇杷所，它在永明县东南三十里，为江华县与广西省富川县的交界；再往西南三十里，便是富川县城。走了七里，直抵大佛岭下。这之前，路左边有座岩，如镶嵌垂挂在那里的云楞，我怀疑它就是莲花岩了，然而莲花岩还在路右面大山岭的岭脚。于是从岔往北边的小路进去，不足半里，到达洞下。导游在竹丛中拾了一大捆枯竹，扎成六大支火把，我们分别扛在肩上走出竹林，由路左边的洞口劈开障碍物曲折地进入洞中。回到浪石寺吃饭时，已过了中午。这才顺着原路，返抵麻拐崖西面的合江口，有木板架在江坝外成为桥，于是跨过桥到了江南边。往东南走两里，到重元观寺，从寺往南走一里，进入狮子岩洞。出了洞走四里，越过小江上的桥，经过麻拐岩，向北登上山岭，直往北行，到这里已经过江华县城东门外。又往北翻越一座山岭，走六里，渡过沲水到了北岸，投宿在江渡。

二十二日

黎明，由江渡沿东面的山往东北行。十里为蜡树营。由此处起渐渐顺山势转往东，五里后，经过鳌头源北麓。又走两里到界牌，又走三里经过石源，又走五里经过马冈源。从突起在西北面的鳌头源到东北面的马冈源，都是顺着山的北面向东行，山的南面全是瑶族人居住的地方。在马冈源的北面，仍看到淹水从东面曲折地流来，到了马冈源的南面，才见到溪流自南而北流淌。又往东走七里，翻越虎版石岭。从界牌走来，接连越过众多小山岭，只有虎版石岭最高。越过岭又走三里，为分村，于是在村中吃饭。村南的大山内，有座分岭。称之为“分”的原因，难道是因为那座岭是瑶族人居住地与汉民居住地的分界吗？从分村往东走三里，渡过一条大溪，它是从南面的九彩源流来的。溪东边又有山横列在南面，与西面延伸过来的山相似。又顺着此山北麓走七里，到四眼桥，桥下有条溪流更大，它是从顾村流来的，与分村的水一样都是发源于瑶族人居住的区域。越过溪上很长的木桥，从溪岸往东登上山岭。原先只是南面有高大的山，北面都是从高山分出来的一条条山冈向下绵延；到此处北面也有大山横列着，因而路便向东从两山之间通过。在山冈山坳间翻爬攀越了十里，抵达孟桥西面的彭家村，这才住宿下来。这天共走了五十里，然而山路荒僻，或许有六十里。

二十三日

五更时，下起了大雨。从永州府过来，山田苦于干旱，而又正当播种时节，到此地此时百姓盼雨如婴儿待哺而嗷嗷不已。终于盼到甘霖，雨到天亮仍未停。我静静地躺着等候雨停，早餐后才出发，虽然撑着伞穿着草鞋，但不以为苦。往东走一里，望见孟桥，于是从岔路往南走。大概到这里南面耸列的山已经到尽头，于是顺山转往南。走五里，抵达唐村坳。坳北面有个小洞朝向东面，洞外岩石嶙峋，俯身进入里面，洞下面有水潺潺流淌，从南面的小孔流出洞来，向北流去。我们这才收起雨具，在洞外坐了很久。越过山岭往南走，有个土堆横在两山间，中间剖开成门，以便于通行，我猜想它是道州和宁远县的分界。从这里起连续翻过两三座岭，都不很高，这大概是因为前面耸列在南边的山都折往西边排列的缘故，这些小山岭都是山往东延伸而分出的支脉。山的东边，又有些如直立的锥、排列的戟一样的山峰，聚集而列置成队，也是自南而北纵贯，与西面的山相夹峙，像长排的门屏。然而只是西边的高山如屏风般列置，而东边的却是杂乱的土山密集地重叠着，两边截然分明而不乱。直向南远远望去，两边山峦尽头处的中间，直立着一峰，如同正对着门竖起的一支标枪，望见它便使人动心，惟恐路不从它下面经过。过了唐村坳又走五里到大洋，从道州来的路也是从大洋走。这里山势忽然变得开阔，中间分布着许多村落。又往南走两里，向东跨过一座桥，桥下的小溪流得很急。过了桥便有一条很大的溪流，它从南面的九疑山流来，往北流出青口，它就是潇水的上游了。向北望去，小溪汇入潇江的江口处，有很多船停靠在侧边。小船可以溯流上航到鲁观，那里离九疑山有四五里，是潇江与母江的汇合处。渡过大溪，为车头。又往东南翻越山岭，共走六里，为红洞。在红洞买米做饭吃，零星的小雨还未停止。又往东南行六里，靠近东边乱峰下，起初经过的一座小山峰，岩石高峻，东边裂开一个小洞，像是有云气在那里涌动。攀上去坐在其间，过了许久雨停下来，于是往南从小路上走。四里，经过一村，叫大盖。又往南走两里到掩口营，这才与从宁远县向南来的路相合。掩口营往北到宁远县有三十里。掩口营的南面，东边排列的峰峦和西边横障的高山，合拢而形成门，前面所望见的当门而立的标枪状的山峰，已列为东边的第一峰峦，而西边横障的高山东垂，也直立着一座山峰，从北面望去如插立的屏风，走近峰下看去如并拢的手指，转到南面又如横贯的墙垣，像是与东边的峰峦分别建竖旗鼓而各自出奇斗胜。两里后走出东西山合成的山门下，水也从其中往南流出，那下面平坦的田野空旷广阔，呈东西向展开形成深谷。从这里起路从西边山峰的南面折向西行，又走三里到达路亭。路亭是个姓王的人建的，名叫应丰亭，这地方原先叫周家峒，姓王那家的住处就在此地。王家是世代为官的高门大户，因为建了这亭供行人歇脚休息，他家的人乡试中举，因而便以“路亭”为名。这天只行了三十五里，我估算时辰还早，但因为雨水浸湿了衣服，便停下来烧柴火烘烤。

二十四日

雨停了但云气阴暗浓密。天亮时，由路亭往西行，五里为太平营,九疑巡检司也在这里。由此往西北入山,许多峰峦错杂环绕，大体掩口营东面的峰岭，如同衙门中官吏排列、戟戈成行；而此处的众多山峦，则如队伍合围，石峰密集分布。山中间环绕形成洞，穿过一条石头缝隙进到里边，如同另外筑起一道城墙。山不很高，但幽深而迂回绕曲，真所谓别有天地。一路上，有曲折的洞穴，直立的山峰，玲珑的岩石，惊涛卷雪般的乱石，云雨笼罩的新绿，就这样走了十里，到达圣殿。圣殿就是舜陵。起初我从岔路处见有一两间墙壁倒塌的房屋，而路又荒没，以为不是，便从它东面翻岭往北走。两里，遇到个耕田的人，问他才知已过了圣殿到斜岩了。于是往西向山上登，穹隆的岩壁朝东高高伸展，气势恢宏。岩洞门内有座石峰耸立在中间，将洞门隔成两边，飞洒的泉水倾坠在洞门上方，仿佛水帘一样。岩洞右边，纵横地垂挂着石头，岩洞底部有泉水悬空泻下，水流有从垂挂着的石头边缘直流向下的，有从石孔中斜喷出来的，孔隙交错纷乱，水流也纵横喷射，交汇到一处，这更是一奇。此岩洞下又有岩洞，深深向下凹陷，也同样宏大高阔，然而不能进到深处。此岩洞后面的上层也有岩洞，圆整高爽而明亮，若楼阁一般，它正对着洞门中耸起的石峰，两股瀑布如同悬挂的帘子，喷泻在岩洞前，这是外岩景致最优美的地方。它下面有个池塘，积了一塘水，不见水的出处，也不外溢。池的左边又张开个石门，这里便是岩洞后面的下层。从门内踏着石级向下走，就是进到深处的路了。我到达外岩后，就先做饭吃，作进洞游览的打算。僧人叫明宗，他说："这地方的风景名胜，近处的有书字岩、飞龙岩，远处的有三分石。三分石今天不能到达，其余两岩先生应先游览，回来后用日落前的剩余时间再进这洞，点着烛火游览，这样就算深夜也无妨碍。"我点头表示赞同。然而我按照志书的记载去寻求所谓的紫虚洞，却发现此洞中有碑，碑文说此洞为紫霞洞，习惯上又称为斜岩，斜岩则是唐朝时薛伯高就已命名的，依此，此洞便是紫虚洞无疑了。又询问所谓的碧虚洞、玉琯岩、高士岩、天湖等名胜，明宗都说没有这些地方。于是在明宗的导引下，先去探游书字、飞龙两岩。

走出斜岩往北行，下了马蹄石。它的北面两侧岩石高峻，叠云耸翠。其内，高峻的岩石乱峰环拱回抱成峒。大概圣殿的后面，便耸起为箫韶峰，箫韶峰的西面便耸起为斜岩。山上有座岭隔在它们之间。岭北面的水，往西北流经宁远城，下游汇入潇江，它就是舜源水。岭南面的水，往西北流经车头，再往下汇合舜源水而流出青口，这便是潇水。箫韶峰、斜岩的南北两边，都是乱峰环拱形成峒，唯独这两峰之间，却形成山峡而不是峒，这是因为有座岭的岭脊从这两峰之间越过去，往北延伸而成为宁远县城主山之脉。马蹄石南面，那峒宽阔齐整，打听它的名称，说叫九疑洞。我原就怀疑圣殿、舜陵都在岭北，而今见峒在岭南，就更加怀疑了。旋即，经过永福寺故址，柱脚下的石墩子仍然雄伟，而寺基已经被犁为耕田。又往南渡过一条溪流，它就是潇水的上游。转往西共走三里，进到书字岩。岩穴不很深，后面有石头垂悬着，屈曲而有气势，如龙凤飞腾一般。岩穴外面用隶书刻着“玉琯岩”三字，是宋代人李挺祖的笔迹。岩穴右边刻有“九疑山”三个大字，是宋代嘉定六年主持道州军事的莆田人方信孺书写的。它的侧面又用隶书刻着汉代蔡中郎撰写的《九疑山铭》，这是宋代淳祐六年道州刺史潼川人李袭之嘱托本州人李挺祖刻写的。大概李袭之既然新修了蔡中郎的庙，因而就将他作的这篇铭文刻在侧面，以保存古迹。后人因为崖壁上有巨大的字，便用“书字”这个名称呼此岩，因而竟然失掉了它的真实名称。这样，我才知道书字岩就是玉琯岩，而这里正是九疑山的中段。才知道在箫韶峰南面的是舜陵，在玉琯岩北面的是古舜祠。后人把舜祠合并到舜陵处，这也像九疑巡检司北迁到太平营一样，世间事物的变迁就是如此之大。当地人说：永福寺原先很兴盛，有一千多名僧人常住，寺院田产数千亩。如此说永福寺就是舜陵所在地。永福寺称为小陵，意思是因为玉琯岩和舜祠相距较近，皇家机构派人考察后认为舜祠受岩所扰，于是上疏请求将舜祠合并到舜陵处。如今舜陵左面的碑，都是从永福寺移出来的。后来玉琯岩的古祠毁坏后，原料想寺中的祠堂能够专享祭供，然而不久，寺竟然就荒芜衰废了，这可以作为毁弃古迹的一个教训。

我在玉馆岩中坐了很久，于是想找个当地人导引我到三分石去。当地人对我说：“三分石离此处很远，周围尽是瑶族人居住的地方，必须找瑶族人作向导才行。然而中途没有住宿处，必须携带着火把露天住宿才可以前往。”随后出重金雇到一人，是个平地瑶，姓刘，约定第二天天气晴朗就出发。如天气不好，就姑且在斜岩中等候。于是从玉琯岩往回走，经过马蹄石东面，进到飞龙岩。岩从半山腰凹陷下去，里边也同样宽广，如像斜岩外层的南岩，有个石坡悬在中间，但没有曲折纵横的石纹。岩外刻有“飞龙岩”三个字，岩内刻着“仙楼岩”三个字，都是宋代人的笔迹。

出了岩洞，又越过马蹄石，又总共走三里便回到斜岩。明宗于是拿出准备好的七支火把，与雇仆分别带着，他点燃了火把仍走在前面作向导。开始时从岩洞左边的下层钻过孔隙踩着石磴而下，水流从岩洞左边飞泻出来，向下倾注而与人争抢石磴，石瞪走完了，水也不再有。朝东往里走，洞忽然变得平而宽广。旋即一块块石田像鱼鳞一样排列着，水流灌满田中，只能从田埂上行走，石田下面崖壁坠陷而形成深谷。石田的右上方有个石池，由池中涉水过去，是到杨梅洞的路。我们放弃了，仍旧往东朝洞底向下走。随后渡过一条溪水，那溪水自西而东向洞内流。横渡溪水后，顺着洞右走，路又变得平而宽广，洞更加宏大空阔。有一根大石柱端立在洞中央，直向上耸接近洞顶，如两手合抱端坐着的人，名叫“石先生”。它东面又有块小石块直立在侧面，名叫“石学生”。这里是教学堂。又往东为吊空石，一根石柱从洞顶垂下来，伸到半空中，末端反卷而粗大。再往东有石莲花、擎天柱，并不雄伟壮观。从石莲花、擎天柱处渡过烂泥河，它就是前面所过那条溪水的下游。所过之处河底泥泞，深陷到膝盖，稍微缓慢一些，脚便陷下去而不能拔出来。过了烂泥河顺着洞左边走，左面石壁上的崖片棱角分明，往下垂挂着，有向上飞举而如盖子的，有架置在下面如平台的，有中间凹陷而如卧床、神龛的，每块每片各有名称，然而很粗俗，不值得记录。往南眺望，洞中央有根方形石柱，若屏风从洞底向上耸立，仿佛一片巨大的朝笏。它东面有根石柱，也是从洞底向上高高矗立，与它并峙，并且更高更大。它的顶端有一石如人一般地坐在石莲花上，这是观音座。从这里往西下去，可以从北面绕到观音座后边。前面所过的烂泥河水也绕过观音座下面从西面流来，至此折向南去。洞也转往南，更加宏大高敞，游人通常到此便止步，因为水深难以渡过。我强迫明宗渡水，水淹过膝盖，然而不像烂泥河那样泥泞。渡过水后，向南行，水在东面流，路顺水流向西延伸，四下顾盼，石柱高高低低错落插耸，颜色如羊脂一样白，这是雪洞，因为洞中石柱的颜色而得名。又往前为风洞，因为洞内曲折风大而得名。随后又应当南下渡河，但明宗因为从来作向导，每年不下百次，未曾有深入到此处的。所以先前到观音座，他就抽了根火把上的竹片插在路边作为标志，以便回程时容易认路。而当时我的草鞋已经坏了，光着一只脚走。起先我曾叫雇仆给我随身带了一双，以备烂了替换，雇仆则因渡河水深，竟然自作主张地把鞋子放在观音座下面，这样便不能再往前走，只能返回。到此处进入洞中大约已有三里多了。听说洞中的水流到广东连州后，就流出地面，这恐怕是想当然的说法，大抵它是流入潇江的水流，然而所进到之处，水四处通达，这正是所说的此洞无底的表现。往回经过教学堂，渡过一重河，上到石田处，便往北进入杨梅洞。先由石田涉水过了石池，池两边崖壁对峙形成门一样的石峡，水浸满池中，渡水时水也没过膝盖，然而下面都是平整的石底，四周都没有寸土。进入石峡门中，有大石头横阻在最狭窄险要之处。穿过此处往里进去，又见到个平直的洞，宽广平整宏大。洞北有飞石平铺着，若楼阁一般，石块上有缝隙，从缝隙中向下窥视，石块薄如木板，下面又高高隆起形成洞，水从下层奔流而入，那水就是前面所经过的烂泥河等各河流的上游。洞中产一种石头，圆如弹丸，凹陷下去的那面有如刺猬身上的刺一样的石纹，“杨梅”的名称由此而得。然而石头的颜色本是黄白色，传说从洞中的水底下看，都是暗紫色的，这是附会。此洞中渗流进来的水，就是岩外四周的山洼中注入地中的。此山坞东面为箫韶峰，西面就是斜岩，南面是圣殿西边的山岭，北面为马蹄石，都是外围高里边低，如同锅底，四面的水都潜注到地下，只是不见注入的孔隙而已。出洞已是傍晚，烧着树枝烘烤衣服，又煮些粥吃，便在岩中卧下。一整夜瀑布声、雨声交响，混杂而不能分辨，早晨起来一看，则阴雨霏霏。

此岩中的瀑流，不像其他地方那样悬挂在崖壁间向深峡倾泻而下，而都是从卧覆的石头底悬空而下，穿过小洞向下流泻，如有漏洞的酒器一般。悬在北岩上洞前的两条瀑布都如上面所说，而且最大；悬在右崖洼洞上的一条瀑布经几个小孔泻下来，比起左边的瀑布虽然小些，但瀑布从悬吊着的石头顶端流泻出一股，从石头底下的小洞中斜喷出两股，这又是最奇特的。

二十五日

清静安闲地呆在斜岩中，天气非常寒冷。无事就观赏瀑布，冷了便烧树枝烘烤，肚饿则煮稀粥吃，就这样度过了一整天。

二十六日

雨依然不停。下午，打着伞去圣殿，依旧从来路往北翻过岭，稍向东走，转出箫韶峰北面。箫韶峰自南而北纵贯，屏风般耸立在斜岩前，峰上部分为两支，它的北面尽头处就是舜陵。陵前环绕着几座山峰，正中峰的上部分成三支，稍靠左边的一峰顶上有石头独立耸起。庙中僧人指着上部的分支说是娥皇峰，顶上有石头独立耸起的是女英峰，恐怕未必正确。大概这地方的古舜祠和如今的舜殿，分别在不同的峰峦，峰不止九座，而九峰的名称，当地人也不能分辨清。陵墓边两棵大树夹道而立，若双阙一般，都有四人合围那么粗，庙中僧人称之为“珠树”，但他不知道字的写法。结的果实大如指头，剥掉壳可以吃，传说树本来已经干枯了，后又重新发芽开花，我想未必如此。树的两旁生长着巨大的杪木树，其中也有四人围抱那么大的，在八尺到一丈左右，就分出枝杈高高耸起。由两棵珠树中间进去，有三间屋子，再往上又有一间。上面那间的门额上写着“舞干遗化”，屋中有虞帝的牌位。下面三间的门额上写着“虞帝寝殿”，屋中排列着五六块碑，都是世宗、神宗之间立的，没有古迹。两处房屋都破旧狭窄，与虞帝的身份地位极不相称。询问虞帝落葬的地方在哪里，才知虞帝原来是与何侯一道成仙升天的，向来没有落葬处。于是遍观各碑，碑上刻的都是些诗和祭祀时祷告的话语，只有慈溪县人颜鲸（颜鲸是嘉靖年间的学道）撰的一篇碑文对虞帝的事迹叙说得较多，这块碑已经断了，碑文中说，此地就是古代的三苗地方，虞帝南巡到苍梧，此心就是为了和平、摒弃战争的“舞干羽”之心。至于说这地方在四方部落首领管辖外，虞帝以八九十岁的高龄，不应当会作这样远距离的巡游，这是他们不知道道德完善、智能超越的虞帝有最公平而无差别的思想。中原的诸侯，统统到四方部落首领管辖的区域内朝见虞帝，而南方各少数民族地区荒凉僻远，所以他便不怕劳苦，亲自巡视，从而感化这里的民众。这种说法似乎可取。李中溪（元阳）摘引《山海经》，说舜帝在紫霞洞炼丹，白日升天而去。《三洞录》中说舜帝禅位后，在此地炼丹。后来儒家人士不希望有这样的事，说舜帝在苍梧的山野中去世。而道教的人说他仙逝的地方在九疑山的中峰。圣人原本没有儒、道、佛三教的名目，至于圣人圣明而被尊奉成神，产生上天下地说法的争议，是圣人身后发生的事。到询问儒士，三次见面都辨别舜帝去世处所的事，这不是太固执了吗？后来他的侄子李恒颜主政宁远县，为他的文章写了跋，跋文摘引《艺文志》的记载说,蔡邕认为舜帝在九疑山去世后升了天。《尚书》中说：(舜帝）“陟方乃死。”韩愈注释道：“陟，升也，谓升天也”。《零陵郡志》记载道家著作中说，舜帝厌倦统治天下，到九疑山修道，后来便修炼成仙。宁远县野史《何侯记》记载：负元君家住九疑山，修炼丹药获得了成功，舜帝巡守天下，停留在他家。舜帝升天之后，负元君也在七月七日升天去。所以此地是舜鼎湖，不是陵墓。并且说，苍梧在九疑山南面两百里，即便在苍梧去世，葬在九疑山也是无可怀疑的。唐代元次山的说法似乎未必如此。这种种说法姑且存留。只有陵墓正殿前的台阶边露天立着一块巨大的碑，我想这必定是古碑，于是冒雨疾奔过去观看，碑文说，此山过去被瑶族人占据，当权者征剿而招抚了他们。碑的右边就是官署，也是破败不堪即将倾塌，里面有块碑已经破碎，有人用木架子框在它的四周。我赶忙阅读，原来是道州九疑山《永福禅寺记》，它是淳熙七年庚子道州司法参军长乐县人郑舜卿撰，知湖州、梧州军州事河内县人向子廓书写的。字是汉代的隶书体，十分遒劲飘逸。它是圣殿中的古碑，是从永福寺中移出来的，然而与陵殿不相干，不过是爱多事的人爱惜碑上字画的美妙，而移出来，以便保存它罢了。但这官署快要倒塌，不是将要遭到与永福寺同样的结局吗？郑舜卿撰的碑文中有这样一段话："余去年秋从山间谒虞帝祠，求何侯之丹井、郑安期之铁臼，访成武丁于石楼，张正礼于娥皇，与萼绿华之妙想之故迹，乃了无所寄目。留永福寺齐云阁二日，桂林、万岁诸峰四顾如指，主僧意超方大兴工作，余命其堂曰彻堂。"官署后有三间房屋，屋中置放着佛陀的塑像，两头两间内各有一个僧人住着，也是极为荒寂冷落。于是冒雨返回斜岩，洗脚烘衣，吃了晚餐就睡了。

二十七日

雨已经停止，浓云稍微散开了些。我们赶忙吃了饭，翻过马蹄石岭，走三里，抵达玉琯岩的南面，找寻所约定过的姓刘的瑶族人，想作三分石的旅行。但那人因为云雾未散尽，认为不可远行，已经到其他地方去了。这样，又定在第二天去。那人虽然不在，但与他住在一起的一个人对山中的情况很熟悉，可惜他生疮不能作向导，他对我讲：玉琯岩就是何侯的故居、古舜祠所在地，它东南面的山上为炼丹观故址。志书上说炼丹观故址在舜庙北面箫韶、杞林两峰之间，有个石臼，松树穿过石臼生长出来，枝杈屈曲如龙。我到处打听而不知道它的所在，我想郑舜卿所说的他要寻访的郑安期的铁臼，难道就是炼丹观故址的这个石臼吗？然而宋代时就已不可征询了。志书又摘引《太平广记》，说鲁妙典为九疑山道观中的女道士，麓林道士给她传授《太洞黄庭经》，她入山十年后，在某一白日升了天，而山中也没有知道的人。九疑洞的西边，有个地方叫鲁观，也没有其他的遗迹。郑舜卿撰的碑文中所说的玉妙，想必就是这人吧？郑舜卿撰写的《永福碑》又说：“到石楼寻访成武丁的遗迹。”这石楼也无从征询了。飞龙洞又叫仙楼岩，难道就是所称的石楼吗？不然，何以又有此雕刻呢？由玉琯岩往东行五十里，有三块石头高高耸入云霄，水从那里分流三处，俗称舜公石，它就是三分石。到三分石的路已经湮没。由玉琯岩往南行三十里，有座孤崖如发髻一样，盘绕突立在山顶，俗称舜婆石。有小路可以通到那里。舜婆石下有条蒲江，翻过岭为麻江，由麻江口搭乘筒槽船可达锦田。那人把摘来的新茶奉送了我一些，于是我仍旧返回斜岩。中途经过永福寺故址，见它南面有条溪水流得很急，这条溪虽然是往西流下潇江的，但它的东北南三面都是我已到过的，只是未游览过来，于是溯流探寻。永福寺故址的左边，石崖倒悬，水从石崖下流出来，崖离水面三尺，但下面很深，不能下去。经过马蹄石时，见到岭北的水往北流，回想起昨天经过圣殿西面的山岭时，见到岭南的水往南流，我怀疑它们都会合在一起而往东流去，于是往东疾行到箫韶峰北麓，但却见到这里的水又往西流注，这才知道这个山坞中四面流来的水都没有出处，而杨梅洞下层洞中汇流成烂泥河的水，就是这众多水流渗到地下而进入洞中去的。两座岭之间，中部有一处如锅底，向下凹陷，名叫山潭。有个石穴位于满是桑树的山坞中，在山坞中耕种的傣人用大石头堵塞石穴，但水始终不能蓄积起来。桑园中有千百棵桑树，养蚕的人各自前往采摘，它们是天然生长的没有采摘禁令。这天仍旧在斜岩中一边观瀑一边烧柴火烘烤，云气渐渐散开，精神为之爽畅。由此想到我与这个岩洞有机缘，一停留就是几天，而对于在永州府游历过的各洞，也不可不评出个高低等次，于是按位次书写出永州府南境各洞的名称。月岩第一，在道州；紫霞洞第二，在九疑山；莲花洞第三，在江华县；狮岩第四，在江华县；朝阳岩第五，在永州府，澹岩第六，在永州府；大佛岭侧面的岩洞第七，在江华县；玉琯岩第八，在九疑山；华岩第九，在道州；月岩南面山岭中的水洞第十，在道州，飞龙岩第十一，在九疑山；麻拐岩第十二，在江华县。又听说道州长田有中朗洞胜景，没来得及去。此外还有些虽然经过但不值得记录或景致优美而未能游历到的，不能完全附录在此。

二十八日

五更时，吃了饭等着天亮，仍然过到玉琯岩南面找那导游。那人刚起来做饭，很快，他便扛了火具往前走。随即就从东面上了杨子岭，两里后登上岭头。岭头上有许多石头，有的如人站立一样耸起，有的似蹲踞的野兽，若卧着的长龙，到处盘曲突兀。从岭上朝东南往山坳中走，山坳名叫茅窝。三里路上都是些形态奇异的石头。下到深陷的山窝中，有座石崖岩石张开，若刀削一般，青玉般的瀑布高悬千丈，从四面汇流来，捣入岩洞，从大石头上倾泻而下，深不可测。这里叫九龟进岩，因为山窝中九座山都如同乌龟，山上的水都向岩洞中流淌。这个岩洞朝向西面，我怀疑永福寺故址旁穿过崖壁流出的就是此水。又往东南走二里，越过一座岭，为蟠龙峒水口。这个峒朝东边进去还很深，里面居住的都是高山瑶。又朝岭上登一里，为清水潭。岭侧边有个潭，水非常清澈。从潭东面下岭，是到韭菜原的路。又往东南走两里，渡牛头江。江水从东边的紫金原流来，江两边山崖上的路都很峭削，上下攀爬十分艰难。当时因为有流窜的盗贼出没，必须从这里借道走，所以当地人砍伐了些大树枝横阻在山崖间的路中，上和下都从树枝间过，或蹲伏着从树枝下穿过，或骑坐着从树枝背上越过。渡过牛头江便往东南爬上半边山，半边山东北面的高山为紫金原，山外就是蓝山县县城了。西南面的高山为空寮原，再往南为香炉山。空寮原山上有条白色石纹，上自山顶，下至山麓，若悬挂着的一幅帛布，当地人称它为“白绵紬”。香炉山在玉琯岩南面三十里，三分石西北二十里，没有三分石高，顶上有个清澈的潭，面积二三亩，潭中有两枝石笋，亭亭露出水面三丈多，我怀疑这潭就是志书上所称的天湖。只是志书上说天湖在九疑山麓，而此潭在山顶，这是不同的，若说山麓则没有湖泊。从半边山朝上行五里，稍往下走为狗矢窝。从狗矢窝又往上走，屡次度过山脊，但都狭窄得如一堵土墙。又屡屡从山顶上过，一路下少上多，往东南共走五里便出了鳌头山。这之前积雾未散开，即便是半边、鳌头等各山峰，到了近处都望不见，而身到山间就显现出来。等出了鳌头山，往南眺望，三分石不知在哪里。不一会，浓云忽然散去，高高的峰顶上很短暂地闪现了一下三分石的影子，与江山县的江郎山相似。一个是浙江的发源地，一个是潇江的发源地，但江郎山高高矗立在半山间，三分石却悬在众多山峰的最高顶端，这是不同之处。半边、鳌头两山，与东北面的紫金原夹峙，中间为牛头江，与西南面的空寮原和香炉山夹峙，中间为潇源江，即发源于三分石的水。我们所在的地方是两条水中间的山脊。这两条水汇合在玉琯岩东南，往西流下鲁观与蒲江交汇后，才能航行轻便的小船，而流向宽阔的山间平坝中去。我们从鳌头山东面沿着半山腰走，两里后才往下行。三里下到烂泥河，才找到水做饭，已经是下午了。从烂泥河东面五里处翻越山岭，岭侧面小路经过的地方为冷水坳，是盗贼聚集的地方。下了岭走三里为高梁原，它是蓝山县的西境，也是盗贼会聚之地。这座岭是蓝山、宁运两县的分界，位于三分石东面，水也依此岭而分流。我往三分石，下到烂泥河中，便与去高梁原的路分道。折往西南走，又攀上一座岭，岭间各种红的、紫的野花争奇斗艳，从到鳌头山后才见到蓝色的山鹃花。到这里又有两种紫色的花，一种大，花朵如山茶花；另一种小，花朵如山鹃，而艳丽的颜色十分可爱。另外，枯树间长着黄白色的蕈，厚而且大如盘碟。我摘了些装在袖管中，夜里到三分石，用细竹穿起来烤熟吃，香味正如香蕈。树木耸入云霄。这地方山中的树很大，有一种叫独木的最贵重，而楠木次之。又有一种叫寿木，叶子呈扁形，如同侧柏，也属于柏树之类。树木中大的够四五人合抱，高几十丈。潇源水侧边渡河处倒横着一棵楠木，直径高到人的眉毛处，长有三十步还不止。听说二十年前，有过采伐木材的命令，这棵楠木难道是那次砍伐中遗留下来的吗？忽上忽下共走五里而抵达潇源水边。这条水从东南方的三分石流来，到此处向西流去，经过香炉山的东北面而流出鲁观。于是我们向南横渡过水流，便上到三分岭麓。那岭高峻陡峭，不容置足，细小的道路隐没在深竹丛中，我们低着头从竹子中穿行而上，用两手拉着竹子以移动脚步。当时竹林间因为早晨雾未散，小水点不断往下滴，所以既不能昂起头朝上走，又不能平平地从下面通过，只有借助这些深竹作为悬空攀越的绳索，不过这倒很有功效。如此走了八里，路才渐渐平坦。又往南从岭上走了两里。这时大雾仍然浓密地遮掩着，向山顶望什么都分辨不清，而夜色渐渐合拢，于是清除掉靠松的细竹，得到巴掌大的一片空地。山高无水，有火也难以做饭。我叫导游砍了些大木头堆起来烧着，就着细竹作褥子，将火视为帐子，作过夜的打算。天黑后，大风吼叫，火星被卷起而在空中飞舞，火焰摇曳不定，倏忽间窜起几丈高，起初我把这当作奇观。旋即雾气随风阵阵涌来，忽儿仰头是明星满天，忽儿空中飘下零星小雨，撑着伞不能遮挡风雨，裹着被则被子渐被雨水打湿，幸好火势猛烈，足以抵挡风雨的袭击。五更时雨势大起来，免不了被淋了个透。

二十九日

天渐亮时，雨也渐停下。仰头看见三分石很短暂地露了一下影子，于是就忍着饥饿从潮湿的竹林中朝南上。又朝山下走两里，才知道三分石还隔着一座山峰。越过山坳中的小山脊，又往南朝上走三里，才开始有巨大的石头环绕在山崖上。昨天上爬下行所经之处都是高峻的土坡，没有石块，被导游带错了路。到了巨石盘绕的山崖南面，又走一里，往东眺望高高矗立的山顶，仿佛已经可以摸得到，但被雾掩没，见不到它的真面目，路到尽头石磴就没有了。忽然，山中大雨倾盆，我们从头到脚都被淋透，于是往回走。经过巨石盘绕的山崖时，见侧面有条若线一样的细路隐没在深竹丛中，但雨很猛不能上去，就算上去也不能见到什么景物。于是从原路往下，到达昨天入夜后依傍着火堆躺卧的地方，打算从正北面来时的路下山，到溪边就着溪水做饭。然而火被雨浇灭了，只残存一些火星，我们急忙找了些烧剩的干柴引着火，将火把扛着下山。但却误走朝西面，竟然没找到路。许久，见到一条细小的涧流，便在涧中烧火做饭吃，这时已经正午了。饭后极艰难而缓慢地行进在密草深竹丛中，许久才抵达一条涧流处，那里五条涧流纵横交汇到一处，它们大约都是从三分石西、南、北三面流来的水，我们来时所渡的从东面流来的一条溪流在最北面。于是舍弃其中的一条，渡过三条，而留下最北面的那条没有渡。沿着涧流南边的滩流往东走，一里，到达来时渡河处，这才涉水到了北面。从原路到达烂泥河，到鳌头山时小坐了一会。坐下后闻到兰花很香，一寻找，那花就在我旁边的一个角落里，于是摘了它带着走。到了半边山，下到牛头河边，夜色已经合拢，幸好已经过了危险处。我叫导游领我们从小路直奔韭菜原，因为这地方有高山瑶居住，而从这里往南，绝无一间小屋，要直抵高梁原才有瑶族人家居住。开初往上爬时仍是土山，进了山往东朝下走，只听得深谷中水声潺潺。黑暗中摸着高而险的石磴往下走，又行一里，跨过两座独木桥，就见到微亮的火光闪烁摇曳。赶忙奔到光亮处，见火光隐伏在田畦旁边，也不敢询问。随后见到一两间茅草屋，呼喊后，就有一人打着火把出来，迎我们进了他家住下。问他田畦间那些火把是怎么回事，他说那些人是到田畦间捉乖的，瑶族人称青蛙为“乖”。问后得知他姓邓，年纪二十，他谈论起山中的事来很熟悉。我感激他深夜迎我们住宿，由此我才知道瑶族人中仍保留着古人淳厚的风气。进屋后，忙着烧树枝烘烤衣服，并煮了粥，吃后就睡下了。

三十日

因为前一夜没有睡好，天亮才叫雇仆起来做饭。早餐后出发，才见到所说的韭菜原，它位于高山的底部，也像一口锅。只是未弄清昨夜所听到的那潺潺作响的流水，到底是进了洞中呢还是流出了山峡。山洼中有个清澈的水潭，很深很绿，称为龙潭。往西越过一座山，共走两里经过清水潭，又走一里半，经过蟠龙溪口。又走一里半，翻过一座岭，经过九龟进岩。于是朝岭上爬，过茅窝，下杨子岭，共五里，抵达导游家。又走三里，返回斜洞中吃饭。在洞中稍事休息，便将途中带来的兰花（为九头花，一共七枝，但叶片不长耸，不如建兰。）栽在洞中，对着洞门的小石峰间的石台上以供佛。下午才出发，往北越过圣殿西岭，就向西到了娥皇、女英两峰之间，随即折往东北方向走，共十里，经过太平营。又往北走五里，投宿在路亭。这天傍晚才见到落日的光辉。

九疑洞的东南面为玉琯岩，四周环绕的层层山峦中耸起一座小石峰，岩在石峰下，朝向西面。有座卦山位于它的西边，正对着洞门。（卦山形态如菱，又好似古时读书人戴的头巾，它也是群山中耸起的一座特别的山峰。）岩洞中平坦宽阔，南北通达，它是古舜祠的基址、所说的何侯升天之处。由此岩往南三十里为香炉山，往东南五十几里为三分石，往西三十里为舜母石，从舜母石又往西十里为界头分九，那里就是江华县的东界了。

关于三分石，都说它下面的水一条流往广东，一条流往广西，一条流下九疑山成为潇水，流出湖广。到了它下面，才知道所谓三分石是石峰分成三支耸起。三分石下面的水，东北面的是潇水源头，它汇合北面、西面各条水（就是交汇在一起的五条涧流），流出宽阔的山间平地中，成为潇水的源头。正东面的从高梁原起为白田江，它往东流十五里经过临江所，又往东流二十里到蓝山县城，为岿水的源头。东南面的从高梁原东南十五里的大桥处流下锦田，再往西流到江华县，为沲水的源头。这条河之所以不流到两广去，是因为南边有条锦田水横流成为湖广和广东、广西两省的界限。锦田东面有座石鱼岭，为广东连州的边界，岭上的水才往东南流入广东省。至于广西，则上武堡的南面就是贺县的边界。

高梁原为宁远县的南界、蓝山县的西界，而地隶属于蓝山县，也是高山瑶聚居的地方，为盗贼［农民起义军］聚集的处所。二月间，窜出永州府杀掉东安县缉捕官员，洗劫冷水湾、博野桥各地方的，都是这批人。他们出入都从牛头江走，必定在韭菜原、蟠龙洞借宿而经过九疑峒。这伙约七八十人，有二三十匹马，各种尖利的器械收集很齐备。他们中才蓄发的有几人，僧人有两三个，就是冷水坳岭上庙中的僧人。又有些做木活的外地人也加入其中。韭菜原的居民个个能讲述他们的事，我的向导也是这样说的。

四月初一日

五更时，雨大下起来，天亮后冒雨前行。从路亭岔向东北，顺箫韶溪西岸走。三里，向西望，见掩口营东面的两山峡，已经延伸下平坦的田野中。从这里起东边的山峦渐渐开阔，溪流折往东，路也顺溪去。又走五里，溪两旁石头盘曲交错，如同在互相比斗，水奔流在紧相夹立的石头中间，狭窄处如门一样，人们便在上面架起木头以便过往。渡过溪，顺着溪南岸行，又走两里就抵达下观。此地高房大屋鳞次排列，是个大村落。村中居住的大姓是李氏。从路亭到此处，名是五里，实际上十里还多，路中水深泥泞，我们都是从田畦间的小路上走。到下观后在店铺中买了些酒。下观的西边，有条溪流从南面流来，绕过下观流往东去，有一石梁锁在村子下游，水由桥下流出，流往东与箫韶水汇合。溪流西面有一条溪水，又从应龙桥流来相会，三条水汇合便能行船，往北航行大约二十里到宁远县城。过了下观，才离开箫韶水，路折往东南。向南望去，下观后面，千峰耸翠，一座座如竹笋一般亭亭玉立，其中有座最高最尖峭的，叫吴尖山。山下有个岩，如斜岩一般窈窕，里面有个尤村洞，外面有个东角潭，都是这里景致最优美的。山峰仿佛尽是古时遗留下来的舞蹈者手中所持的干楯、羽扇，石头都类似翩翩起舞的野兽，游览九疑山而不经过此处，几乎就观览不到山的真实形态了。遗憾的是，我没有攀到山中，探寻欣赏那些奇异的景观和幽秘的境地。往东南走两里，有条大溪从南面的尤村洞流来，有座桥横跨在溪上，桥上建有亭子，这是应龙桥，又叫通济桥。越过桥，便往南进入乱峰中，即吴尖山往东延伸过来的余脉。两里后上到地宝坪坳，从此处起四周都是奇峰曲折环绕，犹如穿过瑶房、揭开锦幛，转过一条夹缝，峰岩就环列成一个峒；穿过一个孔穴，就露出一处奇景；甚至于狮象龙蛇似的岩石夹路耸起，像是要与人争路，恍若是在梦中曾经从东海中的三仙山经过，不再是人世间所遇到的。共走六里，在山口峒吃饭。从山口峒往南越过一座岭，共走三里，有两座山峰夹道耸立，争奇竞异。峰下有条小溪向南流，溪上架着桥和亭子。我贪恋奇景，休息观赏了许久，后遇到个戴着儒生帽的人，家住尤村洞内，想挽留我去他家，他是吴尖山的主人，我与他约好改天再去，向他询问姓名，他说叫王璇峰。过了山峡往南，才有覆盖着土块的山。又走五里，越过一座岭，到大吉墅，石峰又夹道耸起。路东面的一座山峰，空明玲珑，呈倒悬的形状而斜向裂开，海市蜃楼的幻景也不足以比喻它的奇妙。我望见它便神往，赶忙披荆斩棘进去，到处是通贯透光的石孔石缝，或盘绕向上，或穿过峰侧面折出去，不可探寻到尽头，只可惜不能剪除茅草，攀着石阶上去，览尽其中幽奥玄秘的妙趣。它西面的山峰也同样高悬如削。路从山峰间经过，穿过峰隘往南，才一下子变得天开地阔，这里是露园下。从露园下起，石峰匿迹，西边尽是崇山峻岭，东边都是迂回盘绕的山冈山坡。往南两里，便到达大路上，这里在藕塘、界头两铺之间。又往南五里，投宿在界头铺，此铺是宁远、蓝山两县的分界处。铺西面的大山叫满云山，它应当是位于紫金原的背后，它的支脉延伸向东北，县界就顺岭划分。再往南为天柱山，它就是志书上所说的有岩洞奇景的石柱山。我庆幸既亲身经过了奇峰林立的山口峒一带，又从近处观览了吴尖山和尤村洞等众多峰峦，而心中仰慕的石柱山，又不出两里以外，精神不由得为之振奋。但我的脚被草鞋磨蚀，即便换布鞋，走起来还是艰难，而此地一段时间以来雨多，田畦中的水漫溢到路上，穿布鞋更不方便。从永州府到此地，无处不苦于干旱，即使是离这里不远的路亭、下观，也听得到处于干旱困境中的百姓的哀号声。然而山口峒以南，倒是雨水充满田畦淹没沟谷，这难道是称为“满云”的验证吗？

初二日

我想去游览石柱山。天亮后，绵绵的雨又下了起来，而且我的脚痛得不能穿鞋，于是在店中稍事停留。上午雨停后，才往东南行。在途中打听所说的石柱山岩洞胜景，但遇到的都是过路的人，没有谁知道在何处。随后雨停了，路很滑，四下张望，见不到一个当地人。于是徘徊在路中，心想或许可以遇到一人。过了很久，遇到个打柴的，又遇到个耕田的，向他们探问石柱、天柱，都回答说没有。共走五里，翻过一座岭，山势变得大为开阔，这里是总管庙。赶紧奔到庙中询问道人，但终究不能得知。又往东南行，远远望见正东面有一高耸直立的尖状物，分辨不清是树还是石头。又走五里，抵达颜家桥，才辨别清是石峰而非树影。颜家桥下有条细流向东北流去。越过桥，又往东南翻过一小座岭，便从小路折往东，朝临武的路走。沿通往蓝山县城的大路往南走十五里，就到蓝山县城。共走四里经过宝林寺，读了寺前的《护龙桥碑》，才知道宝林山脉从北柱山延伸来，于是悟出先前望见的那若树一样的石峰正位于寺的北面，也在县城的北面。寺离县城十五里，此峰恰好在寺后面二十里，志书上所说的石柱山就是碑文中所称的北柱山无疑了。又往东跨过护龙桥，桥下的水汹涌地向南流去，它就是从颜家桥下曲折地流到此处的。顺溪往东行，从这里向北远望石柱山，那石峰倩美陡峭，如同碧玉簪，它旁边有座石崖，也是高高耸起，显露出奇景美态，然而比起尤村洞、山口峒的山峰来，它仅仅具备了它们形态的一部分，不只是小。又走两里到下湾田，有棵大树峙立在路边，上部枝杈分耸，而下部盘绕堆叠，向周围凸出，有六七人合抱那么粗，回旋状的树窝和枝干交错处，都承接了些水在里边，像洗头盆，它也属于树妖了。又往东，路从倒卧的石头间通过，溪流这才折往南朝到蓝山县城的路流去。于是往东走进山冈土垄间，两里，有条路自西南向东北横贯，我猜想它就是蓝山县通往桂阳州的路了。又往东沿着白帝岭走。大概界头铺那里的山脉从满云山向东北方折回，到东边高高耸起成为白帝岭。所以界头铺以南，水都折向南流往蓝山县，而山从界头铺西边耸起的巨大山峰，即九疑山的东部边缘，就屏风似地屹立着而向南环绕，它东面耸起的高大山岭便是白帝岭，它的北面，排列的山岭夹着个山坞，形成一块平地，群峰外绕，中间平坦广阔，西部就是蓝山县城。道路沿白帝山南面走，途中不断越过分出的小山岭，走五里，路转向南，又走五里为雷家岭，它是白帝山的东南尽头处。在雷家岭吃了饭。当时还未到下午，但前面路途中空无一人，行人都投宿在雷家岭，于是我与他们一同停留在此地。停下来后，天气才放晴。这天只行了三十里，这是因为我的脚被磨破，早晨又下着雨，前方无宿处等缘故。

初三日

半夜起来，星光明亮闪烁，我以为此后久晴是可以预知的了。到拂晓，饭未吃完，雨仍旧下了起来。我们在泥泞的洼地中小步向前挪动。一条大溪也从蓝山县城折向东流来，于是沿溪向东走。随后溪折往南，路折往东。越过一座岭，共走五里，大溪又从南面流来，这里是许家渡。渡过溪往东走一里，溪向北流入山峡，路向南进入山间。走五里到杨梅原，有一两户人家背靠山顶居住，房屋被盗贼纵火烧坏，显得零落可怜。到这里雨停了。又往南十里，为田心铺。田心铺以南，小路通畅，有条小溪向北流去，它大概是从朱禾铺流过来的。从此处起，路西面的大山从蓝山县城南面排列向南延伸而去，清澈的溪水绕流在山下；路的东面石峰高耸峻秀，也是排列向南延伸，高大的松树遮蔽在峰岭上。我们取道于两面山岭之间，走三里，有个亭子，可以躺卧可以休息，走进亭，顿时不再感觉到旅途的辛苦。共走了二十里，在朱禾铺吃饭，此铺是蓝山、临武两县的分界处。再走一里，跨过永济桥，桥下的水往东流，绕过东山山麓，折往北汇入岿水。又往南走四里为江山岭，这岭是南面大山脉的山脊，岭上的水分流往楚、粤两省。

岭西十五里叫水头，志书上说武水发源于西山下的鸿鹏石，应当就是那地方。越过岭脊便顺水流往东南走，四里为东村。水由山峡中向南流去，路往东南翻越山岭。直往上爬了一里还多，才到达岭头上。江山岭虽然平坦，但它是分水岭脊，此岭高峻却与山脉的过延无关。下岭后，路更加通畅平直，路两边夹立着合抱的高大松树。走三里，才进到山坞中。那山坞平平地延展开去，形成一个峒，但四周的山不很高，东北方只有东山最巍峨高峻，西南方则是西山的分支向南延伸而下，直抵苍梧，划分开广东、广西两省。三里后，经过山坞走出两座石山间的山口，山口外又是宽展的平地，四周被山峦包围形成一个峒。又走三里，再次走出两山间的山口。又走一里，便抵达垫江铺而停下来投宿在那里。此铺往南到临武县城还有十里。这天行了六十里，停下来后我的身体略有些不舒服。

初四日

我因夜间睡觉时发热，天亮才起来。打听后知道由垫江铺往东北走十里，有个龙洞很奇异，它正是我仰慕而要去游览的地方，但没想到就在此地。于是将行李寄在旅店中，便从小路往东北走。四里，到达大路上，那条大路就是临武县向北通往桂阳州的路。沿大路行一里，有条溪水自北向南流来，它大概是发源于东山脚下的水流，名叫斜江。越过溪上的桥，便上了握风岭。翻过岭，路折向正北方，我们又从小路往西北进了山，共走五里，抵达石门蒋家，其住处的后面有座山兀立着。蒋家住宅后面的山洞，位于青翠掩映的半山腰间。洞门朝向东南，一进去就见成百上千的石柱石门悬吊排列在洞中，俯身朝凹陷处走下去，就是洞的外层。从洞外层的左边往上走，穿过排列的石柱进去，众多石柱列置，又曲折环绕形成一个洞，此洞玲珑曲折，如密室深阁，置门分窗，无处不是缝隙透明通光，八面的窗洞相互掩映。我从来游历过的众多岩洞，有像此洞一样曲折的而又没有此洞明爽，有如此洞一样宏敞奇丽的但却没有此洞玲珑，就这些已经足以压倒众多奇异的洞穴了。当时姓蒋的向导回家取火把，我独自探寻奇观先到了此处，心想他取了火把走进来的地方，应该在下洞外层的后边，所以我没有前往那里而是先到此处。等他拿了火把，却是从左洞的后面穿过石缝进来。接连进了几重石门，便已经转在外洞的后面、下层的上面来了。于是往北越过石门槛穿过石隘进去，就下到石池中。池中的水清澈不流，两边山崖上都是高高的崖壁、排列的石柱，水汇聚在石头根脚而不渗漏，池中的水有三四尺深。有条石埂横卧在池中间水底下，它上面的水仅有一尺左右深，踩着它走，揭起衣服就可以涉水了。十步以外，那卧在水底的石埂又门槛般横着，门槛以外池更大，水更深，水底有条白色的石龙，头顶横在池外面的冈脊上而尾部拖在池中，鳞甲宛若真的一样。挨着崖壁侧面又往前两三步，有个圆状的石头大如斗，花萼似的石棱片插入水中，未露出水面的部分也有一尺左右，这是宝珠，它紧傍石龙侧边，真可说是睡龙下巴底下的宝物。宝珠的旁边，又有个圆状的石头大过宝珠一倍，中间凹下去如同杵臼，上部与水面一样齐，颜色与宝珠一致，这是珠盘。然而它与宝珠并列着，未尝盛着珠子。由此往前，水深达五六尺，没有石埂，不可以进去了。向西望去，水洞宏敞广阔，像方圆五亩的一个池子，四旁的石崖高峻尖峭，错杂插耸，而石崖脚下不漏泄水流，真是一个特殊奇异的地方。水洞的西北边似乎有一条更幽深的裂缝，遗憾的是没有像传说中仙人乘坐的小船筏坐着荡过去。往回从原路出来，经过左洞向下走，到洞中回首遥望低洼下去的洞外层，云气氤氲，景象美好迷人。于是让雇仆先随向导下山去弄酒，而我独自下到洞底，绕着洞的四边，转出排列的石柱后面。这洞就算不幽深曲折，但芝田莲帐，琼窝宝柱，上下层层叠叠排列，空阔深远，即使无里面两个洞的奇异景象，也自成一块天地。此洞的位次，固然当在月岩之上。探寻了许久，才走下山，而雇仆竟然没有找到买酒的地方。于是顺原路走十里，回到垫江铺，做饭吃了就走，太阳已经落山。五里，经过五里排，已经望得见临武县城了。又走五里，进了城北门，城墙上四周都列置着房屋，如同楼阁。进了城门便顺着城墙向西走，经过西门，门外有条溪从北面流来，它就是江山岭的水与水头来的水汇合后往下流到这里的。又顺城墙转往南而后往东经过县衙署前，再往东进入徐公生祠，住宿下来。徐公名叫开禧，是昆山县人。祠堂尚未修建完毕，守祠的两个上人叫大愿、善岩。这天晚间，我病寒没有痊愈，于是晚餐减了些量，买了点酒磨碎锭药和着喝掉。

初五日

早晨，叫雇仆给我烧了一大碗姜汤喝掉，又盖上厚厚的被子，穿上几层衣服，满身大汗流淌，过了好久才起来，觉得精神舒爽了。于是吃了早餐，走出南门，跨过石桥，桥下的溪水就是从西门外绕流到这里的。城外居民很多。往南走一里，经过邝家住宅旁边，又往南两里，跨过迎榜桥。桥下的水从西山流来，流往北与南门边的溪水汇合，过了桥就是挂榜山，我初过桥时没发觉。从挂榜山南面往东登上岭，曲折地向上爬两里，往下经过一个亭子，又走五里经过深井坪，这才见到人家。又往南两里，从路右边下去，是凤头岩，就是宋人王淮锡称为秀岩的。岩洞门朝东北面，我们跨过桥进入洞中。出了洞，下到岩底，到达石溪边，溪流从桥下就潜入石头间，又穿过石缝潆绕石崖，冲开洞壁往东流入洞中。此洞就是王淮锡记述中所说的“下渡溪水,其入无穷”处。只是王淮锡从洞上层往下走，此洞中的水却是从外面石崖下流进来。我到了水洞口，水深而不能渡过。听说随水入洞两丈，就能见到天空中的光亮，进去五丈，就可以穿过石壁出去，到山的东边。这山如同天生桥，水在山下三五丈的地方流过，到连州的大路正是通过山上，只是山高而宽广，人经过时不觉得像一座桥而已。我登上山巅向东俯瞰，深谷环绕山下，山峡中的水向东流去。

近处尽是峭石林立，被丛密的草木遮蔽着，不仅不能下去，而且也不能窥观到，所说的“溪水流进洞中而无尽头”，大概只是想当然的说去而已。往回走十里，下了挂榜山南面的山岭，仰头看见岭侧面有个洞口显出深邃的样子，向一个打柴的人询问，他说：“此洞进去后可以通到对面的山。”急忙撩开衣襟往东向上爬，那洞门呈圆形环绕，高五尺，直穿洞深入五丈深，没有曲折黑暗之苦，洞底向南隐伏下去，低矮而向下凹陷，不能进到里边。仍旧出了洞，跨过迎榜桥，回头观看所谓挂榜处，有一块石壁，颜色黄白相间，条纹清晰，像剖开而平列着的石峰，只是不方正，不像榜文而已。这座山岭上全是石头，山岭自东北横亘向西南，两头分别耸起一座山峰，东北边的是挂榜山，西南边的是岭头峰，而洞门介于中间，成为临武县城南面的孔道。西山来的一支水经过岭头峰下，流往北与南门外的水汇合，绕过挂榜山北麓，向东流去。返回时经过南门，见店中有狗肉，便买了些吃。晚上仍宿徐公生祠。

初六日

吃了饭后出发。走出城东门，五里，一座山突立在路北边，武水也向北流来，路从山南边延伸。水向北边转过山嘴，又往东南流去，路折往东北。一里后，一条路直朝北去，这是通往桂阳州的小路。一条路岔往东北，它是去宜章县的路。三里到阿皮洞，武溪又折往北流来，经过阿皮洞的东北面流去，溪水西面有几家居民。从此处跨过桥往东攀上牛庙岭，都是一片荒寂，没有村落。

越岭往下走四里，是川州水凉亭。又从山谷中上上下下跋涉五里，到桐木郎桥。桥下流淌的水，自南而北，它的源头应当是从秀岩穿过石穴流出来的水。桥东面有块古碑，飞白大字写着“广福桥”三字。字体非常遒劲，是宋代桂阳军临武县知县曾烯颜书写的。从此处向南而后往东登上一座岭，又向东顺半山腰走五里，路忽然岔向四个方向，于是我们不从东而从北面的路走。下了岭，又往东从山坞中走五里，为牛行。牛行人烟不多，民户散居在山谷中。大路从四条岔路中的东边那条直走，一路都是高大的山岭无人居住，我们所走的是小路，便于中途找人家烧火做饭。由牛行又往东走，从小路登上岭。越过岭下去，走三里，为小源，也有几家村民住着。从此处又往东北翻过两座岭而往下走，共五里，到水下。遇到一人，他对我们说：“水下到凤集铺只有三里，但岭间荒僻而盗贼多，一定要找得护送的人才可以走。”于是我们在水下村民家吃了饭，那人为我找护送的人然而未找到，我们便往东南走，一里后，又往南从一条小路上攀爬，接连翻过两座岭，见驿铺就在山头上。此铺正好在岭侧的山脊上，铺所在处为临武、宜章两县的东西分界地，但铺亭倾塌衰败，荒寂而无一户人家居住。于是往东走下岭，转往东北行。两里，才有村落，在小溪的西边。跨过溪上的桥，往东北顺溪水向下行两里，到锁石，这里村落很繁盛。朝北望去，有大山高高隆起，这是麻田大岭。从锁石往北登上岭，走三里经过社山，有两座圆而陡削的山峰耸立着，一座尖圆而另一座倾斜突兀，两峰相夹处为锁石的水口。从锁石水口东面朝岭下走两里，武溪又自北而南流来，路与溪水相交汇，这才沿溪南岸往东走。溪又折往北，溪北岸山水环抱形成一块平地，这是孙车坪，溪边有小船停泊着。我们便从溪南边转进山峡中，走一里，往南上了一座岭，叫车带岭。岭高而荒凉，行人都讲的是如何如何危险的话。我不顾这些，直朝上走一里半，登上岭的顶端，往东望去，远处隐隐地有斑黄色，辨不出是云还是山，而麻田大岭已经在它的北面了。朝岭下走一里半，有条溪流徐徐流淌，溪侧面的石穴中，有一池泉水，从石穴顶上流下来，清爽寒凉胜过溪中百倍，于是我捧了些池中的水喝，用溪水洗了手。再往下折朝东，共走七里，到达梅田白沙巡检司。武溪又从北面的麻田向南边流下来，经巡检司东面而去。这天午后天气大晴，共行了六十里，停在巡检司侧边的旅店中。原先，路上遇着的人屡屡说途中恐有不测，告诫我要快走，我见天色还早，心想何至于像他们说的那样。抵达旅店中，才知道上午有盗贼［农民起义军］一百四十人从上乡来，由巡检司东面到龙村，走小路向广东去了，他们告诉当地人说不要害怕，你等老百姓不值得骚扰。

初七日

早餐后才出发，因为昨天夜里我身体不舒适。从巡检司东渡武溪，便往东上了渡头岭。朝东北走，直逼麻田大岭下，共三里，才折向东南，再次登上岭，两里后下了岭，才往山坞中走。又走了五里，有几十户人家散处在山麓间，这是龙村。村北有座石峰突兀在路左边。又往东北走两里，便向南登上一岭，从岭上平平地走三里，才向南下到山峡中，有细流自南而北流去，渡过溪水就朝东边上了岭，一里半后到高明铺。又下了岭，再走三里，为焦溪桥。焦溪在高明铺南面，有几十户人家夹桥而居，溪水自北向南流。由此处往东南走三里，翻过一座岭，为芹菜坪。南面有山峰分突出来，峰下面有重叠的石崖支撑着，颜色赤褐而杂有黑色，极像武彝山的一部分。此处四周的山都是青绿色，高峻尖峭，唯独此峰显得特别。又走三里，翻越一座岭，那岭很高峻。如先从岭北走，可以平平地观览麻田、将军寨、黄岑岭等众山峰，现在已经从岭南走，则岭南空阔而向南面延展，我想它是武江直往下流经的地方。下了岭，又往北走两里，有座楼横在路口，这里为隘口。隘口东南面的山上，有座五层高的塔，正在营建而没有竣工。过隘口后，顺着塔山的北垂，寻找到小路折进山坳，这里为艮岩。寺向着西南，岩向着西北，岩口有个池子。僧人凤岩为我煮了些金刚笋，用醋和油炒了下粥吃，我便躺在寺中，睡了一觉。下午进入南镇关，到达三星桥。跨过桥，集市上店铺夹道，行李杂乱，因为此处是南下广东的大路。桥就在县城南边，而城南门在桥西面，大路顺城墙外往东延伸。随后往北过了东门，又直朝北经过演武场。演武场西面，一块块高峻尖削的青石横卧在路旁。共往北走十里，经过牛筋洞，有将近百家居民，居住在青岑山下。大山西南，首先耸起的是麻田大岭，此岭仍为临武县地。麻田大岭东北面再耸起的是将军寨，它已经属于宜章县。山的最高顶往东北延伸为高云山，山上有寺庙。高云山折往北转到最深处，才东列为黄岑山。这座山南北横列，南垂就是曲折岭，又往东再横列一层，这就是青岑山，牛筋洞在它的东北麓。再往北走一里，为野石铺。铺北面石峰玲珑，蹲立在路左边，这里就是野石岩，但开初我不知道。向岩下居民打探情况，回答说："从峰北面小路进去就是岩洞。"于是顺山峰的北垂，转出山背后，那地方是寺场，不是岩洞。赶快返出来，想投宿在岩下的居民家中，有个人挡在门口拒绝了客人，不让进去。我见这座岩石奇异，以为此处一定是岩洞，苦苦恳求，他家侧边的一小户才允许住留在他家。我想从他家房屋后面上岩，而他家在屋后到处编了篱笆隔绝着，必须从中间那家屋子的后门出去，但那个拒留客人的人仍不肯让我们进去。于是从岩南边的乱石中攀崖越进到岩内。先登上一个岩洞，洞门显出深邃的样子，洞内有条通到顶端的石缝，但洞不很深。仰见洞门的左边，有些石磴隐没在草丛间，便赶忙披开荆棘往上爬。往西南走在石径间，又见到一个如双掌相合般的石门，石门内狭窄而稍深，右边裂开个小支洞，上边也露出天光，而右边石壁的半中腰，有个圆状的孔穴透明如镜。走出石峡门，再沿石磴往西北向上爬，便是穹隆的崖壁如刀削般直立着，崖壁上面有重叠的石头耸入云霄，下面若展开的帷幢向内卷起。

当时渐渐临近夜晚，四下里找路但没有找到，心想此处就是野石岩无疑。志书上原记载说野石岩“临近官道旁”，由此可知不是在山后，但遗憾的是没有人用石头一层层修砌成道路以便人们能穷尽此岩的优美景观。于是走下山，就坐在小屋中，而那挡门的人已经到别处去了。随即听到中间那家房间的窗户内有呼喊客人的声音，原来是主人躺在房内休息。他问道：“客人探寻岩洞曾见到仙诗没有？”我将所经过的地方对他说了一遍。他听后说：“你没有去到有仙诗的地方。穹隆的岩壁右边，石峡门的上面，还有路可以上去，明日应当再继续探寻到尽头。”当时侧边那户的主人虽然好客，但他家的屋子很低矮狭窄，猪圈和客人的床铺共同在一处，见我有不便的意思，他便问屋中主妇是否可在里边借我个睡觉的地方，而妇人不答应，我于是走到窗子下求中间那家屋子的主人，结果他允许了，这才把卧具搬到他家中。中间那家屋子的主人起床来向我说：“客人喜好游览名山，此地有座高云山，是众山的顶端,到山上的路由黄岑岭往上走。宜章县八景中有‘黄岑滴翠’‘白水流虹’两处胜景在这座山下，不可错过。”我点头表示接受他的建议。

初八日

早晨，找到个导引我游高云山的人，他要我稍候，上午才得以一同前往。我饭后又攀到野石岩上，从穹隆的岩壁东边丛密繁茂的树木下走，果然又找到路。往上走几步，乱石纵横，路又分辨不出来了。于是从花萼似的石头间攀越，上面都是玲珑而破裂开的石头，有些大石头高高耸立在外围，与里面的石头夹峙而形成石坪，它们相互掩映，显得愈加奇美，然而终究没能找到洞中的诗。来回地漫游了许久，回到迷失道路处，看见个石穴就在我所越过的石头下面。于是匍伏着身体爬进去，石穴内深邃幽长，纵横裂开，形成孔穴通到周围，这些孔穴曲折延伸到石坪下面，都明朗而可穿过。总的说，前面是攀越到上面，现在是穿行在底下，寻找所谓的仙诗，竟然没有。下了岩，向导还未到，正拽起行李袋要上路，忽然北边路上传来消息说，有两百多个大盗［农民起义军］正从北面过来。岩下人家的主人都忙着逃走，背着孩童奔到后山躲起来。我与雇仆又携着行李袋藏到刚刚游览的石穴中，因为此处道路僻静不易被发觉，而且有后穴可以跑到其他地方。我藏在石穴中，叫雇仆从石穴旁边窥视外面的动静。开初众人奔走纷纷，随即路上静悄悄的没有人。过了许久，又有从北往南来的人，于是向下询问，回答说："盗贼［农民起义军］从章桥上经过桥外的山岭西向黄茅去了。"这才下了岩往南走，这时从北往南来的人很多，而向北去的仍不敢大胆举步向前。路上的人相互传告，这些盗贼［农民起义军］就是从梅前司渡河有一百四十人的那伙，他们往南到天都石坪行劫。他们从东面的小路，往北出了章桥，再转回西边，差不多绕了宜章县城四郊一圈，但仍不敢直通过城门。我们往南从原路走了一里半，抵达牛筋洞北面，便从小路往西南顺大山走。一里半，转出到牛筋洞的后面，就向西穿越山峡，共五里，走出山峡，便沿青岑山的南麓往前走。有一条路比较大，是往西南到县城去的，而到黄岑岭的路却若断若续，只是猜测着走。共往西走三里，转过一条山冈，才与南面来的大路交合，于是往北向曲折岭上走。两里，直登到岭坳上，岭坳西边就是“白水流虹”处。章水的上源，自高云山往南流经黄岑峒，由此处流出山峡，分散奔涌的水流从石头上悬空泻下形成此景。当地人就称此岭为黄岑岭，然而黄岑山还耸立在北边，此处是它向南延伸下来的支脉。越过岭，往西北走半里，就溯涧流走，黄岑山高高耸立在东北边，它南面山峦环绕，形成一个峒，一条大溪横贯峒中。走一里半到达峒的尽头，有条小路向北去，据说可通到章桥。仍旧溯溪往西行三里，到兵马堂路口。而后仍然溯溪折往北一里，才离开溪水登上岭。往北朝上走一里，再向西下到山坞中，这里为藏经楼。高山环绕在四周，小涧萦绕在门前，寺庙非常整洁。它原先是贮藏佛经等物件的地方，近来被盗贼抢劫，寺中僧人多数逃散到别处去了，经书移到高云，只剩下一两个僧人闭门守护在寺内。于是我们在寺中煮粥吃，坐立躺卧了许久。下午才从寺左侧登岭，向高峻的岭上直上两里，为坪头岭。越过岭头稍往下走，见到个很幽静的山坞，四周帏纱似的山峦堆青叠翠，众多沟谷中溪水争流，并且有一片修竹。交相掩映的丛密树木中，有一间静室。那静室完好整洁，但里边空寂无人，周围是高山流水，显得幽远美好。走半里，穿过山坞，又溯涧往北朝岭上走一里，岭到了尽头而水流不绝。这是坪头岭以上的第二岭。水又从上面的山坞中穿过山峡流下来，路穿过山峡进去，又平平地从山坞走半里，渡过涧流，往东北上了岭。涧流从东边的黄岑山后面流来，平缓地流淌在山坞中，石坪殷红，清泉素润，如在水中洗涤锦布一样；水流出山峡向下奔泻，发出珠鸣玉韵般的声响，重重树木遮蔽了它，幽暗而不可窥见；再往下绕过静室西南向下倾注，流出藏经岭南边，为大章水的源头。这座岭不很高，不超过半里，我们渐渐绕到黄岑山的北面。这山中的杜鹃花鲜艳美丽，光彩耀目，树木虽然不繁茂，花色却极其美好，不是其他地方可以比的。这是坪头岭以上的第三岭。稍微经过一小段平地，又往东北朝上攀一里，便翻越岭脊。这是坪头岭以上的第四岭。它西面石峰突兀如同蹲坐着的雄狮，这是将军山向南延伸而来再折往东的山脉，东面则是往南穿过而成为黄岑山的一座山脉。越过岭脊往北下一里，折往西北朝下走，在深树丛中又行一里，见到高云寺。此寺虽然靠在青翠掩映的山腰幽深处，但仍旧高高雄踞在千万座山峰的最高顶端。它创建于隆庆五年(1517)，如今已渐渐破败，但是寺的大门和方丈室，仍然未齐全，高大建筑的营建确实是不容易。寺内先前有五十个僧人，因为被流寇侵扰，现在只留得有六七个，他们以耕种为业，而清晨和天黑时的佛经诵读并未废弃，这也是此处仅见的。主僧宝幢，很能安顿客人。到寺中时，太阳还未落山，因为疲惫至极，急忙洗浴后就睡下了。

初九日

早晨起来，浓雾遮掩了山岭，咫尺间什么都不能分辨。询问后得知山间也没有其他奇异的景物，便决计下山，往东北朝丛密的树木中向下走。开初，我心想山间被萝棘遮蔽，即便有些地方不能进去，但身体经过之处，向周围观看或许不会见不到景物。等走五里到达山麓，有几户人家散处在山坞中，打听所谓的坦山，都说就是此处。而探问所谓的万华岩，都说没有。环顾四周，没有奇异的地方。但山坞中的水流下章桥，大路顺水而去，很曲折；由此坞往北翻越虎头岭到良田，是小路，很近便。于是便从村子侧面往北上了岭，岭东面的山坳中，涧水从大石崖上奔泻而下，若挂着的帘子散泄的布帛，也是此地所仅见的。一里，攀越到山坳上，又走一里半，重新溯流往北走到山坞中，再走一里半，又越过岭向下行，有条溪水自西向东流，一询问，它仍是往东流出章桥的溪水。渡过此溪，又有条溪水从北面流来相汇。溯溪往北从山峡中走，两里为大竹峒，这里有几家居民，水从峒西面流来，我想它也是黄茅岭下面溪水的末流。由大竹峒往东翻越大竹岭，此岭为大竹山向南延伸下来的山脊，是分水岭，岭东边的水由吴溪流出郴州，西边的水由章桥流入宜章县。一路上上的少下的多。向东直下两里，为吴溪。几家居民分散居住在一个很宽阔的地带上，昨天经过章桥的流贼就是从这里往西去的。村东面一里，有座桥横架在溪上，越过桥往北走，登上小分岭，也是上的少下的多。走两里，下到仙人场，有条较大的水流，从北面山峒中穿过山峡向东流去，一座山峰扼踞在水边，水流腾涌，石头飞突。水折向南，它西面的山峰破裂开，像平平切削下去的，我以为下面必定有洞壑可供休息；等抵达石崖下，便横渡过水流，却是荒寂而无人烟。于是往北翻越一座山冈，走两里为歪里。此处原先是姓廖的人家居住，居民很多，有条小水自北向南流去。于是从此村东面上了平缓的山岭，往北走一里，岭西面山坞中是姓王的人家居住，房舍很整洁。询问此处居民得知，昨天流贼从章桥北面的小路来，停在村西大山的丛林中，过了一夜才离去，想必也是窥视到了什么情况而不敢行动。从此处往东北走出山坳，石头铺筑的道路通畅齐整，共走十二里抵达良田。从歪里就下起了雨，到此雨势更大，于是在店中煮饭买酒。良田的住户和市场很多，是往来路途中的一个大村落。二月间，三四百个流寇［农民起义军］也曾结队经过这里。饭后，雨没有全停，只往北走了十里，投宿在万岁桥。按志书记载，郴州南面有座灵寿山，山上产灵寿木，原先称万岁木，所以山下的水名叫千秋水。如今有小万岁、大万岁两条溪，都有桥架在溪上，水都是自西向东流。我以为灵寿山必定有名胜风景可以探寻，等问遍当地人，才知都无可征询，只是两条水改掉了“千秋”的名保存着“万岁”的称谓。

初十日

雨虽然停了但地上很泥泞。从万岁桥往北行十里，为新桥铺，有条路从东南边来交合，我猜想它是通往桂阳县的支道。又往北走十里，为郴州城的南关。郴水从东面的山峡中曲折地流到城东南隅，折往北流经城的东关外，那里苏仙桥横贯在水流上。苏仙桥有九个桥孔，非常宏大齐整。到达城南关后雨又大下起来，我无暇进城，姑且在溪岸上的店中吃了饭，便撑着雨伞前往苏仙殿游览。沿着郴溪西岸行，一里后，跨过苏仙桥，然后沿郴溪东岸行，朝东北走两里，溪折向西北去，于是从水中经溪东面上了山。一进入山中，就有块高大的碑屹立着，碑上写着“天下第十八福地”几个字。从碑处走半里，就是乳仙宫。茂密的桂树遮蔽了门户，清清的流水流淌在路边。有个叫乘宗的僧人出来迎接客人。我因为腿脚鞋袜都打湿了在滴水，担心弄脏宫内，便想乘势先登山顶，与那僧相约明日会面。僧人端出了茶和笋子款待我们，并且说：“白鹿洞就在宫后面，可以先去一探。”我急忙按他所说的起身前往。我由宫左到了宫后，那里有三间新屋子，都闭门未开。于是我便推开门进去，石洞正好在屋子后面，崖壁有几丈高，被屋子遮掩着，全都见不到，洞门高一丈六尺，仅从屋子上方透些光亮到洞中。洞朝向东面，里面到处是破裂开的青石，两丈以内，便形成一个峡朝里延伸，随后折向东边，洞渐渐向下凹陷而且黑暗狭窄，匍匐着身体都不可能进去了。成峡处的西边，石崖倒垂，末端距地面一尺五，显出张口裂身透光泄物的形态，正德五年［1510 年］，无锡县人秦太保金时以巡抚身份剿龚福全，曾刻文在此石上。又往西有一条石缝，我侧身走进去，随后折往南面朝下走，穿过孔穴匍匐着身体爬出岩前，这是个透亮的小孔，我又从屋内进到洞中休息了一会，仍旧回到前宫辞别了乘宗，从宫内右边攀登山岭，冒雨往北朝上走一里，就是中观。观门十分雅致，观中有书房，书房外鲜花翠竹悠然自在地生长着，这书房的主人姓王，我也因为脚上脏秽污浊而未进去。从中观右边攀登山岭，冒雨往东北朝上走一里半，便到达山顶。有一条从东面迎门进入苏仙殿的大路，那是殿前门的正路；有条小路往北上到沉香石、飞升亭，那是殿后面的路。我从小路上去，带着一身潮湿拜谒了苏仙像，僧侣和世俗间的人拜谒苏仙像的有几十个，喧喧嚷嚷会集在殿中，我烤火烘衣，自顾安适，无暇打听什么。郴州是九仙二佛的所在地，如成武丁的骡冈在西城外，刘僭的刘仙岭在东城外，佛家则有无量寿佛和廖智伻大师的遗迹，它们都比不上苏仙殿，所以顾不上去探寻。

十一日

和众人一起吃了饭后，便独自一人游览殿外的虚堂。堂分三间，上有诗匾环列，中间有门额，名称不雅驯，无闲暇记录下来。那堂的基址高，前面排列的楼房环绕着它，正好与它同样高。楼也是宽敞明亮，但未粉刷油漆，已经渐渐倾斜破裂。堂外就是苏仙殿的前门，殿后面有寝宫玉皇阁，玉皇阁下边就是飞升亭了。这天清早就下起了细雨，到现在小雨还在零星飘落，因而仍旧撑着雨盖下山。经过中观，我进去拜谒了仙人的像，寻找僧人遍如，他不在又进入王氏书房，折了一枝蔷薇，带着下到乳源宫，供在仙案间。乘宗仍然留我们喝茶吃点心，并且赠送我仙桃石，我没有什么酬谢的，只有劝他作一次吴地的旅游，希望日后能为其云游备斋一供。乳源宫中有块天启初年郴州城人雷州同知袁子训立的碑，碑文对苏仙的事迹叙述得较为详尽。碑文说苏仙的母亲是便县人，便县就是今天的永兴县。有一天在溪中洗东西，一团青苔在她钓脚上缠绕了三四圈，于是有所感应而怀孕，在汉惠帝五年五月十五日生下苏仙。她母亲将他丢在如今乳源宫后面的石洞中，即白鹿洞。第二天前去看时，却见白鹤用翅膀遮盖着他，白鹿给他哺乳，觉得奇异，便把他抱回家。长大后去上学，老师想替他取个名但不知道他的姓，叫他到屋外去，看会碰到什么，结果遇到一个挑稻草的人，用草穿了鱼挂在扁担上，对面走过去，于是用苏作为姓，而名叫耽。他曾和众儿童一起放牧牛羊，他的牛羊不会胡乱冲撞混杂，于是其他儿童将他们的牛羊都交给他看管，而同样没有乱群的，所以众儿童又称他为牛师。他侍奉母亲极为孝敬,他母亲生病想吃生鱼片,他去找寻,不到一夜就找回来。母亲吃了很欢喜，问他从哪里找到的，他说："便县城中。"便县城离他们居住的地方很远，没有两天时间不可能返回来，因而他母亲以为是欺哄她的。他说道："买这些鱼片时，我舅舅在旁边，并且他在问知母亲您身体不适后，说不久将会来看望您，到时候就可验证。"他舅舅来后证实了他所说的，他母亲这才觉得他不同寻常。后来白日中奉上帝的命令，在文帝三年七月十五日随仙官一道升了天。他母亲说："儿去了，我用什么养活自己呢？"他便留下一个柜子，封闭得很牢固，在上面作了标记，对他母亲说："凡是所需要东西，扣一下柜子就可以得到。只是一定不可打开它。"并指着庭中的橘树和水井说："这地方将会发生大瘟疫，到时用橘树叶和井水可以治愈。"后来果然大为灵验。郡中的人更加以为灵异，想打开柜子看一下，他母亲依从了。等打开柜子，有只鹤直往上飞去，这以后扣柜子就不灵了。他母亲年纪活过百岁，死后，乡里的人仿佛看见苏仙在岭上悲伤地哭个不停。郡守张邀去送葬，祈求见一面苏仙的容貌，苏仙显现了一半面容给他看，光彩照人。又悬空伸出一只手，绿毛巨掌，见到的人大为惊异。碑文中说自此以后灵异的事很多，我都无暇观览。只是所说的"沉香石"，是突立在山头上的一块石头，开初我怀疑它没什么特别的，然而它上面刻有很古的字，字外有鞋子踩踏过的印迹，是仙人升天时的遗迹。所谓的"仙桃石"，石头小如桃形，埋在浅土中，可以用锄头挖刨到，峰顶和乳仙洞中都有，磨成细未泡水后服下，可以止心痛，这也可视为那橘树叶和井水的灵气的遗留。碑上的传文很长，我仅是略记下一二，以便征询查考事实的本末而已。往回跨过苏仙桥，从溪上找到一只轻便的小船，那船要过了午后才出发，于是经过城南关，进城到了州署前，又向西经过行台前，仍然出城到了南关。南关外有个十字口，集市店铺很繁盛，而城中却非常寂静冷落。城不大，城墙也不很高。郴水自东南向北绕流，山则有折岭横在城南，但不高，高的都不是大山脉穿越过去的山脊。

午后，上到小船中，船由东北的苏仙桥下，顺流向西北航去，行六十里达郴口。这时暮色已经降临，而雨又下了起来，我担心晚上从此处往北去没有便利的船只，而所搭乘的小船连夜去程口，于是随船前行。郴口那里，郴江自东南流来，耒水从正东流来，两水汇合后水势才变大。耒水源出桂阳县城南面五里的耒山下，向西北流到兴宁县，便能航行小船；又流三十里到东江市，已能航行大船，再流五十里便到此处。江口处的众山峰上，都是石崖盘绕耸立，寸土未沾附。志书上说有座曹王寨山，极其险峻，因为天将黑来不及去攀登，而且也无路可登。船夫连夜摇浆，行三十里，抵达黄泥铺，因为雨来临而停泊下来。我从船篷底下窥视，外边如桥门，心中觉得奇异，于是起来看，却原来是在一间大石室下边。它像几间屋子那样宽，下边汇成潭。外面遮掩而像环拱形的桥，有四只船停泊在里边。岩洞外面雨声潺潺，到四更时才停止。雨停后就出发，拂晓抵达程口，于是登上岸。

十二日

清晨在程口的一家店铺中做饭吃。程口就是志书上所称的程乡水所在地，地属于兴宁县，水发源茶陵州和酃县交界处。船溯流航行，所经都属兴宁县西境。行十五里为郴江，又溯流进去有座中远山，又叫钟源山。是无量寿佛显现生身的地方，当地人把它夸耀为名山。再进去，小船还可溯流航行三日，然后翻过高脚岭就是通往茶陵州的路了。至于兴宁县城，从东江市往上游航行三十里就到。程乡水向西汇入郴江，汇流处运煤的大船像鱼鳞一样密密地排列着，这是因为水浅还不能开船。上午，我们找到一只小煤船，于是便搭乘前行。程口西北边，重叠的岩石若剖开似的，夹立在江的两边，都是清一色的石头盘绕亘贯在上面，天光闪烁，一忽儿在江左，一忽儿在江右，颜色间杂有赤褐色，环绕回旋的形态完全如同武夷山的岩石。我们所搭乘的船破旧不堪而且没有炊具，我只顾观览山水美景，过了中午都不觉得饥饿。又行二十里，经过永兴县城。县城在江北，南临江岸，以岸作为城墙，船顺风经过时速度极快而来不及停留。随后另外找到一只小船，于是换乘过去，到那只小船上烧火做饭吃。吃完饭，已行了十五里，到了观音岩。此岩位于江北岸，朝西南俯临江中，有座石崖腾空飞突，上面倾覆而下边裂开，直迫近江流。先是背靠岩脚叠架了一座两层高的阁，阁前面有个洞临近江流，洞中可容纳好几人。我由阁右边悬吊着的梯子直朝上爬，那情形犹如云烟缭绕的空中挂着的彩虹连接崖顶。穿过缝隙上去，看见崖顶下边，中央位置镶嵌着一个佛龛，观世音的像就供在其中。岩下江心中，又有石狮横卧在水流中间，昂首向着岩上，总之，每处每样都极其特异。上船又行五里，有条大溪从南面流来交汇，这里是森口。这条大溪是桂阳州龙渡以东的各条水流往东汇合白豹水而形成的，到此处汇入耒江。又往北行五里，停泊在柳州滩，我借了邻船拖楼住宿。这晚月色独明，是三个月来所没有的，江流山色，树影村灯，远近辉映交合，苏东坡笔下的承天寺夜景不比这更优美。永兴县城以北，山就开始没有崖壁回绕、石头飞突的景象了，只是夹江曲折延伸而已。

十三日

天亮回到所乘船中，行六十五里，经过上堡市。有座山位于江的南边，山岭上有很多翻刨出来的矿砂和石头，这是一个出产锡的地方。山下有个市镇，在那里将矿砂煎炼成锡块，销售给购买的客户。这地方已经属于耒阳县，大略处在永兴、耒阳两县县城的中途。随后，过到江的北边，登上直钓岩。岩前面有真武殿和观音阁，它们朝向东面迎着江流。而岩洞洞门俯瞰江流，朝向南面,洞门当中垂着一根石柱,将洞门分隔成两个,若连环的一般。洞内空阔平整。洞的右角上裂开一个孔穴，经石磴攀上去，另外形成一个深邃的洞穴。洞的左角上，由大洞深入进去，有石孔忽然盘空而起，东边裂开一条缝隙，天空中的光亮从其中斜斜地透进来；它里边又有孔穴旋空而起，如可以装万石粮食的大钟，那孔穴穿过洞顶直通向上，天空中的一圈光亮，圆若明镜，往下泻落在其中，仰头望去，简直就是井底观天。这天风向水流都利于航行，下午又行了九十里，抵达耒阳县城南关。耒水经过耒阳城东边直向北流去，群山到此处都向周围远去，盘绕在江边的只有些残冈断陇而已。耒阳虽然有城池，但居民区与集市却荒凉冷落，官署倒塌简陋。我从南门进了城，经过县衙前，到东门边登上城墙，落日下荒城一座，不堪极目。下了城墙，走出小东门，沿城外江流，往南到南关，回到船中。这天夜里，月色尤其皎洁，借生着火的商船的中舱住宿。

十四日

五更时起来，乘月回到所乘的小船中，顺流向北航去，早餐时已经到达排前，行了六十里了。小船再往前就将停在新城市，新城市距衡州城陆路有一百里，水路还有两百多里，当时正好有只煤船从后面来到，于是我们移到那只煤船中做饭吃。又行六十里，中午时到达新城市，它位于江的北岸，店铺很多人口密集，也是这地方中的一个大市镇，为耒阳、衡阳两县的分界处。当时刮着南风很便利航行，船经过新城市时没有停泊，我私下欢喜，以为这天尽全力航行，还可以加倍的速度赶一百五十里的路。不久，众船只都停在了江边，一询问，原来前面江湾中风向倒逆，恐怕会起大浪，想等风停了再往前航行。当时我的菜蔬粮米都已经吃完，而衣袋中没有一文钱，每次更换一只船，总是想着加快速度，而结果是反倒延迟，为此心中闷闷不乐。我用刘君惠赐的一块绸布，到村中与一位妇女换了四筒米。太阳下山时，船才开。乘月顺流航行六十里，停泊在相公滩，这时已经半夜了，这是因为顺流而船夫没有摇船，速度不很快。据文献记载，距耒阳县城四十里有个相公山，是诸葛武侯曾经驻过兵的地方，如今的这个相公山已经在县西北进入衡阳县境了，这里的滩也以相公为名，它是否也是武侯的遗迹呢？到新城市的西面，江忽然折向南流，十五六里以后才折朝西去，所以水路比陆路绕两倍。

十五日

拂晓开船，这时西风逆转，云也翻涌；上午才行了六十里，隆隆的雷声中大雨骤至，于是船停泊下来不再向前航行。午后，冒雨航行六十里，为前吉渡，船夫的家在此地，因而又停下来不再航行。这时雨停了，我见日影还高，询问后得知从陆路抵达衡州府城只有三十里，而水路有两倍远，就跨上西岸登陆而行。山坡山冈高高低低，但沙土路不黏滑。走十里到陡林铺，却是泥泞的洼地不能行走了，于是停下来在此地投宿。

郴州城东外江边石头丛集耸立，宋人张舜民的刻铭称之为窊樽石。至于窊樽石的遗迹我在道州没有见着反而在此地见到，姑且可以了却一下我渴求寻到窊樽石遗迹的心情。城东边的山下有一眼泉，方圆有十多里，泉旁边石壁峭立，泉水深不可测，这是钴鉧泉。永州府的钴鉧潭称不上壮观，于是连同此泉一起不被人们称道看重，然而钴鉧实际上在此处，而柳柳州是姑且借这个名称命名永州府的那个潭；窊樽石实际上在道州，而张舜民是姑且将与此处石头形态相似的道州窊樽石的名称仿用于此。全州也有钴鉧潭，也是柳子厚命名的。

永州府有三条名溪：浯溪是元次山的居住地，在祁阳县。愚溪是柳子厚被贬滴的地方，在永州府城。濂溪为周元公出生的处所，在道州。浯溪的景致最优美。颜鲁公书写的刻在崖壁上的石刻，千古不朽。石镜高悬而映照远近景物，一丝不隐，有这两样奇观，谁还能与它鼎足并峙呢?

郴州的兴宁县有醽醁泉和程乡水，它们都以出产酒而闻名，一县中有这样两条水便千古独享美名。晋武帝曾将醽酒献到祖庙中祭供祖先。《吴都赋》中说："飞轻觞而酌醽醁。"程水甘甜味美而生产美酒，刘香说："程乡有千日酒，饮之至家而醉，昔尝置官酤于山下，名曰程酒，同醽酒献焉。如今酒品特别低劣，两条泉中的水，也不再被推崇了。

浯溪的"吾"字有三个地名，愚溪的"愚"字有八处景物，镰溪的"濂"字有两条溪水同用。分别有三处和八处使用的"吾""愚"两字，各个名称所指代的都是本地方的山脉、河川、亭子、岛屿。用"濂"字命名的溪水，却一条是他的出生地，在道州；一条是他为官时居住的地方，在九江府，两处相距两千里。

元次山题朝阳岩的诗中写道："朝阳岩下湘水深，朝阳洞口寒泉清。"那岩在永州府南潇水岸上，那时潇水尚未汇合到湘水中。元次山亲自到岩上游历，怎会不知道这呢？但他一时间不假思索地随意写下这样的诗句，千百年来便没有纠正这错误的人，这不是几乎叫潇、湘两水移位了吗？

十六日

见天空有光亮就起来做饭，但饭后还等了好久天才亮，这是因为误把月光当成了晓色。走十里到路口铺，路上异常泥泞。过了此地路又平坦干燥而好走。又走十里，渡过湘江，便已经到达衡州府城南关外。进入柴埠门，抵达金祥甫的寓所，却是主人已经外出，而静闻住宿在花药寺中没有回来。于是洗了脚躺下休息，从旁打听到静闻等候的内府救助银两，以及刘明宇答应代借的钱物，都无可指望，大概内府主管是因为生病而推托，而刘明宇处是因为静闻敦促不力。傍晚，静闻才回来，他一副欣喜快乐的神态，把听人讲解佛经视为称心如意的事情，而竟然忘记了停留的时日已经很长。并且得知刘明宇与他都在讲堂听人讲经，刘明宇傍晚将要到别处去，和静闻约好明日中午到讲经处所相会，今晚无闲暇回家。于是我怅怅然躺到床上。

十七日

托金祥甫再次恳求内司给予救助，这不过是为静闻请命而已。与静闻一同走出西安门，因为想等候刘明宇。进到偏僻小巷中，折往南走两里，到达千佛庵。此庵在花药寺的后面，背靠山冈，前临水池，虽小但较幽静，有个叫自如的云南法师，登上高高的讲坛讲解《法华经》。当时落花如雨，缤纷多彩，我随众人一起听法师讲经。听完后便在庵中吃饭，而刘明宇竟然又未到。于是从庵后去会晤了西域的一个僧人以及衡山毗卢洞的大师普观，他们也是因为听讲解佛经而来的。下午返回金祥甫的寓所，当时我已经约定好到广西的船，定在十八日走。这天晚间，金祥甫兄弟两人和史休明、陆端甫在城西关一家店中为我饯行。入更时返回寓所，因静闻久留此处而不赶紧办理有关事务，我不免对他怒形于色，高声嚷叫起来。

十八日

船夫因为同伴未到，改期到二十日早晨出发。我也因为没有与刘明宇见着面，决定姑且缓走两天。等见到刘明宇，他的意思是仍想要我再像以前一样继续等待。到下午，正好金祥甫的仆人急匆匆奔到寓所，大声对我说："王内府已经汇总了众人的救助银两，数额共十二两，已经说好一次支付，不再烦劳零支。"我只是将这与以往的事情作同样的看待，姑且叫静闻明天清晨前去催促。

十九日

清早去探访刘明宇，他的心情虽然急，但钱物仍没有筹办到，只有恳求我再等待，我却不听。我急忙索回留下的借券，而他还想指望我等到下午。催促静闻到王内府处等候他的救助银两，但静闻懈怠而行动迟缓。王内府已经外出到海会、梅田等庵游耍去了，于是催静闻前去见他，而我和金祥甫去赴花药寺竺震上人的邀约。这之前，竺震与静闻交游，等我返回衡州府城时，他赠给了我一些香秫和旅途费用，我接受了香林而把钱退还了他。竺震伏在地上再三恳求，希望我到他住地去一次。开初我定十八日出发，所以再三推辞了。现改了出发时期，于是便前往他那里。先经过千佛庵听完讲经，才随竺震到了花药寺，在一个小阁楼上吃饭，等待静闻，边休息边吃，过了许久，到傍晚时进入城中。竺震送我回寓所，将昨天我退回给他的钱连同一些果子坚决丢下而后离去。天黑后，静闻和金祥甫带着王内府资助的旅游费用到来，一共十四两。王承奉是内司首领，以前曾因为他带着进献物品进都，他侄子王桐便以仪卫典仗的职位，代理叔叔的事。虽然施舍钱物的有二十四个人，都是他的门下，但钱物都是王承奉答应代为给予的。先前我曾去刘明宇处索回借券，他因为外出筹办物品，竟然没有回家。

二十日

黎明时，船夫便很急迫地催我们上船。当时静闻和金祥甫前去拜谢王内府以及各位施舍者去了，而我再次到刘明宇处，刘明宇竟然没有回来。竺震仍旧进城来送我，并且馈赠我一些冻米，因为他昨天见我喜欢吃这东西。我这才冒雨登上船，许久后，静闻和金祥甫追到南关外，于是与金祥甫挥手告别，然后船便解开缆绳出发了。行三十里，停泊在东阳渡，这时才下午。这天阴雨霏霏，江水上涨而浑浊，湘江水流又呈现为另外一种景象。江两岸的鱼厢像鱼鳞一样密密地排列着，大约上游到白坊，下游过了衡山县城，排列在江岸的鱼厢以数千计，它们都是用来承接水流捞取鱼子，然后养成鱼苗卖给四方买主的。每个鱼厢征收一两银子，作为桂王藩府供用。

二十一日

行三十里，经过新塘站。又行二十里，快要抵达松柏时，忽然听到岸上有人急急地呼喊着，喉头硬咽而不成声，这是刘明宇派来追赶我的人。他说刘明宇开初乘着轿子来追我，因为体重大轿子走得迟，便光着脚步行追了来，而又叫轿夫中走得快的人赶往前来拦截住我，刘明宇随后就赶到。本想听任他竭力追赶到松柏来与我会面，但心中觉得不安，于是和静闻登岸去迎他，希望握手告别后，便回到松柏登船前行。登岸后，追来的人说，来时刘明宇和他约好从江东岸走，于是渡过江到东岸顺江边走，走十里到达香炉山，天色已晚，但刘明宇没有来到。随后遇到一人，得知他已经暂时在新塘站停下休息了。香炉山下虎声咆哮，天未黑就不见往来行人的踪迹，居住在此处的一两户人家，都用木杠支顶着门。于是登到山顶，宿在一间茅屋中，要睡觉而没有床铺，想梳头而无梳子，于是和衣躺下。

二十二日

半夜雨声大作，到天亮未停止，于是向屋中妇人谋食后就走了。开头的五里，从山陇中走，虽然树枝上的雨水打湿了衣服，但路上无泥浆妨碍脚下。往后的五里，行走在田坎上，当时正在插秧，田都加高了埂子阻塞水流，所以路上非常粘滑。共走十里到达新塘站，这时烟雾般的濛濛细雨满江而来，打听刘明宇，他却已经渡过江溯流离去了。于是便打听渡口，向西渡过江。才溯流顺江岸行走四里，就到了以前遇难的地方，那只被焚毁的船已经不见，到水边人家中探问刘明宇的踪迹，都说没有见着，又往西走一里，到达大路口，见到一户人家，再三询问，仍说没有在我们前面过去的人。当时刘明宇没有带雨伞，而雨下得很大，我心想他肯定没有走到前面。于是我和静闻暂且停歇在那户人家中，并向家中妇人谋食，而另外叫人从大路仍旧回到渡头去找寻。旋即那妇人端出饭，但冰冷得很。当时我衣服潮湿身体寒冷，见她家有酒，希望得一小杯温热的酒抵御寒气。等把酒端来，仍然不热，是火酒。我满满斟了两杯放着，都是留着等去追刘明宇的人回来喝的。许久后，去追寻的人回来了，得知刘明宇渡过江后，就搭乘船只上松柏去了，并且打算再追踪我到白坊驿。不快速行走就来不及在松柏遇上刘明宇了，于是我打着雨伞，竭力往前赶，道路尽是粘滑的田埂，屡屡跌倒又屡屡爬起，因而让追赶的人先疾行到松柏截留住刘明宇，而我和静闻一路上更相跌倒，更相责骂。走十五里跨过新桥，桥下的水是湘江的支流，它从松柏的北面分流往内地，到香炉山对面的山峰下仍旧汇到湘江中。过桥后走五里，往西越过二座山岭，又走五里，出了山坞，便遇到去追赶刘明宇的人和跟随刘明宇一起走的人携带着茶来迎接我们，于是得知刘明宇已经在松柏的一家店中等候着我们了。我们相见后，悲喜交加，赶忙备了餐叫了酒一同饮用。刘明宇的意下还想挽留我，等候他为我借的物品，我再三辞谢。当时我搭乘的那只到广西的船今天早晨从此地开去，估计尽力全天航行，应当停泊在常宁县河口，明日则应当停在归阳。从松柏到归阳，陆路只有水路的一半，走一整天可以到达，但路途泥泞难行；想从白坊找一匹马骑着走，却又非清晨而不可觅到；于是到处寻找打渔的船只，作连夜赶到白坊驿的打算。刘明宇从店中转借一百文钱，厚酬了船夫，并且想一起到白坊驿，但船只小不能容纳，等分手时天已经昏黑了。两更时分，雨停了，月亮挂上天空，这时已经抵达白坊驿，那里有个驿站。我心想再连夜走三十里就可以赶上所乘的船，便又向船夫许诺给他优厚的报酬，叫他立即往前航行，而那船夫想返回去看守鱼厢，虽强求而不愿再行，我却坚决地躺在船中不下船。船夫说：“正巧有两条船停泊在下游处，很像昨天从松柏开过去的官船。”那官船是从广西送李道尊到湘潭来的，一条为送兴收典史姓徐的所乘，另一条就是我所搭乘的。只是我所在渔船的船夫不敢呼叫询问，我叫他撑船过去看看，他说：“半夜中怎敢靠近官船！”我心中以为他说的这些是虚妄的，姑且随意呼叫了雇仆几声，却不想叫三声便听到回声，这才知道船还停在此处等候我。于是叫船夫把渔船撑向前，我们过到雇仆所乘的船上，心中的喜悦可想而知了。

二十三日

拂晓，浓雾弥漫江上，船折往北航行。行二十里，经过大鱼塘，见两条船被抢劫，被抢劫者的哭声非常哀伤，船中被杀一人，伤着的一人濒临死亡。于是，与我同行的两条船上的人反过来向我道谢，说：“昨天若不等候先生您而往前走，也应当是到达此地，而到此地灾祸岂能避免！”开初，船夫因为等我的缘故，被众人斥骂，到现在也显现出自以为有恩德于别人的神色来。上午雾气散尽日光灿烂，下午太阳烤得人汗如雨下。这天行程共六十里，停泊在河洲驿。

二十四日

拂晓开船，这时已经离开衡州府进入永州府境了。三十里后过了大铺，稍微折向西行；又行十里，折往北去；中午时热得如火烤，行五里，又折向西。自大铺以来，江左右又都有山，如连冈接阜。江流折往左边，直抵左面的山，那么右边就是盘旋的山坡；江流弯向右边，直抵右面的山，那么左边就是曲绕的山陇，如更相交替着的一样。又行二十五里，停泊在归阳驿的下河口。这天共行了六十里。一整天烈日将大地烘烤得如同熔炼金属的炉子一般，这也是不多见的。

二十五日

晓日明丽，但行了五里，雨忽然下起来。又往南行三十五里，为河背塘。再往西行十里，经过两山间的隘口。又行十里，为白水，设有巡检司。又见远处山峰环绕四周，中问横着一个集市；为县中的一个大村落。这天共行了六十里，天晚后又晴开，我们的船停泊在小河口。小河从南面山峒中流来，往北汇入湘江，小船溯流而入，大约为两天的路程，所经都是祁阳县的辖境。山峒不只一个，出产的物品以靛、锡、杪木为最丰富，白水的集市店铺都是依赖这些作为命脉，而不靠湘江中的出产。停泊后，我上岸找到戴明凡家，感谢他在我遇难时解衣相助的恩德，但明凡到永州府城去了，没有遇上。

二十六日

船夫登岸到集市上祀神祝福，早餐后开船。接连经过几个山隘，共行三十里，上了观音滩。这时狂风刮起而大雨顿下，船夫停下船品尝祀神剩下的食物，于是不再往前走。深夜雨停风息，但那风雨交加的江上景象却特别令人怀恋。

二十七日

天亮出发，船只多向北行。二十里后，抵达祁阳县城东边的市镇，船夫又停泊下来去买米，过了中午才开船。行不到半里，江水上涨，纵横流淌，众船不再向前航，于是停泊在杨家坝，那里是城东市镇的南面尽头处。下午，船既然已经停泊，我便和静闻上岸跨过杨家桥，共走一里，进了祁阳县城西门。向北经过四牌坊，往东走出东门外，又朝东北走一里，为甘泉寺。有一眼泉，在寺前面的山坡下，池子方圆一丈多，泉水充满池中，深仅有一尺左右，水味极淡而冷凉，极似惠泉的水。城东面山陇缭绕，自北向南回旋，两层出陇间形成山峡，泉水就从山峡中涌出来。寺朝向东面，背靠城外的第一冈，殿前房中立有我家乡常州府宋代人邹忠公（名邹浩，被贬到此地后与蒋沛同游）书写的碑文《甘泉铭碑》。张南轩（名张栻）从本府中姓蒋的人家得到这篇铭文，为它书写了跋语并且刻在此处。邹浩写的是大字，而张南轩写的是小楷，笔势遒劲，可以称为二绝。寺前的第二层山中，盘结成一个山窝；那里是九莲庵的所在。它原先是多宝寺，县中人陈尚书重建而恢复了旧时的规模，里面有法雨堂、藏经阁和三教堂。而藏经阁中供着本朝高皇帝的像，头裹唐朝时的包巾，身穿朱红色的窄衣，眉如卧蚕而中间不断开，稀疏的胡须分扬而不加修饰，它是一个姓陈的从皇宫内得到而拿来供在这个阁中的。如今尚书虽然已经不在世，但他的子孙仍对寺庙常加修整，将其看作自家的香火。寺前的墙垣环绕向左边，墙内已经杂草丛生，而关闭着的墙门上，有块砖上刻着“延陵道意”四个字，这难道也是邹忠公的遗迹吗？但当地人已没有谁知道，确实，怎可能使这些字长久地被作为佳话流传下去呢？九莲庵所在那山的南边就是学宫。学宫在城外而又背靠着山，背靠着山而又位于山的南边尽头处，前面有个大池子，甘泉寺的流水，往南流下而后绕过学宫的东边，注入湘江。它汇入湘江处有潇湘桥。桥的北边奇奇怪怪的石头灵异变幻，一座山峰突起，这是城外的第二层山。此山起先盘绕而为九莲庵所在的地方，再度耸起就形成学宫所背靠的山，然后山脉又从学宫的东面越过来，突立在潇湘桥北面，成为学宫的青龙砂。山前，湘江从南流到此处，折向东去；祁江从北流到此处，向南汇入湘江；而甘泉常流，又绕过学宫前，穿出山南，向东注入湘江。它是三条水流交汇处的中间部分，所以桥叫潇湘桥，亭名潇湘亭。如今亭子改建为玄华阁，庙称潇湘庙，但从称谓上看似乎是潇、湘两水的合流处。潇湘庙后面的石头如分开的花萼，似紧簇的花瓣，形态各异。庙中祭祀着大舜的像，传说大舜巡守时经由此处，然而庙狭窄简陋，与大舜的身份不相称。山峰的东北面，有座五孔的石桥横架在祁水上，叫新桥，它是向东到白水所经的道路,而到衡州府的路却不由桥而是往北溯祁江水。当时我想找一个拓工前往浯溪为我拓《中兴摩崖颂》，拓工因为天晚来不及去，所以我便去游览各寺庙。大抵说来甘泉寺古朴，九莲庵新整，一个保存旧迹，一个可以征询今事。日落时，我从江市往南走，途经三吾驿，即元次山浯水、峿山、吾亭的所在处，如今原来的字分别去掉“山”字旁和“水”字旁，只写作“吾”，这非常正确。从新桥走三里，往南到达杨家桥，上到船中天已经昏黑了。这两天一共行了五十里，因为先是被雨阻，后是被江水阻。这天夜里江中水声汹汹，流势更加迅急。

二十八日

江水上涨船只停泊，竟然走不成。我赶忙空腹奔到甘泉寺，寻找拓碑的人，但那人已经外出了。我又从大街上奔到城东门，从东门外朱紫衙找姓范的，从八角坊找姓陈的裱工，他们都说水势大难以渡过（指浯溪、阳江两条水），替我到处去寻拓本，又都没找到。又奔回甘泉寺，姓王的拓工已经回来。他虽然向我索要了高价，但终究不敢前去拓印，仅就甘泉寺中的铭文临摹了两页。然后我先返回船中，留下静闻等候拓印。

祁阳城东门外的大街与临江的集市上，街道纵横相连，店铺房屋充满各处，并且有许多高门大户，可以和衡州府城的隆盛相比。只是城中寥落冷寂，若只就东城外观览，可称得上是个险要的城池。

二十九日

拂晓开船。晓色中朝霞升上天空，山林间层层雾气变幻出多种色彩，随即火轮般的太阳涌起，腾焰飞芒，直从船尾缝隙射到我枕头间，泰山日出的景象，也不能和我在卧游中所见到的相比。行五里，经过浯溪，刻着文字的崖壁在江流的西边。从东面溯流向西，又行二十里，经过媳妇塘，媳妇石婷婷依傍在江北，人们无论顺水还是溯流从它南面经过，都隔江翘首观览。所称的“媳妇石”，是江边的一座山崖从半山中刀削般伸突出来，下插江底，山崖上有块石头独立上耸，昂首西望，难道她丈夫还未从遥远的玉门关返回家吗？又行二十里，经过二十四矶，矶与矶之间次第排列在江岸边。再行五里，停泊在黄杨铺。

黄杨铺已经属于零陵县。它东面就是祁阳县界，它西面远远地望得见的大山，叫驷马山，此山已经属于东安县，铺西距东安县界约三十里。它西北边有条大路通往武冈州，路程共二百四十里。黄杨有条小水从西边流来，一座石桥横架在水流上，名叫大桥。桥下通行船只，逆流进去仅三五里而已，不能再往上航。

闰四月初一日

拂晓，从黄杨铺开船，到此处后才折往南行。这以前从祁阳县城过来，多是向西行。行十五里到大护滩，有处地方的水流形成漩涡，众流都奔入漩涡中，声如雷鸣，大略如一个渗漏的酒器。又往上为小护滩。又行十五里为高粟市，它就是方潋驿。又行二十里经过青龙矶，矶石高峭，横啮江流。又行十里，天黑以后抵达冷水湾。下午，我身体不适，肚腹鼓胀，为此晚餐减了量。船停泊在江西岸石崖边，江水上涨石头被淹没了些，因而江边的石头不如前次在这里所望见的那样峥嵘。

初二日

船夫登上江边集市去买柴禾菜蔬，早餐时才出发。此时，雷雨大作，到中午才转晴。共行了四十里，停泊在湖口关，这时太阳还高挂在天空。从冷水湾过来，山开天旷，视野大为开阔，而江的两岸，吞衔水流的石头时出时没，只要遇见，无不赏心悦目。大体上进入祁阳县地界，石头的质地就变得奇特，色泽就变得温润；过了祁阳县城，石头高耸特出的态势，依次渐渐显露出来，到此地便随地向上冒出来了；到进入湘口处，却是那些出现在前面的高耸而曲折绵延的石崖，变成为尖峭直立如盘旋飞翔的了。

初三日

天亮时，驶船进入湘口，从此处起便离开潇水而专门向湘江航行了。潇水就是我前些时候进入永州府所走的水路，它与湘水交汇在此处。两水一条从东南来，即潇水。一条从西南来，即湘水。会同而向北流去，为洞庭湖众多水流中的主流。位于中间分隔开两条水流的，就是芝山山脉，它直往北延伸。山脉尽头处两条水流夹着它，尖得像龙尾下垂，因为山脊无中流砥柱般的石头，所以两条水流从两侧冲刷侵蚀，必然是使其变得尖细而后才停止。潇水的东岸即湘口驿。有个古潇湘祠，祭祀舜帝的两个妃子。我们的船由祠前向西横截潇水，盘绕过龙尾似的山尾部而进入湘水。湘口的中央，有堆砂石悬立着，上面树木丛生如同山峦，湘水分成两股回旋在周围，像龙口里含着的珠子，上下的船只，都从它西面迫近山崖航行。我们的船向上行时，因为水流上涨，就从那珠子东面的夹港沿龙尾似的山尾部而进。行一里，绕出珠子后面，这里就是分口处。从那里往西北溯湘水而行，像进入咽喉中似的，南边有条小水向北汇入湘江，它就是芝山西麓的水，是我以前登岭瞭望时见到的那条水。这时潇水已经变清，但湘水仍然浑浊。我们的船进入湘江时，有只船停泊着等待一帮人上船搭乘，他们一共五人，就是前些日子鲤鱼塘被抢劫的那些人。由湘口往上行，江流中有许多曲向西北的弯道，滩声更多，石崖更奇。行二十里，有座斜突在江右边的石崖，上边重叠陡峭而下边玲珑变幻。又行二十里，江左边有座仿佛是被平平地切削而成的山崖，上面黄色的石纹和白色的水流相间成行；又有一座并立在江右边的山崖，与江左边平平剖开的山崖夹江对峙，如同庐山五老峰并排耸立，更加显得奇异峻峭。折往西行五里，经过军家埠。再折往南行又有一座山，中间破开而低平，插立在江右，山脚倒浸在重重水波间。向旁人询问，没有知道它名称的人。这时落日正衔在山外，当船过到江面的东侧时，忽然见山峰间有一片孔穴通明透亮，那景象仿佛是弯弯的新月与日并悬，但随即就被遮蔽掉。我们的船由山下折往东，停泊在军家埠、台盘子之间，这里距离军家埠又有五里了。

初四日

拂晓开船，往东经过挂榜崖。这崖仿佛是被平平地切削而成的，立在江左边，水下与水面的崖壁，在清澈的潭中清晰可见。它上面的岩石像摩崖，颜色黄白相间，远远超过临武县的那块，外形方整而中间分成三部分，比以前见到的江左岸成行的山崖，没有更高峻宽广的了。船从挂榜崖下转往南，行二十里，上西流滩。又行十里，到石溪驿，此驿已经属于东安县了（驿在江南岸，现今已经革除了）。有条叫东江的溪流自南向北汇入湘江，许多商肆夹立在东江的两岸，有座大石桥横架在东江的江口处，名叫复成桥。这条水发源于零陵县南部边境，船由桥下往南溯流进去，行十五里为零陵县界。又行二十五里为东江桥，桥以上有三条小河，仅能通行竹木筏子而已。按志书上记载："永水出永山，在永州西南九十里，北入湘。"永水就是此水无疑。石溪驿为零陵、东安两县分界处。石溪，考本地的碑刻和文献记载叫石期。东江，当地人又称之为洪江，这都是音相混淆而造成的。石期的左边，有座山高耸特出，石崖下插江中，崖间有条孔隙朝向北面，如同重门悬峡。山的后面顶上为狮子洞，洞门向着东南方，不很高敞。从石洞中向下穿行一里，可以穿出临江那重门悬峡似的孔隙，可惜当时正好水涨江满，山的临江处即被淹没在水流中，而洞又必须点着火把进去。起先，我趁船夫停泊下来吃饭买肉，向上攀一里到达山顶，徘徊在洞门口，因怕船夫不等我，而我也找不到火把进洞，便急忙回船中。这时正好雇仆也买了鱼和鸭回到船中，于是船冒雨往前行。又行五里，停泊在白沙洲。沙洲对面山崖上有块石壁临江，黄白两色灿然满壁，此崖北边的山顶上又耸起一座石崖，它的西北方向有一个庵背靠石崖而立，那石崖正好和我乘坐的停泊着的船只对着，雨中望去令人神飞，遗憾的是隔着江不能前往。这天共行了四十里，这是因为天空下着雨而江涌滩高，船不时停泊的缘故。

初五日

雨彻夜下着直到天亮，吃过早餐才出发。行十里，江南岸石崖飞突，北岸有水自北流来汇入江中，此处叫右江口，或叫幼江。又行五里，上了磨盘滩、白滩埠，江两岸的山才变得高峻如削。突立在江右岸的陡峭的山崖上，有条飞瀑悬挂在它的侧面崖壁间，虽然雨水使得它的景象更加雄伟壮观，然而它本身也是常流不断的瀑流。又行五里，山崖突立在江左岸的地方，为兵书峡。崖壁崩裂，形成许多大石堆叠的一座山崖，有一块石头镶嵌连缀在它的头端，形状方正而颜色黄中带白，因而便东施效颦似地仿用了长江三峡中兵书峡的名称。它西面山坳中也有一条瀑布，如同白练，而对岸江边有一块圆形石头如同盒子，那里为果盒塘。果盒石和兵书石，一方一圆，一上一下，都是对照、比拟着果盒和兵书而起的名称。又往西行五里，为沉香崖。崖石倾斜累叠形成一条条纹路，高远的崖端处，叠纹忽然裂开，中间冒出两根枝条似的东西，一曲一直，望去如树木的形态，呈微青黑色，名叫沉香，不知是木还是石。沉香的上面有一棵大树，正好位于崖顶。又有一重山崖耸立在崖顶内，有个庵仿佛是镶嵌在那崖间似的，望上去山林中的层层雾气里耸翠叠青，往下如拽带着遥遥的江流，真是一片奇异的境地。当地人说：“有个县令想要取沉香，用大绳索系在崖端大树上吊着人下去取，忽然雷声隆隆，大雨倾泻，天空昏暗而见不到沉香，于是县令惧怕而停止了取沉香的行动。”我想这也是随便说的话。过了沉香崖，船折向南行，停泊在罗埠头的东岸。这天只行了二十五里，因为滩高水涨，雨不停地往下浇注。罗埠头在江西岸，背靠山岭前临水流，村落较大，从此地向西北走是前往东安县城的大路。

初六日

夜雨虽然停了，但江水上涨，涛声澎湃，于是船停泊着不走。向西望去，罗埠头隔着盈盈一水，舟船摆渡很艰难。船中柴禾烧完了，东岸没有买的地方，我叫雇仆拾了些树上坠落的枝子以供早晚烧火用。下午，江流减退而风向顺，这才挂帆向东南航行。行五里，往东停泊在石冲湾。这晚月光明亮，山野空阔，仿佛有烟雾笼罩着的远处江面上水波渺茫，我心中不禁又思念起西湖、南浦（前一天晚上，江水上涨了六七尺；雨停了一日，落痕也有六七尺）。

初七日

拂晓开船，向西折四里为下厂。又往西行一里，江南面一座山岭自南奔向北，再往西行一里，江北面一座山岭从北奔向南来。两山夹江聚拢，犹如立起一道门，从而便划分了湖广、广西两省的界限。两山的东面，属湖广永州府东安县；两山的西面，属广西桂林府全州。全州从前隶属永州府，洪武二十八年（1395）改隶广西，于是两省的界限才不顺水而是变为顺山。又行五里为上厂。从此处起船折向南行，共十五里，曲折驶向西面，到柳浦驿。然后又往南行十里，为金华滩。滩左面有座石崖立在山口，轰轰作响的江流和高峻的崖壁，形成高低两绝，险峻奇美同时呈现。过了滩后折向西行八里，为夷襄河口，有一条水流从北岸汇入湘江中。船从那条水流中溯流进去两里，为夷襄，这是一个大村落。又往西行两里，停泊在庙头。

后 记

这本书马上就要与读者见面了，这是湖南省旧志整理的项目成果。今年6月6日，全国哲学社会科学规划办公室颁发了《关于组织实施冷门“绝学”和国别史等研究专项的通知》，像《楚游日记》这种典型的地名学范畴的经典著作，也被列入了冷门“绝学”之中。即将成立的湖南省地名区划学会，我们作为发起人之一，也以此书作为学会成立的献礼吧。

从重走徐霞客游历湖南之路，到校注《徐霞客游记》中的《楚游日记》，到《楚游日记》今译，前后经历了四年的时间。这个项目的完成，虽然作者付出了较多的时间和心血，但如果没有湖南省地方志编纂委员会党组和领导的高度重视与支持的首要条件，是不可能的。

在这本书的写作过程中，得到了四个市相关部门领导和专家的鼎力支持，甚至做向导，我们才可能较完整地走完徐霞客所走过的道路，并记述好“重走霞客路”的一路历史、文化和风光。为了做好校注和翻译，在学习与研究上花了大力气，但毋庸讳言，笔者大量地吸收了古人的智慧，积极地运用了当代的成果。在这里要向古人和当代学者们致以崇高的敬意和谢意！

中国地方志指导小组秘书长、中指办党组书记、主任、方志出版社社长冀祥德先生对本书书稿给予了高度评价并亲自终审；出版社副社长、总编于伟平女士高度重视本书的出版，并亲笔写第一道终审意见；部主任张景增先生对书稿提出了很好的意见；责任编辑何明忠先生则是字斟句酌，从语言文字上从严把关；在一致肯定的前提下，共提出50多条修改意见（尚不包括直改者），作者经半年修改方成定稿。如果本书尚有一定价值，则中指组领导、出版社领导、部领导和责任编缉功不可没。

书稿在出版前，《湖南年鉴·文献与人物》辟“重走霞客路”专栏，对本书第一部分予以连续，在全国读者中产生了较好的影响 。作者对该刊编辑部深表谢意！

在写作与研究过程中，得到了易介南、邓建平、黄俊军、杨盛让等委领导的指导；得到了湖南方志馆、湖南社科院图书馆的借书支持；得到了青年同事易可倩、任璀洛在录入打印方面的帮助；得到了美编蔡立奇的精心设计与修改；还有印刷企业的规范印制，等等；我们都心怀感恩，不敢有忘。

我们都是湖南省地方志人才库的专家，今后只要党和人民需要，只要地方志机构需要，我们都会秉持初心，再尽绵薄。

作者

2018年10月